交通工程教学指导分委员会"十三五"规划教材

高等学校交通运输与工程类专业教材建设委员会规划教材

Traffic Engineering

交 通 工 程

（第2版）

同济大学交通运输规划与管理系　**组织编写**

吴娇蓉　等　编　著

林航飞　主　审

人民交通出版社

北 京

内 容 提 要

本书为交通工程教学指导分委员会"十三五"规划教材、高等学校交通运输与工程类专业教材建设委员会规划教材。全书共十三章，前六章为交通工程基础理论，介绍驾驶人、车辆和道路特性，机动车交通流特性，行人与非机动车交通流特性，交通流理论，交通需求分析；第七章至第十三章为交通工程应用，介绍交通规划、交通管理与交通治理、道路交通安全、交通设计、交通控制、智能交通系统、交通工程发展趋势。

为帮助读者加深对内容的理解，在各章节中穿插较多实例，在章后附有习题并在书后附有与本书相关的法律法规，本书引用的标准、规范、导则，以及各章名词索引。

本书主要作为交通工程专业、交通运输工程专业、道路桥梁与渡河工程专业、土木工程专业相关方向本科生教材，也可供成人教育、交通管理从业人员使用。

（本书配有教学资源，可扫描封面二维码获取）

图书在版编目（CIP）数据

交通工程 / 吴娇蓉等编著 . —2 版 . —北京 : 人民交通出版社股份有限公司, 2024. 11. —ISBN 978-7-114-19912-7

Ⅰ . U491

中国国家版本馆 CIP 数据核字第 20245XR098 号

Jiaotong Gongcheng

书　　名	交通工程（第 2 版）
著 作 者	吴娇蓉　等
责任编辑	李　晴　杜希铭
责任校对	赵媛媛　魏佳宁
责任印制	刘高彤
出版发行	人民交通出版社
地　　址	(100011)北京市朝阳区安定门外外馆斜街 3 号
网　　址	http://www.ccpcl.com.cn
销售电话	(010)85285911
总 经 销	人民交通出版社发行部
经　　销	各地新华书店
印　　刷	北京虎彩文化传播有限公司
开　　本	787×1092　1/16
印　　张	19.25
字　　数	468 千
版　　次	2018 年 10 月　第 1 版 2024 年 11 月　第 2 版
印　　次	2024 年 11 月　第 2 版　第 1 次印刷　总第 4 次印刷
书　　号	ISBN 978-7-114-19912-7
定　　价	55.00 元

再版前言

　　这本《交通工程》教材是交通工程教学指导分委员会"十三五"规划教材,本版是《交通工程》第2版,继承了同济大学《交通工程》(1987版)的经典内容。2019年,中共中央、国务院印发《交通强国建设纲要》;2021年,中共中央、国务院印发《国家综合立体交通网规划纲要》;党的二十大报告提出加快建设交通强国,交通成为中国式现代化的开路先锋。为贯彻相关要求,本次修订紧密结合安全、便捷、高效、绿色、经济、包容、韧性的交通发展目标,根据交通行业发展情况、国内外研究成果和最新标准规范更新了相关数据、概念、技术方法,在第一章新增了汽车工业电动化、智能化、共享化及新基建等对交通工程发展的驱动等内容;在第五章新增了对自动驾驶混入条件下的流密速关系的介绍;在第六章新增了货物运输组织新业态、货运成本及货运可达性等内容;在第七章新增了国土空间规划概念、国土空间规划体系与交通系统规划的对应关系等内容;在第八章新增了交通系统管理、交通执法与秩序管理、非常态交通管理、国家治理体系和治理能力现代化发展要求下的城市交通治理内涵、理论基础、研究框架等内容;在第十章新增了步行与非机动交通设计等内容;在第十一章将交通信号的公共交通车辆优先控制单列一节;在第十二章新增了智能交通系统相关理论与关键技术的介绍;在第十三章新增了新基建背景下的未来交通发展趋势,以及科技进步、信息技术等带来的交通出行变革。

　　全书由同济大学交通运输规划与管理系组织编写,吴娇蓉等编著。编写分工

1

如下:吴娇蓉、岳李圣飒编著第一章;吴娇蓉、倪颖、邹亚杰编著第二章、第三章;吴娇蓉编著第四章;邹亚杰编著第五章;叶昕、吴娇蓉、袁泉编著第六章;吴娇蓉、李健编著第七章;云美萍、吴娇蓉编著第八章;张思扬编著第九章;白玉编著第十章;倪颖编著第十一章;岳李圣飒编著第十二章,吴娇蓉、岳李圣飒编著第十三章。

在本教材修订过程中,编著者参考了相关教材、研究论文等文献资料,在此谨对被引用文献的作者表示衷心感谢!由于编著人员水平有限,本版教材仍难免存在错误和不当之处,恳请广大读者不吝批评指正。

编著者
2024年4月于同济大学

目录

第一章

绪论

交通工程作为一门独立的工程技术学科诞生至今已有百年历史。交通工程主要关注人和货物的移动,随着交通工具、交通设施的更新迭代,以及科技进步和城市持续发展,新的交通问题不断涌现,改善和治理实际交通问题成为交通工程理论与技术发展的主要驱动力。

第一节 交通工程的起源与主要研究内容

一、起源与定义

早在1858年,英国伦敦街道上就出现了世界上最早的燃气红绿两色手牵皮带式交通信号灯,以指挥马车交通。1868年,这类信号灯被改进为旋转灯箱式信号灯。汽车交通出现后,由于车辆速度远高于马车,交通事故,尤其是交叉口相交车辆相撞事故开始增多。最初,警察采用手持红旗在车前行走的所谓"红旗法"来限制车速,这是最原始的限速交通管制方法。随后,电信号灯出现,1914年,美国克利夫兰的交叉口上出现了第一个电启动信号灯;1916年,美国纽约改装制造了第一套红黄绿三色信号灯;1918年,又出现了安有传感器的控制信号灯。这些是交通工程中常用的限速交通管制法与交通信号控制设施的起源与发展进程。

20世纪20年代后,小汽车大规模驶上道路,单纯依靠限速措施在减少交通事故方面逐渐难见实效。在郊区公路上,车速远高于市区街道,导致后车碰撞前车、严重的对向车辆碰撞等各类交通事故频发。这引起学术界,特别是物理、数学、经济学界学者的关注。为探索事故原因,他们观察公路上车辆的运行状况。最初的交通工程研究正是源于对减少小汽车交通事故作出的思考与尝试。

1926年,哈佛大学首先创立了交通工程专修科。1930年,美国创建了世界上第一个交通工程师协会ITE(Institute of Transportation Engineers),并正式提出了"交通工程"(Traffic Engineering)这一名称,这标志着交通工程作为一门独立的工程技术学科的诞生。

ITE将交通工程定义为运输工程(Transportation Engineering)的一个分支,研究由城市道路(Urban Road)、街道(Street)、公路(Highway)组成的网络(Network)及枢纽(Terminal)的规划、几何设计、交通运行(Traffic Operation),以及与其他运输方式的关系。英文表述为"Traffic engineering is the phase of transportation engineering which deals with the planning, geometric design and traffic operations of roads, streets, and highways, their networks, terminals, abutting lands, and relationships with other modes of transportation."

经过多年的发展,交通工程范畴不断扩展。综合我国各类交通工程教材、交通工程手册对交通工程的描述,交通工程可定义为"把人和货物、车、路、环境、信息、交通法规统一在交通系统中,探索各要素之间的内在规律和最佳集成,将技术方法和科学理论应用于交通系统的规划、设计、管理、运行、控制中,确保人和货物在行、运过程中安全、高效、便捷、经济、舒适和环境协调的工程。"

在该定义中,"人和货物"是交通主体;"车"泛指交通工具;"路"泛指交通网络(含设施);"环境"泛指天气、照明、建设密度、绿化、地形及交通带来的空气污染、噪声和振动等;"信息"包括城市和交通地理信息、土地使用信息、交通参与者信息、交通出行信息、交通运行信息、交通事件和交通环境信息等;交通法规是国家在道路交通管理方面制定的维护交通秩序,保障交通安全与畅通的法律、法令、规则、条例和技术标准等。

二、交通工程的主要研究内容

交通工程的研究对象、内容示意图如图1-1所示。本教材中,交通工程研究对象聚焦于交通系统中的人、货、车、网络四要素,确定和探索相关概念、研究信息环境下的人、货、车、网络交通特性指标、时空间变化规律等。其中,"人"包括驾驶人、乘客、行人、非机动车骑行者;"货"指货物;"车"泛指交通工具;"网络"指交通网络,由道路网、公共交通网、步行与非机动车网络等多层网络叠合构成,是各种交通工具运行及相互连接的基础设施。

交通工程基础理论包括交通流理论、交通需求分析理论、出行行为分析理论。交通流理论主要研究机动车流、人流、非机动车流的运行状态和规律,三种交通流有较大差异。交通流理论同时也是开展交通设计、交通控制、交通系统管理研究的基础。交通需求分析理论是描述和预测现状或未来某一时刻基于土地利用和交通网络运行状况的交通出行需求量产生、分布、方式选择、分配的理论及方法。目前,交通需求分析理论的研究可分为基于交通小区和基于活动两大类,交通需求分析是开展交通规划、交通需求管理、交通政策研究的基础。出行行为分析理论用于定量分析出行者在个体属性和出行环境相互作用下的出行需求和出行选择。交通需求管理涉及的各项措施、交通政策能够改变出行环境条件,对出行者行为产生影响甚至改变出行行为。因此,出行行为分析理论可用于交通需求管理效果评估、交通政策评价、交通服务效益评价等。

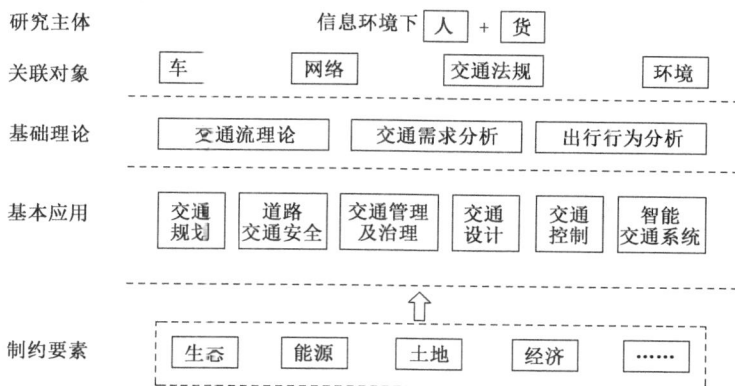

图1-1 交通工程的研究对象、内容示意图

交通工程应用研究主要包括交通规划、交通管理、交通安全、交通设计、交通控制、智能交通系统等方面的研究。交通规划是城市总体规划中的一个重要组成部分，是制订交通运输系统建设计划、选择建设项目的主要依据，是确保交通运输系统建设合理布局，有序协调发展，防止建设决策、建设布局产生随意性、盲目性的重要手段。交通管理是面向交通需求侧和供给侧采取的一系列对策措施，旨在促进供需平衡，提升交通系统服务质量。交通安全涉及道路上所有交通参与者的安全出行问题，围绕着"人、车、路、环境、管理"这五个核心要素各自面临的及其相互关联的安全问题，形成了两大核心研究主题——"交通事故产生的原因"和"交通安全的改善方法"。交通设计是基于城市与交通规划的理念和成果，运用交通工程学的基本理论，以交通安全、通畅、便利、高效及与环境协调为目标，以交通系统的"资源"为约束条件，对现有和未来建设的交通系统及其设施加以优化，寻求改善交通的最佳方案。交通控制是运用现代化通信设施、信号装置、传感器、监控设备等对运行中的车辆、行人、自行车等进行准确的组织、调控，使其能够安全、畅通、高效地运行。

在交通系统人、货、车、网络四要素特性研究、交通工程基础理论研究，以及交通工程应用研究中，环境、能源、土地、经济等是交通工程技术方案的制约条件。

三、交通工程交叉学科特征

交通工程从其诞生之日起，就呈现出明显的交叉学科的特征。数学、物理学、统计学、信息科学、系统科学、人因工程、城乡规划与设计、土木工程、测绘工程、环境工程、汽车工程、经济学、社会科学等相关学科的发展，不仅为交通工程提供了丰富的理论源泉，也深刻改变着交通工程的内涵。大数据时代的来临为交通科学研究与实践带来了前所未有的机遇和挑战，交通工程与信息科学的深度交叉有望推动产生全新的理论和方法，这将给传统交通工程基础理论带来革命性的改变。

第二节　交通工程的发展与驱动因素

《雅典宪章》指出，城市具有居住、工作、游憩、交通四大功能，并首先提出在城市规划中应有城市交通规划的内容，从而启动了交通工程中城市交通规划的研究与编订。可见人类生存离不开交通,社会发展少不了交通。交通工程主要关注人和货物的移动,为了确保人和货物在移动过程中安全、高效、便捷、经济、舒适和环境协调,交通工程应"需"而生,改善和治理实际交通问题成为交通工程发展的驱动力。

一、汽车工业发展与交通工程

交通工程伴随着汽车产业、车辆技术、能源技术的发展而发展。在材料技术进步、能源结构调整和可持续发展背景下,电动化、智能化、共享化成为汽车工业发展的重要趋势。这也给城市交通基础设施、交通系统信息化、城市运行等多个领域带来了全面影响。例如,汽车智能化、网联化将对现有的交通管理方式、人们的出行方式及社会经济生产产生深远的影响,智能驾驶同时改变了道路基础设施(如路面、信号灯、标志标线等)及通信基础设施的规划设计理论与方法;汽车共享化及其他机动化交通工具速度的提升,促使城市活动组织与交通组织发生变化,促进了交通系统规划与设计、交通环境、交通安全等方面的研究发展。车辆的产量增加、拥有规模扩大、车辆使用强度过高和车辆运行空间分布不均衡带来的交通拥堵(Traffic Congestion)、交通事故、停车(Parking)困难等问题,不断推动着用于解决实际问题的交通工程理论的发展。

二、道路设施发展与交通工程

第二次世界大战以后,百业待兴,道路建设先行,至1970年,美国、德国、日本、英国、法国等国家已基本形成以高速公路为骨架的全国性公路网。至2010年,我国基本建成国家高速公路网和国家快速客运铁路网。2015年,现代化信息领域发展突飞猛进,数字技术日益融入经济社会发展的各领域,新型基础设施的概念应运而生。推动交通运输这一传统基础设施领域的转型升级和高质量发展日益受到国家重视。2019年,中共中央、国务院印发《交通强国建设纲要》,提出了到本世纪中叶"基础设施规模质量、技术装备、科技创新能力、智能化与绿色化水平位居世界前列"的宏伟目标。2021年,中共中央、国务院印发《国家综合立体交通网规划纲要》,再次强调"推进交通基础设施数字化、网联化""推进交通基础设施网与运输服务网、信息网、能源网融合发展"。2022年,党的二十大报告提出"加快建设交通强国,优化基础设施布局、结构、功能和系统集成,构建现代化基础设施体系"。新基建与交通工程领域的融合路径日渐清晰,即要紧密围绕人民满意、保障有力、世界前列的交通强国发展愿景,推动交通基础设施从传统设施向新型基础设施转型升级。同时,依托于交通基础设施的交通系统和运输体系,在为人流和物流提供安全、高效、便捷运输的过程中,也会在各个阶段、不同区域面临不断涌现出的出行难、运货难、效率低等实际问题,从而驱动交通工程不断发展。

三、城市发展与交通工程

2012年以来,我国逐渐进入新型城镇化阶段,相继实施区域协调发展、交通强国、网络强国等一批重大战略,提出"双碳"目标和数字中国建设规划,城市交通发展迈入了城市群与都市圈时代、全面数字化转型时代、资源环境强约束时代,体现为内涵式高质量发展要求。党的二十大报告指出"坚持人民城市人民建、人民城市为人民,提高城市规划、建设、治理水平,加快转变超(特)大城市发展方式,实施城市更新行动,加强城市基础设施建设,打造宜居、韧性、智慧城市"。交通是城市全体居民生存和发展的基本需要,在城市高质量建设和发展中承担着重要角色,在新型城镇化战略中发挥着举足轻重的作用。仅从交通工具迭代更新、基础设施规模扩充等工程视角来认识和治理城市交通问题已不再合适,亟须立足人的本源性需求,统筹国土空间开发保护、产业经济转型升级、绿色低碳发展等多重诉求之间的关系,推动交通工程理论不断创新和发展。

四、信息技术发展与交通工程

信息技术发展及其与金融资本的结合正在推动交通工具拥有和使用关系发生调整,"互联网+"带来了生活方式的转变与交通出行方式的创新。第一,网上购物、互联网生活服务、远程办公、网络教育、社交平台的使用等正在改变城市居民的生活方式。第二,共享经济与"互联网+交通"的技术发展使交通出行方式更加丰富,交通出行资源可更高效地实现供需对接,与用户位置信息结合的交通信息服务促进了个体出行决策的合理化与优化,共享单车、分时租赁、定制公交、共享车位、网约车、出行即服务(MaaS)等一系列具有共享特质的交通服务新业态不断涌现并快速发展,既给传统客运组织方式带来了挑战,也为交通运输服务的变革和创新提供了新机遇。第三,智能交通基础设施、自动驾驶技术、"人-车-路-环境"智能化网联等技术迅猛发展,推动了交通系统智能化水平不断提高,为交通工程理论研究与创新带来了旺盛需求。

第三节　交通工程的研究历程

一、理论研究历程

交通工程围绕"人-货-车-网络"关系建立了"交通需求、交通供给与交通流运行"理论与方法体系,并随着分析技术与数据手段的发展而持续发展和创新。1930年以来的交通工程理论研究大致分为四个阶段:理论储备期(1930—1950年)、小汽车交通理论形成期(1950—1990年)、多模式复合智能交通理论发展期(1990—2020年)、交通系统智能化背景下的交通理论创新期(2020年至今)。各个阶段的主要理论研究关注点如图1-2所示。

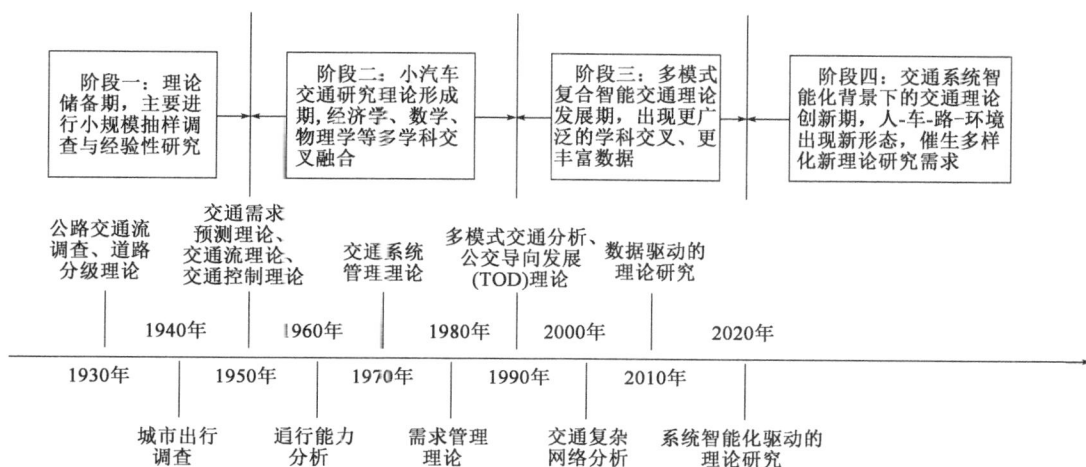

图1-2　1930年以来交通工程理论研究脉络

（1）理论储备期。这一时期主要通过小规模抽样调查开展经验性研究，如公路交通流调查、居民出行调查等。基于调查结果尝试建立交通流运行参数（流量、密度、速度）的经验关系，以及进行对居民出行规律的初步探索。

（2）小汽车交通理论形成期。经过理论储备期的奠基，这一时期来自经济学、数学、物理学、系统工程、控制工程等多学科的人员对小汽车交通开展了大量研究，形成了交通流理论、交通需求预测理论、交通控制理论、通行能力分析方法、交通系统管理理论、交通需求管理理论等理论方法，奠定了当前交通理论研究的基本框架。

（3）多模式复合智能交通理论发展期。20世纪90年代之后，西方发达国家认识到不能依靠单一的小汽车交通解决城市居民出行问题，需要同步甚至优先发展公共交通、步行、自行车等多模式复合交通，并开展了包括公交导向发展（TOD）、复合交通网络等理论研究。当前，随着交通数据来源与样本的极大丰富，以数据驱动为手段、以先进智能为导向的新一代交通理论研究正迎来重大变革期。

（4）交通系统智能化背景下的交通理论创新期。在这一时期，随着先进通信技术、自动驾驶技术、人工智能技术、物联网技术等新技术不断取得突破，交通系统的智能化水平飞速提升。出行者能够依赖更智能的客户终端优化出行策略，车辆具备自主驾驶能力及强大的驾驶学习能力，交通设施变得更加智慧。这些变化显著改进了交通系统的性能和表现，并催生了新的交通工具和出行行为，也驱动了交通理论新的研究和创新。

二、我国交通工程研究历程

早在1961年，同济大学城市建设教研室的赵骓和罗孝登两位教授就主编了《城市道路与交通》《城市运输》两本交通工程学科的全国统编教材（图1-3）。1962—1963年间，同济大学城市建设教研室、1977—1978年间同济大学道路教研室，先后对上海信号控制交叉口运行参数进行观测、分析。1979年，同济大学创建了国内第一个交通工程研究室，来自城市建设、道路两教研室的教师将城市客、货运及道路通行能力、交叉口运行控制、大型体育场交通疏散等方面的研究积累撰写成文章，在1980—1983年间编印了20期《交通工程技术资料》，分发给各有关高等院校与单位，是国内最早分发的交通工程技术交流资料。

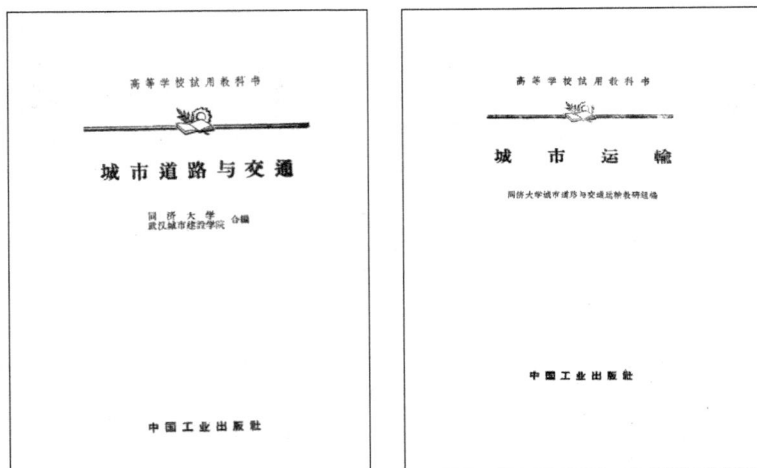

图1-3　19世纪60年代的两本交通工程学科全国统编教材

1978年,上海开始组织机动车起讫点(OD)调查等调查工作;1979年,交通部开始在全国国道及主要省道上设置交通调查站,组建全国公路交通调查网;1980年,城市建设局(住房和城乡建设部前称)城市规划设计研究院率先在天津市进行了城市居民出行及全市交通状况调查等。

1979年,中国城市规划学术委员会成立大城市交通学组,1985年、2003年先后更名为城市交通规划学术委员会、城市交通规划分会,现名城市交通规划学术委员会。1980年,上海市率先在国内成立了交通工程学会;1981年,中国交通工程学会宣告成立,20多个省(自治区、直辖市)也相继成立了省级交通工程学会或交通委员会。

1980年,北京建筑工程学院率先设立交通工程专业。

1985—2010年,随着快速的城市化及机动化进程,城市面临愈发严峻的交通压力,交通工程得到了蓬勃发展,以信息控制为基础的交通工程研究进入较快发展期。例如,1986年,国家"七五"重点科技攻关项目立题研究"城市交通信号自适应实时控制系统(Self-adaptive Real-time Control System)",1991年初验收通过。1998年,广州市高架环路开通了自适应优选(Self-adaptive Preference)匝道入口信控系统。2000年,国家自然科学基金委员会评审通过由吉林工业大学与同济大学共同承担的博士生导师重点项目"城市交通流智能路线导行系统"(Route Guidance System,RGS)等。在此阶段,可持续交通规划理论及交通设计研究也取得了重要进展。例如,1990年,上海、北京开发并建立了城市交通规划战略模型,促进了国内其他城市的交通模型研究,并发布了部分在国内具有开创性意义的城市交通战略与政策研究成果,如2002年,上海市政府颁布了国内第一本城市交通白皮书——《上海市交通白皮书》。在此期间,国内也推出了一批交通规划、设计规范和标准,例如2001年,上海市颁布了地方标准《城市道路平面交叉口规划与设计规程》等。

2010年至今,由于能源与资源约束趋紧及城镇化战略的提出,对于多模式综合交通、交通能源与环境、交通流理论、智慧交通等的研究日益受到重视。随着相关学科的交叉融入和研究的加深,涉及多领域的大交通研究初现雏形。

习题

1-1 交通工程研究对象是什么?主要研究内容包括哪些?

1-2 交通工程理论发展主要经历了哪些阶段?这些阶段所处的时代特征、城市发展特征是怎样的?

第二章

驾驶人、车辆和道路特性

人、车辆、道路属于交通系统基本要素。其自身特性及它们之间的相关特性分析是交通工程的基础,是进行交通规划、设计、控制、营运的前提。交通系统中,"人"包括驾驶人、乘客、行人、非机动车骑行者,本章重点讨论驾驶人特性。

第一节 驾驶人特性

道路上的客、货运输主要由驾驶人来完成。因此,充分认识驾驶人的交通特性,对于保证乘客、货物被安全、快速、顺利、准时、完好地送达目的地,以及交通设施安全设计十分重要。

驾驶人的感知和反应特性可用于分析驾驶人在交通环境中的心理、生理和行为特征。驾驶人通过自己的感官,接收外界交通状况信息,产生感觉,主要为视觉和听觉。各种感觉相互联系,综合成为知觉,在知觉的基础上,又可形成"深度知觉"。对驾驶人而言,目测距离、估计时间、判断车速等,即为基于对实际交通情况的感觉,经过判断后形成的深度知觉。驾驶人的视觉特性和反应特性在形成深度知觉的过程中起着非常重要的作用。

一、视觉特性

在行车过程中,与驾驶任务密切相关的视觉因素总结如表2-1所示。以下分别对视力、视野、视觉适应、眩目、色彩感觉、行车环境的视觉感知进行详细叙述。

驾驶任务中的视觉因素
表2-1

视觉因素	定义	相关的驾驶任务
视角	被看物尺寸范围的两端点光线射入眼球的相交角度	从看仪表盘到看路面
静视力	静止时辨识物体形状的能力	识读远处交通标志
动视力	在运动中观察物体的能力	行驶过程中识别交通标志
临界视力	对视野边缘物体的感知	看到边侧自行车、行人靠近
眼动	眼球自由转动,改变注视方向	观察道路环境,躲避危害
视觉适应	对不同光亮程度的感受适应过程	进入隧道时适应光线变化
景深知觉与景深移动	判断物体的距离,感知视觉图像的大小变化	判断接近自己的车辆的速度
色彩感觉	识别不同颜色的能力	识别信号灯、交通标志的颜色
对比色灵敏度	识别与背景亮度相近的对象的能力	夜间辨认穿着深色衣服的行人
眩光敏感度	对眩光的恢复能力	夜间在对向车灯眩光下完成会车

1. 视力

视力(Vision)是眼睛分辨物体细微结构能力的一个生理尺度,以临界视角的倒数来表示。视力分为静视力和动视力。

静视力是静止时的视力。我国《机动车驾驶证申领和使用规定》第十四条二款二项规定:申请大型客车、重型牵引挂车、城市公交车、中型客车、大型货车、无轨电车或有轨电车准驾车型的,两眼裸视力或者矫正视力应达到对数视力表5.0以上;申请其他准驾车型的,两眼裸视力或者矫正视力应达到对数视力表4.9以上。

动视力是车辆行驶时驾驶人观察物体的能力。动视力随着车辆行驶速度的增加而降低;车速越高,视力降低的幅度越大。动视力还与驾驶人年龄有关,一般年龄越大,动视力越差,如图2-1所示。

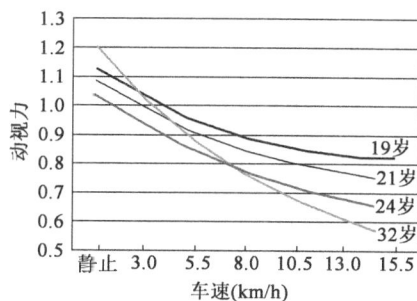

图2-1 不同年龄时动视力与车速的关系

视力与亮度有关。通常当光照度在0.1~1000lx范围内时,视力与照度呈线性关系。白天亮度大,驾驶人视力正常;夜间亮度小,驾驶人视力明显减弱,需要依靠车头灯来分辨物体;黄昏时,车头灯的照度与周围景物的光亮度差别不大,驾驶人不易辨识周围的车辆和行人等障碍物,所以是一天中最易发生事故的时间。

2. 视野

眼球固定注视一点时所能看见的空间范围称视野(Field of Vision)。视野亦有静视野和动视野之分,它是以眼球是否能自由转动来区分的。驾驶人头部和眼球固定时能够看到的范围称静视野。仅将头部固定,眼球自由转动时能够看到的范围称动视野。正常人的视野大约为单只眼睛上下(垂直视野)135°~140°、左右(水平视野)150°~160°;双眼视野比单眼视野的范围大,约为180°。动视野比静视野左右方向约宽15°,上方约宽10°,下方无明显变化。

视野与车速有关。当车辆静止时,驾驶人的动视野范围最大,为120°~180°。车速越高,驾驶人的视野越窄,注意力的集中点随之远移,会导致距离车辆近的景物清晰度降低,甚至无法辨认。车速对视野与前方注意点的影响如表2-2所示。当高速行驶时,驾驶人感知越近的物体相对于车辆移动的速度越快,这些物体的映像在人眼视网膜上停留的时间太短,人眼来不及仔细分辨物体的细节,导致难以辨认。因此,路侧交通标志应与驾驶人保持一定的距离。根据相关实验结果,当车速为60km/h时,驾驶人能看清车辆两侧20m以外的物体;而车速为90km/h时,驾驶人能看清车辆两侧33m以外的物体,小于这个距离的物体就难以辨认。

车速对视野与前方注意点的影响　　　　　　　　　　　　　　表2-2

车速(km/h)	40	60	80	95	105
视野(水平范围)	90°~100°	75°	60°	40°	<40°
前方注意点(m)	180	330	420	540	600

视野与视力密切相关。根据人的生理特点,通常视锥角在3°~10°范围时,感觉最灵敏,此时的视力称为最佳视力,交通标志、信号灯应设在最佳视力锥体范围内;视锥角在10°~20°范围内时为清晰视力,颜色、形状、汉字可以在这个范围内清楚辨识;120°~180°范围为临界视力,该范围内可以辨识动态物体。视野说明如图2-2所示。

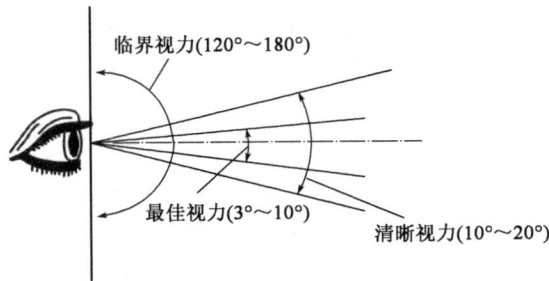

图2-2　视野说明

3. 视觉适应

视觉适应是眼睛对光亮程度突然变化(光线由亮到暗或由暗到亮)的感受性适应过程。当汽车由明亮处驶入暗处时,驾驶人通常至少需要6s才能基本适应,看清周围情况。汽车由暗处驶入明处时,视力恢复正常一般需要3s。

对于不同年龄的驾驶人,视觉适应能力也有明显不同。研究结果表明:20~30岁的驾驶人由明亮处驶入暗处的过程中,视觉适应能力不断提高;年龄大于40岁的驾驶人逐渐下降;年龄大于60岁的驾驶人的视觉适应能力仅为20岁时的1/8。了解驾驶人视觉适应随驾驶人年龄的变化特点,对预防交通事故的发生十分必要。

4. 眩目

强光照射会使驾驶人产生眩目,视力明显下降。夜间行车时,对向车辆车头灯强光照射最易使驾驶人产生眩目现象。强光照射中断后,视力从眩光影响中恢复过来需要时间,视力恢复时间的长短与刺激光的亮度、持续时间、受刺激人的年龄有关,一般为3~6s。

与眩光有关的另一种现象是消失现象,即当某一物体(如行人)同时受到双向车辆的车灯照射时,在某一相对距离内完全看不清该物,即该物呈消失状态。行人站在路中心线,当双向车辆距行人约50m,车灯对照时,行人将呈现消失现象,难以被辨认。

5. 色彩感觉

可见光的光波长在400~760nm范围,可见的颜色有红、橙、黄、绿、青、蓝、紫。其中,红色刺激性强,易使人兴奋,波长最长,传播最远,易见性最高;黄色有最高的明亮度,反射光的强度最大;绿色给人温柔、平静、安全的感觉。交通工程中利用颜色的物理特性及人对色彩的感觉,把红色光作为交通信号中的禁行信号,绿色光作为通行信号,黄色光作为警告信号。不同颜色在交通标志中的应用见第八章。

6. 行车环境的视觉感知

研究人员通过采集驾驶人在道路空间和停车场的视觉感知图像,能够发现驾驶人视觉感知现象的城市交通空间可概括为三类。第一类是地下停车库及地面停车场。驾驶人在地下停车库内看见的事物以汽车、停车标识、停车位周边的墙体和柱子为主,在地面停车场上以低矮灌木、植被及高度在2m以下的乔木的树干部分为主。第二类是交叉口红灯等待区。交叉口是驾驶人在路途中的主要停留位置之一,驾驶人的视觉感知内容主要包括红绿灯、过街天桥、人行斑马线、行人以及交叉口周围建筑物上的大型广告牌等。当相交道路宽度小于25m时,驾驶人能看清楚路口周边行人的举止、建筑物底层的建筑材料、门窗风格样式及商店橱窗内展示的物品;当相交道路宽度大于25m时,驾驶人对以上所有相关信息的获取能力随着道路宽度的增加而减弱。第三类是车辆行驶过程中及堵车时的道路空间。车辆以大于30km/h的速度行驶时,驾驶人可以辨认道路两旁的树木,但很难辨认低矮的花卉和灌木的叶子。堵车时,驾驶人视野内的主要事物包括周围车道上的车辆、道路标识系统和车辆行驶前方远处高层建筑物的顶部楼层轮廓。

二、反应特性

人受到外界因素刺激时,会产生对应反应。由于刺激因素强弱、持续时间长短、发生次数多寡的区别,以及人受刺激后反应快慢的差异,不同驾驶人对外界因素刺激产生反应的剧烈程度和时间长短不尽相同。

1. 刺激信息

驾驶人接收的外界因素刺激信息来自道路和交通环境,包括道路线形、宽度、路面质量、横断面组成、坡度、交叉口及车辆类型、交通量、行车速度、机动车与非机动车的行驶情况及相互干扰情况、行人情况、交通信号、标志标识等。在驾驶车辆过程中,交通环境不断变换,驾驶人随时接收外界信息,并做出相应的反应。

2. 分析判断

驾驶人接收外界信息后,通常经历如下4个反应阶段。

(1)感知:障碍物或一些情况进入驾驶人的视野,驾驶人意识到需要做出一定的响应。

(2)识别:驾驶人对所感知的障碍物或情况进行充分的辨识,以便做出合适的反应。

(3)决策:一旦对所感知的障碍物或情况完成识别,驾驶人必须分析并做出合适的决策。

(4)反应:完成决策后,驾驶人开始执行反应行为和动作。

对于驾驶人来说,对接收到的外界信息进行判断一般分为三种情况:一种是驾驶人接收外界信息后,能够迅速地分辨信息,做出正确的反应;第二种是无法对外界信息进行清晰分辨,思维混乱,以致判断错误,反应失当;第三种是对外界信息归纳迟缓或考虑欠周,造成犹豫不决。后两种情况都是造成交通事故的重要因素,应力求避免。

3. 感知-反应时间

感知-反应时间(Perception-Reaction Time,PRT)由感知、识别、决策、反应4部分时间组成。由于很多因素会影响感知-反应时间,例如驾驶人所感知到的事件类型及其复杂程度、驾驶人做出反应时的周边环境情况等,故不同驾驶人的感知-反应时间有较大差异。《美国国家公路与运输协会标准》(AASHTO)建议在有信号控制情况下取感知-反应时间为1.0s,该值为统计样本的第85百分位点。因为驾驶人对于信号灯的响应较为简单,所以取值显著小于在公路上制动情况下的感知-反应时间。

(1)可预期事件对感知-反应时间的影响。

可预期事件对驾驶人的感知-反应过程及时间具有显著的影响。通过对照试验研究驾驶人对可预期、不可预期事件的感知-反应时间差别,得出可预期事件的感知-反应时间均比不可预期事件的感知-反应时间短大约0.5s。因此,交通工程师应当在道路系统和交通设计中避免做出使驾驶人"不可预期或预期之外"的设计,换言之,在道路条件受限制的情况下,必须有精细化设计的标志、标线,对"预期之外"的设计进行提示。

(2)其他影响感知-反应时间的因素。

一般而言,以下因素会明显增加驾驶人感知-反应时间:年龄、疲劳、驾驶人体内的酒精及(或)药物含量、复杂环境。通常,老年人的感知-反应时间长于中青年。酗酒或一些药物副作用都可能引起驾驶人心理和生理特征的变化,影响驾驶行为,增加感知-反应时间,甚至导致驾驶人做出不准确的反应,极易引发交通事故。由于驾驶人酗酒引起的感知-反应行为很难通过交通设计、交通管理与控制技术得以改善,因此《中华人民共和国道路交通安全法》对此提出了严厉的处罚规定,以减少酒后驾车和醉酒驾车带来的事故。

驾驶人长期在复杂的环境中行车,精神始终处于紧张状态,增加了心理负荷,容易产生疲劳。另外,驾驶人长时间在路线平直而单调的环境中行车,做简单的重复操作,车辆产生轻微而有节奏的振动,此时由于大脑反复受同样的刺激,大脑皮层的能量消耗过多,大脑代谢功能降低,供血不足,引起驾驶人疲劳。驾驶人疲劳后,给安全行车带来的不利影响有4个方面:

①简单反应时间显著增加。驾驶人疲劳后的反应时间比疲劳前约长0.07s。

②对复杂刺激的反应时间增加,有的甚至增长2倍以上。

③动作准确性下降。有时会发生反常反应，即对于较强的刺激出现弱反应，对于较弱的刺激出现强反应。动作的协调性受到破坏，以致反应不及时。这在制动、转向行为中表现得最为明显。

④判断错误和驾驶错误远比平时增多。驾驶错误多体现在掌握转向盘、制动、换挡不当方面的行为中；判断错误多体现在对道路的运行状况、对潜在事故的可能性及应付方法考虑不周到。

4. 反应距离

车辆在驾驶人感知-反应这个过程中保持原有速度行驶的距离是交通工程师必须关注的问题。以最简单的制动反应为例，感知-反应过程开始于驾驶人意识到视野中出现了障碍物或状况，在驾驶人踩制动踏板的瞬间结束。在这段时间之内，车辆将沿着原来的轨迹并按原来的速度行驶；当驾驶人踩了制动踏板，对刺激做出反应之后，车辆才开始减速。

反应距离是车辆原始速度（km/h）与感知-反应时间（s）的乘积。因时间单位是 s，将速度单位 km/h 转化为 m/s 更便于应用，1km/h=0.28m/s。

反应距离的计算公式为：

$$s_{Re} = 0.28 \cdot V \cdot t \tag{2-1}$$

式中：s_{Re}——反应距离（m）；

V——车辆原始速度（km/h）；

t——反应时间（s）。

第二节 车 辆 特 性

车辆的特性在交通基础设施（Traffic Infrastructures）设计、交通运行（Traffic Operation）中起着重要作用。车辆尺寸、车辆质量影响道路桥梁线形设计、结构设计及停车场地（Parking Lot）、枢纽（Terminal）、场（Vehicle Yard）、站（Station）设计，车辆的各种运行性能与驾驶人特性共同决定了交通流特性。

一、车辆的服务要求

道路上通行的各种车辆按照服务需求（Service Demand）或使用性能分为客运车辆和货运车辆，前者主要包括公共汽（电）车、无轨电车、有轨电车、大客车和小客车等，后者主要包括载货汽车、拖挂车、铰接车等。

交通运输对车辆的服务需求如下。

（1）车辆的交通效率高，通常采用的评价指标包括额定载客人数及座位数、载货容量（额定载质量）、汽车质量利用系数（额定载质量/空车质量）、平均车速及动力性能。

（2）车辆的行驶性能和安全性能好，通常采用的评价指标包括加速性能、最高车速、侧向稳定系数、转向性系数、沿曲线行驶的稳定性、制动距离、驾驶人的视野及可见区域等。

（3）车辆乘载方便、舒适，通常采用的评价指标包括乘客舒适和方便程度，如行车平顺性、座位宽敞程度、乘客上下车方便程度、通风机采暖效能；货车装卸方便程度，如车厢或车身的装载高度、可打开的车栏板数目、有无装卸机具等。

（4）车辆的运营成本低，通常采用的评价指标包括能源经济性，如每 100t·km 或每 100人·km

的最低能源消耗量、每100km平均能源运行消耗、大修前行驶里程(km)、轮胎使用期限、汽车部件和零件的损伤情况等。

(5)车辆对环境的污染少,通常采用的评价指标包括各种车速下产生的汽车噪声、汽车污染排放量等。

二、设计车辆的概念

我国常用车辆的技术参数参考我国《汽车、挂车及汽车列车外廓尺寸、轴荷及质量限值》(GB 1589—2016)的规定。由于车辆尺寸与道路工程、交通工程关系密切,在《公路工程技术标准》(JTG B01—2014)(用于公路设计)、《城市道路工程设计规范(2016年版)》(CJJ 37—2012)(用于城市道路设计)中将具有代表性质量、外廓尺寸和运行性能(Operation Performance)的车辆,称为设计车辆。《公路工程技术标准》(JTG B01—2014)和《城市道路工程设计规范(2016年版)》(CJJ 37—2012)列出的设计车辆外廓尺寸如表2-3和表2-4所示。表中总长指车辆前保险杠至后保险杠的距离;总宽指车厢宽度(不包括后视镜);总高指车厢顶或装载顶至地面的高度;前悬指车辆前保险杠至前轴轴中线的距离;双轴车的轴距指前轴轴中线到后轴轴中线的距离;铰接车的轴距分前-中轴距(前轴轴中线至中轴轴中线距离)和中-后轴距(中轴轴中线至后轴轴中线距离);后悬指车辆后保险杠至后轴轴中线的距离。

《公路工程技术标准》(JTG B01—2014)规定的设计车辆外廓尺寸(单位:m)　　表2-3

车辆类型	总长	总宽	总高	前悬	轴距	后悬
小客车	6.0	1.8	2.0	0.8	3.8	1.4
大型客车	13.7	2.55	3.0	2.6	前-中6.5 中-后1.5	3.1
铰接客车	18.0	2.5	4.0	1.7	前-中5.8 中-后6.7	3.8
载重汽车	12.0	2.5	4.0	1.5	6.5	4.0
铰接列车	18.1	2.55	4.0	1.5	3.3+11	2.3

《城市道路工程设计规范(2016年版)》(CJJ 37—2012)规定的设计车辆外廓尺寸(单位:m)　　表2-4

车辆类型	总长	总宽	总高	前悬	轴距	后悬
小客车	6.0	1.8	2.0	0.8	3.8	1.4
大型客车	12.0	2.5	4.0	1.5	6.5	4.0
铰接车	18.0	2.5	4.0	1.7	前-中5.8 中-后6.7	3.8

三、车辆动力特性

车辆的动力特性是其最基本、最重要的性能之一。车辆运输效率和行驶性能的高低,在很大程度上取决于其动力性能。车辆的动力性能主要通过最高车速、加速特性和转弯特性三方面的指标来评定。

1. 最高车速

最高车速是指车辆在水平的良好路面上行驶时所能达到的最大车速,此时车辆已不可能加速,坡度阻力和加速阻力为0,最高车速即车辆的牵引力在克服空气阻力和滚动阻力时所能达到的车速。

2. 加速特性

车辆的加速能力指车辆在水平路段且路面良好的道路上行驶时产生的加速度。客车的加速度往往大于货车。表2-5列出了平坦路段典型客车和货车的加速特性。加速度与车速之间的关系为:低速时,车辆变速器的传动比大,牵引力大,所以加速度大;高速时,车辆变速器的传动比小,牵引力小,空气阻力大,所以加速度小。

平坦路段典型客车和货车的加速特性 表2-5

速度区间	加速度(m/s²)	
(km/h)	客车	货车
0~30	2.3	0.5
30~50	2.0	0.4
50~65	1.8	0.2
65~80	1.6	0.2
80~95	1.4	0.1

客车、货车从静止到起动加速至一定速度所需的加速距离计算公式为:

$$s_a = \frac{v^2}{2a} = \frac{(V/3.6)^2}{2a} = \frac{V^2}{25.92a} \tag{2-2}$$

式中: s_a——加速距离(m);

$v(\text{m/s})$、$V(\text{km/h})$——加速的最终速度(由静止开始加速的条件下);

a——加速度(m/s²)。

【例2-1】 计算客车、货车均从静止加速至30km/h分别需要行驶的距离。

由表2-5可知,客车从静止加速至30km/h,加速度为2.3m/s²,所需的加速距离为:

$$s_a = \frac{30^2}{25.92 \times 2.3} = 15.1 \, (\text{m})$$

货车从静止加速至30km/h,加速度为0.5 m/s²,所需的加速距离为:

$$s_a = \frac{30^2}{25.92 \times 0.5} = 69.4 \, (\text{m})$$

可见,客车和货车的加速距离差异显著。如果交叉口信号灯亮红时,客车排在货车之后,红灯变绿灯后的车辆起步阶段,货车会严重阻碍客车的加速行驶;如果货车排在客车后面,当它们加速时,货车与客车之间会产生较大的空当。

但是,一般在道路设计中很难处理客车、货车因加速差异而产生的上述问题。因此,在通行能力分析中,考虑到客车和货车在加速能力、上坡路段维持一定行驶速度的能力方面的差异,提出了"当量小汽车"(Passenger Car Unit,pcu)的概念,以4~5座的小客车为标准车,作为将各种类型车辆换算为道路交通量的当量车种。在不同等级道路设施、坡度与坡长及其他因素作用下,一辆货车占用的道路通行能力等效于3~5辆当量小汽车的占用量。在进行通行能力等效换算的基础上,继续进行道路设计或交通运行状况分析更为合理。

3. 转弯特性

车辆转弯时有低速转弯(≤15km/h)和高速转弯(>15 km/h)两种形式。

城市道路、公路的最小圆曲线半径、交叉口最小转弯半径的设计取值,通常要考虑不同类型车辆的低速转弯特性,包括转弯时车辆前后轮轨迹偏离特性、一定车速下的转弯时间等。

高速公路、城市快速路曲线段的最小圆曲线半径取值,通常要考虑车辆的高速转弯特性,包括车辆侧向摩擦力、向心力等。因此,在道路横断面设超高和不设置超高的情况下,最小圆曲线半径的取值是有所差别的。

四、车辆制动特性

车辆的制动性能是车辆的主要性能之一,它是安全行驶的重要保证。最基本的制动性能评价指标是制动减速度、制动力和制动距离。

车辆制动时,作用于车辆上的外力有制动力和各种行车阻力,平衡方程式如下:

$$F_b + \sum F_r = 0 \tag{2-3}$$

式中:F_b——车辆的制动力;

$\sum F_r$——车辆行驶阻力之和。

车辆行驶时的阻力包括空气阻力、滚动阻力、坡度阻力和加速阻力。滚动阻力在任何行驶条件下均存在,坡度阻力在上、下坡时产生,加速阻力则发生于车辆变速行驶时。

车辆制动时,车轮运动有滚动与拖滑两种,故制动力由两部分组成:一部分是车辆制动器内制动力矩所产生的摩阻力;另一部分是抵抗轮胎滑移的阻力。车辆的制动力也与车辆牵引力一样,受附着力的制约,其最大值等于附着力,可用下式表示:

$$F_b = G \cdot \varphi \tag{2-4}$$

式中:G——车辆重量;

φ——车轮与路面的附着系数,取决于路面粗糙程度、潮湿程度、轮胎花纹、气压、车速及荷载等。

车辆制动时,车速迅速下降,空气阻力很小,可略去不计;当车轮卡住时,滚动阻力为0,此时车辆的最大减速度可由制动平衡方程式推得:

$$b = g(\varphi \pm i) \tag{2-5}$$

式中:b——减速度(m/s^2)。

g——重力加速度(m/s^2),可取为9.8m/s^2;

i——道路纵坡度(%),上坡为正,下坡为负;

φ——意义同前。

车辆的制动距离指驾驶人开始踩制动踏板到完全停车所需的距离,计算公式如下:

$$s_B = \frac{v}{2} \cdot \frac{v}{b} \tag{2-6}$$

$$s_B = \frac{v^2}{2g(\varphi \pm i)} \tag{2-7}$$

$$s_B = \frac{V^2}{2 \times 9.8 \times 3.6^2(\varphi \pm i)} = \frac{V^2}{254(\varphi \pm i)} \tag{2-8}$$

式中: s_B——制动距离(m);

v(m/s)、V(km/h)——制动开始时的速度;

b、g、i、φ——意义同前,计算制动距离时φ取路面潮湿状态。

当车辆由初始车速 V_0 减速至某一速度 V_t 时,制动距离表达式变为:

$$s_B = \frac{V_0^2 - V_t^2}{254(\varphi \pm i)} \qquad (2-9)$$

由上式可知,车速增高,制动距离增加很快;同时,路面与轮胎的附着系数与制动距离直接相关。对于道路路面条件较差的地段或天气寒冷路面结有薄冰时,必须限制车速,缩短制动距离,保证行车安全。

同时,式(2-9)在事故调查中可以发挥一定作用。例如,通过测量制动痕迹,根据车辆受损状况估计最终碰撞速度,可采用式(2-9)来推算车辆制动前的初始速度,以便分析是否超速。

五、停车距离

停车距离是指驾驶人自发现前方道路有障碍物,意识到需要停车到车辆完全停稳所行驶的距离。因此,停车距离是反应距离与制动距离之和,结合式(2-1)和式(2-7)得停车距离为:

$$s = 0.28 \cdot V \cdot t + \frac{V^2}{254(\varphi \pm i)} \qquad (2-10)$$

式中:s——停车距离(m);

V——制动开始时的速度(km/h);

t——反应时间(s);

φ、i——意义同前。

如果最终车速没有下降到0,则式(2-10)变换为:

$$s = 0.28 \cdot V_0 \cdot t + \frac{V_0^2 - V_t^2}{254(\varphi \pm i)} \qquad (2-11)$$

式中:V_0——制动开始时的速度(km/h);

V_t——最终速度(km/h);

t、φ、i——意义同前。

道路设计最重要的安全准则之一是驾驶人应有足够的视距以避免潜在的危险或碰撞事故。因此,在设计任何道路路段时,都必须保证驾驶人视距大于或等于设计车速所要求的停车距离。

在《公路工程技术标准》(JTG B01—2014)和《城市道路工程设计规范(2016年版)》(CJJ 37—2012)中,停车视距(Stopping Sight Distance)是指车辆以一定速度行驶时,驾驶人自看到前方障碍物时起,至到达障碍物前安全停车为止所需的最短行驶距离。表2-6和表2-7分别列出了不同设计速度的道路应符合的最小停车视距规定。需要注意,在同样的设计速度下,货车停车视距大于客车。

《公路工程技术标准》(JTG B01—2014)规定的高速公路、一级公路停车视距　　　表2-6

设计速度(km/h)	120	100	80	60
小汽车停车视距(m)	210	160	110	75
货车停车视距(m)	245	180	125	85

《城市道路设计规范(2016年版)》(CJJ 37—2012)规定的最小停车视距　　　表2-7

设计速度(km/h)	100	80	60	50	40	30	20
停车视距(m)	160	110	70	60	40	30	20

除了安全停车视距外,会车视距、超车视距、对交叉口的不同控制策略对应的视距都与车辆制动及停车距离相关,本节不再赘述。

第三节 道 路 特 性

一、道路分类与分级

道路是供各种车辆(无轨)和行人通行的工程设施。按其使用特点分为城市道路、公路、厂矿道路、林区道路及乡村道路等。公路是指城市之间、城乡之间、乡村与乡村之间、工矿基地之间等按照国家技术标准修建的,由公路主管部门验收认可的道路,包括高速公路、一级公路、二级公路、三级公路、四级公路,但不包括田间或农村自然形成的小道。公路主要供汽车行驶并具备一定技术标准和设施。城市道路是指城市建成区内的公共道路,一般划设人行道、车行道和交通隔离设施等。《城市道路工程设计规范(2016年版)》(CJJ 37—2012)给出了城市道路分级的相关规定。

1. 城市道路

《城市综合交通体系规划标准》(GB/T 51328—2018)按照城市道路所承担的城市活动特征,将城市道路分为干线道路(Trunk Road)、支线道路(Access Road)及联系两者的集散道路(Collector Road)三个大类。根据我国行业标准《城市道路工程设计规范(2016年版)》(CJJ 37—2012),城市道路应按道路在路网中的地位、交通功能及对沿线的服务功能,分为快速路、主干路、次干路和支路四个中类和八个小类。不同城市应根据城市规模、空间形态和城市活动特征等因素确定城市道路类别的构成。

(1)干线道路应承担城市中、长距离联系交通,集散道路和支线道路共同承担城市中、长距离联系交通的集散和城市中、短距离交通的组织。

(2)应根据城市功能的连接特征确定城市道路分类。城市道路分类与城市功能连接、城市用地服务的关系如表2-8所示。

不同连接类型与用地服务特征所对应的城市道路功能等级 表2-8

连接类型	为沿线用地服务很少	为沿线用地服务较少	为沿线用地服务较多	直接为沿线用地服务
城市主要中心之间连接	快速路	主干路	—	—
城市分区(组团)间连接	快速路/主干路	主干路	主干路	—
分区(组团)内连接	—	主干路/次干路	主干路/次干路	—
社区级渗透性连接	—	—	次干路/支路	次干路/支路
社区到达性连接	—	—	支路	支路

注:依据道路主线车流能否停靠在道路上并进入沿线用地来判断道路对沿线用地的服务程度。

城市道路八个小类划分与规划要求如表2-9所示。

城市道路功能、等级划分与规划要求

表2-9

大类	中类	小类	功能说明	设计速度（km/h）	高峰小时交通量推荐（双向 pcu/h）
干线道路	快速路	Ⅰ级快速路	为城市长距离机动车出行提供快速、高效的交通服务	80~100	3000~12000
		Ⅱ级快速路	为城市长距离机动车出行提供快速交通服务	60~80	2400~9600
	主干路	Ⅰ级主干路	为城市主要分区（组团）间的中、长距离联系交通服务	50	2400~5600
		Ⅱ级主干路	为城市分区（组团）间中、长距离联系以及分区（组团）内部主要交通联系服务	50~60	1200~3600
		Ⅲ级主干路	为城市分区（组团）间联系以及分区（组团）内部中等距离交通联系提供辅助服务，为沿线用地服务较多	40~50	1000~3000
集散道路	次干路	次干路	为干线道路与支线道路的转换以及城市内中、短距离的地方性活动组织服务	30~50	300~2000
支线道路	支路	Ⅰ级支路	为短距离地方性活动组织服务	20~30	—
		Ⅱ级支路	为短距离地方性活动组织服务的居住街坊内道路、步行、非机动车专用路等	—	—

2. 公路

《公路工程技术标准》（JTG B01—2014）规定,公路分为高速公路、一级公路、二级公路、三级公路及四级公路五个技术等级。公路技术等级应根据公路功能和路网规划,结合交通量确定。五个技术等级公路规定如下:

(1)高速公路为专供汽车分方向、分车道行驶,全部控制出入的多车道公路。高速公路的年平均日设计交通量宜在15000辆小客车以上。

(2)一级公路为供汽车分方向、分车道行驶,可根据需要控制出入的多车道公路。一级公路的年平均日设计交通量宜在15000辆小客车以上。

(3)二级公路为供汽车行驶的双车道公路。二级公路的年平均日设计交通量宜为5000~15000辆小客车。

(4)三级公路为供汽车、非汽车交通混合行驶的双车道公路。三级公路的年平均日设计交通量宜为2000~6000辆小客车。

(5)四级公路为供汽车、非汽车交通混合行驶的双车道或单车道公路。双车道四级公路的年平均日设计交通量宜在2000辆小客车以下;单车道四级公路的年平均日设计交通量宜在400辆小客车以下。

二、道路几何设计控制因素

道路几何设计的控制因素主要包括设计车辆、设计速度、交通量与通行能力、驾驶人特性、建筑限界、用地及道路红线等。

(1)设计车辆:指道路几何设计所采用的代表车型,以其特征作为道路几何设计的依据,对道路几何设计具有决定性控制作用。

(2)设计速度:是确定公路设计指标并使其相互协调的设计基准速度。

(3)交通量与通行能力:设计交通量,指拟建道路到预测年限时所能达到的年平均日交通量。设计小时交通量,指预期到设计年限末,用以作为道路设计控制要素的以1小时为单位的交通量,是确定车道数和车道宽带、评价服务水平的依据。我国采用小客车作为标准车型,利用车辆折算系数将不同车型折算成标准车型以测算交通量。通行能力与服务水平是指在一定的道路、环境和交通条件下,单位时间内道路某个断面上所能通过的最大车辆数,是特定条件下道路能承担车辆数的极限值。服务水平是驾驶人感受公路交通流运行状况的质量指标,通常用平均行驶速度、行驶时间、驾驶自由度和交通延误等指标作为表征。

(4)驾驶人特性:车辆行驶过程中会遇到突发情况,驾驶人需及时反应、妥善处理才能避免事故发生,设计中主要考虑驾驶人反应时间。

(5)道路建筑限界:指为保证道路上各种车辆、人群的正常、安全通行,在一定高度和宽度范围内不允许有任何障碍物侵入的空间界限,由净高和净宽组成。道路建筑限界规定了公路用地、公路修建和养护及沿线各和设施布设等所需要占用的土地,公路用地范围内不得修建非路用建筑物,确定用地时应珍惜土地资源。

三、道路几何设计要素

道路几何设计要素主要包括:平面线形上的平曲线半径、超高率、缓和曲线、曲线加宽、视距保证等;纵断面上的纵坡、坡长、竖曲线等;横断面上的车道布置、车道宽度、路拱和路面横坡、分隔带、路肩、边坡以及道路交叉的布设等。

1. 平面线形

平面线形指道路中线在水平面上的投影形状。平面线形由直线、圆曲线、缓和曲线3种线形构成,它们通常称为"平面线形三要素"。平曲线是在平面线形中路线转向处曲线的总称,包括圆曲线和缓和曲线。平曲线是连接两直线的线,使车辆能够从一根直线过渡到另一根直线,如图2-3所示。图中,O_1、O_2、O_3为圆曲线的圆心,R_1、R_2、R_3为圆曲线的半径。平面线形主要依据车辆的行驶轨迹特性进行设计,也就是要使平面线形与车辆的行驶轨迹相符合或相接近。平面线形应直接、连续、顺适,并与地形、地物相适应,与周围环境相协调。

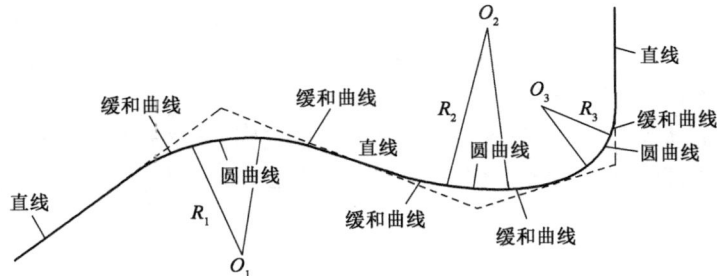

图2-3 道路平曲线

当汽车在曲线路段上行驶时,离心力会影响车辆行驶的横向稳定性。因此,为抵消车辆在曲线路段上所受的离心力,通常将道路横断面设计为外侧高于内侧的单向横坡,这就是曲线上的超高,如图2-4所示。图中,b为道路宽度,p为道路纵向上的坡度,i_g为缓和曲线上的超高横坡度,i_c为圆曲线上的超高横坡度。

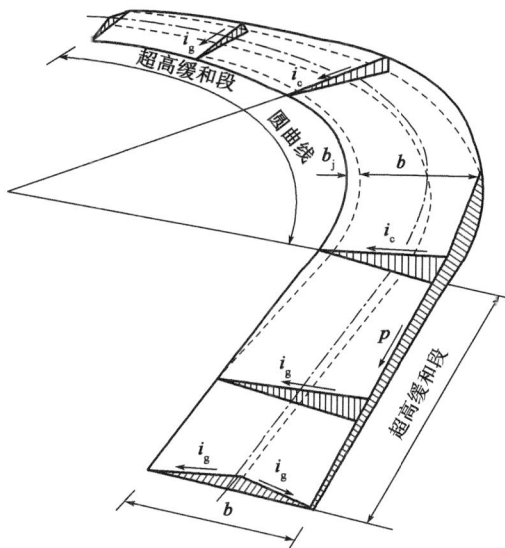

图2-4 道路超高设计

2. 纵断面线形

沿着道路中心线竖直剖切开后展开所得的面即为道路路线纵断面,其主要反映路线的起伏、纵坡及对原地面的填挖情况。纵断面线形主要依据汽车类型及其行驶性能进行设计,由直线和竖曲线构成。直线(即均匀坡度线)有上坡和下坡之分;竖曲线是指在线路纵断面上,以变坡点为交点,连接两相邻坡段的曲线。竖曲线有凸形和凹形两种,如图2-5所示。图中,i_1、i_2、i_3为道路坡度,a_1、a_2为道路与地面水平线的夹角,ω为α_1与α_2的差值。竖曲线的最小半径与设计速度有关,凹形竖曲线最小半径为100m,凸形竖曲线最小半径也为100m。

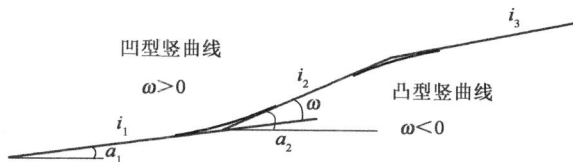

图2-5 竖曲线类型

在公路纵断面设计过程中,竖曲线设计的本质就是根据纵坡变化、设计车速、行车视距来确定竖曲线的半径和长度。在满足《公路路线设计规范》(JTG D20—2017)要求且造价增加不大的情况下,适当选择较大的竖曲线半径对于保证纵坡坡度的平滑过渡、行车安全和畅通是非常有利的。从行车舒适、能够高速行驶的角度考虑,要求纵坡小一些为好,但从路面排水的角度考虑,又要求有一定的纵坡。按照规范要求,公路纵坡坡度不宜小于

0.3%;横向排水不畅的路段或长路堑路段,采用平坡(0%)或小于0.3%的纵坡坡度时,其边沟应做纵向排水设计。一般城市干路相邻坡段的坡度小于0.5%或外距小于5cm时,可以不设置竖曲线。

　　线形设计中应进行平纵线形组合设计,如表2-10所示。平纵线形组合设计是指在满足车辆运动学和力学要求的前提下,为满足驾驶人视觉和心理方面的连续性、舒适性要求,同时实现与周围环境协调并具备良好排水条件,对平面和纵断面线形进行优化,使平纵面线形良好地组合起来,形成连续、圆滑、顺适、美观的空间线形,从而达到行车安全、快速、舒适、经济的目的。所以,线形设计不仅要符合技术指标要求,还应结合地形、景观、视觉、安全、经济性等进行协调和组合,使道路线形设计更加合理。

平纵线形组合设计示例　　　　　　　　　　　　　表2-10

组合序号	平面要素	纵面要素	立体线形要素
1	直线	直线	纵坡不变的直线
2	直线	曲线	凹形直线
3	直线	曲线	凸形直线
4	曲线	直线	纵坡不变的曲线
5	曲线	曲线	凹形曲线
6	曲线	曲线	凸形曲线

3. 横断面设计

　　道路横断面是指垂直于道路中心线所做的竖向剖面。道路横断面设计是根据道路的用途,结合当地的地形、地质、水文等自然条件,确定横断面的形式、各部分的结构组成和几何尺寸的过程。道路横断面由横断面设计线和地面线构成,其中,横断面设计线包括行车道、路肩、分隔带、边沟、边坡、截水沟、护坡道、取土坑、弃土堆及用于确保交通安全、进行环境保护等的设施。城市道路的横断面组成中,还包括机动车道、非机动车道、人行道、绿化带、分车带等设施。高速公路和一级公路上还有变速车道、爬坡车道等。地面线是地面起伏变化的表征,它由现场实测或通过大比例尺地形图、航测相片、数字地面模型等途径获得。路线设计中所讨论的横断面设计只限于公路两路肩外侧边缘(城市道路红线)之间的部分,即各组成部分的宽度、横向坡度等,也称路幅设计。横断面设计具体方法详见交通设计章节。

习题

2-1　从驾驶人视觉特性角度分析,在道路上设置交通标志牌要考虑哪些因素?

2-2　停车场(库)、隧道的限高与车辆的什么特性有关?

2-3　考虑不同路面附着系数取值差别,运用停车距离公式(2-10)和公式(2-11)分析表2-6和表2-7中各停车视距的取值差异。

2-4　一辆汽车以100km/h的速度沿着车道行驶,驾驶人看到前方有一辆侧翻的货车,如果因驾驶人疲劳使得制动反应时间达到2.0s,请问在驾驶人踩到制动踏板之前车辆会行驶多远的距离?

2-5　在事故现场,一位事故调查员根据车辆受损状况估计事故车辆以35km/h的速度撞上桥墩,测量到路面上有35m的制动痕迹,路面附着系数为0.35,无坡度。请根据制动痕迹估计车辆的初始速度。

2-6　道路几何设计控制因素主要包括哪些?

2-7　道路设计中,平曲线设计要考虑哪些设计要素?

第三章

机动车交通流特性

理解机动车交通流特性有助于制订和实施相关的交通管理政策,可以实现交通系统的可持续发展,优化公共资源的配置,并提高城市交通安全和效率水平。道路通行能力和服务水平是衡量交通系统性能和效率的关键指标,通过精确评估这些指标,交通管理部门能够更有效地规划和实施道路基础设施项目,确保交通流畅,减少拥堵,提升公众出行体验。

第一节 宏观与微观交通流特征指标

由于机动车在道路上的流动与水流有相似之处,故称为交通流。机动车交通流特征指标可以分为两类:宏观特征指标——描述整批交通流的运行特征,特征指标包括交通流量或流率、速度、密度;微观特征指标——描述单个车辆或两三辆车构成的车队的运行特征,指标包括单个车辆的速度、前后车的车头时距和车头间距。

一、宏观交通流特征指标

1. 交通流量、流率

交通流量指在特定时间段内道路上一条车道或某一截面通过的车辆数,可分为年交通量

（veh/年）❶、日交通量（veh/d）、小时交通量（veh/h）。

流率（Flow Rate）是在给定不足1h的时间间隔（通常为15min）内，通过一条车道或道路上指定截面的当量小时交通量。例如，15min内观测到的流量为300veh，则流率为300/（15min/60min）=1200veh/h。

2. 速度

速度是车辆通过某一特定路段，在行程时间内行驶的距离，即：

$$v = \frac{d}{t} \tag{3-1}$$

式中：v——速度（km/h或m/s）；

　　　d——特定路段的距离（km或m）；

　　　t——车辆通过距离d的时间（h或s）。

交通流不是一辆车，而是一批车辆，在运行过程中，每辆车的行驶速度都不一样。因此，交通流的速度不是一个值，而是一批车辆的平均速度，交通流平均速度分为两种：

（1）时间平均车速v_t（Time Mean Speed），指某一特定时间段内，通过道路某一截面的各车辆速度的平均值。车辆通过某一截面时的车速，亦称为地点车速或瞬时车速。因此，时间平均车速即截面上各车辆的地点车速的算术平均值。

（2）空间平均车速v_s（Space Mean Speed），指某一特定时间内，所有车辆经过一定长度路段的速度平均值。

时间平均车速可在截面处测定，而空间平均车速需通过选定长度路段上空的摄影、录像、"电子警察"等摄像设备测定。

空间平均车速和时间平均车速都可以通过行驶时间、行驶距离计算，即：

$$v_t = \frac{\sum\limits_i (d/t_i)}{n} \tag{3-2}$$

$$v_s = \frac{d}{\sum\limits_i t_i/n} \tag{3-3}$$

式中：v_t——时间平均车速（m/s）；

　　　v_s——空间平均车速（m/s）；

　　　d——路段长度（m）；

　　　n——观测到的车辆数（veh）；

　　　t_i——第i辆车在路段上的运行时间（s）。

一般情况下，空间平均车速低于时间平均车速，只有当路段上所有车辆以完全相同的速度行驶时，空间平均车速与时间平均车速才相等。

【例3-1】 在一段道路上，测得6辆车经过的时间如表3-1所示，试求这段路上行驶车流的时间平均速度和空间平均速度。

时间平均车速和空间平均车速的计算　　　　　　　　　　　　　表3-1

车辆编号	距离d（m）	时间t（s）	速度v（m/s）
1	1000	18.0	1000÷18=55.6

---

❶ 本章以veh表示车辆数单位"辆"。

车辆编号	距离d(m)	时间t(s)	速度v(m/s)
2	1000	20.0	1000÷20=50.0
3	1000	22.0	1000÷22=45.5
4	1000	19.0	1000÷19=52.6
5	1000	20.0	1000÷20=50.0
6	1000	20.0	1000÷20=50.0
总计	6000	119.0	303.7
平均	6000÷6=1000	119÷6=19.8	303.7÷6=50.6

解:

$$v_t=50.6(\text{m/s})$$

$$v_s=1000÷19.8=50.4(\text{m/s})$$

3. 密度

密度是在单位长度(通常为1km)路段上,一条车道某一瞬时的车辆数,单位是veh/km或veh/(km·ln)❶。根据定义,密度是瞬时值,不仅随时间变化而变动,也随测定区间的长度变化而变化。密度要基于空间平均车速才能测得。密度可以衡量一辆车与其他车辆的接近程度,故密度直接影响驾驶自由度和舒适度,密度和速度组合会影响观测流量。因此,密度也是评价道路交通服务水平的重要指标。

4. 车辆轨迹时空分布图

车辆轨迹时空分布图是把某路段在某段时间内经过的所有车辆的行驶轨迹依次按照时间和空间的对应关系画在图上而绘成的,如图3-1所示。通过车辆轨迹时空分布图,可以计算各时段或路段内的交通流量、速度和密度特征指标。

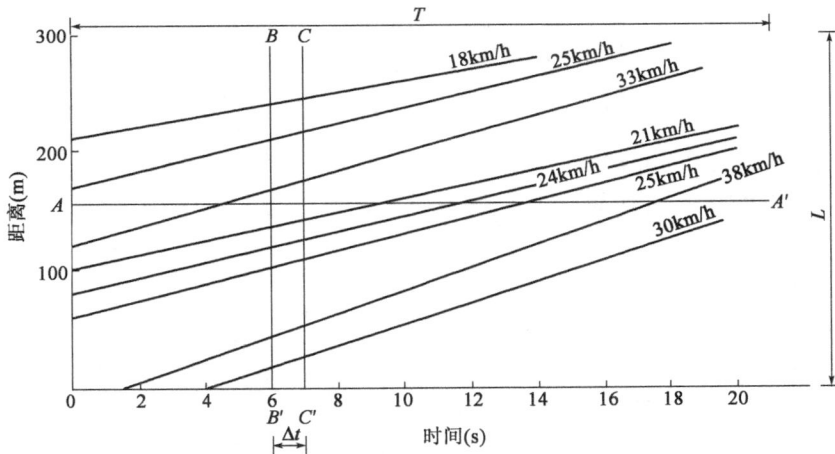

图3-1 车辆轨迹时空分布图

(1)交通流量:图3-1中A断面的流量即为给定时间区间内与AA'断面相交的车辆轨迹线的数量,例如0~6s内流量仅为1辆。

(2)时间平均车速:图3-1中A断面的时间平均车速即为图中T时间内通过AA'断面各车辆

---
❶ ln表示车道数单位"条"。

的车速平均值。

(3)空间平均车速:图3-1中Δt时间各车辆的车速平均值即为长度为L的路段的空间平均车速。

(4)密度:图3-1中L路段上6s这一时刻对应的密度即为与BB'断面相交的车辆轨迹线数量与路段长度L的比值。

二、微观交通特征指标

1. 车头间距

车头间距(Space Headway)是在同向行驶的一列车队中,两连续车辆车头间的距离。常用车前保险杠或车前轮作为参考点进行测量。

如果一条车道的车流行驶稳定、车种单一、车速均匀,该车流的平均车头间距与车道交通密度成反比,计算公式如下:

$$h_{\mathrm{s}} = \frac{1000}{k} \tag{3-4}$$

式中:h_{s}——平均车头间距(m);

$\quad k$——密度[veh/(km·ln)]。

2. 车头时距

车头时距是在同向行驶的一列车队中,两辆连续车辆车头通过道路同一个断面的时间间隔。

如果一条车道的车流行驶稳定、车种单一、车速均匀,该车流的平均车头时距与车道交通量成反比,计算公式如下:

$$h = \frac{3600}{q} \tag{3-5}$$

式中:h——平均车头时距(s);

$\quad q$——交通流率[veh/(h·ln)]。

混合车流中大车、中车换算为当量小汽车的换算系数可以通过大车、中车与小车平均车头时距的比值计算得到,计算公式如下:

$$\alpha_{\mathrm{中}} = \frac{\overline{h}_{\mathrm{中}}}{\overline{h}_{\mathrm{小}}} \tag{3-6}$$

$$\alpha_{\mathrm{大}} = \frac{\overline{h}_{\mathrm{大}}}{\overline{h}_{\mathrm{小}}} \tag{3-7}$$

式中:$\alpha_{\mathrm{大}}$、$\alpha_{\mathrm{中}}$——大车、中车换算成当量小车的换算系数;

$\quad \overline{h}_{\mathrm{大}}$、$\overline{h}_{\mathrm{中}}$、$\overline{h}_{\mathrm{小}}$——大车、中车、小车的平均车头时距(s)。

3. 平均车头时距与平均车头间距关系

如果一条车道的车流行驶稳定、车种单一、车速均匀,该车流的平均车头间距与平均车头时距的比值等于空间平均车速,计算公式如下:

$$v_{\mathrm{s}} = \frac{h_{s}}{h} \tag{3-8}$$

式中:v_{s}——空间平均车速(m/s);

h_s——平均车头间距(m);

h——平均车头时距(s)。

【例3-2】 在一条多车道道路上,车流行驶稳定,车种单一,观测到的平均车头间距为60m,平均车头时距为3.8s。请估计这条车道的交通流率q、密度k和空间平均车速v_s。

解:

$$q=\frac{3600}{3.8}=947[\text{veh}/(\text{h}\cdot\text{ln})]$$

$$k=\frac{1000}{60}=16.7[\text{veh}/(\text{h}\cdot\text{ln})]$$

$$v_s=\frac{60}{3.8}=15.8(\text{m/s})$$

由于近似取值的原因,$k\cdot v_s$并不严格等于q。

第二节 连续流与间断流交通特性

在介绍连续流与间断流交通特性前,应当明确,分清连续流与间断流的交通特性十分重要,切不可用分析连续流的方法来分析间断流的问题,否则会出现严重的错误。

一、连续流交通特性

1. 流量、速度、密度数据采集要求

流量q、密度k和速度u是道路交通流中三个最基本也是最重要的参数,被称为交通流三要素,有时简称为流密速。为研究机动车连续流三要素之间的关系,可利用定点的自动检测器(如线圈、微波雷达、红外、视频监测等)采集流量、速度等数据。自动检测情况下,原始数据收集的时间间隔为20s至1min不等;需要采集数据时,一般以5min或15min为时间间隔。

2. 连续流三要素关系模型与实证分析

交通流三要素的参数分析是最基础的交通流理论研究内容,参数的变化规律可反映交通流运行的基本特性。三要素之间的关系模型包括速度-密度、流量-密度及流量-速度三个模型。早在20世纪30年代,格林希尔治(Greenshields)等学者创建了一批三要素关系模型。之后随着观测数据精度提高和样本量扩大,三要素关系模型不断丰富。本节主要介绍最经典的格林希尔治模型。

(1)速度-密度关系。

格林希尔治采用线性模型措述速度-密度关系,为经验模型,如图3-2所示。

其表达公式为:

$$u = u_f\left(1 - \frac{k}{k_j}\right) \tag{3-9}$$

式中:u_f——自由流车速;

k_j——阻塞密度。

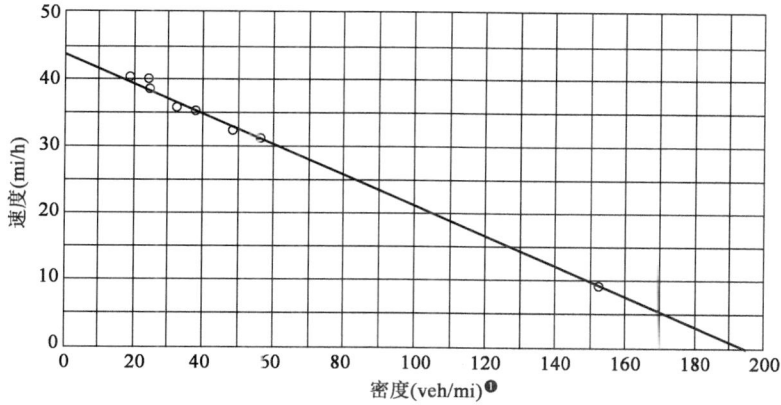

图 3-2 格林希尔治模型速度-密度关系图

（2）速度-流量模型。

在格林希尔治速度-密度线性模型基础上可得到速度-流量模型,这是对速度-流量关系的最早研究,其公式如下:

$$q = k \cdot u \tag{3-10}$$

$$q = k_j \left(u - \frac{u^2}{u_f} \right) \tag{3-11}$$

该模型的图示如图 3-3 所示,图中的数字为被观测车组（100辆车为一组）的数量,曲线表示单向两车道的速度-流量关系。通过最大流量点绘一条水平线,直线上方为非拥挤区域,下方则为拥挤区域。在流量达到最大值之前,速度随流量的增加而下降;达到最大流量之后,速度和流量同时下降。从图 3-3 中可以看出,有 51 组车辆处于阻塞状态。

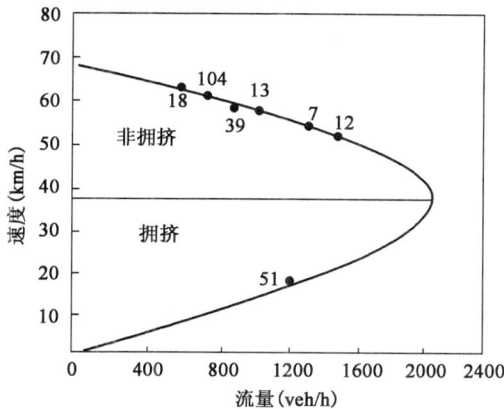

图 3-3 格林希尔治速度-流量抛物线模型图示

（3）流量-密度模型。

如果采用格林希尔治速度-密度模型,那么可以推导出如下的流量-密度抛物线模型（图3-4）:

$$q = ku = ku_f \left(1 - \frac{k}{k_j} \right) = u_f k - \frac{u_f k^2}{k_j} \tag{3-12}$$

---

❶ mi 表示长度单位"英里"。

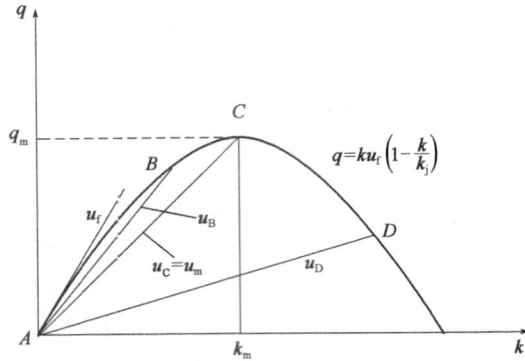

图3-4 格林希尔治流量-密度抛物线模型图示

为求最大流量,可令$\dfrac{\mathrm{d}q}{\mathrm{d}k}=0$,并定义$q_\mathrm{m}$为最大流量或最佳流量,$k_\mathrm{m}$为最大流量时的密度即最佳密度,$u_\mathrm{m}$为最大流量时的速度即临界速度,于是可得:

$$k_\mathrm{m} = \frac{k_\mathrm{j}}{2} \tag{3-13}$$

$$u_\mathrm{m} = \frac{u_\mathrm{f}}{2} \tag{3-14}$$

$$q_\mathrm{m} = \frac{u_\mathrm{f}k_\mathrm{j}}{4} = \frac{u_\mathrm{m}k_\mathrm{j}}{2} \tag{3-15}$$

(4)三维模型。

交通流三要素关系的三维模型如图3-5所示,坐标分别代表了交通流的三个参数,它们的关系可用三维空间中的一条空间曲线表示。为研究方便,通常以如图3-6所示的二维正交投影来表示它们两两之间的关系,由此图可确定反映交通流特性的一些特征变量。

①最大流量q_m:q-u曲线图上的峰值。

②临界速度u_m:流量达到q_m时的速度。

③最佳密度k_m:流量达到q_m时的密度。

④阻塞密度k_j:车流密集到所有车辆无法移动$(u \to 0)$时的密度。

⑤最大速度u_f:车流密度趋于0$(k \to 0)$、车辆可以畅行无阻时的速度。

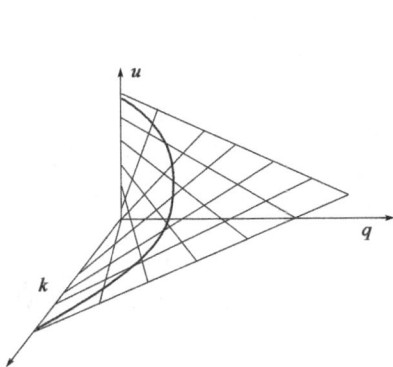

图3-5 交通流三要素关系的三维模型

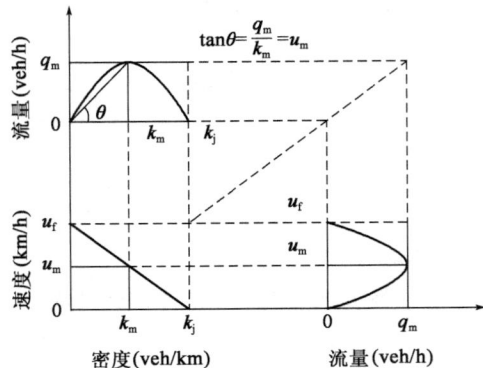

图3-6 交通流三要素投影关系图

交通流三要素关系模型是经验模型,因此在不同城市、地区和国家,三要素参数的具体数学关系不尽相同。

关于连续流实测流密速关系图和交通流理论虚拟仿真实验的更多内容见二维码1、二维码2。

二维码1 二维码2

二、间断流交通特性

用于表述间断流交通特征的指标主要集中在信号控制交叉口,包括信号控制交叉口的车头时距、饱和流率和延误。

1. 信号控制交叉口车头时距特性

信号控制交叉口是间断流最主要的观测点之一。图3-7显示了一列车队前后车辆通过信号控制交叉口的车头时距。将从绿灯启亮到第一辆车的前保险杠穿过停止线的时间定义为第一个车头时距,由于驾驶人在看到信号灯转为绿灯后,有一个反应时间和一个起动加速时间,所以第一个车头时距相对较长;第二辆车从绿灯启亮到前保险杠穿过停止线的时间减去第一辆车前保险杠穿过停止线的时间,为第二车头时距,这一时间比第一车头时距略短,这是由于第二辆车的驾驶人对绿灯的反应时间与第一辆车驾驶人的反应时间有所重叠。第三车头时距比第二车头时距更小,如此类推。

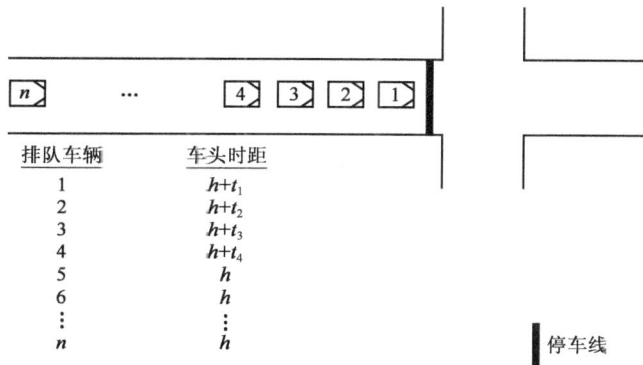

图3-7 车队通过交叉口的情形图示

车头时距解析图如图3-8所示,说明了驾驶人对信号的反应和车辆起动过程对车头时距的影响,沿排队车辆向后传递时逐渐减弱,直到某一时刻,车辆在穿过停止线时已完全加速(一般出现在第四至第六辆车之间)。这一时刻,可以观察到前后车的车头时距大小t接近。

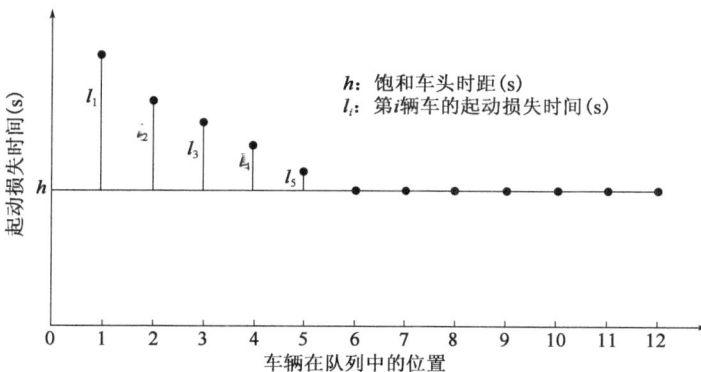

图3-8 车头时距图

2. 信号控制交叉口的饱和流率与有效绿灯时间

（1）饱和流率。

饱和流率 S(Saturation Flow Rate)，指在一次连续的绿灯时间内，交叉口进口道(Approach)上某车道的连续车队能通过停止线的最大流率。

在有效绿灯时间内通过的车辆数可用于表述饱和流率。有效绿灯时间不包括绿灯时间内的车辆起动损失时间(Start-up Lost Time)和清空损失时间(Clearance Lost Time)。

（2）有效绿灯时间。

有效绿灯时间 g_e 是指一个周期中实际可用于车道通行的时间。绿灯时间和损失时间的关系如图3-9所示。

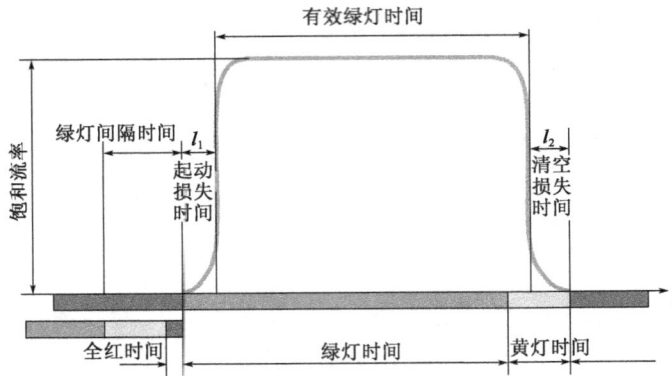

图3-9　绿灯时间和损失时间

从图3-9可以看出，有效绿灯时间的起点滞后于绿灯实际起点。当绿灯启亮，交通流开始起动时，前几辆车耗时均大于平均车头时距 $\bar{h}$。将前几辆车产生的超时（即消耗的时间大于平均车头时距 $\bar{h}$ 的时间）加在一起，即为起动损失时间。以 t_i 表示车队中第 i 辆车的超时，起动损失时间采用下式表示：

$$l_1 = \sum_i t_i \tag{3-16}$$

式中：l_1——起动损失时间(s)；

$\quad\quad t_i$——第 i 辆车的超时(s)。

同样，有效绿灯时间的终止点也滞后于绿灯实际结束点（这是因为黄灯期间允许已越过停止线的车辆继续通行）。在假定绿灯时间得到充分利用的前提下，清空损失时间 l_2 是指最后一辆车从离开停车线到红灯启亮之间的时间。实际上，清空损失时间主要是指黄灯时间中没被车辆利用的那部分。

由此可得有效绿灯时间的计算公式：

$$g_{ei} = G_i + Y_i - t_L \tag{3-17}$$

式中：g_{ei}——i 流向的有效绿灯时间(s)；

$\quad\quad G_i$——i 流向的实际绿灯显示时间(s)；

$\quad\quad Y_i$——i 流向的黄灯时间(s)；

$\quad\quad t_L$——一次连续绿灯时间内的总损失时间，$t_L = l_1 + l_2$。

（3）饱和车头时距与饱和流率调查与分析。

饱和车头时距、饱和流率的调查与分析方法如下。

①观测时间：选1h中的高峰15min作前后对比分析时，前后观测时间必须一致。

两人观测一条车道，一人观察，一人记录。按信号周期观测，受干扰的周期应予作废，连续观测15min以上。

②观察员任务：

a.绿灯将要启亮时，认定红灯期间停车排队的最后一辆车。

b.绿灯启亮时，打开秒表，并通知记录员准备记录。

c.每辆车开出停止线时，向记录员报告车型及开出停止线时刻，如："小3.5""小6.5""小9.5""小12.0""小14.3"等，直到认定的最后一辆车开出停止线。

③记录员任务：把观测员报告的车型与驶出停止线时刻记入记录表，见表3-2。

饱和流率观测记录表 表3-2

饱和流率（附起动损失时间）观测记录表

观测交叉口：_____ 进口道：东、南、西、北

车道：直行、左转、右转

观测日期：_____ 时间：_____

观测者：_____

车辆编号	周期1		周期2		周期3		周期4		周期5		周期6		周期7		周期8	
	车型	时刻	车型	时刻	车型	时刻	车型	时刻	车型	时刻	车型	时刻	车型	时刻	车型	时刻
1	小	3.5														
2	小	6.5														
3	小	9.5														
4	小	12.0														
5	小	14.3														
…	…	…														
10	小	25.2														
11	中	27.5														
12	小	32.5														
13	小	34.7														

④计算方法：先由记录的车辆驶出停止线时刻计算车队的平均饱和车头时距 $\overline{h}_i$，再由 $\overline{h}_i$ 计算饱和流率 S_i，所以必须从记录数据中选取饱和车队的各车驶出停止线的时刻。应注意：必须选记录表中同种车型连续通过停止线的数据；一般前4辆车驶出停止线是不饱和的，因此，计算平均饱和车头时距 $\overline{h}_i$ 应从第5辆车开始。把前4辆车的车头时距中大于 $\overline{h}_i$ 的部分计作绿灯起动损失时间。按周期统计饱和流率，最终结果整理如图3-10所示。

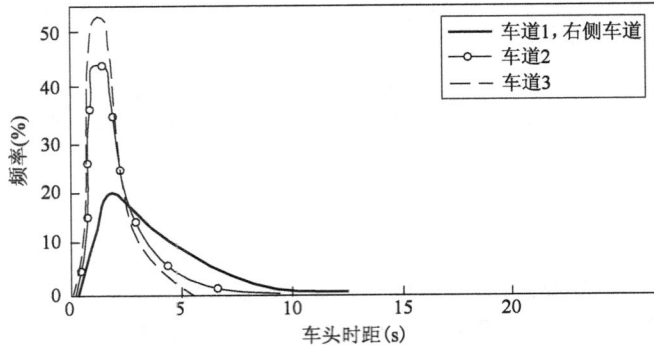

图 3-10　统计结果示意图

以记录表中第一周期的记录为例,前 10 辆是小型车,其中第 4 辆车驶出停止线的时刻是第12.0s,第 10 辆车驶出停止线的时刻是第 25.2s,则这一车队的平均饱和车头时距为:

$$\overline{h}_i = \frac{25.2 - 12.0}{10 - 4} = 2.2(\text{s/pcu})$$

这一车队的饱和流率:

$$S_i = \frac{3600}{2.2} = 1636[\text{pcu/}(\text{h·ln})]$$

这一周期的起动损失时间:

$$l_g = 12.0 - 4 \times 2.20 = 3.2(\text{s})$$

3. 延误

延误(Delay)也是一个用于衡量间断流服务水平的重要指标。延误的概念如下:

(1)停车延误。指由于信号灯或某些原因使车辆处于停车状态所产生的延误,等于停车时间与车辆由停车到再次起动时驾驶人的反应时间之和。

(2)控制延误。指由交通控制设施引起的延误。对信号交叉口而言,是指信号控制引起的车辆运行时间的损失,是车辆通过交叉口的实际时间与以正常速度通过交叉口的时间之差,等于停车延误与车辆在达到正常速度之前的减、加速延误之和。

(3)引道延误。指车辆在交叉口进口引道实际消耗时间与引道自由行驶时间之差,等于交叉口进口引道停车延误与车辆在停车线之前经历的减、加速延误之和。虽然引道延误不好直接测量,但研究发现,信号交叉口每辆车的平均引道延误约是平均停车延误的 1.3 倍。

通过观测或计算某交叉口进口道直行和左、右转各流向的平均延误就能够确定交叉口进口道各流向的服务水平(Level of Service,LOS)。交叉口理论延误的计算方法详见第十二章。

第三节　道路设施通行能力与服务水平

道路设施通行能力和服务水平是道路规划、设计、管理、运行控制等方面的基本参数,通常因道路等级、线形、交通管理、交通组成、环境条件的不同而发生变化。

一、通行能力的概念

通行能力（Capacity）是指在一定的道路、交通、环境条件下，道路上某一断面在单位时间内能通过的最大车辆数，单位为pcu/h。

厘清通行能力、需求、流量之间的关系，有助于更好地理解通行能力概念。需求（Demand）是道路上某一断面在单位时间内期望能通过的车辆数，单位为pcu/h。当需求小于等于通行能力时，在道路某一断面单位时间内观测到的流量即为需求；当需求大于通行能力时，即出现拥堵，此时观测到的流量接近通行能力。道路某一断面单位时间内观测到的流量通常小于等于通行能力。

从规划、设计和运营的角度，通行能力可分为基本通行能力、实际通行能力和设计通行能力三种，三种通行能力的关系如图3-11所示。

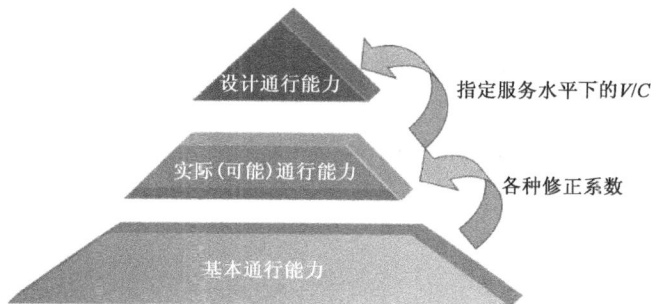

图3-11　三种通行能力的关系

V-交通量；C-通行能力

基本通行能力是指在理想的道路、交通、控制和环境条件下，在一定的时段内，道路的一条车道或交叉口一条进口道，期望能通过人或车辆的合理的最大小时流率。

实际通行能力也称为可能通行能力，是在具体的道路、交通、控制和环境条件下的通行能力。

设计通行能力是指对应一定设计服务水平的最大服务交通流率。

通行能力是道路交通的一个重要特征指标。影响通行能力的因素主要分为三类：道路（Roadway）条件，交通（Traffic）条件，控制（Control）条件。分析通行能力的目的在于：

（1）确定新建道路的等级、性质、主要技术指标和线形几何要素。

（2）用于交通运行分析，确定现有道路系统或某一路段存在的问题，针对问题提出改进方案和措施，为道路改建和改善提供依据。

（3）为制订交通组织、交通疏导、交通量均衡、交通总量控制和综合治理等交通系统管理方案提供依据。

（4）为交通渠化、信号配时优化等交通控制方案的选择及设计等提供依据。

常用的获取通行能力的方法有4类：

（1）根据实测交通流数据，结合交通流模型（如流量、密度与速度关系模型），拟合获得通行能力。

（2）根据图表法查出通行能力，如参考规范或《公路通行能力手册》。

（3）根据理论公式，如跟驰模型、最小安全车头时距等，推导通行能力。

(4)基于仿真模型,通过流量的加载获得通行能力。

二、道路设施基本通行能力

1. 高速公路基本路段通行能力

高速公路基本路段是匝道影响区或高速公路交织区以外的高速公路路段,如图3-12所示。基本路段通行能力是指在通常的道路和交通条件下,该路段某一断面所容许通过的最大持续交通流率,统计间隔为15min或5min,以pcu/(h·ln)为单位。

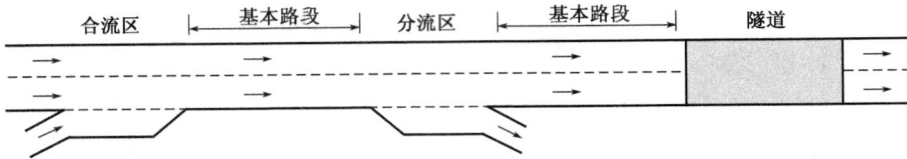

图3-12 基本路段、合流区、分流区示意图

(1)基本通行能力。

基本通行能力根据自由流速度(Free-flow Speed)确定,按最小安全车头时距计算,其计算公式为:

$$C_B = \frac{3600}{h} \tag{3-18}$$

式中:C_B——基本通行能力[pcu/(h·ln)];

h——最小安全车头时距(s)。

我国《公路通行能力手册》给出了不同自由流速度对应的基本通行能力取值,见表3-3。

不同自由流速度对应的基本通行能力取值 表3-3

自由流速度(km/h)	120	110	90
设计速度(km/h)	120	100	80
基本通行能力[pcu/(h·ln)]	2200	2100	2000

(2)实际通行能力。

实际通行能力可通过实地观测获得,也可以结合实际道路和交通条件,对基本通行能力进行交通组成修正和驾驶人总体特性修正后计算得出,计算过程可查阅《公路通行能力手册》。

2. 高速公路交织区段、匝道通行能力

高速公路交织(Weaving)区段是指行驶方向大致相同的两股或多股交通流,沿着相当长的路段,不借助交通控制设施进行交叉运行,合流(Converging)区后面紧跟着分流(Diverging)区的区段,或当一条驶入匝道(Ramp)紧跟着一条驶出匝道,并且二者之间由辅助车道连接,这个区域称为交织区段,如图3-13所示。匝道是指连接高速公路互通立交(Interchange)两主线间的一段短路段或进、出高速公路主线的一段通道。

(1)交织区段通行能力。

交织区段通行能力指特定比例的交通流受交织区构型、长度和车道数限制及周边环境影响,相互交织作用后,在合理范围内通过整个区域的最大小时流率。交织区构型指交织区进出

口车道的连接形式,它决定了交织车辆完成交织行为所需的车道变换次数。交织区通行能力分析方法可查阅《公路通行能力手册》。

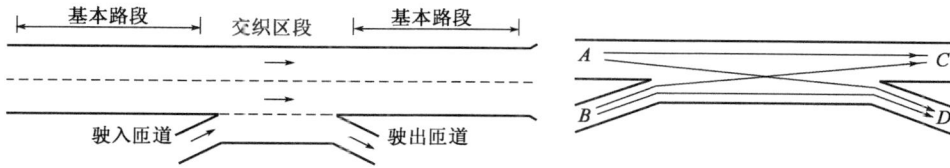

图 3-13 交织区段

（2）匝道通行能力。

匝道通行能力分析可按基本路段分析方法进行,《公路通行能力手册》给出的匝道基本通行能力取值如表 3-4 所示。

匝道基本通行能力取值 表 3-4

匝道自由流速度 （km/h）	基本通行能力[pcu/(h·ln)]	
	单车道匝道	双车道匝道
[60,70)	1600	3000
[50,60)	1400	2500
[40,50)	1200	2000

3. 一级、二级、三级公路路段通行能力

一级公路为供车辆分向、分车道行驶,可根据需要控制出入的多车道公路。

二级、三级公路是我国公路网中最普遍的一种公路形式,是供车辆分向、分车道行驶的公路。

一级、二级、三级公路路段基本通行能力根据其自由流速度确定,《公路通行能力手册》给出的取值如表 3-5 和表 3-6 所示。实际条件下的通行能力可以通过对基本通行能力进行车道宽度和硬路肩宽度修正、方向分布修正、路侧干扰修正计算得到。

一级公路不同自由流速度对应的基本通行能力值 表 3-5

自由流速度（km/h）	100	90	80
设计速度（km/h）	100	80	60
基本通行能力[pcu/(h·ln)]	2000	1900	1800

二级、三级公路不同自由流速度对应的基本通行能力值 表 3-6

自由流速度（km/h）	90	70	≤50
设计速度（km/h）	80	60	≤40
基本通行能力[pcu/(h·2ln)]	2800	2500	2400

4. 城市快速路路段通行能力

我国《城市道路工程设计规范(2016年版)》(CJJ 37—2012)中建议的快速路(Expressway)基本路段一条车道的基本通行能力如表 3-7 所示。需要注意,快速路应根据交通流行驶特征分为基本路段、分合流区和交织区。

快速路基本路段一条车道的通行能力   表 3-7

设计速度(km/h)	100	80	60
基本通行能力(pcu/h)	2200	2100	1800

当道路有多条车道时,多车道通行能力应考虑车道利用系数,如表3-8所示。

车道利用系数   表 3-8

车道位置	第一车道	第二车道	第三车道	第四车道	第五车道
车道利用系数	1.00	0.80~0.89	0.65~0.78	0.50~0.65	0.40~0.52

5. 交叉口通行能力

信号控制交叉口通行能力是交叉口各进口道通行能力之和,一般以小客车当量单位计。计算方法详见第十二章。

三、道路设施服务水平的概念

服务水平不是交通流特征指标,而是指道路使用者从道路状况、交通与控制条件、道路环境等方面考虑可能得到的服务程度或服务质量。其综合评价指标由多项定性或定量指标组成,目前大体包含下列指标:

(1)行车速度和运行时间。

(2)车辆行驶时的自由程度(通畅性)。

(3)交通受阻或受干扰的程度,以及行车延误和每公里停车次数等。

(4)行车的舒适性和乘客的满意程度。

(5)每车道每公里范围内车辆的最大密度。

(6)经济性(行驶费用)。

由于实际确定服务水平等级时,难以全面考虑和综合上述各个因素,通常针对每种道路设施,需要采用最能说明其运行质量的一项或几项运行参数来确定其服务水平。为了衡量道路为驾驶人、乘客所提供的服务质量,需要对服务水平进行分级。世界各国服务水平等级划分方式不一,一般根据本国的道路交通具体条件可将服务水平划分为3~6个等级。

四、道路设施设计通行能力与服务水平分级

选取道路设施设计通行能力时,在兼顾节省建设经费和高效运营原则的基础上,设计服务水平通常不应低于三级或四级。《城市道路工程设计规范(2016年版)》(CJJ 37—2012)规定,城市快速路设计服务水平不应低于三级。《公路工程技术标准》(JTG B01—2014)规定,高速公路和各级公路设计服务水平应符合表3-9所示的具体要求。

各级公路设计服务水平   表 3-9

公路等级	高速公路	一级公路	二级公路	三级公路
设计服务水平	三级	三级	四级	四级

1. 高速公路基本路段服务水平与设计通行能力

《公路工程技术标准》(JTG B01—2014)把高速公路服务水平划分为六级,以*V/C*值作为主

要的评价指标,具体划分方法如表3-10所示。高速公路基本路段一条车道的设计通行能力如表3-11所示。

我国高速公路基本路段服务水平分级表 表3-10

服务水平	V/C值	设计速度(km/h)		
		120	100	80
		最大服务交通量[pcu/(h·ln)]	最大服务交通量[pcu/(h·ln)]	最大服务交通量[pcu/(h·ln)]
一级	$V/C \leq 0.35$	750	730	700
二级	$0.35 < V/C \leq 0.55$	1200	1150	1100
三级	$0.55 < V/C \leq 0.75$	1650	1600	1500
四级	$0.75 < V/C \leq 0.90$	1980	1850	1800
五级	$0.90 < V/C \leq 1.00$	2200	2100	2000
六级	$V/C > 1.00$	0 ~ 2200	0~2100	0~2000

注:V/C是在基本条件下,最大服务交通量与基本通行能力之比,基本通行能力是五级服务水平条件下对应的最大小时交通量。

高速公路基本路段一条车道的设计通行能力 表3-11

设计速度(km/h)	120	100	80
设计通行能力[pcu/(h·ln)]	1650	1600	1500

根据交通流状态,各级服务水平下的交通流状态描述如下:

(1)一级服务水平,交通流处于完全自由流状态。交通量小,速度高,行车密度小,驾驶人能自由地按照自己的意愿选择所需速度,行驶车辆不受或基本不受交通流中其他车辆的影响。在交通流内驾驶的自由度很大,为驾驶人、乘客或行人提供的舒适度和方便性非常优越。较小的交通事故或行车障碍的影响容易消除,在事故路段不会产生停滞排队现象,很快就能恢复到一级服务水平。

(2)二级服务水平,交通流状态处于相对自由流状态,驾驶人基本上可以按照自己的意愿选择行驶速度,但是要开始注意到交通流内有其他使用者,驾驶人员身心舒适水平很高,较小事故或行车障碍的影响容易消除,在事故路段的运行服务情况比一级差些。

(3)三级服务水平,交通流状态处于稳定流的上半段,车辆间的相互影响变大,选择速度受其他车辆的影响,变换车道时驾驶人要格外小心,较小交通事故仍能消除,但事故发生路段的服务质量大大降低,严重的阻塞后面形成排队车流,驾驶人心情紧张。

(4)四级服务水平,交通流处于稳定流范围下限,但是车辆运行明显地受到交通流内其他车辆的相互影响,速度和驾驶的自由度受到明显限制。交通量稍有增加就会导致服务水平的显著降低,驾驶人员身心舒适水平降低,即使较小的交通事故也难以消除,会形成很长的排队车流。

(5)五级服务水平,为交通流拥堵流的上半段,其下是达到最大通行能力时的运行状态。对于交通流的任何干扰,例如车流从匝道驶入或车辆变换车道,都会在交通流中产生一个干扰波,交通流不能消除它,任何交通事故都会形成长长的排队车流,车流行驶灵活性极端受限,驾驶人员身心舒适水平很差。

(6)六级服务水平,是拥堵流的下半段,是通常意义上的强制流或阻塞流。这一服务水平下,交通设施的交通需求超过其所允许的通过量,车流排队行驶,队列中的车辆出现停停走走现象,运行状态极不稳定,可能在不同交通流状态间发生突变。

在不同的服务水平下,服务交通量是不同的。服务交通量是指在通常的道路条件、交通条件、控制条件和规定的服务水平下,道路的某一断面或均匀路段在单位时间内所能通过的最大小时交通量。通常,服务水平高的道路行车速度快,驾驶自由度大,舒适性与安全性好,但是其相应的服务交通量小;反之,允许的服务交通量大,则服务水平低。服务交通量不是一系列连续值,而是不同的服务水平条件下允许通过交通量的最大值,反映的是在某一特定服务水平下道路所能提供的疏导交通的能力极限,是不同服务水平之间的流量界线。图3-14是美国《道路通行能力手册》(HCM)给出的高速公路服务水平与最大服务流率的关系,图中速度单位为mi/h,密度单位为pcu/(mi·ln),LOS A~LOS F指A ~ F六级服务水平。更多关于公路服务水平分级的内容见二维码3。

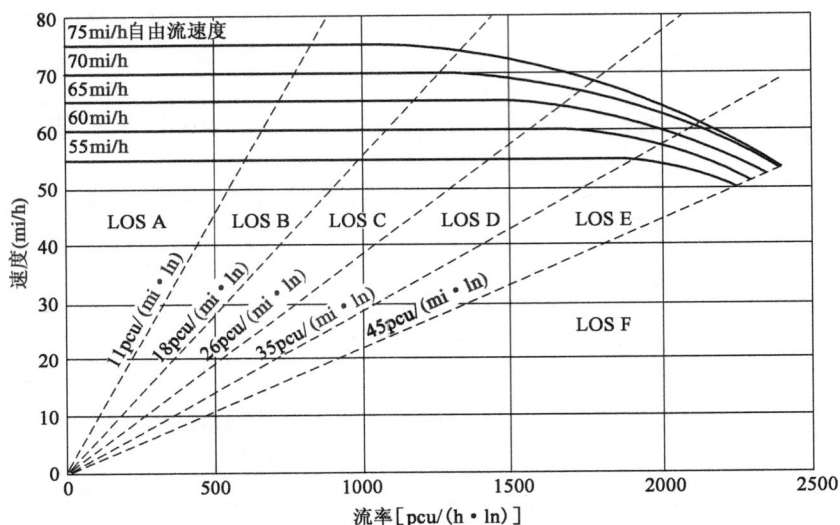

图3-14　高速公路服务水平与最大服务流率的关系

二维码3

2. 高速公路交织区段、匝道服务水平

在《公路通行能力手册》中,交织区段服务水平以 V/C 值作为主要评价指标,以小客车实际行驶速度与基准自由流速度的差值作为次要评价指标,将一级至五级服务水平细分为三种状态,各级服务水平对应的指标如表3-12所示。交织区段设计服务水平宜与主线基本路段设计服务水平相一致。

交织区段服务水平分级　　　　　　　　　　　　　　　　　　　表3-12

服务水平等级		分级指标	
		主要指标	次要指标
		V/C 值	小客车实际行驶速度与基准自由流速度差(km/h)
一级	1	$V/C{\leq}0.35$	≤10
	2		(10,20]
	3		>20

续上表

服务水平等级		分级指标	
		主要指标	次要指标
		V/C值	小客车实际行驶速度与基准自由流速度差（km/h）
二级	1	0.35<V/C≤0.55	≤10
	2		（10,20]
	3		>20
三级	1	0.55<V/C≤0.75	≤20
	2		（20,30]
	3		>30
四级	1	0.75<V/C≤0.90	≤20
	2		（20,35]
	3		>35
五级	1	0.90<V/C≤1.00	≤30
	2		（30,40]
	3		>40
六级		V/C>1.00	

匝道服务水平常与合流区、分流区服务水平统一分析，《公路通行能力手册》中以V/C值作为主要评价指标，以小客车实际行驶速度与基准自由流速度的差值作为次要评价指标。

3. 一级、二级、三级公路路段服务水平与设计通行能力

《公路工程技术标准》（JTG B01—2014）中规定，一级公路服务水平评价指标主要为V/C。一级公路基本路段服务水平分级如表3-13所示，一条车道的设计通行能力如表3-14所示。

我国一级公路基本路段服务水平分级 表3-13

服务水平	V/C值	设计速度（km/h）		
		100	80	60
		最大服务交通量 [pcu/(h·ln)]	最大服务交通量 [pcu/(h·ln)]	最大服务交通量 [pcu/(h·ln)]
一级	V/C≤0.3	600	550	480
二级	0.3<V/C≤0.5	1000	900	800
三级	0.5<V/C≤0.7	1400	1250	1100
四级	0.7<V/C≤0.9	1800	1600	1450
五级	0.9<V/C≤1.0	2000	1800	16000
六级	VV/C>1.0	0~2000	0~1800	0~1600

一级公路一条车道的设计通行能力 表3-14

设计速度(km/h)	100	80	60
设计通行能力[pcu/(h·ln)]	1400	1250	1100

由于二级公路和三级公路在路网中的功能有别,因此服务水平分级的评价指标也有所不同。二级公路是城市间的主要连接道路,或是连接高速公路的主要道路,通畅直达性要求较高,服务水平分级评价指标包括*V/C*、行驶速度和延误率。三级公路主要连接小城镇,或作为农村道路运行,主要解决通达性问题,因此服务水平指标为*V/C*和延误率。延误率指在行驶过程中因不能超越前方慢车而必须跟驰的车辆数占全部车辆数的比例,通常定义为车头时距小于或等于5s的车辆数占总交通量的百分比。《公路工程技术标准》(JTG B01—2014)中规定的二级、三级公路服务水平分级如表3-15所示,基准条件下的设计通行能力如表3-16所示。

二级、三级公路服务水平分级指标表 表3-15

服务水平	延误率(%)	设计速度(km/h)										
		80				60				≤40		
		行驶速度(km/h)	*V/C*			行驶速度(km/h)	*V/C*			*V/C*		
			禁止超车路段比例(%)				禁止超车路段比例(%)			禁止超车路段比例(%)		
			<30	[30,70)	≥70		<30	[30,70)	≥70	<30	[30,70)	≥70
一级	≤35	≥76	0.15	0.13	0.12	≥58	0.15	0.13	0.11	0.14	0.12	0.10
二级	(35,50]	[72,76)	0.27	0.24	0.22	[56,58)	0.26	0.22	0.20	0.25	0.19	0.15
三级	(50,65]	[67,72)	0.40	0.34	0.31	[54,56)	0.38	0.32	0.28	0.37	0.25	0.20
四级	(65,80]	[58,67)	0.64	0.60	0.57	[48,54)	0.58	0.48	0.43	0.54	0.42	0.35
五级	(80,90]	[48,58)	接近1.00	接近1.00	接近1.00	[40,48)	接近1.00	接近1.00	接近1.00	接近1.00	接近1.00	接近1.00
六级	>90	<48	≥1.00	≥1.00	≥1.00	<40	≥1.00	≥1.00	≥1.00	≥1.00	≥1.00	≥1.00

二级、三级公路基准条件下的设计通行能力 表3-16

设计速度(km/h)		80	60	40
设计通行能力[pcu/(h·ln)]	三级	1100	800	500
	四级	1600	1450	850

注:基准条件指设计速度80km/h、60km/h、40km/h对应禁止超车路段比例为<30%、[30%,70%)、≥70%条件。

4. 城市快速干道服务水平与设计通行能力

我国《城市道路工程设计规范(2016年版)》(CJJ 37—2012)只规定了城市快速干道基本路段的服务水平。衡量快速干道基本路段服务水平的主要指标为密度、平均速度、饱和度、最大服务交通量。快速干道基本路段服务水平按设计速度可分为四级,如表3-17所示,一条车道的设计通行能力如表3-18所示。

城市快速干道基本路段服务水平分级　　　　　表3-17

设计速度 （km/h）	服务水平等级		密度 [pcu/(km·ln)]	平均速度 （km/h）	饱和度 （V/C）	最大服务交通量 [pcu/(km·ln)]
100	一级（自由流）		≤10	≥88	0.40	880
	二级（稳定流上段）		≤20	≥76	0.69	1520
	三级（稳定流）		≤32	≥62	0.91	2000
	四级	（饱和流）	≤42	≥53	≈1.00	2200
		（强制流）	>42	<53	>1.00	—
80	一级（自由流）		≤10	≥72	0.34	720
	二级（稳定流上段）		≤20	≥64	0.61	1280
	三级（稳定流）		≤32	≥55	0.83	1750
	四级	（饱和流）	≥50	≥40	≈1.00	2100
		（强制流）	<50	<40	>1.00	—
60	一级（自由流）		≤10	≥55	0.30	590
	二级（稳定流上段）		≤20	≥50	0.55	990
	三级（稳定流）		≤32	≥44	0.77	1400
	四级	（饱和流）	≤57	≥30	≈1.00	1800
		（强制流）	>57	<30	>1.00	—

快速路基本路段一条车道的设计通行能力　　　　　表3-18

设计速度（km/h）	100	80	60
设计通行能力（pcu/h）	2000	1750	1400

5. 交叉口服务水平

信号控制交叉口服务水平分级以车辆通过交叉口的平均延误时间（以s为单位）为判定依据，因为在交叉口，给驾驶人带来最强烈感受的就是时间延误。信号控制交叉口服务水平详细分级情况见第十二章。

习题

3-1　两辆车分别在一个1km的环道上匀速行驶，速度分别为40km/h和30km/h，可自由超车，观测1h。该环道交通流时间平均车速和空间平均车速分别是多少？一般情况下，为什么空间平均车速低于时间平均车速？

3-2　高峰小时内于200m长路段两端断面 A 和断面 B 同步连续观测车队中每辆车的到达

时间 t_a 和 t_b，记录如表3-19所示，试确定车队的参数 q、k、u。

路段上车队每辆车的到达时间 t_a 和 t_b

表3-19

车序	1	2	3	4	5	6	7	8	9	10	11
t_a(s)	22.5	24.6	27.0	29.0	32.1	35.0	38.5	40.4	43.0	46.1	49.1
t_b(s)	2.1	4.0	7.3	9.4	11.9	15.3	17.9	20.0	22.4	25.7	32.3

3-3 一段单车道公路，其交通流规律符合格林希尔治模型。测得自由流车速为80km/h，阻塞密度为75veh/km。试计算该路段通行能力以及对应的临界速度和最佳密度，绘出流量-速度关系曲线，标出自由流速度、临界速度和通行能力。

3-4 已知某连续流的速度和密度关系式为 $u=61.2×e^{-0.015k}$，试确定自由流车速、拥挤密度、速度-流量关系式、密度-流量关系式、最大流量。

3-5 设某连续流的速度和密度关系式为 $u=88-1.6k$，且流、密、速符合交通流基本模型。拟限制车流的实际流量不大于最大流量的0.8倍。速度单位为km/h，密度单位为veh/km。

(1)试求此条件下速度的最小值和密度的最大值(假定车流的密度<最佳密度 k_m)。

(2)若此时交通流处于六级服务水平，则此时密度最小值是多少？

3-6 图3-15中实线折线表示某一路段交通需求随时间变化的情况，虚线表示路段通行能力(假设通行能力不随时间变化)。请绘制该路段相应的流量时变曲线图，说明通行能力的限制对流量时变曲线的影响。

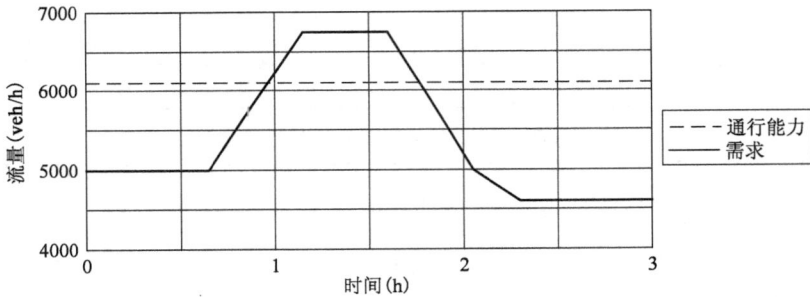

图3-15 道路某一断面观测点需求与通行能力时变曲线

3-7 请实测一条城市道路路段一条车道和交叉口一条直行车道的通行能力。路段、交叉口一条车道的通行能力实测值是否相同？为什么？

3-8 请分析高速公路、一级公路、二级公路、三级公路路段服务水平评价指标存在差别的原因。

第四章

行人与非机动车交通流特性

在城市向绿色交通转型的时代背景下,行人与非机动车交通系统是高品质生活、高品质交通的重要组成部分。鼓励、引导步行与非机动车交通不仅是推崇一种健康、低碳的生活方式,践行"慢行优先、绿色优先"的城市发展理念,更是治理"大城市病"的重要切入点。掌握行人与非机动车交通流的基本特性,厘清行人、非机动车、机动车交通流差异,是研究行人、非机动车交通设施设计及交通管理、交通法规的基础。

第一节　行人交通流特性

一、步行交通特性

行人(Pedestrian)步行交通具有出行目的多元性和随机性的特点。步行既可以是有明确目的的单纯交通行为,也可以是漫无目的的散步,或者是两者的结合,如购物或参观游览等。不同出行目的下行人的步行速度、对交通服务的要求有显著差异,如表4-1所示。

三类典型步行目的及步行特征

表4-1

出行目的	图示	典型行为	步行速度(m/s)	交通服务要求
具有交通出行目的的两点间位置移动	⊙ → ○	通勤交通	1.3~2.5	快速通过,便捷
伴随其他行为目的的移动	⊙○○	购物、游园	0.7~1.3	舒适的、有吸引力的空间环境
移动过程即为目的的移动	⊙〜○	散步	0.8~1.2	

二、行人交通特征指标

为了理解行人在道路上行走、停留过程中的安全设计和人性化设计需求,必须了解行人空间通行尺寸要求、步行速度、行人过街的等待时间、过街绕行阈值、车撞人伤害程度等关键指标。

1. 空间通行尺寸要求

人们行走时,随着身体重心在两脚间转换,人体出现横向摆动,不带行李的行人行走标准横向宽度为75cm,轮椅推行时标准横向宽度为100cm。在行走过程中所需要的纵向空间由步幅区(生理需求)与感知区(心理需求)组成,如图4-1所示。通常平均步幅区长度取64cm,感知区主要受行人视觉、心理和安全感等因素影响,水平通道上以正常行走速度与舒适视觉角度前进,感知区取值应大于210cm。因此,舒适行走需要的通行空间为2.2m²/人以上。

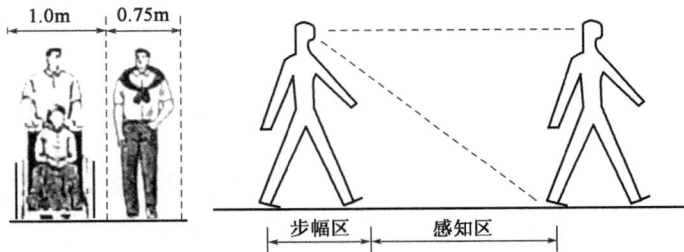

图4-1 行走中行人的横向、纵向空间示意图

人的通行空间是最能反映人员密集程度的指标,也是与客流风险关联最直接的因素。目前对人群拥挤的安全密度尚无统一的标准。国内外文献指出,8~10人/m²是大多数人开始感觉到拥挤和不安的阈值范围,人群开始出现波动情况,有可能发生事故。

2. 步行速度

影响行人步行速度大小的因素有:行人个体因素,包括人种、年龄、性别、行动能力、健康程度等;出行因素,包括出行目的、路线熟悉程度、行李携带情况、出行距离等;行人步行交通设施因素,包括设施类型、坡度、安全出口等;环境因素,包括周围环境、天气条件和人流密度等。

在交叉口信号配时中,行人步行速度取值应具有可靠性,即保证85%的行人步行速度不低于该取值;应注意老年人步行速度取值,例如,上海老年男性的平均步行速度为1.01m/s,老年女性的平均步行速度为0.96m/s;同时还应考虑具有生理障碍的行人的通行需求。具有不同生理障碍或使用不同辅助器具的行人步行速度研究结果见表4-2。

具有不同生理障碍或使用不同辅助器具的行人步行速度　　　　　　表4-2

生理障碍或辅助器具	平均步行速度（m/s）
手杖/拐杖	0.8
助步器	0.6
轮椅	1.1
膝关节固化	1.1
膝下截肢	0.7
膝上截肢	0.6
髋关节炎	0.7~1.1
类风湿性关节炎（膝盖）	0.7

我国的《城市道路交叉口规划规范》（GB 50647—2011）规定行人设计步速为1.0m/s，行人过街绿灯时长不得小于行人安全过街所需的时间。

3. 行人过街等待时间

行人过街等待时间（Waiting Time）是行人过街的重要影响因素之一。行人等待时间的具体分类包括：行人平均等待时间、行人最大等待时间、行人可忍受等待时间阈值。

（1）行人平均等待时间：是指一个信号周期内，所有行人等待时间总和与行人数的比值，也是行人平均延误。在德国《道路运行能力手册》（HBS）、美国《道路通行能力手册》（HCM）等资料中，这一指标主要用于评价信控交叉口行人服务水平。

（2）行人最大等待时间：是指一个信号周期内，行人等待行人绿灯启亮所需的最长时间，等于信号周期时间与行人绿灯显示时间的差值。

（3）行人可忍受等待时间阈值：是指行人对等待时间存在一定的容忍限度，超过此限度行人会感到不适，甚至闯红灯过街。该时间限度即为行人可忍受等待时间阈值。当行人最大等待时间小于或等于行人可忍受等待时间阈值时，认为行人基本能够按照信号灯灯色通行，行人交通流的可控性较好；反之，行人交通流的可控性较差，强行穿越机动车流的行人比例很高。

通过实测，德国《信号控制规范》（RiLSA）给出的行人可接受等待时间阈值为60s。美国《道路通行能力手册》（HCM）指出，行人平均等待时间大于40s时，行人闯红灯概率高。我国浙江省制定的《城市道路人行过街设施规划与设计规范》（DB33/1058—2008），以及安徽省发布的《安徽省城市道路交叉口信号控制设计规范》（DB34/T 2423—2015）列出了同济大学在杭州、合肥调查研究的结果：在交通流量较大的主支相交路口，行人最大可忍受等待时间阈值为90s，超过此时间限值，行人过街便处于不可控局面；安全岛上行人的最大可忍受等待时间阈值为50s。

4. 过街绕行距离

过街绕行距离指总步行距离减去直线距离。步行者由于生理、心理因素，对过街绕行距离存在一定的容忍限度，超过此限，步行者往往会铤而走险直穿道路，该容忍限度即为过街绕行距离阈值（Detour Threshold）。城市干路过街设施间距规划的约束因素包括：过街绕行距离阈值、道路等级、用地类型、慢行优先权。道路等级低、慢行优先权高时，步行过街设施间距宜取小值。

《城市道路交通设施设计规范（2019年版）》（GB 50688—2011）规定，快速路和主干路上人行过街设施的间距宜为300~500m，次干路上人行过街设施的间距宜为150~300m。

同济大学对上海市居民在干路上的过街绕行距离阈值调查结果显示，主干路绕行距离阈值最大为180m,最小约为60m;次干路绕行距离阈值最大为100m,最小约为40m。基于过街绕行距离阈值调查,结合道路等级、用地类型、行人数量等要素,干路过街设施间距阈值推荐值为:在居住、商业等步行密集区域,主干路过街设施间距不应大于250m,次干路过街设施间距不应大于200m;在工业园区等步行活动较少区域,主干路过街设施间距不宜大于500m。

5. 车撞人伤害程度

车撞人时,行人所受的伤害程度取决于车辆速度:当车速低于30km/h时,行人有约90%的存活机率;车速超过30km/h时,行人罹难的概率即随车速加快呈指数级增长;车速超过50km/h后,其死亡概率超过80%,如图4-2所示。因此,国内外城市通常将重要街区的车辆速度限制于30~50km/h,以避免对行人造成超过其生理承受阈值的伤害。为了更好地理解车撞人的危险性,基于动量原理估算的不同车速下行人受撞的等效坠落高度,如表4-3所示。虽然车撞人与高空坠落对人造成的伤害程度相近,但是行人对车撞人危险性的认识远少于对高空坠落危险性的认识。图4-3生动展示了行人违法过街的风险性。

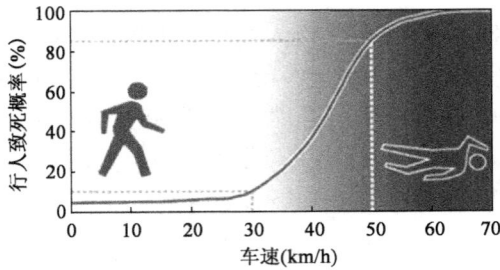

图4-2 行人致死概率与撞击车辆速度的关系

行人被不同车速车辆撞击后的等效坠落高度   表4-3

撞击时车速(km/h)	20	30	40	50	60	80
等效坠落高度(m)	1.6	3.5	6.3	9.8	14.2	24
等效坠下的楼层	1楼	2楼	3楼	4楼	5楼	9楼

注:等效坠下的楼层以每层楼距3m计。

图4-3 行人违法过街风险示意

三、行人交通流量、密度、速度关系

行人受环境限制的影响小，可以任意选择其行动方向，行人行进路线不像机动车道那样被进行了规则划分，不要求出行者必须按道行驶。因此，在大多数情况下行人无须也不可能像机动车交通那样以整齐的"队列"行进，而是在空间内以不规律的方式"蛇行"或交错地向前运动。

在开放（没有明确边界）的人行道上，一旦出现拥挤，由于行人交通的随机性，行人可能会离开人行道而进入邻近车行道上行走。因此，开放人行道上行人的"流体"特征不显著，行人流速度、密度及流量三参数之间的关联性不强。

当众多行人个体出行目的明确一致，且同时在具有一定边界的步行空间通过时（如地铁站通道、楼梯内的客流），就形成了流动性、整体性较强的行人流。行人流在一定程度上可以被近似看作是一种可压缩的、具有均质特性的流体。这种近似方法在行人交通流理论的研究中具有重要意义。

1. 行人流量、密度、速度及行人占据空间

（1）行人流量：指单位时间内通过某一断面的行人数，单位是人/(min·m)。研究流、密、速关系时，单位观测时间可以是30s、1min或其他时长。

（2）行人密度：指单位面积上的平均行人数量，单位是人/m²。

（3）行人速度：指单位观测时间内行人的平均步行速度，单位是m/s。

（4）行人占据空间：指每个行人的占用面积，单位是m²/人，是行人密度的倒数，更适用于对人行设施的分析。该空间的大小与人的活动有关，一般随步行速度的增加而增加。静态空间与动态空间具有相当大的差别。

静态空间（表4-4）应考虑以下三个因素：

①行人站立的空间需求（按照人体椭圆面积计算），如图4-4所示。

②行人携带行李物品时的空间需求修正。

③使行人感觉舒适的空间需求（考虑行人站立时的心理缓冲空间）。

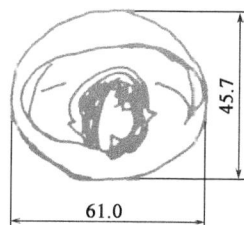

图4-4　人体椭圆图（尺寸单位：cm）

静态空间要求　　表4-4

考虑的因素	行人站立	携带行李	感觉舒适
空间需求（m²/人）	0.21	0.40~0.55	0.74~0.95

注："携带行李空间"考虑的是行人携带轻物或大人带一小孩同行的最小面积。

动态空间（表4-5）应考虑以下三个因素：

①人群按照较理想的期望速度行进所对应的空间要求。

②穿越或超越（横向、纵向）行人群的空间需求。

③使行人舒适行走的空间需求（考虑心理缓冲空间）。

动态空间要求　　表4-5

考虑的因素	人群按照期望速度行走所需空间	穿越行人群	舒适行走
空间需求（m²/人）	>1.40	>1.67	2.20~2.25

注：当行人占据空间值小于1.40m²/人时，人群中所有的行人都不能按自己的期望速度行走。

2. 速度-密度关系

行人流量、密度、速度三者之间的定量关系可反映行人流的宏观运行特性。由于行人流中每一个体总是根据其邻近的其他个体的状态调整自身步行行为,速度-密度关系便也是行人交通流三参数中最重要、最本质的模型,其刻画了不同密度条件下个体间相互作用的强度。流量-密度关系则描述了不同聚集密度下步行设施单位宽度在单位时间内的行人通过量,是确定设施通行能力与服务水平的重要依据。速度-流量关系可反映不同流量条件下行人流可获得的平均行走能力(速度)。

和机动车宏观交通流特征类似,行人在固定宽度的路侧步行道或封闭通道内步行时,速度和密度也有相关关系:随着行人密度的增加,速度相应降低,以上海市通勤者为例,如图 4-5 所示。对于单向水平通道,在行人流密度较低(不大于 0.5 人/m²)阶段,行人流为自由流状态,速度保持稳定,基本不随密度变化;密度大于 0.5 人/m² 后,速度随密度增加缓慢下降。

行人在步行通道上并非以均匀分布的方式行走,往往是通道中轴线附近的人流密度较高,而通道两侧的人流密度较低(行人移动具有"向心性"),从而导致通道两侧附近的人流速度高,中轴线附近的人流速度低。这种现象被称为行人流速度分布的边缘效应,如图 4-6 所示。

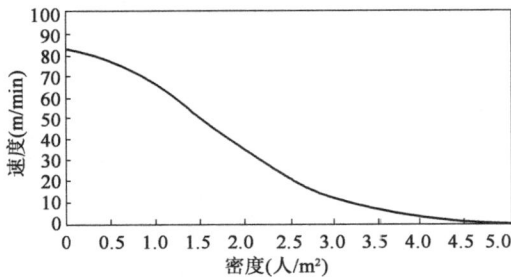

图 4-5　单向水平通道行人速度-密度关系曲线

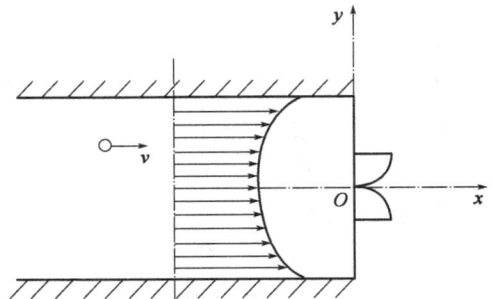

图 4-6　行人流速度分布边缘效应

3. 流量-密度关系

单向水平通道的行人流量-密度曲线如图 4-7 所示(以上海市通勤者为例)。曲线上存在一个最佳密度点,在最佳密度点处流量达到最大。随着人流密度从低逐渐增加至最佳密度,流量也逐步增加;当人流密度大于最佳密度时,随着密度增加,流量逐步降低。

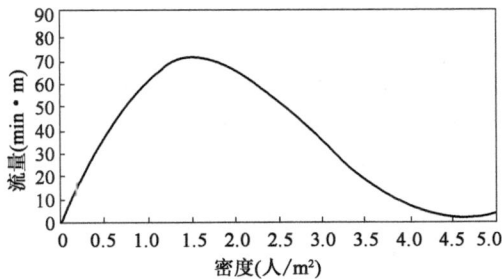

图 4-7　单向水平通道行人流量-密度关系曲线

4. 速度-流量关系

单向水平通道的行人速度和流量的关系如图4-8所示(以上海市通勤者为例)。当行人流量较低时,速度较高;而当流量增加时,速度降低。当流量超过通行能力时,由于行走空间受限,流量和速度均降低。由于行人对流量的敏感性低于密度,因此,速度随流量增加的幅度并不显著,在行人交通流中,"流量=密度×速度"这一数学关系并不完全适用。

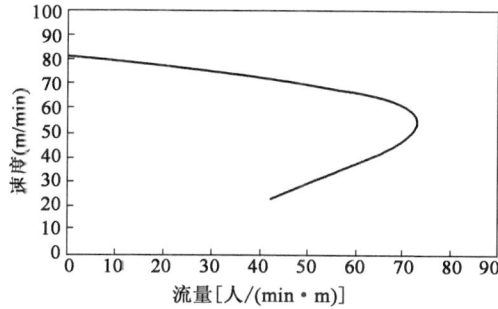

图4-8 单向水平通道行人速度-流量关系曲线

第二节 非机动车交通流特性

一、非机动车交通特征指标

《中华人民共和国道路交通安全法》(2021年修正)规定:非机动车,是指以人力或者畜力驱动,上道路行驶的交通工具,以及虽有动力装置驱动但设计最高时速、空车质量、外形尺寸符合有关国家标准的残疾人机动轮椅车、电动自行车等交通工具。因此,我国道路上的非机动车道,实际是人力驱动的自行车与由电力、燃油或燃气驱动的助动车的混行车道。

为了理解两种车辆在道路系统中的安全设计和人性化设计的需求,必须了解它们的尺寸、骑行动态空间、骑行速度、动力特性及非机动车绕行时空阈值等关键指标。

1. 非机动车尺寸

典型助动车、自行车车型尺寸如表4-6所示。

典型助动车、自行车车型尺寸 表4-6

车型		车长(cm)	车宽(cm)	车高(cm)
小型车	轮式电动自行车	138~180	50~65	100~125
大型车	踏板式电动车及燃气(油)助动车	180~196	65~80	110~125

续上表

车型	车长(cm)	车宽(cm)	车高(cm)
26型脚踏自行车	182	55~60	100
28型脚踏自行车	194	55~60	115

2. 骑行动态空间

自行车骑行者在路段上正常骑行时,横向动态宽度为1.0m/辆,如图4-9所示,助动车横向动态宽度为1.5m/辆。

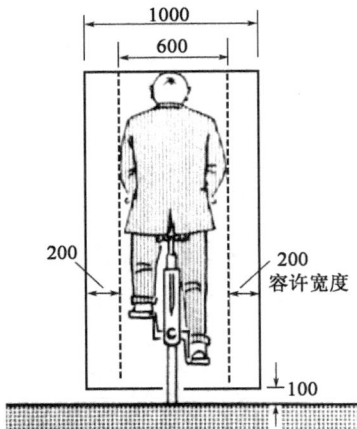

图4-9 自行车横向动态宽度(尺寸单位:mm)

在不同速度下,自行车动态占用道路面积有较大差异。自由流状态下,当自行车骑行速度为10km/h时,动态占用道路面积5.2m²;当自行车骑行速度为12km/h时,占用道路面积为6.2m²;当自行车骑行速度为15km/h时,占用道路面积10.3m²;当自行车骑行速度为20km/h时,占用道路面积12.1m²。

3. 骑行速度

(1)自行车

骑行速度同骑车人的体力、心情和意志有关。影响自行车骑行速度的其他因素有:自行车类型、路面类型、道路坡度、与其他车辆或行人混行的情况、天气情况等。据观测,纵坡度为1%时,青壮年骑行者上坡速度为10~15km/h;纵坡度为2%时,上坡速度为7~12km/h;纵坡度为3%时,上坡速度约为5km/h。

(2)助动车

助动车的行驶速度与道路条件、交通状况、车辆状况、骑行人对身体平衡的掌握、心情、天气、环境等因素有密切关系。

目前国内对有助动车行驶的非机动车道设计速度尚无明确规定。《电动自行车安全技术规范》(GB 17761—2018)规定:电动自行车最高时速不超过25km/h,质量(重量)不大于55kg。在《机动车运行安全技术条件》(GB 7258—2017)中,把最高车速20km/h作为区分电动自行车与轻便摩托车的界限。《中华人民共和国道路交通安全法》规定,电动自行车应当在非机动车道内行驶,最高行驶速度不得超过15km/h。

目前的电动自行车在有限速装置的情况下,最高速度可以达到25km/h,拆除限速装置后,速度可以达到35km/h以上。因此,路段上自行车和助动车的平均运行速度差别显著。实地调查显示,自行车速度约为15km/h,助动车速度约为23km/h,助动车的车速为自行车的1.5~1.7倍。自行车、助动车在实际行驶过程中的运行速度都近似呈正态分布(Normal Distribution),自行车的速度范围较助动车集中[自行车速度标准差(Standard Error)小于4km/h,助动车速度标准差约为6km/h]。上海市武宁路机非间有实物隔离设施条件下自行车与助动车速度分布与累积频率曲线如图4-10所示。

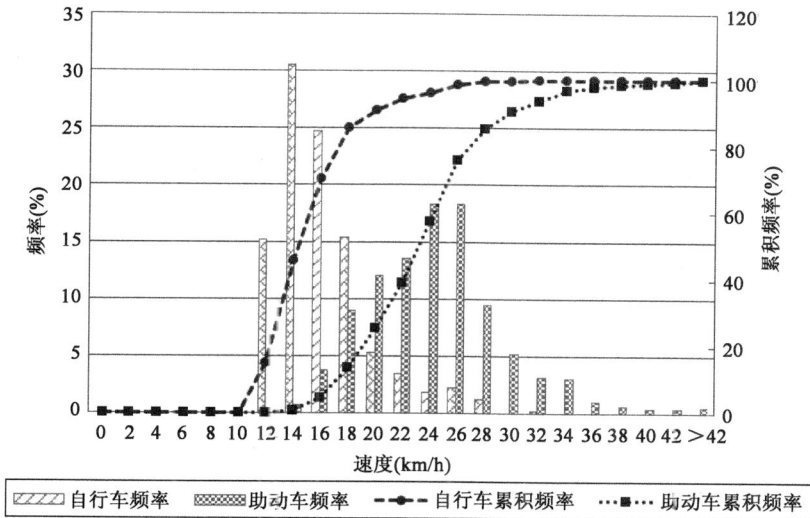

图4-10 机非硬隔离设施条件下自行车与助动车速度分布与累积频率曲线图(上海市武宁路)

不同城市之间自行车和助动车的速度无明显差异,如表4-7和表4-8所示。性别和年龄对自行车和助动车的车速影响也不显著。

自行车和助动车车速对比 表4-7

城市	自行车速度(km/h)	助动车速度(km/h)	位置及交通流情况
昆明	14.8	21.9	路段
南京	16.7	23.3	路段
上海	13.5	21.5	路段、自由流
成都	14.7	22.6	路段、自由流
杭州	14.4	23.6	路段
上海	12.7	17.7	交叉口
成都	10.8	14.4	交叉口

上海市助动车路段车速调查结果 表4-8

道路名称	道路等级	所在区域	机非分隔形式	均值(km/h)	最大值(km/h)	最小值(km/h)
海宁路	主干道	内环内	物理分隔	25.94	56.25	15.25
武宁路	主干道	内中环间	物理分隔	23.83	42.00	13.00
龙吴路	主干道	内中环间	物理分隔	23.01	41.00	10.00
曹杨路	次干道	内中环间	物理分隔	25.40	45.00	11.25
康定路	支路	内环内	划线分隔	20.82	31.03	10.47
清河路	支路	外环外	划线分隔	17.85	25.00	11.25

4. 动力特性

(1)自行车

普通自行车行进时的动力是由骑行者自身提供的,成年男子骑行自行车的功率约为0.22kW。若持续骑行30min以上,成年男子骑行的功率将降至0.15kW;成年女子骑行自行车的平均功率约为男子的70%。行驶时间越长,骑车人的输出功率越小,速度越慢,所以普通自行车不适合用于远程交通。

山地自行车可以通过变速系统来调整骑行者踩踏出力和轮胎扭力之间的转换及踩踏数与骑行距离的比例,使得山地自行车能够适应不同环境,达到骑行的耐久性与舒适性之间的平衡。山地自行车在平地行驶的速度可以达到40km/h以上。

现行国家标准《自行车安全要求 第2部分:城市和旅行用自行车、青少年自行车、山地自行车与竞赛自行车的要求》(GB 3565.2—2022)给出了普通自行车和山地自行车的试验速度与制动距离,如表4-9所示。

自行车试验速度和制动距离

表4-9

试验条件	试验速度 (km/h)	使用的车闸	普通自行车制动距离 (m)	山地车制动距离 (m)
干态	25	使用前后2个车闸	7	6
		单用后闸	15	10
湿态	16	使用前后2个车闸	5	5
		单用后闸	10	10

(2)助动车(以电动自行车为例)

电动自行车的动力性能由电动机和驱动系统决定。电动机驱动后轮产生驱动力,克服行驶阻力使电动自行车持续行驶。电动自行车的驱动力为:

$$F_t = \frac{M_t}{r} = \frac{Mi\eta}{r} \tag{4-1}$$

式中:F_t——驱动力;

M_t——驱动轮驱动力偶矩;

r——驱动轮半径;

M——电动机的转矩;

i——传动系统传动比;

η——电动自行车效率。

电动自行车的动力来源为蓄电池。目前国内电动自行车电池电压一般为36V,一般充电器功率为300W左右。目前,绝大多数电动自行车一次充电后的续航里程均能超过25km,适宜中长距离的骑行。

总制动距离由制动迟滞距离、制动距离组成,制动距离包括滚动距离和抱死滑动距离。《电动自行车安全技术规范》(GB 17761—2018)规定电动自行车以最高车速25km/h骑行时,同时使用前后2个车闸进行制动,干态制动距离应不大于7m;湿态条件下,以车速16km/h骑行时,制动距离应不大于9m。这是一个保证骑行安全的关键指标。制动效能相同的电动自行车,车速越高,制动距离越长。

制动迟滞距离、抱死滑动距离与重量无关,滚动距离与重量相关。试验表明,电动自行车配重增加8kg,制动距离平均增幅为2.09%;配重增加16kg,制动距离平均增幅为4.06%,制动距离均在标准允许的范围内。由对制动距离的理论分析和试验可知:对于低速运动的电动自行车,适度增加整车重量对制动距离影响轻微。

5. 非机动车绕行时空阈值

由于体力、心理因素,骑行者对绕行时间与距离存在一定的容忍限度,该容忍限度即为非机动车绕行时空阈值。非机动车绕行时空阈值应作为城市干路机非分流规划的约束指标,应为机非分流情况下骑行者的时空损失划定"底线"。

自行车、助动车的绕行时空阈值亦有不同,自行车骑行者可接受的绕行时间略长些,助动车骑行者可接受的绕行距离略远些。自行车、助动车绕行时空阈值如表4-10所示。其中,非机动车流量很大或骑行环境较差时推荐采用Ⅰ类指标,流量较低时可采用Ⅱ类指标。

机非分流条件下骑行者绕行时空阈值推荐标准 表4-10

骑车类型	Ⅰ类绕行阈值		Ⅱ类绕行阈值	
	距离(m)	时间(min)	距离(m)	时间(min)
自行车	300	≤3.5	400	≤4
助动车	625	2.5	750	3

二、非机动车交通流量、密度、速度关系

非机动车流(Non-motorized Traffic Flow)具备一般的交通流特性,但流量、密度、速度之间的关系与机动车流有区别。

1. 非机动车流量、密度、速度

(1)非机动车流量:指单位时间间隔内通过某一观测断面单位宽度的标准自行车车数(即自行车数与换算过的助动车数之和)。研究流、密、速关系时,单位观测时间可以是30s或1min。

(2)密度:指某一瞬间单位面积车道上的非机动车车辆数,单位是辆/m²。自行车在路段上正常行驶时,一般占用的道路面积为4~10m²,密度为0.1~0.25辆/m²,但在交叉口停止线前拥挤堵塞时,其密度很大,观测的自行车密度平均值为0.63辆/m²。

(3)速度:指单位观测时间内非机动车的空间平均车速,单位是m/s。

2. 自行车换算系数

自行车换算系数(Bicycle Equivalents,BE)的定义为,以自行车为标准非机动车,在特定道路、交通和管理条件下一辆助动车可以被等效替换为的自行车辆数。

在一段时间内,交通设施的时空资源是稳定的,交通设施能够服务的车辆数取决于车辆的时空占用率。采用速度的倒数表示时间资源占用率,车辆占用道路面积表示空间资源占用率,自行车换算系数BE计算公式为:

$$BE = \frac{\frac{1}{V_M} \cdot A_M}{\frac{1}{V_B} \cdot A_B} = \frac{V_B \cdot A_M}{V_M \cdot A_B} \tag{4-2}$$

式中：V_B——自行车的平均车速(m/s)；

　　A_B——自行车占用的道路面积(m²)；

　　V_M——助动车的平均车速(m/s)；

　　A_M——助动车占用的道路面积(m²)。

由于非机动车在道路上横向移动频繁,穿插行驶,在车辆长度方面,助动车与自行车在行驶时占用的车道空间差距不是很大,而宽度与自行车有区别,因此只考虑车宽因素对占用道路面积的影响。

在一定的助动车比例范围内,不同的交通流密度下,BE的计算方法可以进行简化。在自由流状态下,由于密度小,自行车和助动车互不干扰,均能够保持期望速度自由行驶,并可以自由超车,故不考虑车辆面积对换算系数的影响,则BE的计算模型可简化为：

$$BE = \frac{V_B \cdot A_M}{V_M \cdot A_B} = \frac{V_B}{V_M} \tag{4-3}$$

稳定流状态下,车辆之间的相互干扰较为明显,不能随意地超车或并排行驶。非机动车的速度随着密度的升高而降低,不能保证自由流速度,计算公式见式(4-2)。

拥挤流状态下,车辆之间的间距已达到极限,没有超车现象,车流处于拥堵状态,在较慢的速度下整体前行,即自行车和助动车在同一个"集团"内低速前行,二者速度无差异,则BE的计算模型可简化为：

$$BE = \frac{V_B \cdot A_M}{V_M \cdot A_B} = \frac{A_M}{A_B} \tag{4-4}$$

对自行车换算系数的研究目前还处于起步阶段。通过对比不同地点BE数值可以发现：

(1)BE随密度的增加而增大。自由流状态下,BE值为0.55~0.75;稳定流状态下,BE值为0.70~1.09;拥挤流状态下,BE值为0.86~1.13。

(2)BE随助动车比例的增加而增大。

(3)BE受车道坡度和宽度的影响,下坡路段的BE较水平路段的大。BE随非机动车道宽度增大而减小。

3. 非机动车流、密、速三参数关系

国内已有研究提出,没有助动车混入时,非机动车道自行车流的速度总是分布在接近期望车速的范围内,且与流量、密度无关,而速度的离散程度随着密度的增大而减小。自行车流速度-密度、流量-密度、速度-流量关系曲线如图4-11所示。

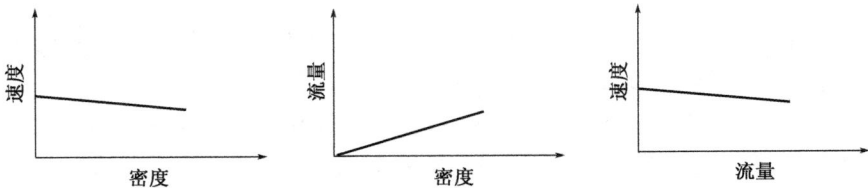

图4-11　自行车流速度-密度、流量-密度、速度-流量关系曲线

混行非机动车流速-密度、流量-密度、速度-流量关系曲线如图4-12所示,由于非机动车流压缩性大,且很少出现拥挤的情况,路段行驶时一般不会出现类似机动车速度-密度关系中堵塞密度下车速几乎为0的状态,路段车流速度-密度、速度-流量及流量-密度关系均是单调的。

自由流时混行非机动车辆速度的离散性大于纯自行车流,在自由流状态下混行非机动车的车速总是分布在某一期望车速附近;随着密度增加,车辆间相互干扰加剧,车速的离散程度降低。在高密度或高流量状态下,混行非机动车速度与密度、流量呈负相关关系,即随拥挤程度增加(密度、流量增大),混行非机动车速度逐渐降低。混行非机动车流量与密度呈明显的线性关系。

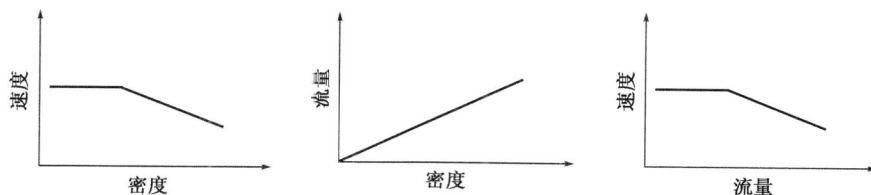

图4-12 混行非机动车流速度-密度、流量-密度、速度-流量关系曲线

第三节 步行与非机动车设施通行能力与服务水平

一、步行与非机动车网络

1. 步行与非机动车网络基本概念

为了满足步行与非机动车的交通性需求和出行者日益增长的休闲健身需求,并保障公共活动的连续性,《城市步行和自行车交通系统规划标准》(GB/T 51439—2021)定义了步行与自行车交通网络的概念,并规定了除城市快速路主路外,各级城市道路均应设置连续的人行道和非机动车道。

城市步行交通网络:应包括城市道路范围内的人行道、步行专用路,居住区、商业区、广场、公园等内部的步行通道、立体连廊及街巷、里弄、胡同、绿道内的步行空间等。

城市非机动车网络:应包括城市道路范围内的非机动车道、自行车专用道,居住区、商业区、广场、公园等内部的非机动车道及街巷、里弄、胡同、绿道内的骑行空间等。

绿道指沿河流、溪谷、山川周边、城市绿地、旅游景区、郊野公园等布局的步行与非机动车专用道路,主要满足休闲、游览、健身等需求,注重舒适性和景观环境。为了保障绿道网络的可达性,城区内绿道设施应与城市道路上的行人与非机动车通行空间相衔接。

2. 步行道网络分级

步行道网络分级的主要目的是明确不同类型步行道路的功能和作用,体现步行道路级别与传统城市道路级别之间的差异性和关联性,并提出差别化的规划设计要求。《城市步行和自行车交通系统规划标准》(GB/T 51439—2021)规定,沿城市道路布置的人行道,依据步行交通特征、周边用地与环境、所在交通分区、城市公共生活品质等因素,可划分为两级。

(1)一级步行道(步Ⅰ级):人流量大,街道界面友好,是步行网络的主要组成部分。主要分布在城市中心区和功能区,位于中型及以上公共设施、轨道车站、交通枢纽周边及人员活动聚集区等地区。

(2)二级步行道(步Ⅱ级):主要用于行人步行直接通过,街道界面活跃度较低,人流量较小,是步Ⅰ级网络的延伸和补充。

3. 非机动车道网络分级

非机动车道网络分级的主要目的是明确不同非机动车道路的功能和作用。非机动车道级别主要由其在城市非机动车交通系统中的作用和定位决定。《城市步行和自行车交通系统规划标准》(GB/T 51439—2021)规定,沿城市道路布置的非机动车道,依据自行车交通特征、所在交通分区、城市道路等级、周边用地与环境等因素,可划分为两级。

(1)一级非机动车道(自Ⅰ级):非机动车流量较大,贯通性好,是自行车交通的主要通道。

(2)二级非机动车道(自Ⅱ级):非机动车流量较少,以集散和到发为主。

二、行人设施通行能力与服务水平

1. 基本概念

(1)行人设施通行能力:指人行设施能够通过或容纳的最大行人数量,用单位时间通过的人数或单位面积容纳的人数表示。

(2)行人设施服务水平:是评估行人活动空间的通行能力和舒适性的有效指标。服务水平分级主要依据行人自由选择期望速度与超越其他行人的能力,同时还衡量行人交通特有的一些属性,如穿越横向行人交通流的能力、与主要人流方向逆向行走的能力。

2. 人行设施基本通行能力

《城市道路工程设计规范(2016年版)》(CJJ 37—2012)规定的人行设施基本通行能力和设计通行能力如表4-11所示。

人行设施基本通行能力和设计通行能力　　　　　　　表4-11

人行设施类型	基本通行能力[人/(h·m)]	设计通行能力[人/(h·m)]
人行道	2400	1800~2100
人行横道(绿灯时间)	2700	2000~2400
人行天桥	2400	1800~2000
人行地道	2400	1440~1640
车站码头的人行天桥、人行地道	1850	1400

注:行人较多的重要区域设计通行能力宜采用低值,非重要区域宜采用高值。

3. 人行道服务水平分级

《城市道路工程设计规范(2016年版)》(CJJ 37—2012)利用人均占用面积、人均纵向间距、人均横向间距、步行速度、最大服务交通量五个指标,给出了四级人行道服务水平分级标准,如表4-12所示。人行道设计时宜采用三级标准。

人行道服务水平分级标准　　　　　　　表4-12

指标	服务水平一级	服务水平二级	服务水平三级	服务水平四级
人均占用面积(m²)	>2.0	1.2~2.0	0.5~1.2	<0.5

续上表

指标	服务水平一级	服务水平二级	服务水平三级	服务水平四级
人均纵向间距(m)	>2.5	1.8~2.5	1.4~1.8	<1.4
人均横向间距(m)	>1.0	0.8~1.0	0.7~0.8	<0.7
步行速度(m/s)	>1.1	1.0~1.1	0.8~1.0	<0.8
最大服务交通量[人/(h·m)]	1580	2500	2940	3600

在美国《道路通行能力手册》(HCM)中,人行道的服务水平分级以出行者的感知作为依据,如通过调查行人对城市特定街道的服务质量评价和行人在人行道上平均占用的空间大小来评估服务水平。A级代表最优质的服务,F级代表最差的服务,评级结果由行人的出行体验及对服务质量的感知确定。

三、非机动车道通行能力与服务水平

1. 非机动车道通行能力

非机动车道通行能力,即单位时间间隔内通过非机动车道某一观测断面单位宽度的最大标准自行车数。

国内对于无混行的非机动车道单车道设计通行能力的推荐值或建议值低于2000辆/(h·m),其中受交叉口影响的路段设计通行能力推荐值一般为800~1200辆/(h·m),如表4-13所示。

非机动车道通行能力   表4-13

出处	通行能力[辆/(h·m)]	设施情况		备注
美国《道路通行能力手册》(HCM)	2000	单向自行车道或自行车专用道	间断流,饱和流量	
《城市道路工程设计规范(2016年版)》(CJJ 37—2012)	1500~1800	有分隔设施	不受交叉口影响	设计通行能力推荐值[辆/(m·h)]
	1400~1600	无分隔设施		
	1000~1200	有分隔设施	受交叉口影响	
	800~1000	无分隔设施		
《交通工程手册》	2100	实体隔离	不受交叉口影响	建议通行能力[辆/(m·h)]
	1000~1200		受交叉口影响	
	1000~1200		交叉口进口路段	
	1800	标线分离	不受交叉口影响	
	800~1000		受交叉口影响	
	800~1000		交叉口进口路段	

获取非机动车道通行能力的方法主要有三类:第一类是通过安全间距理论计算得到理论通行能力;第二类是根据实际调查得到最大流率;第三类是通过计算机仿真方法获得单位时间内的最大流率并转换为通行能力。

2. 非机动车道服务水平

不同国家关于非机动车道的服务水平分级规定存在显著差异,因为非机动车交通流服务

水平不仅受交通内部因素(如流量、密度和速度等)的制约,同时还受诸多外部环境因素(如气候、遮阳、路面质量、有效通行宽度等)的影响,且这些外部因素对自行车出行者感受到的服务品质影响相对较大。因此,非机动车道服务水平分级需要更多考虑环境因素对非机动车骑行者的影响。美国《道路通行能力手册》(HCM)对于非机动车道路段和交叉口的服务水平均根据骑行者的骑行体验及对服务质量的评分进行分级,具体计算方法可直接查阅美国《道路通行能力手册》(HCM)。

《城市道路工程设计规范(2016年版)》(CJJ 37—2012)中规定的自行车道路段和交叉口服务水平分级如表4-14和表4-15所示,其更多考虑了交通内部因素(骑行速度、占用道路面积、负荷度),基本未考虑外部因素。在工程设计中宜采用三级服务水平。

自行车道路段服务水平　　　　　　　　　　　　　　表4-14

指标	服务水平			
	一级(自由骑行)	二级(稳定骑行)	三级(骑行受限)	四级(间断骑行)
骑行速度(km/h)	>20	15~20	10~15	10~5
占用道路面积(m²)	>7	5~7	3~5	<3
负荷度	<0.40	0.55~0.70	0.70~0.85	>0.85

自行车道交叉口服务水平　　　　　　　　　　　　　表4-15

指标	服务水平			
	一级	二级	三级	四级
停车延误时间(s)	<40	40~60	60~90	>90
通过交叉口骑行速度(km/h)	>13	9~13	6~9	4~6
负荷度	<0.7	0.7~0.8	0.8~0.9	>0.9
路口停车率(%)	<30	30~40	40~50	>50
占用道路面积(m²)	6~8	4~6	2~4	<2

习题

4-1　在我国某些城市的交通文明示范路口,行人与骑车人的守法率已超过90%,但仍有行人违法穿越。请结合行人交通特征指标,分析行人违法过街的可能原因。

4-2　机动车连续流与行人、非机动车流的流、密、速关系有什么差异?

4-3　请针对学校周边的步行者、非机动车骑行者做问卷调查,了解步行者、非机动车骑行者对学校周边现状步行网络和非机动车网络在安全性、连续性、方便性、舒适性方面的满意度及改善诉求。

4-4 请列举风景区非机动车道、行人步道宽度设计时需要考虑的要素,说明如何远取设计通行能力。

4-5 设计与城市轨道交通枢纽衔接的非机动车道和人行道时,如何选取设计通行能力?

4-6 请分析对人行道、非机动车道与机动车道进行服务水平评价时,考虑因素与选取指标的差异性。

第五章
交通流理论

　　交通流理论是运用物理和数学的原理来描述交通流运行状态,研究交通流随时间和空间变化规律的模型和方法体系,是交通工程的基础理论。它分析阐述交通现象及其机理,从而使人们更好地理解交通特性及其本质,并把这些知识运用于实践。交通流理论的应用主要体现在交通控制、交通设计、交通仿真等方面。

　　交通流理论在20世纪30年代才开始发展起来,最早采用的是概率论的相关方法对交通流进行分析。1933年金策(Kinzer)论述了将泊松分布应用于交通的可能性;1936年,亚当斯(Adams)发表了数值例题。20世纪50年代,随着汽车的逐渐普及,交通量、交通事故和交通阻塞骤增,交通流中各车的独立性越来越小,概率论方法越来越不敷应用,这迫使理论研究者寻找新的模型。于是,出现了交通波理论(流体动力学模拟)、车辆排队理论、基于交通动力学的跟驰理论等。此后,交通流理论的研究进入一个迅速发展时期,然而至今尚未形成能够揭示拥挤形成及消散机理的网络交通动力学理论完整体系。

第一节　交通流的统计分布

　　在设计新的交通设施或确定新的交通控制方案时,需要预测交通流的某些具体特性。例如,在信号灯配时设计中,需要预报一个信号周期(Signal Cycle)到达的车辆数;在设计行人交通控制系统时,需要预测大于行人穿越时间的车头时距出现频率。交通流的统计分布(Statistical Distribution)知识为解决这些问题提供了有效的手段。

车辆的到达在某种程度上具有随机性(Randomness),描述这种随机性分布规律的方法有两种:一种是以概率论中描述可数事件统计特性的离散型分布(Discrete Distribution)为工具,考察在一段固定长度的时间或距离内到达某场所的交通数量的波动性;另一种是以描述事件之间时间间隔的连续型分布(Continuous Distribution)为工具,研究事件发生的间隔时间、可穿越空当(Gap)等交通流参数的统计分布特性。

一、离散型分布

在一定时间间隔内到达的车辆数或在一定路段上分布的车辆数是随机数(Random Digit),这类随机数的统计规律可以用离散型分布进行描述。常用的离散型分布有泊松分布(Poisson Distribution)、二项分布(Binomial Distribution)及负二项分布(Negative Binomial Distribution)等。

1. 泊松分布

(1)基本公式。

$$P(x) = \frac{(\lambda t)^x e^{-\lambda t}}{x!} \qquad (x = 0, 1, 2, \cdots) \tag{5-1}$$

式中:$P(x)$——在计数间隔t内到达x辆车的概率;

λ——单位间隔的平均到达率;

t——每个计数间隔时间(或路段长度);

e——自然对数的底,取2.71828。

若令$m = \lambda t$为在计数间隔t内平均到达的车辆数,则式(5-1)可写为:

$$P(x) = \frac{m^x e^{-m}}{x!} \tag{5-2}$$

当m已知时,应用式(5-2)可求出在计数间隔t内恰好有x辆车到达的概率。除此之外,还可计算出如下的概率值。

到达数小于等于k的概率:

$$P(x \leqslant k) = \sum_{i=0}^{k} \frac{m^i e^{-m}}{i!} \tag{5-3}$$

到达数大于k的概率:

$$P(x > k) = 1 - P(x \leqslant k)$$

用泊松分布拟合观测数据时,参数m按下式计算:

$$m = \frac{观测的总车辆数}{总计间隔数} = \frac{\sum_{j=1}^{g} k_j f_j}{\sum_{j=1}^{g} f_j} = \frac{\sum_{j=1}^{g} k_j f_j}{N} \tag{5-4}$$

式中:g——观测数据的分组数;

f_j——计数间隔t内到达k_j辆车这一事件发生的次(频)数;

k_j——计数间隔t内的到达数或各组的中值；

N——观测的间隔总数。

(2)递推公式。

$$P(0) = e^{-m}, P(x+1) = \frac{m}{x+1} P(x) \tag{5-5}$$

(3)适用条件。

车流密度不大,车辆间相互影响微弱,其他外界干扰因素基本不存在,即车流是随机的,此时应用泊松分布能较好地拟合观测数据。在概率论中,泊松分布的均值M和方差D均等于λt,而观测数据的均值m和方差S^2均为无偏估计,因此,当观测数据表明S^2/m显著不等于1.0时,就表明泊松分布不适用。S^2可按下式计算:

$$S^2 = \frac{1}{N-1} \sum_{i=1}^{N} (k_i - m)^2 = \frac{1}{N-1} \sum_{j=1}^{g} (k_j - m)^2 f_j \tag{5-6}$$

式中符号意义同前。

(4)应用举例。

【例5-1】 某信控交叉口的周期T=90s,有效绿灯时间g=40s,在有效绿灯时间内排队的车流以S=900辆/h的流率通过交叉口,在有效绿灯时间外到达的车辆要停车排队。设信控交叉口上游车辆的到达率q=360辆/h,车辆到达服从泊松分布,求到达车辆不致两次排队的周期数占周期总数的最大百分率。

解:由于车流只能在有效绿灯时间内通过,所以一个周期能通过的最大车辆数A=gS=40×$\frac{900}{3600}$=10(辆)。如果某周期到达的车辆数N大于10,则最后到达的$(N-10)$辆车就不能在本周期内通过而发生两次排队。在泊松分布中,λt=360×90/3600=9(辆)。

按泊松分布公式分别计算到达车辆数为0、1、2、3、4、5、6、7、8、9、10的概率,可得到到达车辆数大于10的周期出现的概率为$P(A>10)$=0.42,即不发生两次排队的周期约占总周期数的58%。

本例的车流如果按每周期9辆均匀到达,则任何车辆最多在本周期内排一次队就能通过交叉口。实际车流的到达是时疏时密的,致使绿灯时间不能被充分利用。这样,平均来看每周期都能顺畅通过的车流实际上却会遇到一些不能顺畅通过的周期。因此,采用概率分布的理论和方法可以揭示车流运行的内在规律。

2. 二项分布

(1)基本公式。

$$P(x) = C_n^x \left(\frac{\lambda t}{n}\right)^x \left(1 - \frac{\lambda t}{n}\right)^{n-x} \qquad (x = 0, 1, 2, \cdots, n) \tag{5-7}$$

式中:$P(x)$——在计数间隔t内到达x辆车的概率;

λ、t——意义同前;

n——正整数。

其中,$C_n^x = \dfrac{n!}{x!(n-x)!}$。

通常记p=$\lambda t/n$,则二项分布可写成:

$$P(x) = C_n^x p^x (1-p)^{n-x} \qquad (x = 0, 1, 2, \cdots, n) \tag{5-8}$$

其中,$0<p<1$,n、p 常称为分布参数。

用式(5-8)可计算在计数间隔 t 内恰好到达 x 辆车的概率。除此之外,还可计算到达数小于 k 的概率:

$$P(x<k) = \sum_{i=0}^{k-1} C_n^i p^i (1-p)^{n-i} \qquad (5-9)$$

由概率论可知,对于二项分布,其均值 $M=np$,方差 $D=np(1-p)$,$M>D$。因此,当用二项分布拟合观测数时,根据参数 p、n 与方差、均值之间的关系式,用样本的均值 m、方差 S^2 代替 M、D,可按下列关系式估算 p、n(n 值计算结果取整):

$$\begin{cases} p = \dfrac{m - S^2}{m} \\ n = \dfrac{m}{p} = \dfrac{m^2}{m - S^2} \end{cases} \qquad (5-10)$$

(2)递推公式。

$$P(0) = (1-p)^n, \quad P(x+1) = \frac{n-x}{x+1} \cdot \frac{p}{1-p} \cdot P(x) \qquad (5-11)$$

(3)适用条件。

车流比较大、自由行驶机会不多的车流用二项分布拟合较好。由于二项分布的均值 M 大于方差 D,当观测数据表明 S^2/m 显著大于 1.0 时,就表明二项分布不适用。

(4)应用举例。

【例5-2】 在某交叉口,设置左转信号相位,到达车辆数符合二项分布,每一周期平均到达 30 辆车,其中有 30% 的左转车辆,试求:(1)到达 5 辆车中,有 2 辆左转车辆的概率;(2)到达 5 辆车中,左转车辆少于 2 辆的概率;(3)某一信号周期内没有左转车辆的概率。

解:(1)由 $p=30\%$,$n=5$,$x=2$,根据式(5-8),得到 $P(2)=C_5^2 0.3^2 (1-0.3)^{5-2}=0.309$,即到达 5 辆车中,有 2 辆左转车辆的概率为 30.9%。

(2)由 $p=30\%$,$n=5$,根据式(5-8),得到 $P(0)=C_5^0 0.3^0 (1-0.3)^{5-0}=0.168$,$P(1)=C_5^1 0.3^1 (1-0.3)^{5-1}=0.36$,$P(x<2)=P(0)+P(1)=0.528$,即到达 5 辆车中,左转车辆少于 2 辆的概率为 52.8%。

(3)由 $p=30\%$,$n=30$,$x=0$,根据式(5-8),得到 $P(0)=C_{30}^0 0.3^0 (1-0.3)^{30-0}=0.00002$,即某一信号周期内没有左转车辆的概率为 0.002%。

3. 负二项分布

(1)基本公式。

$$P(x) = C_{x+\beta-1}^{\beta-1} p^\beta (1-p)^x \qquad (x=0,1,2,\cdots) \qquad (5-12)$$

式中:p、β——负二项分布参数,$0<p<1$,β 为正整数;

其余符号意义同前。

同样地,用式(5-13)可计算在计数间隔 t 内恰好到达 x 辆车的概率。到达数大于 k 的概率可由下式计算:

$$P(x>k) = 1 - \sum_{i=0}^{k} C_{i+\beta-1}^{\beta-1} p^\beta (1-p)^i \qquad (5-13)$$

其余类推。

由概率论知负二项分布的均值$M=\beta(1-p)/p$,方差$D=\beta(1-p)/p^2$,$M<D$。因此,当用负二项分布拟合观测数据时,利用p、β与均值、方差之间的关系式,用样本的均值m、方差S^2代替M、D,可由下列关系式估算p、β(β值计算结果取整):

$$\begin{cases} p = \dfrac{m}{S^2} \\ \beta = \dfrac{m^2}{S^2 - m} \end{cases} \tag{5-14}$$

(2)递推公式。

$$\begin{cases} P(0) = p^\beta \\ P(x) = \dfrac{x + \beta - 1}{x} \cdot (1 - p) \cdot P(x - 1) \qquad (x \geqslant 1) \end{cases} \tag{5-15}$$

(3)适用条件。

当到达的车流波动性很大,所得数据就可能会具有较大的方差,此时应使用负二项分布拟合观测数据。当S^2/m显著小于1.0时,就表明负二项分布不适用。

二、连续型分布

描述事件之间时间间隔的分布为连续型分布,连续型分布常用来描述车头时距、可穿越空当、速度等交通流参数统计特征。最常用的连续型分布有负指数分布(Exponential Distribution)和移位负指数分布(Shifted Exponential Distribution),还有爱尔朗分布(Ireland Distribution)等。

1. 负指数分布

(1)基本公式。

若车辆到达符合泊松分布,则车头时距就是负指数分布。在计数间隔t内没有车辆到达($x=0$)的概率为:

$$P(0) = e^{-\lambda t} \tag{5-16}$$

上式表明,在具体的时间间隔t内,如无车辆到达,则上次车到达和下次车到达之间车头时距至少为t,换句话说,$P(0)$也是车头时距大于或等于t的概率,于是有:

$$P(h \geqslant t) = e^{-\lambda t} \tag{5-17}$$

而车头时距小于t的概率则为:

$$P(h < t) = 1 - e^{-\lambda t} \tag{5-18}$$

若Q表示小时交通量,则$\lambda=Q/3600$,式(5-18)可以写成:

$$P(h \geqslant t) = e^{-Qt/3600} \tag{5-19}$$

式中,$Qt/3600$是到达车辆数概率分布的平均值。若令M为负指数分布的均值,即平均车头时距,则应有:

$$M = \frac{3600}{Q} = \frac{1}{\lambda} \tag{5-20}$$

负指数分布的方差为:

$$D = \frac{1}{\lambda^2} \tag{5-21}$$

负指数分布的概率密度函数为：

$$P(t) = \frac{d}{dt}[1 - P(h \geq t)] = \lambda e^{-\lambda t} \qquad (5\text{-}22)$$

用样本的均值 m 代替 M、样本的方差 S^2 代替 D，即可算出负指数分布的参数 λ。图5-1为式(5-22)的示意图。

（2）适用条件与局限性。

负指数分布适用于车辆到达随机、有充分超车机会的单列车流和密度不大的多列车流的情况。通常认为当每小时每车道的不间断车流量等于或小于500辆时，用负指数分布描述车头时距是符合实际的。

负指数分布的概率密度函数曲线是随车头时距 h 单调递减的，这说明车头时距越小，其出现的概率越大。这种情况在限制超车的单列车流中是不可能出现的，因为车头时距至少应为一个车身长，车头时距必须有一个大于0的最小值 τ，这也是负指数分布的局限性。

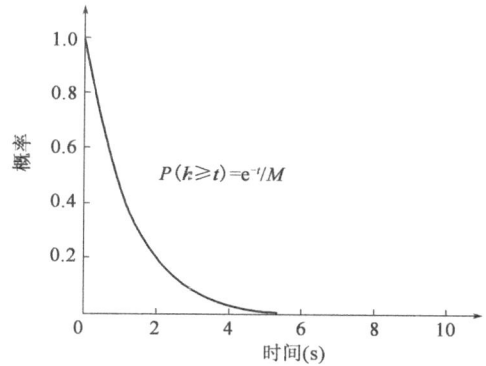

图5-1　$h \geq t$ 的车头时距分布曲线（$M=1\text{s}$）

（3）应用举例。

【例5-3】　在一条双向双车道的公路上，对一个方向的车流进行车头时距观测，得到了如表5-1所示的结果，已知该方向交通量为500veh/h，试求其车头时距分布。

解：当单向单车道交通量≤500veh/h时，一般可使用负指数分布拟合观测数据表5-1。

用负指数分布拟合观测数据　　　　　　　　　　　　　　　表5-1

车头时距 t_i （s）	观测频数	≥t_i 的累积 观测频数	观测频数累积 百分比（%）	理论频数累积 百分比（%）	≥t 的理论 累积频数
0~2.99	37	134	100	100	134
3~5.99	36	97	72.4	65.9	88.3
6~8.99	26	61	45.5	43.5	58.2
9~11.99	11	35	26.1	28.7	38.4
12~14.99	9	24	17.9	18.9	25.3
15~17.99	5	15	11.2	12.5	16.7
18~20.99	5	10	7.5	8.2	11.0
21~23.99	1	5	3.7	5.4	7.3
24~26.99	1	4	3.0	3.6	4.8
27~29.99	1	3	2.2	2.4	3.2
30~32.99	2	2	1.5	1.5	2.1
≥33	0	0	0	1.0	1.4

$$\lambda = \frac{Q}{3600} = \frac{500}{3600} = 0.139, P(h \geq t) = e^{-0.139t}$$

将理论曲线和观测数据绘入图5-2中。由图可以看出,用$P(h \geq t) = e^{-0.139t}$拟合观测数据可以得到满意的结果。

2. 移位负指数分布

(1)基本公式。

为克服负指数分布的车头时距越趋于0其出现概率越大这一缺点,可将负指数分布曲线从原点O沿t轴向右移一个最小的间隔长度τ(根据调查数据确定,一般为1.0~1.5s),得到移位负指数分布曲线,它能更好地拟合观测数据。

移位负指数分布的分布函数为:

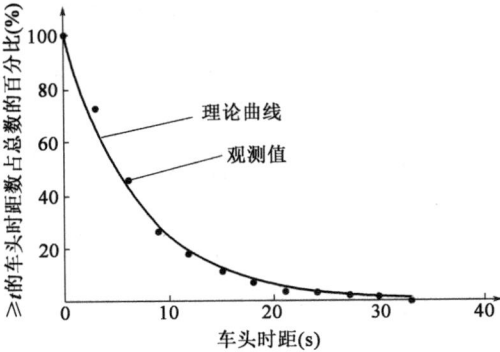

图5-2 理论曲线与观测数据

$$P(h < t) = 1 - e^{-\lambda(t-\tau)} \qquad (t \geq \tau) \tag{5-23}$$

其概率密度函数为:

$$p(t) = \begin{cases} \lambda e^{-\lambda(t-\tau)} & (t \geq \tau) \\ 0 & (t < \tau) \end{cases} \tag{5-24}$$

均值和方差分别为:

$$\begin{cases} M = \frac{1}{\lambda} + \tau \\ D = \frac{1}{\lambda^2} \end{cases} \tag{5-25}$$

用样本均值m代替M,样本方差S^2代替D,就可算出移位负指数分布的两个参数λ和τ。图5-3所示为移位负指数分布式(5-23)的曲线图。

(2)适用条件与局限性。

移位负指数分布适合描述限制超车的单列车流车头时距分布和低流量时多列车流的车头时距分布。移位负指数分布的概率密度函数曲线是随$(t-\tau)$的值单调递减的,即服从移位负指数分布的车间时距,越接近τ其出现的可能性越大,但这在一般情况下不符合驾驶人的心理习惯和行车规律。从统计角度看,具

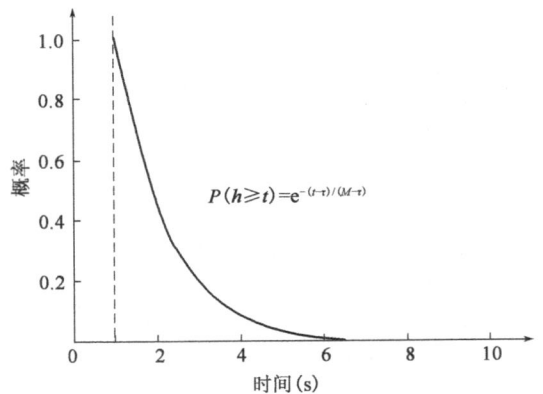

图5-3 移位负指数分布曲线($M=1$s)

有中等反应强度的驾驶人占大多数,他们的行车习惯是在安全条件下保持较短的车间距离(前车车尾与后车车头之间的距离,不同于车头间距),只有少部分反应特别灵敏或较冒失的驾驶人会不顾安全地去追求更短的车间距离。因此,车头时距分布的概率密度曲线一般总是先升后降的。为了克服移位负指数分布的这种局限性,可选用更通用的连续型分布模型,如爱尔朗分布模型等。

3. 爱尔朗分布

爱尔朗分布模型也是较为通用的描述车头时距、速度等交通流参数分布的概率分布模型，通过改变分布函数中参数l，可以得到不同的分布函数。

累积的爱尔朗分布可写成如下形式：

$$P(h \geq t) = \sum_{i=0}^{l-1} (\lambda lt)^i \frac{e^{-\lambda lt}}{i!} \qquad (5-26)$$

当$l=1$时，式(5-26)可简化成负指数分布；当$l=\infty$时，式(5-26)将产生均一的车头时距。这说明在爱尔朗分布中，参数l可以反映畅行车流和拥挤车流之间的各种车流条件。l越大，说明车流越拥挤，驾驶人自由行车越困难，车流运行的随机性越差。因此，l值是非随机性程度的粗略表示，非随机性程度随着l值的增大而增加。实际应用时，l值可由观测数据的均值m和方差S^2用下式估算，且四舍五入取整数：

$$l = \frac{m^2}{S^2} \qquad (5-27)$$

爱尔朗分布的概率密度函数为：

$$P(t) = \lambda e^{-\lambda t} \frac{(\lambda t)^{l-1}}{(l-1)!} \qquad (l = 1, 2, 3, \cdots) \qquad (5-28)$$

图5-4为$l=1$、2、4时的概率密度曲线。

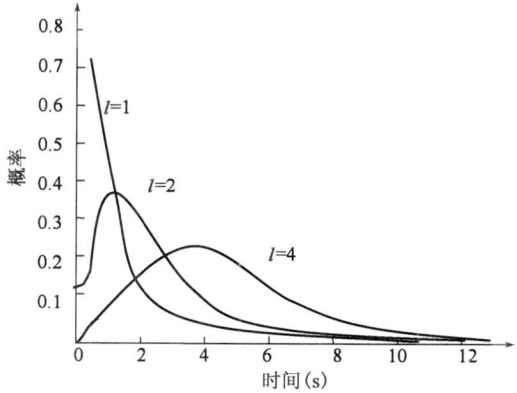

图5-4 λ固定时不同l值对应的爱尔朗分布密度曲线

三、拟合检验方法

在决定采用何种分布去拟合观测数据时，可以采用卡方(χ^2)检验。当多种分布经检验都可以接受时，通常采用形式简单的分布。

【例5-4】 在某大桥引桥上以30s为间隔对一个方向的车辆到达数作连续观测，得到232个观测值，列于表5-2(以表左上角按行从左到右为时序)中。试求其统计分布并进行统计检验。

某大桥车辆到达数观测值(30s观测间隔) 表5-2

2	4	2	4	3	10	5	6	2	2	5	8	5	4	5	3	1
7	10	6	6	3	2	11	7	8	5	10	6	5	7	3	1	1
0	1	1	1	10	5	8	6	2	3	4	2	6	3	9	5	8
1	5	3	4	6	6	4	6	10	10	4	4	7	10	6	7	6
6	8	6	2	11	7	3	3	3	8	9	9	6	5	4	9	9
5	9	7	2	7	7	8	2	7	5	3	9	6	5	6	4	
7	8	4	2	5	5	7	1	5	6	1	5	7	4	12	6	
5	2	8	4	3	4	6	9	2	9	5	1	8	4	8		

续上表

2	10	9	5	8	3	4	2	3	5	11	4	7	5	6	7	8
6	3	8	3	6	3	2	4	4	5	8	1	5	7	3	4	3
1	2	2	5	6	5	4	6	7	6	5	5	4	8	6	1	5
1	8	2	5	6	0	3	3	4	11	3	2	6	9	7	4	6
8	8	9	3	1	3	4	3	7	6	7	7	5	2	4	6	7
4	5	1	4	3	5	9	5	7	2	11						

解：采用统计分析软件对车辆到达数进行泊松分布和负二项分布拟合及统计检验，结果如表5-3所示。

某大桥车辆到达数分布拟合与统计检验结果（30s观测间隔）　　　　表5-3

分布函数	分布参数的拟合结果		h	p-value
泊松分布	$\lambda t = m = 5.25$		1	0.0051
负二项分布	$p = 0.7664$	$\beta = 17.2303$	0	0.0894

表格中 $h=0$ 和 p-value>0.05 均表示分布拟合结果可以接受，否则不可接受。因此，可认为车辆到达服从负二项分布。

若观测时间间隔由30s改为60s，得到观测值列于表5-4中。对观测结果重新进行泊松分布和负二项分布拟合及统计检验，结果如表5-5所示。

某大桥车辆到达数观测值（60s观测间隔）　　　　表5-4

6	6	13	11	4	13	9	8	8	16	9	13	15	15	11	10	4
1	2	15	14	5	6	9	14	9	8	10	10	16	14	11	16	13
14	8	18	6	11	18	11	13	14	16	9	15	9	13	12	11	10
15	12	10	12	6	7	12	16	11	10	7	10	18	11	10	9	12
12	14	11	6	8	15	12	13	14	11	9	5	8	13	6	10	7
3	7	11	10	13	10	12	7	6	10	11	3	7	14	8	16	10
16	12	4	7	13	14	7	10	12	9	7	14	12	13			

某大桥车辆到达数分布拟合与统计检验结果（60s观测间隔）　　　　表5-5

分布函数	分布参数的拟合结果		h	p-value
泊松分布	$\lambda t = m = 10.5$		0	0.4497
负二项分布	$p = 0.7644$	$\beta = 34.0661$	0	0.0813

统计检验结果表明车辆到达既服从泊松分布，也服从负二项分布。

从上面的例子可以看出，由于观测间隔的长短不同，车流到达可能服从不同的分布规律。当计数间隔短时，车流到达服从负二项分布而不服从泊松分布；当计数间隔加长后，车流到达既服从负二项分布又服从泊松分布。这说明，即使对于同一车流，一般来说，计数时间间隔 t

的大小会影响到达数的波动程度。

第二节　排队论及应用

排队论(Queueing Theory)是研究"服务"系统因"需求"超过服务能力,产生拥挤等待行列(即排队)的现象,以及合理协调"需求"与"服务"关系的数学理论。在交通工程领域,1936年,亚当斯用排队论考虑未设置交通信控交叉口的行人延误问题。此后,排队论在车辆延误、通行能力、信号灯配时及停车场、加油站等交通设施的设计与管理诸方面有广泛应用。本节主要介绍排队论的基本方法及其在交通工程中的某些应用。

一、排队论原理

1. 基本概念

在交通工程领域中,"排队"车辆是指等待服务的车辆,不包括正在被服务的车辆。而"排队系统"既包括了等待服务的车辆,又包括了正在被服务的车辆。后者涵盖的范围大于前者。

2. 排队系统的基本构成

(1)输入过程。

输入过程是描述各种类型的顾客(人或车辆)按照怎样的规律到达排队系统的,其包括以下三种信息。

①顾客总体:顾客的来源是有限的还是无限的。

②到达的类型:顾客到达是单个到达还是成批到达。

③顾客相继到达的时间间隔:通常假定顾客的到达是相互独立且同分布的,常见的有三种分布——等间隔到达、负指数分布、爱尔朗分布。

(2)排队规则。

排队规则指顾客按怎样的规定次序接受服务。常见的有等待制、损失制、混合制、闭合制。交通流的排队多是等待制。

①等待制。若一个顾客到达时所有服务台都不空闲,则此顾客排队等待直到得到服务后才离开。在等待制中,服务次序有先到先服务、后到先服务、随机服务、优先服务等。交通流排队多是先到先服务。

②损失制。若一个顾客到来时所有服务台都不空闲,则该顾客立即离开,不等待。

③混合制。顾客到达时,若队长小于L,就排入队伍;若队长大于L,顾客就离去,永不再来。

④闭合制。顾客对象和服务对象相同且固定。如几名维修工人固定维修某个工厂的机器就属于闭合制。

(3)服务方式。

服务方式是指同一时刻有多少服务台可接纳顾客,每一顾客被服务了多少时间。每次服务可以接待单个顾客,也可以成批接待,例如公共汽车一次可以装载大批乘客。

服务时间的分布主要有以下几种:定长分布(即每一顾客的服务时间相等)、负指数分布、爱尔朗分布。

3. 排队系统运行状况描述指标

研究排队系统的目的是通过了解系统运行的状况,对系统进行调整和控制,使系统处于最优运行状态。描述一个排队系统运行状况的主要数量指标如下:

(1)队长与等待队长。

队长(通常记为L_s)是指系统中的平均顾客数(包括正在接受服务的顾客)。等待队长(通常记为L_q)指系统中处于等待状态的顾客的数量。显然,队长等于等待队长加上正在服务的顾客数。等待队长的平均长度,即为处于排队状态的平均顾客数。

(2)等待时间。

顾客的平均逗留时间(通常记为W_s)是指顾客从进入系统到离开系统这段时间的平均值,包括等待时间和接受服务的时间。顾客的平均等待时间(通常记为W_q)是指顾客从进入系统到接受服务这段时间的平均值。

(3)忙期(Busyness Period)。

从顾客到达空闲(即系统内没有客户需要被服务)的系统,服务立即开始,直到再次变为空闲的这段时间,尤其是系统连续繁忙的时期,称为系统的忙期。它反映了系统中服务机构的工作强度,是衡量服务系统利用效率的指标,系统服务强度=忙期/服务总时间。

(4)概率指标。

系统中恰好有n个顾客的概率记为P_n,这n个顾客包括排队和正在被服务的顾客。在系统里没有顾客的概率,即所有服务设施空闲的概率,记为P_0。顾客到达系统时,得不到及时服务,必须排队等待服务的概率记为P_w。

4. 排队论中的符号表示

排队论中的符号是20世纪50年代初由肯德尔(Kendall)制定的,通常由3~5个字母组成,形式为:$A/B/C/n$,其中A表示输入过程,B代表服务时间,C代表服务台数量,n表示系统空间数。输入过程和服务时间常用的分布形式有:M-负指数分布、D-定长分布、E-爱尔朗分布、GI-一般相互独立分布、G-一般随机分布等。如$M/M/S/S$表示输入过程是泊松分布、服务时间服从负指数分布、系统有S个服务台平行服务、顾客到达后不等待的损失制系统。$M/M/S/\infty$表示系统容量为无穷大的等待制排队系统。

二、$M/M/1$排队系统计算公式

$M/M/1$表示到达间隔服从负指数分布、服务时间服从负指数分布的单服务台排队系统模型,如图5-5所示。设平均到达率为λ,平均服务率为μ,则比率$\rho=\lambda/\mu$称为系统的服务强度或利用系数或饱和度。如果$\rho<1$,并且时间充分,每个状态都按一定的非零概率反复出现;当$\rho\geqslant1$时,任何状态都不稳定,排队长度将会变得越来越长。因此,要保持服务系统处于稳定状态的条件是$\lambda<\mu$。

图5-5 $M/M/1$系统示意图

稳定状态下 $M/M/1$ 系统有 n 个顾客的概率为：

$$P_n = (1 - \rho) \rho^n \qquad (n = 0, 1, 2, 3, \cdots) \tag{5-29}$$

则系统没有顾客的概率为：

$$P_0 = 1 - \rho = 1 - \frac{\lambda}{\mu}$$

系统中的平均顾客数或顾客平均队长为：

$$L_s = \sum_{n=0}^{\infty} n p_n = (1 - \rho) \sum_{n=0}^{\infty} n \rho^n = \frac{\rho}{1 - \rho} = \frac{\lambda}{\mu - \lambda} \tag{5-30}$$

L_s 与 ρ 的关系可以用图 5-6 中的曲线表示，不难看出，当交通强度 ρ 超过 0.8 时，平均排队长度快速增加，即不稳定因素迅速增加，服务水平迅速下降。

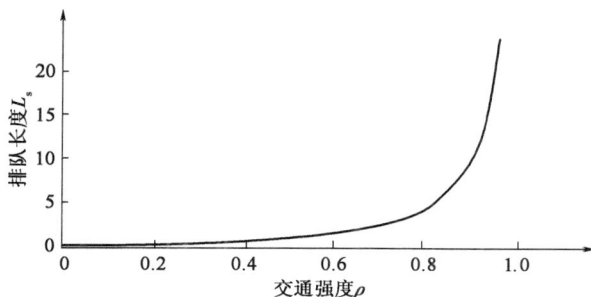

图 5-6 L_s 与 ρ 的关系

系统中顾客的平均等待队长为：

$$L_q = \sum_{n=1}^{\infty} (n - 1) p_n = (1 - \rho) \sum_{n=1}^{\infty} (n - 1) \rho^n = \frac{\rho^2}{1 - \rho} = \frac{\lambda^2}{\mu(\mu - \lambda)} \tag{5-31}$$

系统中顾客的平均逗留时间为：

$$W_s = \frac{1}{\mu - \lambda} \tag{5-32}$$

系统中顾客的平均等待时间为：

$$W_q = \frac{1}{\mu - \lambda} - \frac{1}{\mu} = \frac{\lambda}{\mu(\mu - \lambda)} \tag{5-33}$$

从式(5-31)~式(5-33)可以看出：

$$L_s = \lambda W_s, L_q = \lambda W_q \tag{5-34}$$

或写为：

$$W_s = \frac{L_s}{\lambda}, W_q = \frac{L_q}{\lambda} \tag{5-35}$$

式(5-35)称为 Little 公式，其在其他排队论模型中依然适用。$L_s = \lambda W_s$ 表明排队系统的队长等于一个顾客平均逗留时间内到达的顾客数。$L_q = \lambda W_q$ 表明排队系统的等待队长等于一个顾客平均等待时间内到达的顾客数。

三、$M/M/N$ 排队系统计算公式

在 $M/M/N$ 排队系统中，服务通道有 N 条，所以也叫"多通道服务"系统。

设 λ 为进入多通道服务系统顾客的平均到达率,每个服务台的平均服务率为 μ,则每个服务的平均服务时间为 $1/\mu$。仍记 $\rho=\lambda/\mu$,则 ρ/N 称为 $M/M/N$ 系统的服务强度或交通强度或利用系数,亦可称为饱和度。和 $M/M/1$ 相仿,当 $\rho/N<1$ 时,系统是稳定的;而 $\rho/N\geqslant1$ 时,系统的任何状态都是不稳定的,排队长度将趋向于无穷大。

$M/M/N$ 系统根据顾客排队方式的不同,又可分为以下两种:

(1)单路排队多通道服务。

单路排队多通道服务指排成一个队等待数条通道服务的情况,队伍中第一名顾客可随时前往任意空间服务台接受服务,如图5-7所示。

(2)多路排队多通道服务。

多路排队多通道服务指每个通道各排一个队,每个通道只为其相对应的一队顾客服务,顾客不能随意换队,如图5-8所示。这种情况相当于由 N 个 $M/M/1$ 系统组成的系统,其计算公式亦由 $M/M/1$ 系统的计算公式确定。

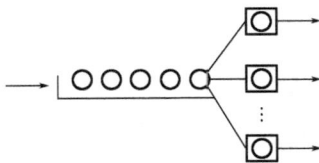

图5-7　单路排队多通道服务　　　　图5-8　多路排队多通道服务

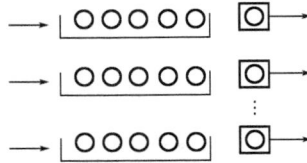

对于单路排队多通道服务的 $M/M/N$ 系统,其计算公式如下:

系统中没有顾客的概率为:

$$P(0) = \cfrac{1}{\sum\limits_{k=0}^{N-1}\cfrac{\rho^k}{k!} + \cfrac{\rho^N}{N!(1-\rho/N)}} \tag{5-36}$$

系统中有 k 个顾客的概率为:

$$P(k) = \begin{cases} \cfrac{\rho^k}{k!}\cdot P(0) & (k<N) \\ \cfrac{\rho^k}{N!\ N^{k-N}}\cdot P(0) & (k\geqslant N) \end{cases} \tag{5-37}$$

系统中的平均顾客数为:

$$\bar{n} = \rho + \cfrac{\rho^{N+1}}{N!\ N}\cdot\cfrac{P(0)}{(1-\rho/N)^2} \tag{5-38}$$

平均排队长度为:

$$\bar{d} = \cfrac{\bar{q}}{\lambda} + \cfrac{1}{\mu} = \cfrac{\bar{n}}{\lambda} \tag{5-39}$$

平均等待时间为:

$$\bar{w} = \cfrac{\bar{q}}{\lambda} \tag{5-40}$$

四、排队系统分析及应用

排队论可用于交通中道路收费站、加油站、停车场、交叉口排队长度等的分析,现以到达率确定的排队系统为例,举例说明如下。

【例5-5】 某无信控交叉口,主要道路和次要道路的车流到达过程符合泊松分布。设次路车流的交通量为200辆/h,次路车辆到达停止线到通过交叉口的平均服务时间为10s,试求该系统的运行指标:交叉口前的平均排队车辆数、车辆从到达到通过交叉口的平均时间。

分析: 对于主要道路与次要道路相交的无信控交叉口,主要道路有优先通行权,即主要道路上的车辆通行不受次要道路上车辆的影响,次路上的车辆必须等候主路车流中有较大的车头间距时才能横穿通过。若把车辆通过交叉口看成是车辆接受了服务,则次要道路上排队车流中的第一辆车为正在接受服务的顾客,第一辆车从到达停止线到通过交叉口的时间就是服务时间,它与主路车流的车头间距分布有关;当主路车流符合泊松流时,次路车辆的服务时间总是服从负指数分布的。在次路车流中,从第二辆车起即为排队等候服务的顾客。因此,该交叉口系统就是一个标准的 $M/M/1$ 系统。

解: $\lambda=200$ 辆/h,$\mu=1/10$ 辆/s$=360$ 辆/h;服务强度 $\rho=\frac{\lambda}{\mu}=\frac{200}{360}=0.556<1$,故排队系统是稳定的。

(1)交叉口前的平均排队车辆数(含第一辆车):

$$\bar{n}=\frac{\rho}{1-\rho}=\frac{0.556}{1-0.556}=1.3(\text{辆})$$

(2)车辆从到达停止线到通过交叉口的平均时间:

$$\bar{d}=\frac{\bar{n}}{\lambda}=\frac{1.3}{200}=0.0065(\text{h/辆})=24(\text{s/辆})$$

【例5-6】 一加油站,今有60辆/h的车流量通过4个通道引向4个加油泵,平均每辆车加油时间为200s,服从负指数分布,试分别按多路多通道系统(4个 $M/M/1$ 系统)和单路多通道系统($M/M/4$ 系统)计算各相应指标并比较。

解:(1)按4个平行的 $M/M/1$ 系统计算。

根据题意,每个油泵有它各自的排队车道,排队车辆不能从一条车道换到另一条车道上去。把总车流量四等分,就是引向每个油泵的车流量,于是对每个油泵有:

$$\lambda=\frac{60/4}{3600}=\frac{1}{240}(\text{辆/s})$$

$$\mu=\frac{1}{200}(\text{辆/s})$$

$$\rho=\frac{\lambda}{\mu}=\frac{5}{6}<1,\text{系统稳定}$$

$$L_s=\frac{\rho}{1-\rho}=\frac{\frac{5}{6}}{1-\frac{5}{6}}=5(\text{辆})$$

$$L_q=L_s-\rho=5-\frac{5}{6}=4.17(\text{辆})$$

$$W_s=\frac{L_s}{\lambda}=\frac{5}{\frac{1}{240}}=1200(\text{s/辆})$$

$$W_q=W_s-\frac{1}{\mu}=1200-200=1000(\text{s/辆})$$

（2）按 $M/M/4$ 系统计算。

$$L_s = 5 \times 4 = 20(辆)$$

$$L_q = 4.17 \times 4 = 16.68(辆)$$

$$W_s = 1200(s/辆)$$

$$W_q = 1000(s/辆)$$

$$\lambda = \frac{60}{3600} = \frac{1}{60}(辆/s)$$

$$\mu = \frac{1}{200}(辆/s)$$

$$\rho = \frac{\lambda}{\mu} = \frac{10}{3}, \frac{\rho}{N} = \frac{10}{3 \times 4} = \frac{5}{6} < 1, 系统稳定$$

$$P(0) = \cfrac{1}{\sum\limits_{k=0}^{3}\cfrac{\left(\frac{10}{3}\right)^k}{k!} + \cfrac{\left(\frac{10}{3}\right)^k}{4! \times \left(1 - \frac{5}{6}\right)}} = \frac{1}{16.0617 + 30.8642} = 0.0213$$

$$L_q = \frac{\left(\frac{10}{3}\right)^5}{4! \times 4} \times \frac{0.0213}{\left(1 - \frac{5}{6}\right)^2} = 3.33(辆)$$

$$L_s = L_q + \rho = 3.33 + \frac{10}{3} = 6.66(辆)$$

$$W_s = \frac{L_s}{\lambda} = \frac{6.66}{\frac{1}{60}} = 400(s/辆)$$

$$W_q = \frac{L_q}{\lambda} = \frac{3.33}{\frac{1}{60}} = 200(s/辆)$$

两种系统的相应指标对比如表5-6所示。

两种系统相应指标对比 表5-6

服务指标	4个平行的 $M/M/1$	$M/M/4$	$\frac{(1)-(2)}{(1)} \times 100\%$
	（1）	（2）	
L_s(辆)	20	6.6	67
L_q(辆)	16.68	3.3	80
W_s(s/辆)	1200	400	67
W_q(s/辆)	1000	200	80

由表5-6可见，在相同通道数目的条件下，$M/M/4$ 系统服务水平明显优于4个平行的 $M/M/1$ 系统。原因在于：4个平行的 $M/M/1$ 系统中，表面上到达车流量被分散，但实际受排队车道与服务通道——对应的束缚，如果某一通道由于某种原因拖长了为某车服务的时间，显然要增

加在此通道后面排队车辆的等待时间,甚至会出现邻近车道排队车辆后来居上的情形。而 $M/M/4$ 系统就要灵活得多,排在第一位的车辆可随时前往空闲服务台接受服务,避免了各油泵忙闲不均的情形,充分发挥了它们的服务能力,因而更加优越。

当顾客到达随机性较大,或者 $\rho \geqslant 1$ 时,上述方法不再适用,可考虑采用仿真技术随机模拟、马尔可夫链等方法。

五、简化的排队延误分析方法

1. 连续流的到达-驶离-排队分析

从连续流的定义可知,道路上的车辆不断到达,又不断离开,如果到达车辆都能及时离开,那么道路断面上没有车辆结集和排队;当遇到道路瓶颈时,经常会产生到达车辆数大于离开车辆数的情况,则在瓶颈处就会发生车辆结集或排队,如图5-9所示。

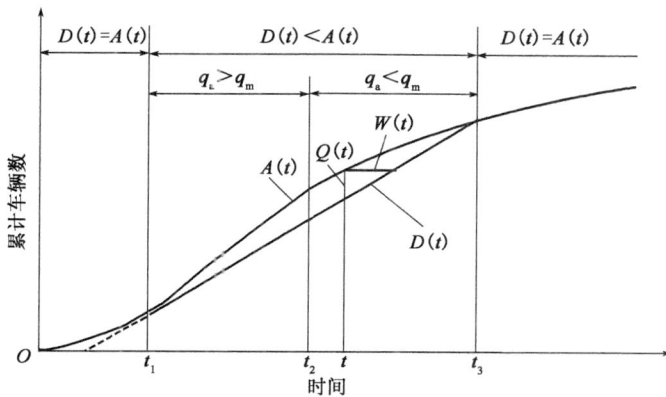

图5-9 简化的连续流排队延误分析方法

$A(t)$-到达车辆曲线函数;$D(t)$-离开车辆曲线函数;t_1-车辆开始排队时间;t_2-到达率达到最大的时间;t_3-排队全部消散,开始恢复正常行驶的时刻;$Q(t)$-在 t 时刻的排队长度,$Q(t)=A(t)-D(t)$;$W(t)$-t 时刻的排队车辆,延长至 $W(t)$ 对应的时间后才离开;q_a、q_m-到达车辆数与离开车辆数

图中清楚地表示出 t_1 以前及 t_3 以后到达的车辆能及时离开;t_1—t_2 时段,到达车辆数大于离开车辆数,车辆就开始排队;t_2—t_3 时段,虽然到达率小于驶离率,但此时只能将新到达的车辆和原排队的车辆消散;到 t_3 时,所有排队车辆均已离开,行车恢复正常。

2. 间断流的到达-驶离-排队分析

道路上的车流遇到信号灯控制的交叉口,会发生车流中断,假定在某一持续时间内车辆的到达、驶离是均匀的,则到达和驶离可用图5-10表示。横坐标上 t_1 以前是绿灯相位,到达的车辆均可驶离;t_1—t_2 是红灯时段,车辆继续到达,但无车辆驶离,形成排队;t_2 是绿灯启亮时间;t_2—t_3 时段,车辆驶离率较到达率大,排队车辆逐渐消散;t_3 以后恢复正常。

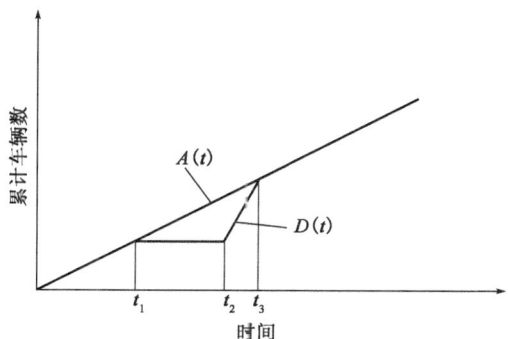

图5-10 简化的间断流排队延误分析方法

第三节　车流波动理论

一、车流波动理论的基本原理

1955 年,英国学者莱特希尔(Lighthill)和惠瑟姆(Whitham)将交通流类比为流体流,对一条很长的公路隧道研究了在车流密度高的情况下的交通流规律,提出了流体动力学理论。该理论运用流体力学的基本原理,用模拟流体的连续性方程来建立车流的连续性方程。把车流密度的疏密变化比拟成水波的起伏,从而将车流抽象为车流波。当道路或交通状况的改变引起车流密度的改变时,在车流中会产生车流波的传播,可通过分析波的传播速度,寻求车流流量和密度、速度之间的关系,并描述车流的拥挤–消散过程。因此,该理论又称为车流波动理论。

流体力学理论模型是一种宏观模型,它假定车流中各个车辆的行驶状态与前车完全相同,这与实际是不相符的。尽管如此,该理论在交通流流体状态比较明显的场合,比如在分析瓶颈路段的车辆拥挤问题时仍然非常适用。

二、交通波模型的建立

图 5-11 为由八车道过渡到六车道路段的半幅路平面示意图,在四车道路段和三车道路段(即瓶颈段),车流均各行其道。而在由四车道向三车道过渡的路段内,车流出现了拥挤、紊乱甚至堵塞。这是因为车流在即将进入瓶颈段时会产生一个方向相反的波,就像管道内的水流突然受阻时发生后涌那样,这个波导致在瓶颈之前的路段车流出现紊流现象。为方便讨论,取如图 5-12 所示的计算图示。假设一条道路上有两个相邻的不同交通流密度区域(k_1 和 k_2),用垂直线 S 分割这两种密度,称 S 为波阵面,设 S 的速度为 u_w,并规定交通流按照图中箭头正方向运行。

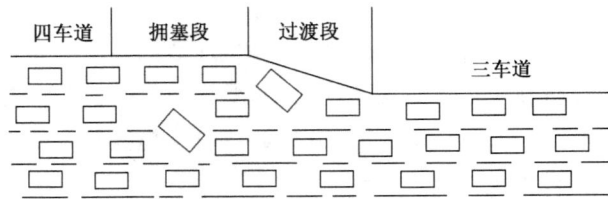

图5-11　瓶颈段的示意图

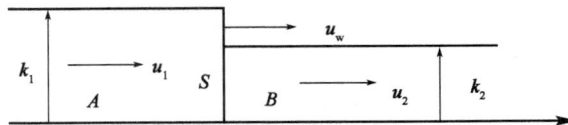

图5-12　两种密度的车流运行情况

u_1-在 A 区车辆的区间平均车速;u_2-在 B 区车辆的区间平均车速

显然，由交通流量守恒可知，在时间 t 内通过界面 S 的车辆数 N 可以表示如下：

$$N = u_{r1}k_1t = u_{r2}k_2t \tag{5-41}$$

即

$$(u_1-u_w)k_1=(u_2-u_w)k_2 \tag{5-42}$$

式中：$u_{r1}=u_1-u_w$——A 区车辆相对于垂直分界线 S 的车速；

$u_{r2}=u_2-u_w$——B 区车辆相对于垂直分界线 S 的车速。

整理可得：

$$u_2k_2 - u_1k_1 = u_w(k_2 - k_1) \tag{5-43}$$

由 $q=ku$ 可知：

$$q_1 = k_1u_1$$
$$q_2 = k_2u_2$$

代入式(5-43)，可以得到：

$$u_w = \frac{q_2 - q_1}{k_2 - k_1} \tag{5-44}$$

式(5-44)就是波速的计算公式，有时也写成：

$$u_w = \frac{\Delta q}{\Delta k} \quad 或 \quad u_w = \frac{\mathrm{d}q}{\mathrm{d}k} \tag{5-45}$$

三、车流波动状态讨论

交通波描述了两种交通状态的转化过程，u_w 代表了转化的方向和进程。在图5-13中，A、B 两点代表两种交通流状态，当这两种交通流状态相遇时，便可以产生交通波，其波速为 A、B 连线的斜率。

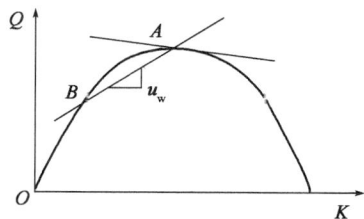

图5-13　$Q-K$ 图

根据 u_w 的符号可以确定不同的波动状态：$u_w>0$，表明波面的运动方向与交通流的运动方向相同；$u_w=0$，表明波面维持在原地不动；$u_w<0$，表明波面的运动方向与交通流的运动方向相反。下面介绍三种不同的波动状态。

（1）$u_w>0$。

由交通波的波速计算公式可得：

$$\begin{cases} q_2 - q_1 > 0 \\ k_2 - k_1 > 0 \end{cases} \quad 或 \quad \begin{cases} q_2 - q_1 < 0 \\ k_2 - k_1 < 0 \end{cases}$$

当 $q_2>q_1$，$k_2>k_1$ 时，产生一个集结波，u_w 为正值，集结波在波动产生的那一点，沿着与车流相同的方向，以相对路面为 u_w 的速度移动，如图5-14a)所示，表示交通流从低流量、低密度、高速度区进入高流量、高密度、低速度区。比如红灯期间车辆进入交叉口进口道排队、车辆通过变窄路段、高速公路车辆排队进入收费站等。当 $q_2<q_1$，$k_2<k_1$ 时，产生一个消散波，u_w 为正值，消散波在波动产生的那一点，沿着与车流相同的方向，以相对路面为 u_w 的速度移动，如图5-14b)所示，表示交通流从高流量、高密度、低速度进入低流量、低密度、高速度区，比如车道数由少变多、车辆绿灯期间通过交叉口等。

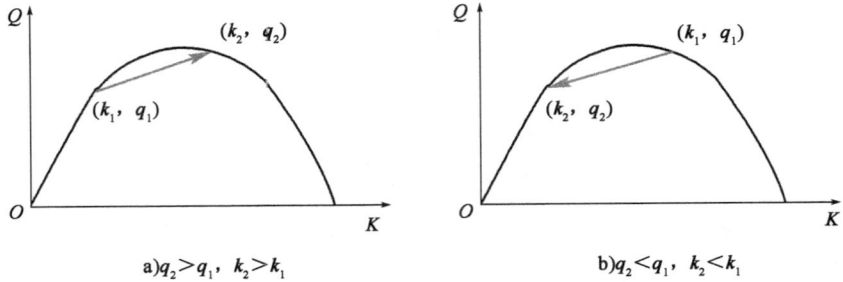

a)$q_2 > q_1$, $k_2 > k_1$ b)$q_2 < q_1$, $k_2 < k_1$

图5-14 $u_w > 0$ 的波动状态

（2）$u_w = 0$。

由交通波的波速计算公式有：

$$\begin{cases} q_2 - q_1 = 0 \\ k_2 - k_1 > 0 \end{cases} \quad 或 \quad \begin{cases} q_2 - q_1 = 0 \\ k_2 - k_1 < 0 \end{cases}$$

当 $q_2 = q_1$，$k_2 > k_1$ 时，产生一个集结波，u_w 为 0，如图 5-15a）所示，此时的交通波发生在瓶颈点处，既不前移，也不后退。当 $q_2 = q_1$，$k_2 < k_1$ 时，产生一个消散波，u_w 为 0，消散波在波动产生的那一点原地消散，如图 5-15b）所示。当交通量不大，车道数增多或减少时，都会出现这种状态。

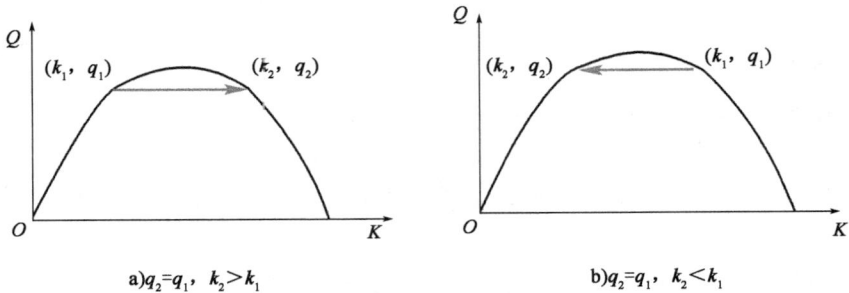

a)$q_2 = q_1$, $k_2 > k_1$ b)$q_2 = q_1$, $k_2 < k_1$

图5-15 $u_w = 0$ 的波动状态

（3）$u_w < 0$。

由交通波的波速计算公式有：

$$\begin{cases} q_2 - q_1 < 0 \\ k_2 - k_1 > 0 \end{cases} \quad 或 \quad \begin{cases} q_2 - q_1 > 0 \\ k_2 - k_1 < 0 \end{cases}$$

当 $q_2 < q_1$，$k_2 > k_1$ 时，产生一个集结波，u_w 为负值，集结波在波动产生的那一点，沿着与车流相反的方向，以相对路面为 u_w 的速度移动，如图 5-16a）所示，表示交通流从高流量、低密度、较高速度状态进入低流量、高密度、较低速度状态。当 $q_2 > q_1$，$k_2 < k_1$ 时，产生一个消散波，u_w 为负值，消散波在波动产生的那一点，沿着与车流相反的方向，以相对路面为 u_w 的速度移动，如图 5-16b）所示，表示交通流从高密度、低流量、低速度状态进入低密度、高速度、高流量状态。车道数由少变多、车辆绿灯期间通过交叉口时可观测到这一状态。

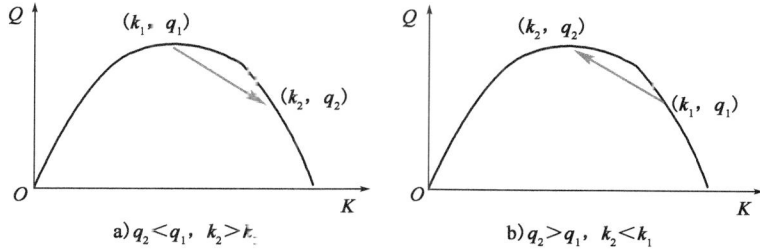

图 5-16 $u_w<0$ 的波动状态

四、车辆波动理论的应用

【例 5-7】 已知某快速干道上车流速度(km/h)与密度(veh/km)具有如下关系：$u^{0.103}=1.547-0.0025k$。现知一列 $u_1=50$km/h 的车流中插入一 $u_2=12$km/h 的低速车,不能超车而集结形成速度为 u_2 拥挤车流。此低速车在行驶 2km 后离去,拥挤车队随之离散形成具有速度 $u_3=30$km/h 的状态。试求：

(1)拥挤车队消散的时间 t_s。

(2)拥挤车队持续的时间 t_j。

(3)拥挤车队最长时的车辆数 N_m。

(4)拥挤车辆的总数 N。

(5)拥挤车辆所占用过的道路总长度 L。

(6)车流速度从 v_1 降低至 v_2 而延误的总时间 D。

解：把车流经历的疏散-密集-疏散这三个阶段的状态记为状态 1、2、3,相应的流量、速度、密度分别记为 q_i、u_i、k_i,$i=1,2,3$。则由已知车流模型可算出：

$$q_1 = 1000\text{veh/h}, \quad u_1 = 50\text{km/h}, \quad k_1 = 20\text{veh/km}$$
$$q_2 = 1200\text{veh/h}, \quad u_2 = 12\text{km/h}, \quad k_2 = 100\text{veh/km}$$
$$q_3 = 1500\text{veh/h}, \quad u_3 = 30\text{km/h}, \quad k_3 = 50\text{veh/km}$$

由状态 1 转变到状态 2 形成集结波,记其波速为 u_{w1},则：

$$u_{w1} = \frac{q_2 - q_1}{k_2 - k_1} = \frac{1200 - 1000}{100 - 20} = 2.5\,(\text{km/h})$$

由状态 2 转变到状态 3 形成消散波,记其波速为 u_{w2},则：

$$u_{w2} = \frac{q_3 - q_2}{k_3 - k_2} = \frac{1500 - 1200}{50 - 100} = -6\,(\text{km/h})$$

受拥挤的 N 辆车的时间-空间运行轨迹线如图 5-17 中 N 条折线所示。

虚线 OB 的斜率等于 u_{w1},虚线 AB 的斜率等于 u_{w2},以 x_B、t_B 表示图中 B 点的空间坐标和时间坐标,其他各点亦然。从图中可以看出,从时间 t_0 到时间 t_A,拥挤车队越来越长,最长时占路长度等于 x_B-x_C,过了时刻 t_A,拥挤车队越来越短,到时刻 t_B

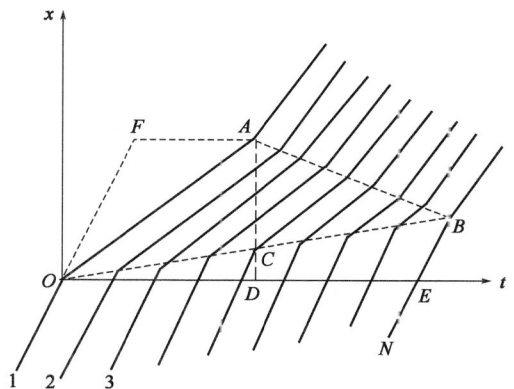

图 5-17 车辆运行时间-空间轨迹图

拥挤完全消散,因此有:

$$t_A = \frac{x_A}{v_2} = \frac{2}{12} = 0.167(\text{h})$$

又:

$$x_B = u_{w1}(t_A + t_s) = 2 + u_{w2}t_s$$

得:

$$t_s = \frac{2 - u_{w1}t_A}{u_{w1} - u_{w2}} = \frac{2 - 2.5 \times 0.167}{2.5 - (-6)} = 0.186(\text{h})$$

$$t_j = t_A + t_s = 0.353(\text{h})$$

由图5-17可知,拥挤车队从A点开始消散,所以落在路段AC上的车数就是拥挤车队最长时的车辆数N_m,它等于波w_1在时段$t_C - t_0$内掠过的车辆数,根据波流量公式,可得:

$$N_m = q_{w1}(t_C - t_0) = q_{w1}t_A = \frac{v_2 - v_1}{\frac{1}{k_2} - \frac{1}{k_1}} \cdot t_A$$

$$= \frac{12 - 50}{\frac{1}{100} - \frac{1}{20}} \times 0.167 = 158(\text{辆})$$

w_1掠过的车辆总数就是拥挤过的车辆总数N。

$$N = q_{w1}(t_B - t_0) = q_{w1}t_B = q_{w1}t_j$$

$$= \frac{v_2 - v_1}{\frac{1}{k_2} - \frac{1}{k_1}} \cdot t_j = \frac{12 - 50}{\frac{1}{100} - \frac{1}{20}} \times 0.353 = 335(\text{辆})$$

由图5-17可知,拥挤车辆所占用过的道路总长度L即AD长:

$$L = 2\text{km}$$

由于表示车辆行驶轨迹的各折线是分段等距平行的,因此遭遇拥挤的车辆的延误构成等差级数,于是总延误D的计算为:

$$D = N \cdot \frac{t_A - t_F}{2} = 335 \times \frac{0.167 - \frac{2}{50}}{2} = 21.27(\text{辆} \cdot \text{h})$$

第四节　跟　驰　理　论

跟驰理论(Car Following Theory)是运用交通动力学方法,探究在无法超车的单一车道上车辆列队行驶时,后车跟随前车的行驶状态,并用数学模式表达和分析的一种理论。跟驰理论研究的一个主要目的是通过观察各个车辆逐一跟驰的方式来了解单车道交通流的特性。跟驰理论可用来检验管控技术和通信技术,以便在稠密交通状态下使追尾事故数量减到最低程度。

一般认为人工驾驶两辆车的车头间距在100~125m以内或车头时距小于6s时,车辆间存在相互影响,即后车处于"跟驰"状态,此时,后一辆车的速度受前一辆车的速度影响。

一、跟驰状态车流特征

在道路上行驶的高密度车队,车辆间距较小,车队中任一车辆的速度均受前车速度的制约,驾驶人只能根据前车所提供的信息采取相应的车速行驶。这种状态称为非自由行驶状态。跟驰理论只研究非自由行驶状态下车队的特性。非自由行驶状态下的车队有以下三个特性。

1. 制约性

在一列车队中,后车跟随前车运行,驾驶人不倾向于落后前车太长距离,而是紧随前车前进,这就是"紧随要求"。从安全角度考虑,跟驰车辆要满足两个条件:一是后车的车速不能长时间地大于前车车速,只能在前车速度附近摆动,否则会发生碰撞,这是"车速条件";二是前后车之间,必须保持一个安全距离,即在前车制动时,两车之间有足够的距离,从而有足够的时间供后车驾驶人做出反应,采取制动措施,这是"间距条件"。显然,车速高时,制动距离大,安全距离也大。

紧随要求、车速条件和间距条件构成了一队汽车跟驰行驶的制约性,即前车车速制约着后车车速和两车间距。

2. 延迟性

从跟驰车队的制约性可知,前车改变运行状态后,后车也要改变。但前后车运行状态的改变不是同步的,后车改变状态要滞后于前车。这是由于驾驶人对前车运行状态的改变要有一个反应过程,这个过程包括四个阶段:

(1)感觉阶段。前车运行状态的改变被察觉。

(2)认识阶段。对这一改变加以认识。

(3)决策阶段。对本车将要采取的措施做出决策。

(4)执行阶段。由大脑到手脚的操纵动作。

这四个阶段所需要的时间称为反应时间。假设反应时间为 T,前车在 t 时刻的动作,后车要经过 $(t+T)$ 时刻才能做出相应的动作,这就是延迟性。

3. 传递性

由制约性可知,第一辆车的运行状态制约着第二辆车的运行状态,第二辆车又制约着第三辆……第 n 辆制约着第 $n+1$ 辆,这就是传递性。这种传递性由于具有延迟性,所以信息沿车队向后传递时不是平滑连续而是像脉冲一样间断连续的。

二、车辆跟驰模型的基本假设及分类

跟驰模型基本假设如下。

(1)道路平直,不允许换道、超车。

(2)当前方车辆较远时,车辆自由行驶;当车头间距(或时距)小于一定临界值(如125m或6s)时,车辆间存在相互影响。

(3)在跟驰行驶时,后车根据前车和自身的运行状态来调整自身的运动状态。

跟驰模型是在对驾驶人反应特性分析的基础上,经过简化得到的。跟驰模型实际上是关于反应-刺激的关系式,用方程表示为:

$$反应 = \lambda \cdot 刺激 \qquad (5\text{-}46)$$

式中:λ——驾驶人对刺激的反应系数,称为灵敏度或灵敏系数。

驾驶人接受的刺激是指其前面引导车的加速或减速行为以及随之产生的两车之间的速度差或车间距离的变化;驾驶人对刺激的反应是指根据前车所做的加速或减速运动而进行的相应操纵及其效果。

根据数学模型的性质,可以将车辆跟驰模型分为线性模型和非线性模型。

三、线性跟驰模型

1. 线性跟驰模型

线性跟驰模型是基于刺激-反应原理的最简单的模型形式,该模型有三条被广泛认可的假设:

(1)驾驶人考虑本车和前车的速度差来加减速。

(2)驾驶人存在反应延迟。

(3)驾驶人考虑本车当前速度和前后车的间距来加减速。

假定驾驶人保持他所驾驶的车辆与前车的距离为 $s(t)$,以便在引导车制动时能将车停下而不至于和前车尾撞。设驾驶人的反应时间为 T,在反应时间内,车速不变。这两辆车在 t 时刻的相对位置用图 5-18a)表示,图中 n 为前车,$n+1$ 为后车。两车在制动操作后的相对位置用图 5-18b)表示。

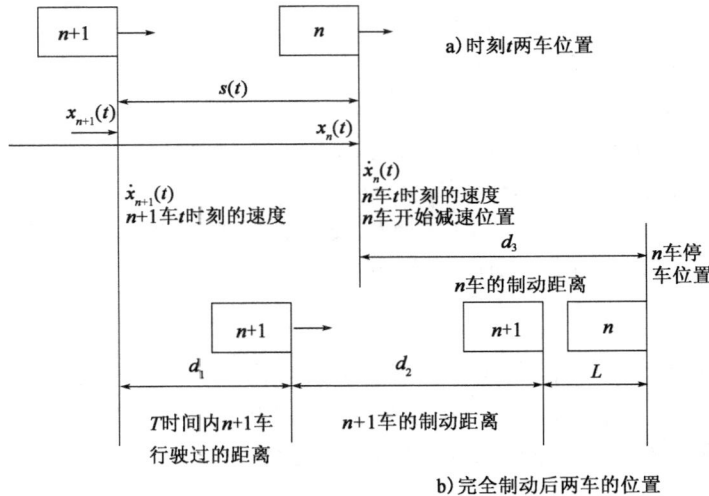

图 5-18 线性跟驰模型示意图

$x_n(t)$-第 n 辆车在 t 时刻的位置;$s(t)$-两车在 t 时刻的间距,$s(t)=x_n(t)-x_{n+1}(t)$;d_1-后车在反应时间 T 内行驶的距离,$d_1=T\dot{x}_{n+1}(t)=T\dot{x}_{n+1}(t+T)$;$d_2$-后车在减速期间行驶的距离;$d_3$-前车在减速期间行驶的距离;$L$-停车后的车头间距;$x_n(t)$-第 n 辆车在 t 时刻的速度

假定 $d_2=d_3$,要使在时刻 t 两车的间距能保证在突然制动事件中不发生碰撞,则应有:

$$s(t) = d_1 + L = T\dot{x}_{n+1}(t + T) + L \qquad (5\text{-}47)$$

对 t 微分,得:

$$\dot{x}_n(t) - \dot{x}_{n+1}(t) = T\ddot{x}_{n+1}(t + T) \qquad (5\text{-}48)$$

或

$$\ddot{x}_{n+1}(t+T) = \frac{1}{T}[\dot{x}_n(t)-\dot{x}_{n+1}(t)] \tag{5-49}$$

式中：$\ddot{x}_{n+1}(t+T)$——后车在时刻$(t+T)$的加速度，称为后车的反应；

$\dfrac{1}{T}$——敏感度；

$\dot{x}_n(t)-\dot{x}_{n+1}(t)$——时刻$t$的刺激。

这样，式(5-49)就可以理解为：反应=敏感度×刺激。

式(5-49)是在前车制动、两车的减速距离相等以及后车在反应时间T内速度不变三条假定下推导出来的。实际的跟车操作要比这三条假定所限定的情形复杂得多。例如，刺激也可能是由前车加速而引起的，而两车在变速过程中行驶的距离可能不相等。为了适应更一般的情形，把式(5-49)修改为：

$$\ddot{x}_{n+1}(t+T) = \alpha[\dot{x}_n(t)-\dot{x}_{n+1}(t)] \tag{5-50}$$

式中：α——反应强度系数（s^{-1}）。

这里α不应再被理解为敏感度，而是与驾驶人动作的强弱程度直接相关。式(5-50)表明后车的反应与前车发出的刺激成正比，此公式称为线性跟车模型。更多关于机动车跟驰模型的内容见二维码4。

二维码4

2. 线性模型的稳定性

在考察车辆跟驰特性时，一车队车辆的稳定性问题是很重要的。这里的稳定性有两层意思：一是指前后两车的速度大致相等，车间距离大体保持某一常数值，这称为局部稳定；二是指前车的速度变化向其后各车传播的特性，如速度变化的振幅在传播中扩大了，叫作不稳定，如振幅逐渐衰减，则叫稳定。这种情形称为渐进稳定。

式(5-50)是一个复杂的二阶微分方程，求解需用拉普拉斯变换。海尔曼推导得出：

$$c = \alpha T \tag{5-51}$$

式中：c——表示两车间距摆动性的数值，c越大，间距值的摆动越大，稳定性越差；

α——反应强度系数（s^{-1}）；

T——反应时间（s）。

(1)局部稳定性。

表5-7列出了不同的c值所对应的两车间距的摆动情况。从中可以看出，随着c值的增加，车间距逐渐不稳定。这是由于，如果对早就出现的刺激(反应时间T长)反应太强烈(α大，表现在加速过快，或行车制动器踏得过重)，这种情况可能会影响整个车队的稳定性。

c值	间距摆动情况
$0 \leq c < \dfrac{1}{e}(=0.368)$	不摆动，基本稳定
$\dfrac{1}{e} \leq c < \dfrac{\pi}{2}(=1.57)$	摆动趋向减小
$c = \dfrac{\pi}{2}$	摆动幅度不变
$c > \dfrac{\pi}{2}$	摆动幅度增大

c值与摆动情况对应表　　表5-7

（2）渐进稳定。

海尔曼的结果指出，仅当$c<0.5$时，一列行驶车辆才是渐进稳定的。带头车运行中的波动以α^{-1}（s/辆）的速率沿车队向后传播。当$c>0.5$时，将以增大波动幅度传播，因而增大了车辆间的干扰。当干扰的幅度增加到使车头间距小于一个车长时，尾撞事故将会发生。

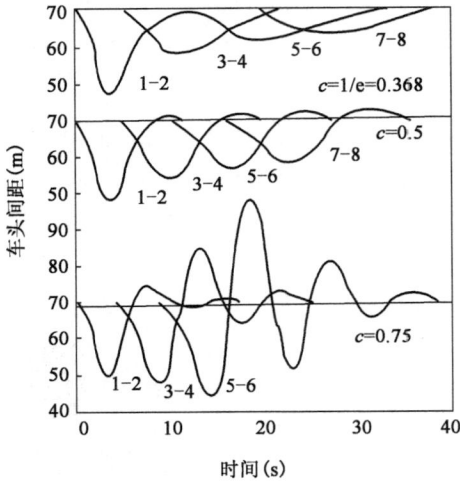

图5-19 8辆车的车队在不同c值时的车头间距

图5-19表示一列有8辆车的车队在不同c值下的车头间距。车辆间原来的间距为21m，图上的曲线表示当引导车减速后又加速至原来的速度时，变动沿各车向后传播的情形。

四、基于跟驰模型分析交通流基本图关系式

交通流基本图关系式指在稳定的车流中，流量、车速和密度之间的相关关系。根据线性跟驰模型，通过边界条件解微分方程可推导车速-密度关系。

积分式（5-51）可得：

$$\dot{x}_{n+1}(t+T) = \alpha[x_n(t) - x_{n+1}(t)] + c \quad (5-52)$$

车队处于平稳状态，$\dot{x}_{n+1}(t+T)=\dot{x}_{n+1}(t)$，因此对任何$u$，上式都可化为：

$$u = \alpha s + c \quad (5-53)$$

令$k=\dfrac{1}{s}$，则k就是车流密度。利用边界条件，可确定α和c。当$u=0$时，车队的密度为拥塞密度k_j，于是$0=\alpha \cdot \dfrac{1}{k_j}+c$，$c=-\dfrac{\alpha}{k_j}$。

式（5-53）便成为：

$$u = \alpha\left(\frac{1}{k} - \frac{1}{k_j}\right) \quad (5-54)$$

且

$$q=uk=\alpha\left(1 - \frac{k}{k_j}\right) \quad (5-55)$$

$k=0$时，上式q达到最大值q_m，即$\alpha=q_m$，最后得到的车流模型为：

$$u = q_m\left(\frac{1}{k} - \frac{1}{k_j}\right), q = q_m\left(1 - \frac{k}{k_j}\right) \quad (5-56)$$

既然在跟驰状态下车辆的行驶是密度较高的非自由状态，则由线性跟驰模型推导出来的车流模型式（5-54）或式（5-56）只适用于高密度情形。事实上，在式（5-54）中令$k\to0$，则车速u趋向于无穷大，这是不合理的。同样，在式（5-56）中，流量在密度等于0时达到最大值，也是不符合实际的。这是线性跟驰模型的缺陷所在。

线性跟驰模型的上述缺陷，究其根源在于它假定后车的跟驰反应只依赖于它与前车的速度差，而与两车的间距及后车本身的速度无关。实际情况表明，在一定的车速下，两车的间距越近，尾撞的潜在危险越大，同时后车对前车的速度变化的感知也越快，因而反应更加迅速和强烈。另一方面，后车本身的速度越高，尾撞的后果就越严重，因而反应必须越迅速和有效。

根据上述分析,应把跟车模型推广成为:

$$\ddot{x}_{n+1}(t+T) = \alpha \frac{[\dot{x}_{n+1}(t+T)]^m}{[x_n(t)-x_{n+1}(t)]^l} [\dot{x}_n(t)-\dot{x}_{n+1}(t)] + c \tag{5-57}$$

式(5-57)是跟驰模型的最一般的形式,令参数m和l取各种不同的组合,积分后可导出各种不同的车流模型,其中包括历史上不同研究者按其他不同方法提出的许多车流模型。表5-8列出了这些模型中常用的一部分。

对应于m、l不同组合的车流模型 表5-8

l	$m=0$	l	$m=1$
0	$q=q_m(1-k/k_j)$,其中q_m为最大流量	2	$q=u_f k\cdot\exp\left(-\dfrac{k}{k_m}\right)$,其中$k_m$为最佳密度
1	$q=u_m k\ln(k_j/k)$,其中u_m为最佳速度	3	$q=u_f k\cdot\exp\left[-\dfrac{1}{2}\left(\dfrac{k}{k_m}\right)^2\right]$
1.5	$q=u_f k[1-(k/k_j)^{1/2}]$,其中u_f为畅流车速		
2	$q=u_f k(1-k/k_j)$		

五、跟驰模型基本应用

通过研究车辆跟驰模型,不仅可以得到任意时刻车辆的瞬时加速度、速度、位置、车头时距或车头间距等微观交通流参数,还可以结合交通流理论,推导交通流平均速度、密度、流量、延误等宏观交通参数。因此了解微观的车辆动力学特性,可以从机理上分析通行能力的生成,得出通行能力计算模型。

描述车辆交互作用的跟驰、换道及间隙接受的理论也是微观交通仿真模型的关键元素。因此,在20世纪80年代后期进行的跟驰模型研究大多是基于开发交通流仿真(Traffic Simulation)模型或是模拟驾驶模型而进行的。例如,VISSIM仿真软件中车辆纵向运动采用心理-生理模型,其原型是Wiedemann跟驰模型;Gipps模型被AIMSUN仿真软件所采用。心理-生理模型是将更多驾驶人的因素引入到模型中,采用"感知阈值"这一概念来定义使驾驶人可以感知并且会做出反应的刺激的最小值,这个阈值是后车与前车之间的关于速度差和空距的函数。Gipps模型属于安全距离模型,是假设驾驶人通过感知与前车之间的车头间距来做出反应。

通过对各种交通流的模拟,可以进行道路通行能力研究、服务水平划分、交通控制评价、安全分析等方面的工作。近年来,随着智能交通技术的发展,车辆跟驰模型也被应用于车辆自主巡航控制系统的开发。

1. 智能驾驶人模型

智能驾驶人模型(Intelligent Driver Model, IDM)是一种用于模拟车辆行为的数理模型,被广泛用于交通流分析和自动驾驶技术中。该模型通过一组参数描绘车辆在特定交通条件下的加速度行为,主要考虑前车的距离和速度。

IDM模型描述车辆加速度a的基本公式如下,这反映了车辆对前车距离和速度差的动态反应。

$$a = a_{\max}\left[1 - \left(\frac{v}{v_0}\right)^{\delta} - \left(\frac{s^*(v, \Delta v)}{s}\right)^2\right] \tag{5-58}$$

式中：v——本车当前车速；

$\quad\quad s$——当前与前车的实际距离；

$\quad\quad \Delta v$——后车与前车的速度差；

$\quad\quad v_0$——期望速度，驾驶人在理想状态下希望维持的速度；

$\quad a_{\max}$——最大加速度，车辆能达到的最高加速度；

$\quad\quad \delta$——加速度指数，速度的变化对加速度影响的敏感性度量；

$s^*(v, \Delta v)$——"动态车距"，定义为：

$$s^*(v, \Delta v) = s_0 + vT + \frac{v\Delta v}{2\sqrt{a_{\max}b}} \tag{5-59}$$

$\quad\quad s_0$——最小跟车距离，车辆在停止状态下与前车的最小空间距离；

$\quad\quad b$——舒适减速度，车辆进行正常减速的典型减速度；

$\quad\quad T$——安全车头时距，驾驶人在行驶中希望与前车保持的时间间隔；

IDM 模型被应用于模拟交通流的软件中，比如 VISSIM 和 SUMO，帮助研究人员和工程师分析不同交通控制措施对车流的影响，以及自动驾驶算法中如何有效地控制车辆以保持安全距离和遵循交通规则。此模型通过调整参数可以模拟从谨慎到激进的各种跟驰驾驶风格，使其能够适应高速公路、城市道路等各种环境。更多关于智能驾驶人模型代码的内容见二维码 5。

二维码 5

2. 协同自适应巡航控制模型

协同自适应巡航控制（Cooperative Adaptive Cruise Control, CACC）是一种高级的车辆自动控制技术，通过车辆间的通讯（如 V2V，车对车通信）实现更紧密和高效的车队协同行驶。这种技术在传统的自适应巡航控制（ACC）的基础上考虑了车辆间的交互，允许车辆不仅响应直接前方车辆的状态，还能利用其他车辆的速度和加速度数据优化整个车队的行驶效率和安全性。

对于 CACC（协同自适应巡航控制）车辆，如果前方没有车辆，巡航控制器将维持用户设置的期望速度。巡航模式的控制目标是在前车不存在或距离较远时维持用户期望的速度，车辆的加速度模型如下：

$$a_t = k_0(v_{\text{desired}} - v_{t-1}) \tag{5-60}$$

式中：k_0——控制参数，用于确定速度误差对加速度的影响率；

$\quad v_{\text{desired}}$——驾驶人设定的期望速度；

$\quad\quad v_{t-1}$——上一时刻的车速。

在间隔调节模式下，ACC 车辆的跟车响应可以通过以下方式描述：

$$a_{i,t} = k_1 e_{i,t} + k_2(v_{i-1,t-1} - v_{i,t-1}) \tag{5-61}$$

式中：$e_{i,t}$——在时间步 t 下车辆 i 的间隔误差。

这表明车辆的加速度取决于间隔误差和与前车的速度差，其反馈系数 k_1 和 k_2 通常分别取值为 0.23s^{-2} 和 0.07s^{-1}。

对于处于 CACC 控制下的车辆，车辆在当前时间步的速度是根据前一个时间步的速度和

前一个时间步的间隔误差及其导数计算得出的,具体根据以下公式:

$$v_{i,t} = v_{i,t-1} + k_p e_{i,t-1} + k_d \frac{(e_{i,t-1} - e_{i,t-2})}{\Delta t} \tag{5-62}$$

其中, k_p 和 k_d 通常分别取值0.45和0.0125。

公式(5-61)和公式(5-62)里的间隔误差通过公式(5-63)来确定,公式(5-63)包括车头间距 $s_{i-1,t-1} - s_{i,t-1}$ 、期望时间间距 $t_{desired}$ 、三车速度 $v_{i,t-1}$ 、车辆长度 L 和间距余量 d_0 。

$$e_{i,t} = s_{i-1,t-1} - s_{i,t-1} - L - t_{desired} v_{i,t-1} - d_0 \tag{5-63}$$

CACC车辆在不同渗透率下速度-密度、流量-密度、速度-流量关系曲线如图5-20所示。CACC车队的实施可以显著提高高速公路和城市快速道路的通行效率与安全性。通过减少车辆间的反应时间和优化车距管理,可以提升车道的通行能力,减少交通拥堵,并提高燃油效率。此外,CACC为自动驾驶技术的集成提供了重要的基础,有助于实现更加智能化和自动化的未来交通系统。通过这种技术,车辆不仅能自主调节速度和距离,还能在紧急情况下更有效地进行协同反应,从而提高整个交通系统的安全和效率。

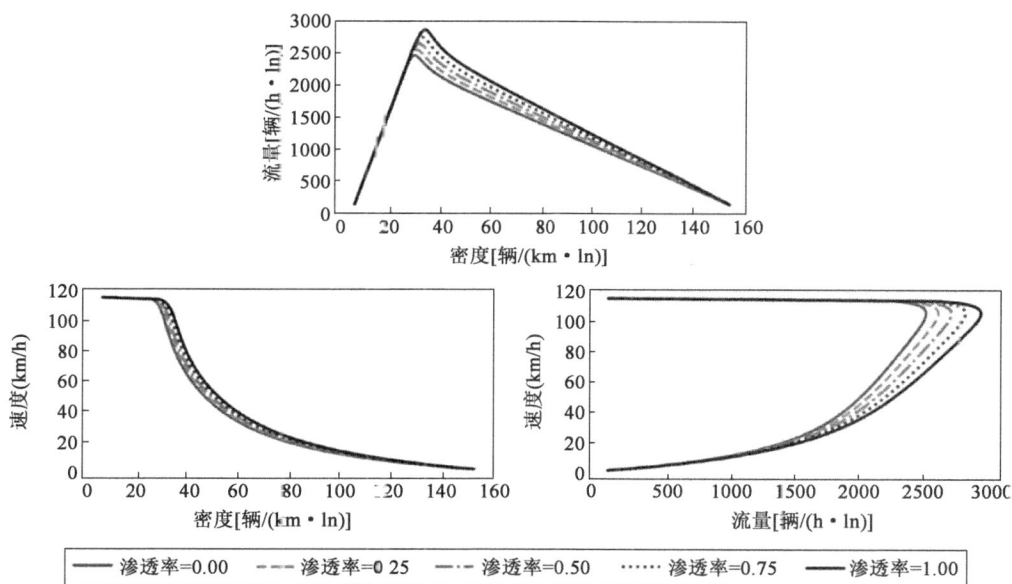

图5-20　CACC车辆在不同渗透率下流密速基本图

更多关于协同自适应巡航控制模型代码的内容见二维码6。

二维码6

习题

5-1　设80辆汽车随机分布在6km长的道路上,服从泊松分布,求任意600m路段上有4辆及4辆以上汽车的概率。

5-2　一段单车道公路交通流规律符合格林希尔治模型。测得自由流车速为80km/h,阻塞密度为75辆/km。

（1）正常情况下交通流流率为1200辆/h，速度为75km/h。一辆速度为25km/h的载货汽车驶入该道路，行驶3.5km后又驶出。其后跟驶车辆被迫降低速度行驶，从而形成排队。如果车队的密度为30辆/km，流率为1600辆/h。确定货车驶出该路段时的排队长度。

（2）确定货车驶出后排队的消散时间（假设道路下游没有交通阻塞）。

5-3　某道路的车流量为300辆/h，假定车头时距服从负指数分布，试给出不同车头时距值的分布频数及频率（以1s为间隔），画出频率分布直方图，并计算车头时距不小于5s的概率及其出现频数。

5-4　某公路收费入口处设有一收费亭，汽车进入公路必须在收费亭交费。收费亭的收费时间服从负指数分布，平均每辆汽车的交费时间为7.2s，汽车的到达率为400辆/h，服从泊松分布。试求：

（1）收费亭空闲的概率。

（2）收费亭前没有车辆排队的概率。

（3）收费亭前排队长度超过100m（即排队车辆超过12辆）的概率。

（4）平均排队长度。

（5）车辆通过收费亭所花费时间的平均值。

（6）车辆的平均排队时间。

5-5　观测到某交叉口进口的到达流量为675辆/h。信号周期为80s，绿灯时间为40s，红灯时间为40s（忽略黄灯时间）。假设红灯时间排队车辆在绿灯时间以1800辆/h的饱和流率通过停止线，忽略驾驶人反应时间和车辆加速时间。

（1）绘出一个信号周期的累计车辆数-时间曲线，确定绿灯启亮后排队消散的时刻。

（2）计算一个周期的最大排队长度（排队中车辆数）。

（3）计算一个信号周期的车辆总延误和平均延误。

5-6　某市区有一汽车加油站，站上服务台平均36s处理一辆汽车，加油时间服从负指数分布，汽车到加油站加油的到达率为80辆/h，并服从泊松分布。当等待加油的汽车超过10辆（即排队长度超过80m）时，将影响加油站附近街道的正常交通，因而规定排队汽车不得超过10辆。试求：

（1）加油站空闲的概率。

（2）汽车来加油但因排队已满而被拒绝的概率。

（3）在系统中的平均顾客数。

（4）平均排队长度。

（5）汽车在整个加油过程中所花的时间。

（6）汽车的排队等候时间。

5-7　拟修建一个服务能力为120辆/h的停车场，布设一条出入口通道。据调查每小时有72辆车到达，车辆到达服从泊松分布，每辆车的服务时间服从负指数分布，若出入口通道长度能容纳5辆车，问是否合适？

5-8　一股车流运行速度为$u=62$km/h，流量为$q=1900$veh/h。由于发生交通事故，车速下降为$u=6$km/h，形成一股密度为$k=130$veh/km的队伍。过了10min后，事故被消除，队伍开始消散。队伍前面的车辆以速度60km/h加速行驶，且密度为42veh/km。试确定：

（1）集结波和消散波的波速u_1和u_2。

(2)车辆排队的最大长度是多少？此最大排队长度中的车辆数是多少？

(3)图5-21排队消散所用的时间t_2是多少？

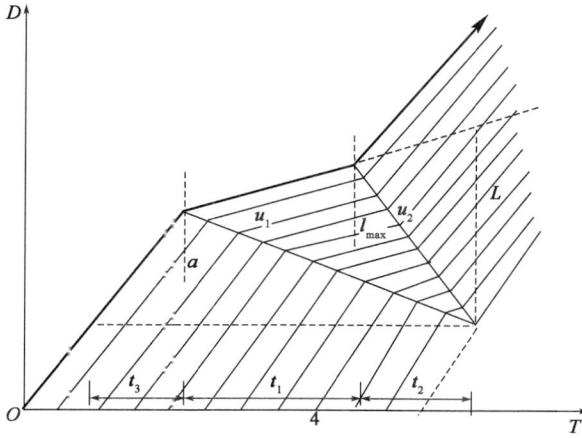

图5-21 车流排队-消散图

(4)受此次事故影响的总车辆数是多少？

5-9 试分析跟驰模型中λ(驾驶人对刺激的反应系数)可能与哪些因素相关。

第六章

交通需求分析

进行现状和未来年交通需求(Travel Demand)分析是交通政策制定、交通规划、交通网络设计、交通管理的基础。本章将介绍基于土地利用和交通网络的交通需求分析方法,重点对客运交通需求进行分析。货运需求分析的方法与客运需求类似。

第一节　交通需求基本概念

一、交通需求与土地利用

土地利用(Land Use)、交通运输条件和社会经济活动并列为交通需求分析的三要素。社会经济活动依存于活动场所,家庭、工作地点、商店、学校、娱乐等场所,是城市有限空间内分散的、相互隔离的活动地点和场所。交通运输条件指通过提供连接这些地点的网络设施以及提供连接这些地点的交通服务,实现人或物从一个地点到另一个地点的移动。交通需求和土地利用及可选择的交通条件之间具有循环与相互作用关系。

1. 可达性

可达性(Accessibility)是指到达目的地或获得机会与服务的难易程度,它不仅受到两点空间阻隔的负向影响,还受到目的活动规模大小的正向影响。可达性将土地利用(代表了发展机会或服务设施等城市活动)和交通系统(代表了出行距离、出行时耗等成本)两者有效地紧密结合在一起。可达性与土地利用的关系如图6-1所示。

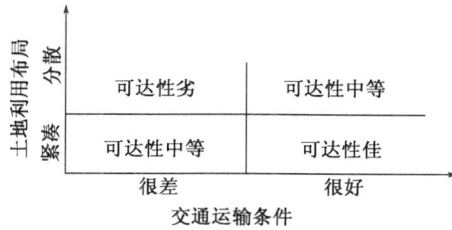

图6-1 可达性与土地利用的关系

因此,可达性直接体现居民各类出行活动的难易程度,其主要影响因素有两个:一是居民出行的机动性(交通条件);二是实现各类活动的机会的空间布局及强度,在形态上体现为用地类型。上海中心城区将公共交通方式45min可达工作岗位数量作为一种可达性的度量,如图6-2所示。

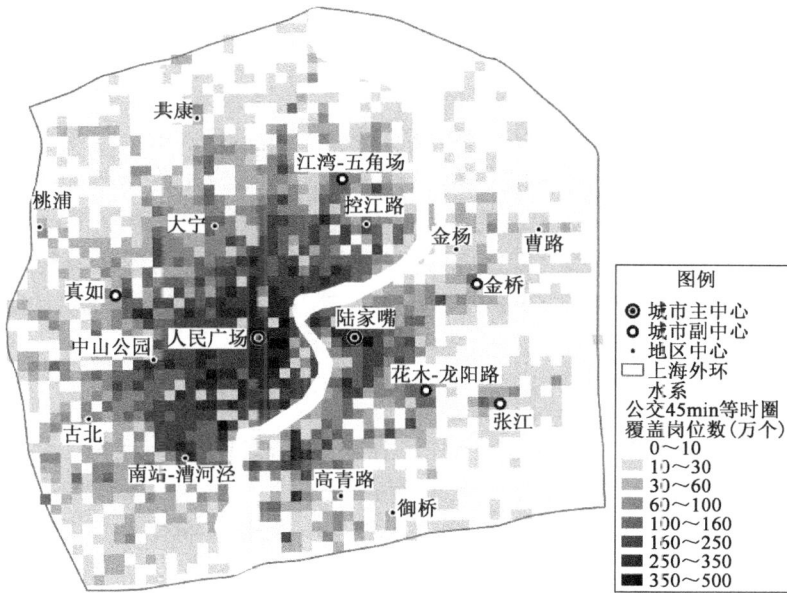

图6-2 上海中心城区采用公共交通方式45min内可到达的工作岗位数量

2. 交通生成

交通生成反映了在某指定时段内(通常为日或小时)某区域(交通分区)的交通量。

交通生成量与土地利用的类型及其发生活动的规模和强度有关。不同的土地利用导致不同的出行特性,所以交通生成量是土地利用的函数。我国国家标准《城市用地分类与规划建设用地标准》(GB 50137—2011)规定,城市土地利用分10大类,分别为居住用地、公共设施用地、工业用地、仓储用地、对外交通用地、道路广场用地、市政公共设施用地、绿地、特殊用地、水域及其他用地。在这10类城市土地利用中,前5类是城市活动的基本空间,是交通的主要发生源,这些用地上的人口状况、各类工作岗位数或活动容量是交通生成量预测的主要输入参数。

3. 交通需求

交通需求是由社会经济活动需要派生出来的,以实现生产或生活的目的,完成人或货物的空间移动。把城市或区域中每个人或每样货物在一定时间内的移动路径或位移在交通网络上叠加,形成城市或区域交通需求。

二、客运交通需求特征指标

1. 出行、出行率和日出行总量

出行(Trip)是为了一个(活动)目的,采用一种或多种交通方式从出发地向目的地移动的过程。

出行率是指城市居民的人均日出行次数,反映了居民在日常生活中参加各项活动的出行需求强度,是决定城市交通需求总量的重要参数。例如在1986年,上海市常住人口人均出行率为1.79次/(人·d),到2014年增长至2.16次/(人·d),2015年至今在2.2次/(人·d)上下小幅波动。

日出行总量是出行率与人口的乘积。出行率、人口发生变化均会引起日出行总量变化。

2. 出行目的

出行目的(Trip Purpose)按照活动目的分为上班、上学、公务、购物与餐饮、文体娱乐与旅游休闲、探亲访友、看病与探病、接送与陪护等。通常将出行目的归为通勤出行和非通勤出行两大类,其中通勤出行主要指上班和上学出行,其余出行归为非通勤出行。随着社会经济发展和居民收入水平的提高,通勤和非通勤活动出行目的在总出行需求中所占比重有较大变化。以上海为例,1995—2014年的四次综合交通大调查结果显示,居民通勤活动与非通勤活动占全天活动的比例由1995年的68%:32%转变为2014年的48%:52%,2015年至今基本维持2014年比例。

3. 交通方式结构

交通方式结构(Travel Mode)指居民采用各种交通方式出行所占比例。交通方式结构受各交通方式的特征、服务水平、交通管理政策、出行目的、生活习惯等因素影响,是反映城市交通发展特征的重要指标。上海中心城交通方式结构在2009—2022年间发生的变化如表6-1所示。

上海中心城交通方式结构　　　　　　　　　　　　　表6-1

出行方式	2009年	2014年	2022年
公共交通	18.5%	20.7%	23.5%
出租车(含网约车)	5.9%	4.9%	4.5%
个体机动交通	16.2%	16.9%	21.0%
非机动车	30.5%	27.6%	22.2%
步行	28.9%	28.1%	28.8%
合计	100%	100%	100%

注:中心城指城市外环道路以内区域。

4. 出行距离和时耗

出行距离(Travel Distance)和出行时耗(Travel Time)是指一次出行从起点到终点的路径总长度和花费的总时间。出行距离、出行时耗大小与目的地选择、所采用的交通方式、出行时段等因素密切相关。上海居民 2009 年、2014 年、2023 年平均出行距离分别为 6.5km、6.9km、7.5km,呈现稳步增长趋势;平均出行时耗分别为 29.8min、29.4min、30.0min,较为稳定。

5. 出行时间及分布

出行时间是居民一次出行的起始时间。

出行时间分布可以反映所有居民在一天不同时间出行比例的变化情况。由图 6-3 可以看出,通勤出行相对于非通勤出行分布更集中,早晚高峰更明显;非通勤出行相比于通勤出行的早高峰推迟,而晚高峰提前。

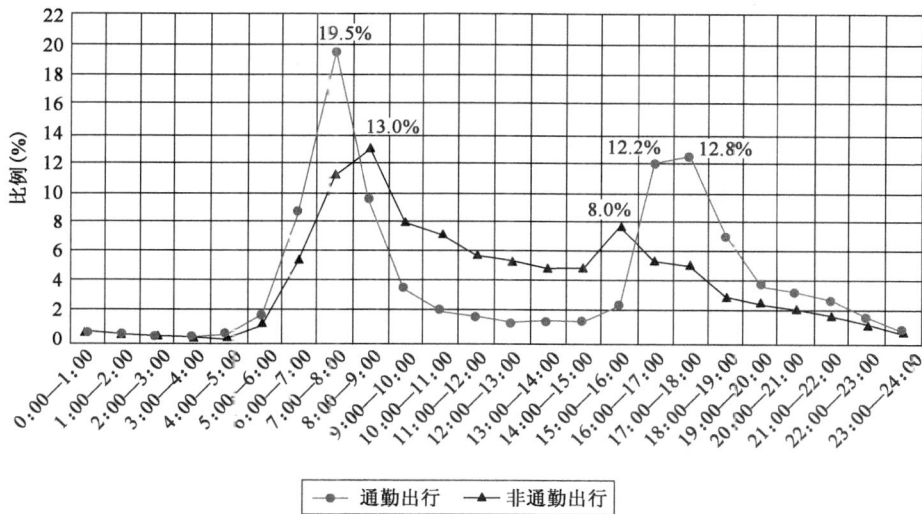

图 6-3 上海常住人口出行时间分布

6. 出行空间分布

出行空间分布可以通过 OD(Origin-Destination)矩阵表、期望线图等进行表示。

(1)OD 矩阵表。

对于一次出行,"O"(Origin)表示出行的起点,"D"(Destination)表示出行的讫点。OD 交通量表示起点交通小区到终点交通小区的出行量。采用 OD 矩阵表示一个城市或区域的出行分布,OD 矩阵的行表示出行起点的小区,列表示出行讫点的小区,矩阵元素 OD_{ij} 表示小区 i 到小区 j 的出行量。现状出行分布可由出行 OD 调查得到,如表 6-2 所示,OD 矩阵表既能反映各交通分区的出行量,又能反映交通分区之间的出行量和出行的流向。

出行 OD 矩阵表　　　　　　　　　　　　　　　表 6-2

D	O					$O_i = \sum\limits_{j=1}^{n} q_{ij}$
	1	2	3	…	n	
1	q_{11}	q_{12}	q_{13}	…	q_{1n}	O_1

D	O					$O_i = \sum\limits_{j=1}^{n} q_{ij}$
	1	2	3	...	n	
2	q_{21}	q_{22}	q_{23}	...	q_{2n}	O_2
3	q_{31}	q_{32}	q_{33}	...	q_{3n}	O_3
...	...	...	...	...	...	...
n	q_{n1}	q_{n2}	q_{n3}	...	q_{nn}	O_n
$D_i = \sum\limits_{i=1}^{n} q_{ij}$	D_1	D_1	D_3	...	D_n	$T = \sum\limits_{i} O_i = \sum\limits_{j} D_j$

(2)期望线图。

期望线(Desire Line)图是上述OD矩阵的可视化结果,直观地显示交通需求的空间分布。根据交通分区之间的出行量大小,采用对应宽度的直线将交通分区之间的形心连接起来,称为期望线,如图6-4所示。在城市交通需求分析中,有时为了更宏观地把握交通需求的空间分布特征,常把若干个交通小区合并,形成交通中区或交通大区。交通中区或大区的期望线图对于分析城市客流走廊、城市干道网和公共交通网络布局的适应性十分有用。

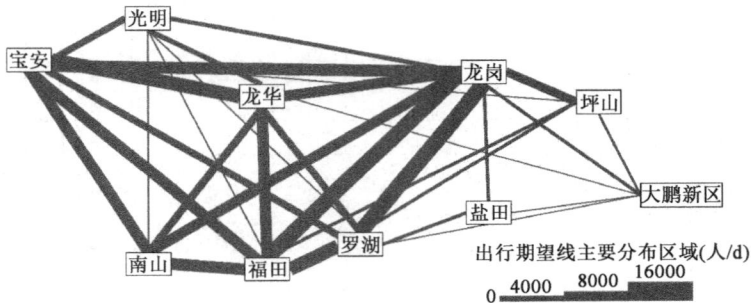

图6-4 深圳市交通大区的出行期望线图

7. 交通成本

交通成本是指人在完成空间位移的过程中,所消耗的时间、费用、精力、能源、环境等成本。

三、货物运输特征及需求特征指标

1. 货的被动特性

货的被动特性是相对于客运而言的。客运的对象是人,人的出行是主动性的,可以根据自己的出行目的做出购买运输服务的决策;而货物运输的对象是货物,货物是被动的,是由人来决定货物的运输,而人是根据经济社会对货物的需求而决定它的运输组织,货物运输需要在出发地提货,在目的地交付。货物运输较少关心线路的调整、中转,而主要关心是否能安全、低成本、按照客户需求使货物按时到达目的地。

货的被动性有利于货物运输组织,运输组织者只要根据货物的特性及客户需求去组织货物运输,客户一般关注运输结果而较少关注运输过程。

2. 货物的运输需求特征

货运(Freight)交通是正常生活、生产、商业活动的派生需求,货运交通的本质是提供货物转移的服务。为货物运输服务的交通系统也称为货运交通系统。货物的运输需求大体上可以分为三类:一是生产原材料供应的运输,其特点是用不同运输方式从不同地点将原材料运送至生产企业,运输规模、品种差异大;二是半成品、产成品的运输,具有高度集约化的特点;三是生活服务业的商品流动,具有集中配送、分送到户的特点。

上面三类不同的货物流动特征对交通系统提出了不同需求。生产原材料的运输,一般来说是采用多种运输方式将原材料从产地运到生产制造基地,这对综合运输网络及不同运输方式转换节点提出了更高要求;半成品、产成品运输主要是将货物由生产基地运到集成商、分销商或者物流中心、配送中心,相对来说集约化程度较高,这对运输方式、载运工具有较高的要求,同时也需要不断优化综合运输网络;生活类的商品流动,特别是电子商务环境下的商品配送活动,对运输效率非常关注,因而对运输网络特别是城市配送网络、配送中心、中心城区末端配送节点规划设计提出了更高的要求。

3. 货物运输组织与交通系统的匹配性

随着网络、信息、新技术的发展和商业模式的改变,货物运输组织发生了根本性的变化,由传统计划经济下的货物运输组织模式,转变为供应链管理下的新型货物运输组织模式。新的货物运输组织大体将货物运输分为上、中、下游运输。其变化如图6-5所示。虽然上游长距离的货物和原料运输一般都由水路、铁路和航空实现,但运输链的最后一段——终端配送(货物配送至居民家庭、商店、超市、办公等场所)都是由货运车辆在道路系统上完成的。在传统货运中货物的运输通常是货物整体的空间位移,货运服务商只需将货物从A点运送到B点;电子商务背景下新的运输组织模式是为了适应供应链管理下的新需求,其核心是提高货物运输时效性,即减少货物运输里程,加快货物运输速度,降低货物运输成本。因此在货运中下游段,通常为零散-多次集中-运输-多次分散-零散的运输过程。近年来涌现的生鲜电商、社区团购以及即时物流等新业态,对于终端货运配送的快速响应提出了更高的要求,也催生了诸如前置仓、社区仓模式的产生,为货运组织的方式和结构带来了新的变化。

如果从空间上考虑,上、中游的货物运输组织大部分是在城市(区域)之间或者城市外围,而下游运输大部分是在城市(区域)内部进行运输配送组织。不同阶段的运输具有不同的运输组织特性,它们对交通系统的要求也就不同。

与上、中游货物运输匹配的是综合交通网络,包括各种货物运输通道及各种货运节点。货运通道包括远洋航线、航空、铁路、公路、大陆桥、管道等。货运节点(Freight Terminal/Node)是指货运网络中进行物资中转、集散和储运的各种货运场站及货物集散地,包括港口、航空货运站、铁路站场、公路场站、物流园区、大型公共仓库、配送中心、内陆港等。货运节点主要关注节点规模及基本信息、货运量、运输组织模式、人力资源、经济指标以及货物的包装、装卸、保管、分货、配货、流通加工等。交通系统支撑货物运输组织时需要考虑以下问题:交通系统与货物运输需求之间是否匹配?如多级货运网络是否有合适的中转和配送设施作为支撑?远洋货物运输是否有深水港?铁路运输是否有铁路货运站场?公路货运道路基础设施是否满足大型货运车辆的通行需求(包括路面承载能力、转弯半径等)?对于货物运输需求较大的通道是否有专用的货物通道？货物运输需要哪些交通工程系统加以支撑？

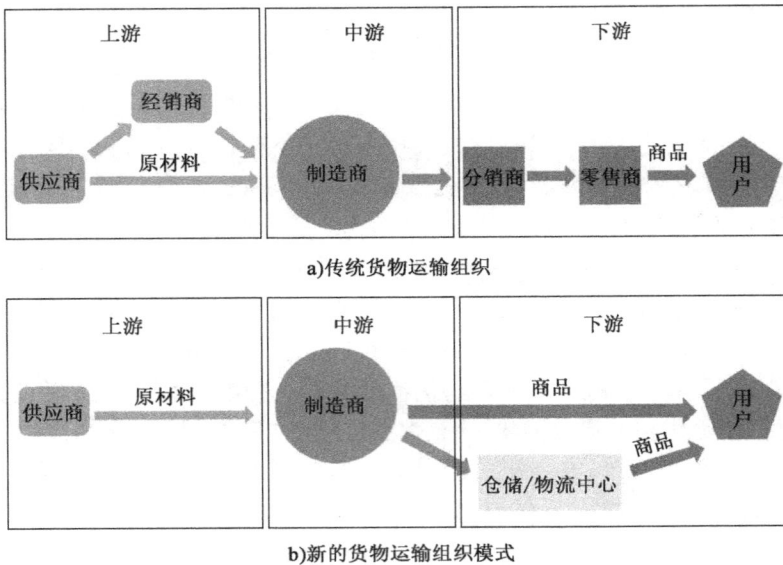

a)传统货物运输组织

b)新的货物运输组织模式

图6-5　货物运输组织变化示意图

下游货物运输,特别是生活服务业的货物运输,大部分集中在城市周边和内部。城市货运交通主要包括城市对外货运交通、城市内部货运交通、过境货运和特殊货运。城市货运交通主要关注对外货运节点、对外货运通道(多交通方式)、城市内部配送节点和配送网络。在电子商务环境下,城市内部的配送需要特别考虑,如城市外围的配送中心如何与城市内部末端节点相连接,城市内部末端节点的规划设置,城市内部的配送网络规划,中心城区的装卸车位设置,城市配送载运工具的标准等问题。

4. 货运需求描述指标

(1)货运量、货运周转量、运力结构。

货运量(Volume of Freight Transport):指一定范围、一定时期内运输企业实际运送的货物数量,单位是万t。

货运周转量(Freight Turnover):是指运输货物的数量与运输距离的乘积,单位是t·km。

运力结构:各种运输方式运输能力的比例关系。

分析整个地区货运量、周转量和运力结构特征,可以了解区域内工农业生产情况和商贸、物资流通情况,研究运输服务区域内各种运输方式以及一种运输方式中不同运输企业的规模及其分布情况等,为研究未来货物运输需求、运输能力及建立合理运输结构提供依据。

(2)货运生成率。

货运生成率(Freight Generation Rates):指不同性质单位面积用地所产生和吸引的自然车、标准车的数量或货运交通量。掌握已有不同用地的货运生成率,对规划用地的货运交通量预测具有参考作用。

(3)货运服务可达性。

货运服务可达性通常采用以下指标进行描述。

①运输时间:衡量货物从出发地到目的地所需的时间,包括运输过程中的各个环节,如寄出、寄达、中转、装卸等的时间。

②运输可靠性:衡量运输过程中货物到达目的地的准时性和稳定性,包括运输过程中可能出现的延误、货损等情况。

③运输网络覆盖范围:衡量运输服务所覆盖的地理区域范围,包括线路密度、节点空间分布等。

④快递层面:指快递运输时限和国内异地快递服务72h准时率等指标。

(4)载运工具。

载运工具指各种运输方式的载运工具,主要关注载运工具的类型、载质量、容量、速度等。载运工具的速度和容量决定了货物运输的速度及承运的容量,可分为道路载运工具、轨道载运工具、航空载运工具、其他载运工具等。

(5)货运成本。

货运成本指企业为进行货物运输过程所支付的全部费用,这些费用涵盖了从货物起始地到目的地的整个运输过程中所产生的各种直接和间接成本。具体来说,货运成本主要包括以下几个方面。

运输费用:这是货物运输最直接也是最主要的成本,包括燃油费、过路费、驾驶人工资等与车辆运行直接相关的费用。

货物装卸费用:涉及货物的装卸、搬运等操作的费用,这通常包括装卸工人的工资、装卸设备的折旧和维护费用等。

仓储费用:如果货物在运输过程中需要在仓库进行临时存放,就会产生仓储费用,包括仓库租金、货物保管费、保险费等。

管理费用:包括与货物运输相关的行政、财务、人力资源等管理活动的费用。

其他费用:包括一些不可预见的费用,如天气、交通等因素导致的延误费用,或者因货物损坏、丢失而产生的赔偿费用等。

同时注意,与货运成本相比,物流成本通常指的是一个更为广泛的概念,它涵盖了企业在物流活动全过程中所产生的所有费用。物流成本不仅包括直接成本,如运输费用和仓储费用;还包括间接成本,如物流设施设备的折旧、物流人员的工资等。

第二节　交通需求分析数据采集和特征提取

交通需求分析是基于社会经济状况、土地利用、活动系统、出行行为以及交通系统数据,建立数学模型,模拟人、货物的出行或运输行为,得出现状以及不同预测年份、不同政策条件、不同情景方案中的交通需求量。交通需求预测是交通政策制定、交通规划、交通网络设计、交通管理、交通控制等工作的基础。

一、数据采集类型

交通需求分析数据采集主要包括土地利用、社会经济、居民出行、交通系统设施与运行四大类数据。

（1）土地利用数据。

主要包括城市土地使用、用地规模、用地分布、人口及就业岗位分布等。

（2）社会经济数据。

主要包括城市概况、行政区划及人口、城市经济总量、产业结构与产业布局、城市布局形态、建成区规模、城市社会经济发展规划、城市总体规划、控制性详细规划及相关专项规划、城市统计资料等。

（3）居民出行数据。

居民出行数据主要来源于居民出行调查（Household Travel Survey）。近年来,相关部门和机构也开始采集公交IC卡数据、移动通信数据、出租车卫星定位数据等作为补充。

居民出行调查是为了解居民出行特征进行的最基本的调查,也是建立交通需求预测模型的重要数据来源。通过调查,可以掌握全市居民的出行需求总量、出行需求在时间和空间上的分布,并可以分析归纳出交通需求产生的规律,把握"源"与"流"之间的关系。出行调查数据通常包括住户特征、个人特征、交通工具拥有特征和出行特征四个部分。具体收集来源包括以下三方面。

公交IC卡数据:公交IC卡每次刷卡产生一次记录,每条记录包括5个基本信息,分别是卡号、交易类型、日期时间、交易金额、终端代号。与出行特征有关的交易类型包括轨道交通消费、公共汽(电)车消费、出租车消费。终端代号为刷卡闸机或车辆终端的编号。在乘坐公共汽(电)车情况下,通过终端设备编号可以得到其所属企业、线路和车牌的相关信息;在乘坐轨道交通情况下,可以得到轨道线路、使用站点和车牌的相关信息。

移动通信数据:由于移动通信数据本身包含时间戳数据,因此,为了获得居民时空活动特征,主要关注移动通信数据的定位方法。手机定位技术是进行交通数据采集的基础,根据定位精度可以分为模糊定位和精确定位两种,模糊定位的精度范围为50~300m;精确定位的精度与卫星定位技术相当,可以达到5~30m。

出租车车载卫星定位数据:车载卫星定位设备定时(30s~1min)记录车辆位置、载客状态、瞬时车速、采集时间等信息,并发送到调度中心。

（4）交通系统设施与运行数据。

交通系统设施包括:

①城市道路交通设施,含各级道路等级、车道数、通行能力现状及规划资料。

②公共交通网络设施,含线路、站点、发车班次、车辆容量、票制票价、运行管理模式等现状及规划资料。

③枢纽场站、停车场布局、功能、等级规模等。

城市交通运行数据包括:

①交通工具拥有量。

②交通流量(路段、交叉口)、典型道路车速、典型道路交通延误等。

③交通组织与管理。

二、居民出行调查特征数据提取

1. 出行调查数据的精度检验

对各交通小区调查数据按照抽样率、人口母体数据进行直接扩样与校核扩样后,完成调查数据质量检验。直接扩样的主要目的是将一个样本中的观测值乘以扩样系数以使样本在扩样后为总体的估计值,扩样系数为抽样率的倒数。扩样完成后,需分别进行现有统计资料对比检验、分隔查核线检验、区域境界线检验、公共活动集散中心客流量检验,以保障调查精度。

（1）现有统计资料对比检验。

将由OD调查表推断出来的各类人口、社会、交通特征值与现有的统计资料进行比较,检验其误差程度。

（2）分隔查核线检验。

通常选择城市区域内天然屏障(如河流、铁路等)作为分隔查核线(Check Line),如图6-6所示。在OD调查的同时,将实测跨越查核线上一些断面(桥梁、道口和交叉口)的流量与根据OD调查表统计扩算的不同交通方式通过查核线的出行量进行比较,一般相对误差在15%内即符合要求,可进行必要调整;如果误差大于15%,则应返工调查。

（3）区域境界线检验。

区域境界线指包围全部调查区域的一条假想线,有时还分设内线和外线。外线通常由位于机动车出入境界线的调查站连接而成,可以将统计扩样的OD分布量(车辆的内到外、外到内出行)与调查日的实际统计量进行比较。内线常为城市商业中心区的包围线。

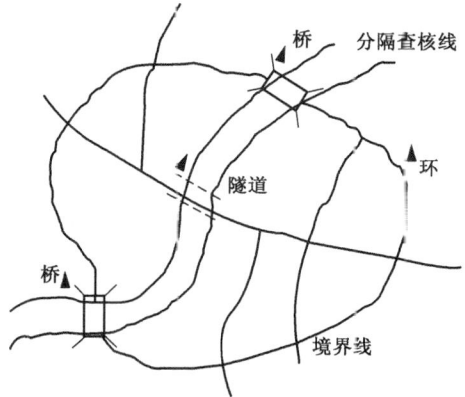

图6-6 境界线和分隔查核线示意图

（4）公共活动集散中心客流量检验。

以调查区域内的公共活动集散中心作为校核点,将OD调查获得的交通流量按抽样率扩算后与该点上实际观测的交通流量相比,作为控制市内OD调查精度的重要依据。

2. 交通出行特征指标提取

基于满足精度检验要求的居民出行调查扩样数据,是对调查数据进行统计分析,提取住户特征、个人特征、交通工具拥有特征和出行特征数据。

（1）住户特征包括住户住址、总人口、住房建筑面积、住房性质、住户拥有交通工具等信息。

（2）个人特征包括性别、年龄、户籍、与户主关系、职业、文化程度、有无驾照等信息。

（3）交通工具拥有特征包括各类车辆类型、车辆性质、车龄、车辆行驶总里程、工作日一天平均行驶里程等信息。

（4）出行特征包括出行地点、到达地点、出发时间、到达时间、出行率、分区日出行总量、平均出行时耗、出行空间分布数据、出行距离分布、各出行段交通方式、主要交通方式、同行人数、出行支付、停车费等信息。

三、基于连续型动态数据的出行特征数据提取

现在普遍使用的连续型动态数据并不是专门为研究交通特征而存在的数据。例如公交

IC卡数据主要用于统计收费信息,因此这些数据对交通分析而言是间接数据,必须认识到使用这些数据在进行交通特征提取时,可能出现数据不规整、含有很多数据缺失和无效值等现象,使得分析结果准确性和完整性均存在一些问题,而多种数据相互验证可以提高分析的准确性。下文简单介绍可以从常用的3种连续型动态数据中提取的出行特征指标。

1. 基于IC卡和卫星定位数据的公交乘客行为特征提取

公交IC卡数据通常只有乘客上车站点的刷卡信息,但若和车载卫星定位数据结合,可以提取站点上客人数、断面客流量、公交乘客时变特征,间接推算出IC卡公交出行站点OD矩阵等(图6-7)。

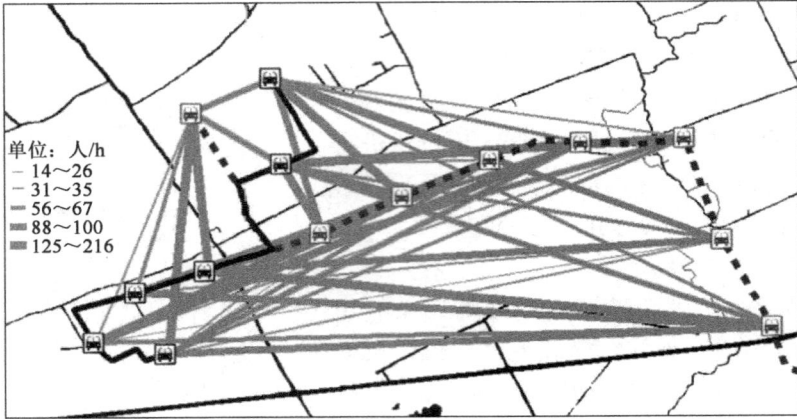

图6-7 基于IC卡数据的公交站点OD推算结果

轨道交通IC卡数据同时记录乘客上下车站点的刷卡信息,可以提取线路客运量、断面客流量、站点上下客人数、客流流向、换乘量、乘距、IC卡轨道出行OD矩阵等。

2. 基于出租车车载卫星定位数据的出行特征提取

基于出租车车载卫星定位数据,可以提取出租车载客次数、出租车乘客出行距离分布、出租乘客使用时间分布、出租车使用空间分布、道路路段行程车速等,可以推算出租车乘次的OD信息和时段信息。

3. 基于手机信令的出行特征提取

移动通信数据一般采用两种方式获取:征集志愿者进行个体追踪调查;从移动通信服务商处提取屏蔽个人属性特征和隐私后的通信数据。

个体追踪调查需要在移动终端嵌入相关软件,定时将终端的位置数据发送至服务器,同时,用户将个人的辅助数据(出行方式等)同步发送到服务器。此种方法可以获取详细的出行链信息,但是只能进行小规模的抽样调查。

移动通信服务商提供的通信数据是由各个基站提供的通信服务数据来间接获取个体空间移动信息。利用移动终端编号可以确定个体所在的终端服务区域,结合其中的时间戳信息,可以在一定位置精度范围内确定个体时空移动轨迹,从而获得城市24h人群动态分布情况,并推算居住地和工作地的分布及其空间联系;辅助分析城市交通大区间OD分布,但应用手机信令推算的数据目前只能作为参考。

第三节　交通需求分析模型

1962年,美国芝加哥市交通规划研究中提出的"生成-分布-方式划分-分配"预测方法标志着四阶段交通需求模型(Four-step Travel Demand Model)的形成。该模型将每个人的出行行程在交通小区维度上进行统计分析,从而得到以交通小区为单位的集计分析(Aggregate Analysis)模型。四阶段交通需求模型由于其清晰的思路和模型结构、相对简单的数据收集和处理技术,自1970年以来,得到了广泛的应用,其理论体系也逐渐趋于成熟。1980年以来,产生了"基于活动的交通需求分析"的新思想,认为交通需求是人类活动需求的衍生需求,相应的模型被称为"基于活动的交通需求模型"(Activity-based Travel Demand Model)。1990年后,学者们继续探索实现这类模型的建模方法,提出了采用非集计(Disaggregate)的基于计量经济学的建模方法,对各类个体活动或出行选择行为进行建模。进入21世纪后,活动模型被逐步整合成活动和出行行为仿真模型体系,并与动态交通分配模型结合,期望产生新一代交通需求分析模型体系来取代经典四阶段交通需求模型。然而,该体系目前仍处于研究阶段,尚未在实践中得到广泛应用。本节主要介绍经典的四阶段交通需求分析基本方法与基本技术。

一、出行生成模型

出行生成模型是交通需求四阶段模型中的第一阶段,目标是求得各个交通小区的交通需求总量,即出行生成量(Trip Generation)。出行生成量是出行产生量(Trip Production)与出行吸引量(Trip Attraction)之和。

出行生成量与土地利用性质、设施规模、个人社会经济属性有着密切的关系。出行产生与出行吸引量的影响因素是不同的,前者以居民社会经济特性为主,后者以土地利用形态与就业岗位分布为主。因此,需分别预测出行产生量和出行吸引量,为下一阶段出行分布的预测打下基础。当居民社会经济特性、土地利用形态和就业岗位分布等发生改变时,出行生成模型可用来预测交通需求的变化。

1. 基家与非基家出行概念

出行可分为"基家出行"(Home-based,HB)和"非基家出行"(Non-home-based,NHB)两个大类。

基家出行:指行程中的某一端(起点或讫点)是出行者居所的出行。

非基家出行:指行程的两个端点都不是出行者居所的出行。

出行产生量:基家出行中居所端点和非基家出行中起点的总数。

出行吸引量:基家出行中非居所端点和非基家出行中终点的总数。

根据居民出行调查数据显示,大部分的出行属于基家出行,因为绝大多数出行者是从"家"出发,开始一天的行程安排,完成之后仍然会回到"家"安歇。这样的分类便于精确地估算每个小区的出行产生量并对其进行定位。对于一次"基家出行"来说,无论出行者离开"家"还是返回"家",都认为出行者"家"所在的交通小区产生了一次出行。如果需要预测某个小区的基家出行所贡献的产生量,可以将小区从人口普查中获得的人口数乘以相应的个人基家出行产生率来进行估算。

为了便于理解,以图6-8为例加以说明:某天某出行者先从位于交通小区1的家出发,到达处于交通小区2的工作地工作。工作后,他离开工作地,到达交通小区3购物,最后回到家里。整个过程生成了3次出行。其中,第1次是基家出行,因此家所在的小区1产生了1次出行,而工作地小区2吸引了一次出行。第2次出行是非基家出行,所以出行起点所处的小区2产生了1次出行,而出行终点所处的小区3吸引了1次出行。第3次是基家出行,所以仍然是家所在的小区1产生了1次出行,而另一端小区3吸引了1次出行。如图6-8产生吸引量表格所示,可以看到所有小区的总产生量和总吸引量相等并等于总出行次数。表6-3~表6-5是区分不同目的的产生-吸引(Production-Attraction,PA)矩阵,表6-6是图6-8的总PA出行矩阵。PA出行矩阵与OD出行矩阵类似,不同的是矩阵行号代表产生出行的小区,而列号代表吸引出行的小区。

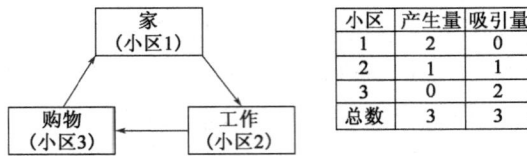

图6-8 基家与非基家出行的例子

第一次基家工作出行PA矩阵　　　　　　　　　　　　　　表6-3

产生小区	吸引小区		
	1	2	3
1	0	1	0
2	0	0	0
3	0	0	0

第二次非基家出行PA矩阵　　　　　　　　　　　　　　表6-4

产生小区	吸引小区		
	1	2	3
1	0	0	0
2	0	0	1
3	0	0	0

第三次基家其他出行目的PA矩阵　　　　　　　　　　　　　　表6-5

产生小区	吸引小区		
	1	2	3
1	0	0	1
2	0	0	0
3	0	0	0

总出行PA矩阵 表6-6

产生小区	吸引小区		
	1	2	3
1	0	1	1
2	0	0	1
3	0	0	0

2. 出行产生模型

结合"基家"与"非基家"的分类和出行目的可将出行进一步分类,如"基家工作""基家学习""基家购物""基家娱乐""基家其他"和"非基家"等若干种目的的类型。利用居民出行调查数据可以估计不同类型的出行产生率,以反映不同类型出行的发生频率。

(1)交叉分类模型。

人口乘以出行产生率这一简单计算方法无法反映小区之间由人口属性不同造成的差异。为了反映这种差异,可将出行产生率表达成小区人口属性的函数,即建立交叉分类模型(Cross-classified Model),利用人口属性(如性别、年龄)对人口进行交叉分类,然后分别计算每一类人群的出行产生率。例如表6-7中的列代表某小区出行者的性别,行代表出行者的年龄段,表格中的数字代表不同交叉类型的出行者的出行产生率(由居民出行调查获得)。表6-8中的每个数字代表该小区属于某种交叉类型的人口数。

交叉分类模型的例子(双变量的出行率)(单位:次/d) 表6-7

年龄段	男	女
<30岁	2.5	2.2
30~60岁	2.8	2.6
>60岁	2.1	1.8

某小区交叉分类的人口数量分布的例子(单位:人) 表6-8

年龄段	男	女
<30岁	50	45
30~60岁	100	95
>60岁	60	65

将表6-7不同交叉分类人口的出行产生率乘以表6-8相对应的人口数,可以估算不同分类人群的出行产生量,累加所有分类人群的出行产生量,即得到小区的总出行产生量:

$$P = 2.5 \times 50 + 2.2 \times 45 + 2.8 \times 100 + 2.6 \times 95 + 2.1 \times 60 + 1.8 \times 65 = 994(次)$$

交叉分类模型的优点是出行产生率计算方便,且可自然地把握分类变量对于出行产生率潜在的非线性影响和交互影响,但该模型有以下缺点:

①分类变量的选择带有主观性,交叉分类模型本身无法检验分类变量对于出行产生率是否存在显著性的影响。

②模型的应用需要利用交通小区内交叉分类的人口数,而这些数字往往无法从人口普查

中直接获得,需要进行推算,会带来一定的误差。

③模型中分类变量的数量受到限制。表6-7给出的是双变量交叉分类模型的例子,交叉分类模型中可以引入更多变量,如收入等,以对人群实施更细致的分类(表6-9),然后利用调查数据分别计算每类人群的出行产生率。而当更多的变量被置入模型后,模型中被交叉定义的类型数会呈几何级数增加。但居民出行调查样本是有限的,更多变量的置入会导致某些交叉类型缺少甚至缺失调查数据,使得无法有效地估算该类型人群的出行产生率。因此在实践中,交叉分类模型通常很少容纳3个以上的分类变量。

交叉分类模型的例子(三变量)(单位:次/d)　　　　　　　　　　表6-9

年龄段	男	女
收入分类1(月收入4000元以下)		
<30岁	2.1	2.3
30~60岁	2.3	2.4
>60岁	2.0	1.5
收入分类2(月收入4000元以上,15000元以下)		
<30岁	2.5	2.3
30~60岁	2.7	2.5
>60岁	2.1	1.9
收入分类3(月收入15000元以上)		
<30岁	2.8	2.6
30~60岁	3.0	2.7
>60岁	2.5	2.1

(2)线性回归模型。

交叉分类模型的缺点可以被线性回归模型(Linear Regression Model)弥补。如果将因变量y设置为某种目的类型的出行产生频率,可以用一系列影响y的解释变量$x_1,x_2,\cdots,x_m$乘上各自的系数$\beta_1,\beta_2,\cdots,\beta_m$,而后累加得到$y$的期望值。模型可用以下公式表达:

$$y_i = \beta_0 + \beta_1 x_1 + \beta_2 x_2 + \cdots + \beta_m x_m + \varepsilon_i \tag{6-1}$$

式中:i——个体出行者的标识号;

ε_i——期望值为0的正态分布随机干扰项;

β_m——系数;

β_0——模型常数项,可以理解为随机干扰因素的期望值。

如果用$\boldsymbol{x}_i$代表行向量$[1,x_1,x_2,\cdots,x_m]$,$\boldsymbol{\beta}$代表系数列向量$[\beta_0,\beta_1,\beta_2,\cdots,\beta_m]$,线性回归模型可以被写成更简洁的形式:$y_i=\boldsymbol{x}_i\boldsymbol{\beta}+\varepsilon_i$。

居民出行调查数据为模型系数的估计提供了一个随机样本,在该样本中可以观察到每个个体出行者的出行产生频率y_i和一系列的解释变量x_i。对于每个个体出行者将得到:

$$y_1 = x_1\boldsymbol{\beta} + \varepsilon_1$$
$$y_2 = x_2\boldsymbol{\beta} + \varepsilon_2$$
$$\cdots$$
$$y_n = x_n\boldsymbol{\beta} + \varepsilon_n$$

这里 n 代表样本量,即样本中出行者的数量。如果用 $\boldsymbol{y}$ 代表样本中所有个体的出行产生频率列向量 $[y_1, y_2, \cdots, y_n]'$,用 $\boldsymbol{x}$ 代表样本中所有个体被观察到的解释变量矩阵 $[x_1, x_2, \cdots, x_n]$,用 $\boldsymbol{\varepsilon}$ 代表随机干扰项的列向量 $[\varepsilon_1, \varepsilon_2, \cdots, \varepsilon_n]'$,上面的联立方程可以写成以下的矩阵表达式:

$$\boldsymbol{Y} = \boldsymbol{X}\boldsymbol{\beta} + \boldsymbol{\varepsilon} \tag{6-2}$$

可利用最小二乘法,将随机干扰项的平方和最小化,获得模型系数 $\boldsymbol{\beta}$ 的估计值,即:

$$\hat{\boldsymbol{\beta}} = \arg\min(\boldsymbol{\varepsilon}' \cdot \boldsymbol{\varepsilon}) \tag{6-3}$$

$$\boldsymbol{\varepsilon}' \cdot \boldsymbol{\varepsilon} = (\boldsymbol{Y} - \boldsymbol{X}\boldsymbol{\beta})' \cdot (\boldsymbol{Y} - \boldsymbol{X}\boldsymbol{\beta}) = \boldsymbol{Y}'\boldsymbol{Y} - \boldsymbol{Y}'\boldsymbol{X}\boldsymbol{\beta} - \boldsymbol{\beta}'\boldsymbol{X}'\boldsymbol{Y} + \boldsymbol{\beta}'\boldsymbol{X}'\boldsymbol{X}\boldsymbol{\beta} \tag{6-4}$$

为了使 $\boldsymbol{\varepsilon}' \cdot \boldsymbol{\varepsilon}$ 最小化,对系数向量 $\boldsymbol{\beta}$ 求偏导数并使其等于 0,即 $\dfrac{\partial \boldsymbol{\varepsilon}' \cdot \boldsymbol{\varepsilon}}{\partial \boldsymbol{\beta}} = -2\boldsymbol{X}'\boldsymbol{Y} + 2(\boldsymbol{X}'\boldsymbol{X})\boldsymbol{\beta} = 0$,最后得到最小二乘估计:

$$\hat{\boldsymbol{\beta}} = (\boldsymbol{X}'\boldsymbol{X})^{-1}\boldsymbol{X}'\boldsymbol{Y} \tag{6-5}$$

因此,模型系数的估计值可以通过解释变量矩阵 $\boldsymbol{X}$ 和因变量向量 $\boldsymbol{Y}$ 的矩阵计算得到。

基于线性回归的出行产生率模型可以给出个体出行者出行产生率的期望值,将模型应用到小区中的每个个体出行者,可以得到:

$$y_1 = \boldsymbol{x}_1\boldsymbol{\beta} + \varepsilon_1$$
$$y_2 = \boldsymbol{x}_2\boldsymbol{\beta} + \varepsilon_2$$
$$\cdots$$
$$y_m = \boldsymbol{x}_m\boldsymbol{\beta} + \varepsilon_m$$

公式中的 m 代表该小区的总人口数,对公式的左右两边分别进行累加,可得:

$$\sum_{i=1}^{m} y_i = \sum_{i=1}^{m} \boldsymbol{x}_i\boldsymbol{\beta} + \sum_{i=1}^{m} \varepsilon_i \tag{6-6}$$

两边取期望值,可以得到小区的总出行产生量的期望值:

$$P = \mathrm{E}\left(\sum_{i=1}^{m} y_i\right) = \mathrm{E}\left(\sum_{i=1}^{m} \boldsymbol{x}_i\boldsymbol{\beta}\right) = m\frac{\sum_{i=1}^{m} \boldsymbol{x}_i\boldsymbol{\beta}}{m} = m\bar{\boldsymbol{x}}\boldsymbol{\beta} \tag{6-7}$$

与计算个体不同的是,需要将解释变量——小区内的人均值代入公式(6-7),计算 $\bar{\boldsymbol{x}}\boldsymbol{\beta}$,并将 $\bar{\boldsymbol{x}}\boldsymbol{\beta}$ 值视为小区人均出行产生率,再乘上小区总人口数 m,即可得到小区总出行产生量。需要指出,解释变量向量 $\boldsymbol{X}$ 中既可能包含连续变量,也可能包含哑变量。哑变量是取值为 0 或 1 的分类变量,如果取值为 1,说明个体属于某个类别,而 0 表示该个体不属于该类别。譬如,"男性"这个类别可以被定义为一个哑变量,也可以把年龄大于 60 岁的人分类为"老年人",而后定义相应的哑变量。这使得交叉分类模型中的分类变量可以以哑变量的形式被引入线性回归模型,而当两个哑变量的乘积被置入线性回归模型后,线性回归模型将与交叉分类模型等价。对于哑变量来说,其在小区内的人均值是相应类型的人群在该小区内所占的比例。

【例 6-1】 某小区的居民有 1000 人,建立某家购物出行的产生率线性回归模型为:

$$P_i = 0.18 + 0.20 \times 中年人(30\text{~}60岁)_i - 0.30 \times 老年人(>60岁)_i +$$
$$0.06 \times 女性_i + 0.01 \times 月收入(千元)_i + \varepsilon_i$$

已知该小区居民人均月收入为5000元,40%为女性,50%和30%的居民分别是中年人(30~60岁)和老年人(>60岁),则根据上式可得该小区基家购物出行总产生量预测值为:

$$P = 1000 \times (0.18 + 0.20 \times 0.5 - 0.30 \times 0.3 + 0.06 \times 0.4 + 0.01 \times 5) = 264(次)$$

3. 出行吸引模型

与出行产生预测一样,出行吸引量也按照基家、非基家分出行目的分别建模。

(1)线性回归出行吸引模型的变量设置。

在实践中,预测小区的总吸引量一般以在该小区内工作的人数或小区内的土地利用情况作为解释变量,置入线性回归模型中。例如,对于基家工作出行来说,可以将在该小区内工作的总就业人数作为解释变量。对于基家购物出行来说,可使用与购物相关的若干个吸引变量,如小区零售业的就业人数、小区商业区的用地面积等。对于基家娱乐出行来说,可使用与娱乐相关的吸引变量,如小区服务业的就业人数、小区娱乐场所的用地面积等。对于其他类出行来说,可使用其他类就业人数、小区人口等。使用小区人口,主要考虑其他类出行中可能包含走亲访友类的出行目的,这类出行与人口有关。吸引模型的举例如下:

基家工作出行吸引量=1.45×总就业人数

基家购物出行吸引量=3.00×零售业就业人数+0.10×商业区的用地面积(m²)

基家娱乐出行吸引量=4.90×服务业就业人数+0.15×娱乐场所的用地面积(m²)

基家其他出行吸引量=1.70×其他类就业人数+0.20×总人口

非基家出行吸引量=1.50×其他类就业人数+0.30×总人口

模型系数同样可以应用最小二乘法计算获得。

需要指出,在某些特定情况下,交叉分类模型同样也可以被用于预测交通吸引。

(2)出行吸引模型的数据来源。

对于出行吸引模型系数的估计可以利用两种不同来源的数据。一种数据来源是居民出行调查。在出行调查过程中,受访者提供了每次出行的起讫点位置和出行目的,因此可以判断这些出行吸引点所在的小区,然后统计调查样本中各个小区的吸引量。由于调查样本是从总体中随机抽样的,将从样本中获得的吸引量除以抽样率,即可估计小区的总吸引量,并将其视为线性回归模型中的因变量 Y。而后采集小区内的解释变量,如各类就业人数、土地利用、人口等,构成解释变量矩阵 X。注意这里的 Y 向量和 X 矩阵中的每一行对应的是一个小区,而不是一个个体出行者,这类模型称为"集计模型";而之前提到的出行产生率模型中的每一行代表一个个体出行者,这类模型称为"非集计模型"。两者的区别将在第八章第三节中作出更进一步的说明。

另一种数据来源是位于出行吸引点的调查,如在工作地、购物商场、娱乐场所等地点的交通出行调查。调查过程中,需要统计这些地点吸引的出行数量,作为回归模型中的因变量 Y,并记录该地点的吸引变量(如各类就业人数、商场或娱乐场所面积等),作为解释变量 X。这类模型以每个吸引地点为预测单位,集计程度较低。具体的实例可以参考上海市工程建设规范《建设项目交通影响评价技术标准》(DG/TJ 08-2165—2015)。

4. 出行平衡调整

如果仅考虑区内出行,而不考虑出入境出行和过境出行,某类出行目的的出行产生和吸引在分析区域内的总量应该是相等的。然而,当分别采用出行产生模型和吸引模型预测每个交通小区的产生量和吸引量时,无法保证出行产生和吸引在分析区域内的总量相等。因此,需要通过"出行平衡"(Trip Balance)过程,使两者在总数上相等。这里需要先比较出行产生模型和吸引模型的精确程度,一般认为出行产生模型要比吸引模型精确。这是因为,一方面,出行产生模型属于"非集计模型",样本量通常较大,因此模型系数估计值的精度较高;另一方面,输入模型的解释变量来自人口普查,其可靠程度一般高于来自经济普查的就业和土地利用数据。所以,在实践中,往往采用按比例调整每个小区出行吸引量来拟合产生总量的方法,使分析区域内的出行产生量和吸引量在总数上相等,如公式(6-8)所示。

$$A_j = \left(\frac{\sum\limits_{j=1}^{Z} P_j}{\sum\limits_{j=1}^{Z} A_j'} \right) A_j' \tag{6-8}$$

式中:j——小区编号;

Z——分析区域内的小区总数;

P_j——产生模型给出的 j 小区的出行产生量;

A_j'——吸引模型给出的 j 小区的出行吸引量;

A_j——调整后的 j 小区的出行吸引量。

在"出行平衡过程"的最后环节,需要考虑非基家出行的产生端和吸引端的问题。假设 P_j 代表 j 小区由产生模型计算得到的非基家出行产生量,如果不考虑区内出行的情况,这 P 次非基家出行的起点(即产生点)并不在 j 小区内,因此不能认为该小区是这些出行的起点(产生点)。在实践中,往往用 j 小区的非基家出行吸引量来确定该小区的非基家出行产生量,即令 $P_j = A_j$。这种常用的定位方法是基于以下的考虑:对于非基家出行来说,其起讫点均不是出行者家的所在小区。出行者在一天的行程中仅途经这些点所在的小区,所以进入和离开该小区的非基家出行量基本上应该是相等的。

需要指出,这种方法在定位离家后的第一次和返家前的最后一次非基家出行时是有缺陷的。但由于非基家出行占总出行的比例较小,这些问题在实践中常被忽略。在非基家出行比例较高的情况下,应重视这些细节,可以考虑将这类非基家出行划分为各个单独的出行目的,分别进行预测、平衡和调整。

采用一个简单的例子来演示实践中常用的出行平衡过程。表6-10给出出行产生和吸引模型的输出值。这里的分析区域仅包含3个小区,而出行分为3种类型:基家工作、基家其他及非基家。表格中的 P 和 A 分别代表出行产生量和吸引量。表6-10的最后一行中计算出了调节系数,即每类出行的产生总量除以吸引总量 $\dfrac{\sum\limits_{j=1}^{Z} P_j}{\sum\limits_{j=1}^{Z} A_j'}$。在表6-11中,用调节系数调节吸引量,即令 $A_j = \left(\dfrac{\sum\limits_{j=1}^{Z} P_j}{\sum\limits_{j=1}^{Z} A_j'} \right) A_j'$。最后,在表6-12中,对非基家出行进行调整,即令 $P_j = A_j$。在最终的结果中可以看到,对于每类出行目的来说,分析区域内的总产生量等于总吸引量。同时,每个小区的非基家出行产生量和吸引量相等。

出行产生和吸引模型的输出值 表6-10

小区	$P_{基家工作}$	$P_{基家其他}$	$P_{非基家}$	$A_{基家工作}$	$A_{基家其他}$	$A_{非基家}$
1	100	120	50	270	150	70
2	200	100	70	180	60	40
3	300	170	80	90	150	50
总数	600	390	200	540	360	160
调节系数				600÷540 =1.111	390÷360 = 1.083	200÷160=1.250

出行总量的平衡 表6-11

小区	$P_{基家工作}$	$P_{基家其他}$	$P_{非基家}$	$A_{基家工作}$	$A_{基家其他}$	$A_{非基家}$
1	100	120	50	270×1.111	150×1.083	70×1.250
2	200	100	70	180×1.111	60×1.083	40×1.250
3	300	170	80	90×1.111	150×1.083	50×1.250
总数	600	390	200	600	390	200

非基家出行的调整 表6-12

小区	$P_{基家工作}$	$P_{基家其他}$	$P_{非基家}$	$A_{基家工作}$	$A_{基家其他}$	$A_{非基家}$
1	100	120	88	300	163	88
2	200	100	50	200	65	50
3	300	170	62	100	162	62
总数	600	390	200	600	390	200

二、出行分布模型

描述各交通小区间的出行次数与各小区自身出行产生量、吸引量之间相互关系的数学模型,称为"出行分布模型"(Trip Distribution Model)。在实践中,常用如表6-13所示的PA矩阵来表示它们之间的关系。矩阵中的每个元素T_{ij}代表产生于小区i,被吸引到小区j的出行次数,而矩阵的行和代表小区i的出行产生量(Production),列和代表小区j的出行吸引量(Attraction)。"出行分布模型"就是根据矩阵行和值和列和值,计算得到矩阵中的每个元素T_{ij}。T_{ij}的值反映了小区i的出行者对目的地小区j的出行需求,小区j的吸引量越大说明其对于出行者的吸引力越大。从小区i到达小区j的出行成本是一个负面因素,所需成本的增加会减少小区j对于小于i出行者的吸引力。所以,首先需要计算小区之间出行成本(如时间、金钱等),并将出行成本反映到交通网络上。

小区间的出行分布与出行产生量、吸引量的关系示意图 表6-13

P	A						行和（产生量）
	1	2	…	j	…	n	
1	T_{11}	T_{12}	…	T_{1j}	…	T_{1n}	P_1
2	T_{21}	T_{22}	…	T_{2j}	…	T_{2n}	P_2

续上表

P	A						行和 (产生量)
	1	2	⋯	j	⋯	n	
⋯	⋯	⋯	⋯	⋯	⋯	⋯	⋯
i	T_{i1}	T_{i2}	⋯	T_{ij}	⋯	T_{in}	P_i
⋯	⋯	⋯	⋯	⋯	⋯	⋯	⋯
n	T_{n1}	T_{n2}	⋯	T_{nj}	⋯	T_{nn}	P_n
列和 (吸引量)	A_1	A_2	⋯	A_j	⋯	A_n	T (生成总量)

1. 增长系数法

增长系数法(Growth Factor Method)是一类常用的出行分布计算方法,需要已知现状分布,假设未来特征年居民出行分布与现状基本相同,预测区域交通设施或土地利用没有重大变化,一般适用于短期预测。增长系数法可分为平均增长系数法和福莱特(Fratar)法等。

(1)平均增长系数法。

平均增长系数法假设i、j小区之间的交通分布量的增长系数是i小区出行发生量增长系数G_i和j小区出行吸引量增长系数G_j的平均值,即现状分布T_{ij}×平均增长系数=未来分布T'_{ij},公式如下:

$$T_{ij} \times \frac{1}{2}(G_i + G_j) = T'_{ij} \tag{6-9}$$

【例6-2】 已知A、B、C三区的出行量P、增长系数G与现状分布,如表6-14和图6-9所示。现以平均增长系数法计算A、B、C三区的未来分布。

出行发生、增长系数和现状分布 表6-14

区号	P	G	现状分布			$P(\sum)$
			A	B	C	
A	30	2	—	10	20	30
B	25	3	10	—	15	25
C	35	1	20	15	—	35

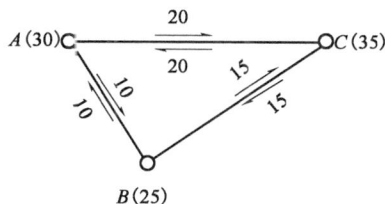

图6-9 出行产生、增长系数和现状分布

解:按平均增长系数法的计算公式,分别算得:

$$T'_{AB} = T_{AB} \times \frac{1}{2}(G_A + G_B) = 10 \times \frac{1}{2}(2 + 3) = 25$$

$$T'_{AC} = T_{AC} \times \frac{1}{2}(G_A + G_C) = 20 \times \frac{1}{2}(2 + 1) = 30$$

$$T'_{BC} = T_{BC} \times \frac{1}{2}(G_B + G_C) = 15 \times \frac{1}{2}(3 + 1) = 30$$

此结果列成表6-15,调整系数α的算式为:

$$\alpha_A = \frac{P_A \cdot G_A}{p'_A} = \frac{30 \times 2}{55} = 1.09$$

同理,$\alpha_B = 1.36$,$\alpha_C = 0.58$。

未来分布表(第1次试算) 表6-15

出发区	到达区			重新合计$P'(\Sigma)$	调整系数α
	A	B	C		
A	—	25	30	55	1.09
B	25	—	30	55	1.36
C	30	30	—	60	0.58

增长系数法的精度要求为:$0.99 \leqslant \alpha \leqslant 1.01$,如$\alpha > 1.01$或$\alpha < 0.99$,则需再次计算,增长系数取值由第一次的$G$改取$\alpha$。第二次试算结果如表6-16所示。

未来分布表(第2次试算) 表6-16

出发区	到达区			重新合计$P'(\Sigma)$	调整系数α
	A	B	C		
A	—	30.63	25.05	55.68	1.08
B	30.63	—	29.10	59.73	1.26
C	25.05	29.10	—	54.15	0.65

第二次试算仍然不符合精度要求,应取1.08、1.26、0.65分别为A、B、C区的增长系数,重复计算,直至调整系数满足精度要求。经计算可知,第十八次试算满足精度要求,结果如表6-17所示。可见此方法的缺点是收敛太慢,优点是公式简明易懂,易于程序化计算。

未来分布表(第18次试算) 表6-17

出发区	到达区			重新合计$P'(\Sigma)$	调整系数α
	A	B	C		
A	—	49.76	11.01	60.76	0.99
B	49.76	—	24.24	73.99	1.01
C	11.01	24.24	—	35.24	0.99

(2)福莱特法。

福莱特法(Fratar Method)引进了一个和各交通小区有关的数量关系,对增长率进行修正。即假设i、j小区间分布交通量的增长系数不仅与i小区的发生增长系数和j小区的吸引增长系数有关,还与整个规划区域的其他交通小区增长系数有关。福莱特法的具体公式为:

$$T'_{ij} = T_{ij} \cdot G_i \cdot G_j \cdot \frac{L_i + L_j}{2} \tag{6-10}$$

式中:

$$L_i = \frac{\sum\limits_j T_{ij}}{\sum\limits_j T_{ij} \cdot G_j} = \frac{T_i}{\sum\limits_j T_{ij} \cdot G_j} \qquad (6-11)$$

$$L_j = \frac{\sum\limits_i T_{ij}}{\sum\limits_i T_{ij} \cdot G_i} = \frac{T_j}{\sum\limits_i T_{ij} \cdot G_i} \qquad (6-12)$$

仍用前面的例子,首先需要计算 L 系数。

$$L_A = \frac{T_A}{T_{AB} \cdot G_3 + T_{AC} \cdot G_C} = \frac{30}{10 \times 3 + 20 \times 1} = 0.600$$

$$L_B = \frac{T_B}{T_{BA} \cdot G_A + T_{BC} \cdot G_C} = \frac{25}{10 \times 2 + 15 \times 1} = 0.714$$

$$L_C = \frac{T_C}{T_{CA} \cdot G_A + T_{CB} \cdot G_B} = \frac{35}{20 \times 2 + 15 \times 3} = 0.412$$

在此基础上,进行第一次试算,试算结果如表6-18所示。例如,$T'_{AB} = T_{AB} \cdot G_A \cdot G_B \cdot \frac{1}{2} \cdot (L_A + L_B) =$ 10×2×3×0.5×(0.6+0.714)=39.42。

未来分布表(第1次试算) 表6-18

出发区	到达区			重新合计 $P'(\sum)$	调整系数 α
	A	B	C		
A	—	39.42	20.24	59.66	1.01
B	39.42	—	25.34	64.76	1.16
C	20.24	25.34	—	45.58	0.77

α 的计算同前:$\alpha_A = \dfrac{P_A \cdot G_A}{p'_A} = \dfrac{30 \times 2}{59.66} = 1.01$,同理,$\alpha_B = 1.16$,$\alpha_C = 0.77$。

第一次试算结果不符合精度要求,需要再次计算,增长系数由 G 改为 α,在此基础上重新计算 L 系数,进行第二次试算,重复此过程,直至精度满足要求。经计算可知,第六次试算满足精度要求,结果如表6-19所示,与增长系数法迭代18次的结果非常接近。

未来分布表(第6次试算) 表6-19

出发区	到达区			重新合计 P'（$\sum$）	调整系数 α	L 系数
	A	B	C			
A	—	49.78	10.94	60.72	0.99	0.991
B	49.78	—	24.28	74.06	1.01	1.010
C	10.94	24.28	—	35.22	0.99	0.995

由于增长系数法的精度严重依赖于增长系数,所以如调查区的发展有重大变化,增长系数法不宜采用。从实际情况来看,仅用增长系数作为影响未来出行分布的唯一因素也不够全面。

2. 重力模型

增长率法的一个主要缺陷就是没有考虑各个小区之间的交通阻抗,交通阻抗会随着交通设施的改进或流量的增加而不断变化。重力模型(Gravity Model)是类比物理学中万有引力定律开发出来的出行分布模型,考虑因素较为全面,强调了局部与整体之间的相互作用,比较切合实际。此模型假定小区 i、j 间的出行分布量 T_{ij} 与小区 i 的发生量和小区 j 的吸引量成正比,与两小区之间的阻抗成反比,即:

$$T_{ij} = KP_iA_jf(t_{ij}) \tag{6-13}$$

式中:K——模型系数;

$\quad$ P_i——小区 i 的发生量;

$\quad$ A_j——小区 j 的吸引量;

$\quad$ $f(t_{ij})$——小区 i、j 之间的摩擦因子(Friction Factor)。

在公式中,T_{ij} 的值反映了小区 i 的出行者选择小区 j 作为目的地的出行量,小区 j 的吸引量越大说明对于出行者的吸引力越大。而从小区 i 到达小区 j 的出行时间 t_{ij} 是一个吸引量的负面因素,所需时间的增加会减少小区 j 对于小区 i 出行者的吸引力。因此,摩擦因子 $f(t_{ij})$ 是出行时间 t_{ij} 的减函数。两个小区之间出行时间 t_{ij} 和时间阻抗矩阵的计算过程将在本章最短路算法部分进行详细介绍。以下着重介绍两类常用的重力模型:单约束重力模型和双约束重力模型。

(1)单约束重力模型。

只对交通小区的出行发生量或出行吸引量进行约束的重力模型称为单约束重力模型(Singly-constrained Gravity Model),模型公式如下:

$$T_{ij} = K_iP_iA_jf(t_{ij}) \tag{6-14}$$

其中,$K_i=\left[\sum_j A_jf(t_{ij})\right]^{-1}$,检验得到 $\sum_{j-1}^n T_{ij}=P_i$,即满足出行产生量约束。

【例6-3】 有一个仅包含3个小区的交通需求模型,通过最短路径分析,得到时间阻抗矩阵 t_{ij},如表6-20所示。交通生成模型给出3个小区的产生量和吸引量分别是 $P_1=100$,$P_2=200$,$P_3=300$,$A_1=300$,$A_2=200$,$A_3=100$。摩擦因子的表达式 $F_{ij}=f(t_{ij})=\exp(-0.5t_{ij})$。应用单约束重力模型,计算出行矩阵。

重力模型算例中的时间阻抗矩阵 表6-20

小区	小区1	小区2	小区3
小区1	1	3	2
小区2	2	2	4
小区3	5	3	3

解:在计算过程中,通常习惯把产生量 P 放置到矩阵的行和位置,吸引量 A 放置到矩阵的列和位置,然后计算阻抗矩阵中每个元素对应的摩擦因子值,得到表6-21。

重力模型算例中的摩擦因子 表6-21

PA值		A		
		300(小区1)	200(小区2)	100(小区3)
P	100(小区1)	0.6065	0.2231	0.3679
	200(小区2)	0.3679	0.3679	0.1353
	300(小区3)	0.0821	0.2231	0.2231

最后根据单约束重力模型公式,计算矩阵中每个元素 T_{ij} 的值,这里仅给出 T_{12} 和 T_{23} 的计算过程,作为示例:

$$T_{12} = \frac{P_1 A_2 F_{12}}{A_1 F_{11} + A_2 F_{12} + A_3 F_{13}} = \frac{100 \times 200 \times 0.2231}{300 \times 0.6065 + 200 \times 0.2231 + 100 \times 0.3679} = 17$$

$$T_{23} = \frac{P_2 A_3 F_{23}}{A_1 F_{21} + A_2 F_{22} + A_3 F_{23}} = \frac{200 \times 100 \times 0.1353}{300 \times 0.3679 + 200 \times 0.3679 + 100 \times 0.1353} = 14$$

表6-22给出计算得到的所有元素 T_{ij} 构成的出行矩阵。

单约束重力模型输出的出行矩阵
表6-22

PA值		A			模型计算值
		300(小区1)	200(小区2)	100(小区3)	
P	100(小区1)	69	17	14	100
	200(小区2)	112	74	14	200
	300(小区3)	81	146	73	300
模型计算值		262	237	101	—

可以检验,由于模型的单边约束特性,出行矩阵的行和与每个小区的产生量必然是吻合的。然而,出行矩阵的列与小区的吸引量并不相等。为了解决这一问题,便引出了双约束重力模型。

（2）双约束重力模型。

同时满足出行发生量和出行吸引量约束的重力模型称为双约束重力模型(Doubly-constrained Gravity Model),其公式为:

$$T_{ij} = R_i C_j P_i A_j f(t_{ij}) \tag{6-15}$$

其中,$R_i = \left[\sum_j C_j A_j f(t_{ij}) \right]^{-1}$,$C_j = \left[\sum_i R_i P_i f(t_{ij}) \right]^{-1}$,分别为行调节系数和列调节系数。$R_i$ 和 C_j 的值可通过循环迭代计算的方式获得,一旦达到收敛状态,再根据公式(6-15),可以计算得到 T_{ij} 的值。此时,可以验证 $\sum_{j=1}^{n} T_{ij} = P_i$ 和 $\sum_{i=1}^{r} T_{ij} = A_j$,即同时满足出行产生量和吸引量约束。

【例6-4】 这里仍然用前面的简易模型作为算例,演示双约束重力模型的计算过程。

解:第一步,先根据摩擦因子函数,计算得到摩擦因子矩阵 F_{ij}。然后将 P 和 A 的值分别放置到行和和列和的位置,生成表6-23。在表格右端添加行调节系数 R_i 列,下端添加列调节系数 C_j 行,将 R_i 和 C_j 初始化为1。

双约束重力模型演示(第一步)
表6-23

PA值		A			R_i
		300(小区1)	200(小区2)	100(小区3)	
P	100(小区1)	0.6065	0.2231	0.3679	1
	200(小区2)	0.3679	0.3679	0.1353	1
	300(小区3)	0.0821	0.2231	0.2231	1
C_j		1	1	1	

第二步，根据公式 $R_i=\left(\sum\limits_{j} C_j A_j F_{ij}\right)^{-1}$，计算行调节系数 R_i 值，置入 R_i 列(表6-24)。例如：

$R_1=\left(\sum\limits_{j} C_j A_j F_{1j}\right)^{-1}=(1\times300\times0.6065+1\times200\times0.2231+1\times100\times0.3679)^{-1}=0.0038$。

双约束重力模型演示(第二步)   表6-24

PA值		A			R_i
		300(小区1)	200(小区2)	100(小区3)	
P	100(小区1)	0.6065	0.2231	0.3679	0.0038
	200(小区2)	0.3679	0.3679	0.1353	0.0051
	300(小区3)	0.0821	0.2231	0.2231	0.0109
C_j		1	1	1	—

第三步，根据公式 $C_j=\left(\sum\limits_{j} R_i P_i f(t_{ij})\right)^{-1}$，计算列调节系数 C_j 值，置入 C_j 行(表6-25)。

双约束重力模型演示(第三步)   表6-25

PA值		A			R_i
		300(小区1)	200(小区2)	100(小区3)	
P	100(小区1)	0.6065	0.2231	0.3679	0.0038
	200(小区2)	0.3679	0.3679	0.1353	0.0051
	300(小区3)	0.0821	0.2231	0.2231	0.0109
C_j		1.1469	0.8415	0.9923	—

例如：

$C_1=\left(\sum\limits_{j} R_i P_i F_{i1}\right)^{-1}=(0.0038\times100\times0.6065+0.0051\times200\times0.3679+0.0109\times300\times0.0821)^{-1}$

$=1.1469$。

第四步：再次使用公式 $R_i=\left(\sum\limits_{j} C_j A_j F_{ij}\right)^{-1}$，更新行调节系数 R_i 值，置入 R_i 列(表6-26)。例如：$R_1=(1.1469\times300\times0.6065+0.8415\times200\times0.2231+0.9923\times100\times0.3679)^{-1}=0.0035$。

双约束重力模型演示(第四步)   表6-26

PA值		A			R_i
		300(小区1)	200(小区2)	100(小区3)	
P	100(小区1)	0.6065	0.2231	0.3679	0.0035
	200(小区2)	0.3679	0.3679	0.1353	0.0050
	300(小区3)	0.0821	0.2231	0.2231	0.0114
C_j		1.1469	0.8415	0.9923	—

第五步：如此反复交替地更新 R_i 和 C_j 的值若干次后，可达到收敛状态。最后可利用公式(6-13)计算出行矩阵，如表6-27所示。例如：

$$q_{23} = R_2 C_3 P_2 A_3 F_{23} = 0.0049 \times 0.9727 \times 200 \times 100 \times 0.1353 = 13$$

此时,容易验证 $\sum\limits_{j-1}^{n} q_{ij} = P_i$ 和 $\sum\limits_{i-1}^{n} q_{ij} = A_j$,即同时满足出行产生量和吸引量约束。

双约束重力模型演示(最终结果)

表6-27

PA值		A			行和	R_i
		300(小区1)	200(小区2)	100(小区3)		
P	100(小区1)	74	13	13	100	0.0035
	200(小区2)	127	60	13	200	0.0049
	300(小区3)	99	127	74	300	0.0114
列和		300	200	100	—	—
C_j		1.166€	0.8288	0.9727		

(3)摩擦因子的标定算法。

重力模型中的摩擦因子(Friction Factor)函数可以为幂函数、指数函数、Gamma函数等,其常见的函数形式为:

幂函数:

$$f(t_{ij}) = t_{ij}^{-\gamma} \tag{6-16}$$

指数函数:

$$f(t_{ij}) = \exp(\beta t_{ij}) \tag{6-17}$$

Gamma函数:

$$f(t_{ij}) = \alpha t_{ij}^{\beta} \exp(\gamma t_{ij}) \tag{6-18}$$

式中:α、β、γ——摩擦因子函数的参数。

下面以 $f(t_{ij}) = \alpha t_{ij}^{\beta} \exp(\gamma t_{ij})$ 为例,对双约束重力模型中摩擦因子函数的参数进行标定,算法具体步骤为:

第一步,给参数 α、β 和 γ 赋初值,可参照已建立该模型的类似城市的参数作为估计初值,或令 $\alpha=1$,$\beta=-1.0$,$\gamma=-0.1$。

第二步,计算摩擦因子矩阵 $F_{ij} = \alpha t_{ij}^{\beta} \exp(\gamma t_{ij})$,应用双约束重力模型,得到出行矩阵 T_{ij}。

第三步,根据出行时长 t_{ij},对 T_{ij} 进行分时长段的统计[譬如,将时长分为 0~1min,1~2min,⋯,$(K-1)$~Kmin 等 K 个时间段],得到每个时间段的出行比例估计值 P_k^{est}(k 为时间段编号,k=1,2,⋯,K)。

第四步,令 $F_k \leftarrow F_k \cdot \dfrac{P_k^{\text{obs}}}{P_k^{\text{est}}}$,这里式右边的 F_k 是 k 时间段中位数 t_k 对应的当前摩擦因子值,P_k^{obs} 是从出行调查样本中获得的该时间段内的出行比例调查值,P_k^{est} 是当前模型估计的该时间段的出行比例。"←"代表赋值操作,用以更新 F_k 的值。

第五步,由于 $F_k = \alpha t_k^{\beta} \exp(\gamma t_k)$,那么 $\ln(F_k) = \ln(\alpha) + \beta \ln(t_k) + \gamma t_k$。根据更新的 F_k 值,计算 $\ln(F_k)$,并将其作为因变量,将 k 时间段中位数的 $\ln(t_k)$ 和 t_k 作为自变量,进行线性回归,可得到系数 $\ln(\alpha)$,β 和 γ。返回第二步,直到 $\ln(\alpha)$、β 和 γ 值的变化幅度小于给定的值(例如,

相对变化小于1%)。

更多关于重力模型的内容见二维码7。

二维码7

三、出行方式划分模型

出行方式划分模型(Modal Split/Mode Choice)是四阶段交通需求模型的第三个阶段。这一阶段的分析目的是将个人出行次数在不同交通方式之间进行划分,也可理解为出行者对于出行方式的选择。出行需求矩阵按照出行方式进行划分,得到使用不同出行方式的出行矩阵。因此,出行方式划分模型应能把握影响出行方式选择的关键因素,能够描述出行者对交通方式选择的行为,预测交通设施、交通服务水平、出行费用变化时交通需求在各个方式之间的转移变化。本节主要介绍两种在实践中广泛采用的模型:转移曲线和出行方式选择模型。

1. 建立模型的考虑因素

(1)出行特征。

出行特征包括交通目的、行程时间、交通费用、舒适程度、安全程度等。其中行程时间和交通费用是方式选择中最主要的两个影响要素。行程时间是指由起点出发到目的地这一次出行所需的总时间。交通费用一般指直接支付费用。不同交通目的对交通方式的要求不同,是影响模型的关键要素。舒适程度有其相对性,是各种交通方式比较的结果。安全程度较多情况下是选择非机动车出行方式时的一项主要考虑因素。

(2)个人及家庭特征。

个人及家庭特征是指职业、性别、年龄、收入、支出、家庭人员数、住房形式和居住条件等。

(3)城市和地区特征。

城市和地区特征是指城市规模、居住人口密度、岗位密度、距市中心距离、是否进入市中心和停放车辆的条件等。

(4)时段特征。

时段特征是指一天中不同时段内的出行规律。由于人们一天的活动所形成的出行分布和时段有关,根据不同时段的观测,结合道路阻塞与交通目的等资料,能明显地看出出行者按时段选择交通方式的变化情况。

(5)交通方式特征。

交通方式特征指各种交通方式的车速、载客量、机动性、准时程度等。

2. 转移曲线

转移曲线(Diversion Curve)是较为简单、直观的交通方式划分模型。美国、英国、加拿大都有成套的公共交通与私人交通方式选择的转移曲线,供规划部门应用。

美国交通运输研究中考虑的转换曲线程序含有5个变量:出行者的经济条件(按收入金额分为5个等级);出行目的(如工作、非工作、上学);公共和私人交通的所需行程时间的比值;公共和私人交通的所需费用的比值;公共和私人交通的非乘车时间的比值。后3个变量分别简称为行时比、费用比和服务比,三个比例都是以公共交通为分子、私人交通为分母。

图6-10所示为服务比1.25,费用比0.25时,华盛顿工作出行(高峰时)的转移曲线。由图可见,收入越高,乘公交车辆的出行者就越少。

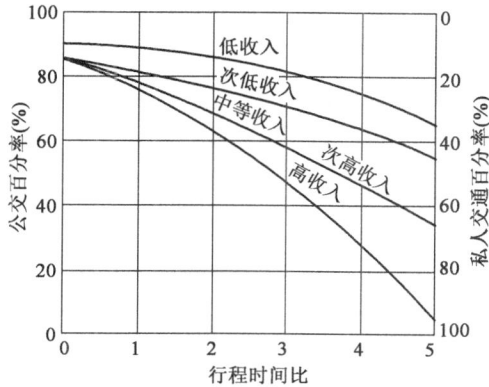

图6-10 交通方式转移曲线(以美国华盛顿为例)

这种具有40个转换曲线类型的模型标定工作,需要有大量的统计资料和较多陈加的细节作为支撑,所有这些要求往往不能被一个标准的交通调查覆盖。国内一些大城市已着手绘制各类转移曲线,有待通过实践进一步完善。

转移曲线法的优点在于简易和直观,而缺点与交叉分类的出行产生模型的缺点相似,即很难同时容纳多个解释变量。由于转移曲线缺乏对于交通设施建设或交通政策相关变量的敏感性,所以无法评估设施建设或政策对于出行方式选择的影响。

3. 出行方式选择模型

基于个体行为的出行方式选择模型源于微观计量经济学,随机效用理论和效用最大化原理是构建离散选择模型的基础。效用(Utility),是经济学中最常用的概念之一,一般是对消费者通过消费或花费时间使自身需求或愿望得到满足这一倾向的一个度量。

对于每个个体选择者n,给定一个选择集合C_n,C_n包含j个不同的选项。对于每个选项,个体选择者n有对应的随机效用值$U_{jn}(j \in C_n)$。根据效用最大化原理,当且仅当选项i的效用值U_{in}比其他选项的效用值都大时,选项i会被选择者n选中,因此这两个随机事件的发生概率相等,记作:$P_n(i)=P(U_{in}>U_{jn}, \forall j \neq i, j \in C_n)$。随机效用$U_{jn}$常以$V_{jn}+\varepsilon_{jn}$的数学形式表达,其中$V_{jn}$为系统部分(即确定部分)效用,$\varepsilon_{jn}$为随机部分效用。如果假设随机部分$\varepsilon_{jn}$服从相互独立的标准Gumbel分布,其概率分布函数为:$F(\varepsilon)=\exp(-e^{-\varepsilon})$,密度函数为:$f(\varepsilon)=\exp(-e^{-\varepsilon}) \cdot e^{-\varepsilon}$。根据这个分布假设可以计算得到$P_n(i)$的值,选择者$n$选择选项$i$的概率可表达为:

$$P_n(i) = \frac{e^{V_{in}}}{\sum_{j \in C_n} e^{V_{jn}}} \tag{6-19}$$

这个模型被称为多元Logit模型(Multinomial Logit Model)。在应用中,随机效用(Random Utility)的系统部分可写成解释变量线性组合的形式,即:

$$V_{jn} = \beta_{j0} + \beta_{j1}x_{1n} + \beta_{j2}x_{2n} + \cdots + \beta_{jm}x_{mn} \tag{6-20}$$

该表达式也被称为效用方程或效用函数。如用向量表达可写为$V_{jn}=\boldsymbol{x}_{jn}\boldsymbol{\beta}_j$,这里$\boldsymbol{x}_{jn}$代表解释变量行向量,$\boldsymbol{\beta}_j$是模型系数列向量。

模型参数估计是指根据从总体中抽取的样本估计总体分布中包含的未知参数。在线性回归模型中,可使用最小二乘法进行参数估计。而多元Logit模型拥有收敛的概率表达式,因此可应用极大似然法(Maximum Likelihood Estimate,MLE)估计模型参数$\beta_{j0},\beta_{j1},\cdots,\beta_{jm}$。

假设在用于模型估计的样本中存在N个选择者,选择者n实际选择某一选项的概率可表达为:$\prod_{j\in C_n}[P_n(j)]^{y_{nj}}$。如果选择者$n$选择选项$j$,公式中的$y_{nj}=1$;否则,$y_{nj}=0$。假设每个选择者的选择是相互独立的,考虑样本中所有选择者的选择,相应的似然函数和对数似然函数是:

$$L(\boldsymbol{\beta}) = \prod_{n-1}^{N}\prod_{j\in C_n}[P_n(j)]^{y_{nj}} \tag{6-21}$$

$$LL(\boldsymbol{\beta}) = \sum_{n-1}^{N}\sum_{j\in C_n}y_{nj}\ln[P_n(j)] \tag{6-22}$$

其中,$\boldsymbol{\beta}$代表模型中的参数向量。$\boldsymbol{\beta}$的估计值是能使似然函数最大化的参数值,即$\hat{\boldsymbol{\beta}}=\text{argmax}[LL(\boldsymbol{\beta})]$。可将$LL(\boldsymbol{\beta})$对参数$\boldsymbol{\beta}$求导后的结果设为0,即$\frac{\partial LL(\boldsymbol{\beta})}{\partial\boldsymbol{\beta}}=0$,而后采用数值方法求解$\boldsymbol{\beta}$,得到估计值$\hat{\boldsymbol{\beta}}$。

随着样本量的增加,数学上可以证明极大似然估计值$\hat{\boldsymbol{\beta}}$服从渐近正态分布(Asymptotic Normal Distribution),而且参数估计值$\hat{\boldsymbol{\beta}}$的标准差与样本量N的平方根成反比。根据这一特性,可利用t分布对估计值$\hat{\boldsymbol{\beta}}$进行检验,以推断某个系数是否显著地不等于0,进而确定对应的解释变量是否对效用值产生显著影响。在实践中,还可以利用此关系,根据试调查数据的初步估计结果,估算所需样本量,以获得关键变量显著的系数估计值。

采用多元Logit模型进行出行方式选择分析时,解释变量通常包括该出行方式的服务水平(如车内行程时间、接驳时间、等候时间、金钱花费等),还可以包括出行者个人和社会经济属性、出行者所处的环境因素等。在模型开发过程中需要考虑数据的约束,即解释变量设置应考虑其在整个分析区域内获取的可能性。

【例6-5】 已知两个交通小区之间有1000次出行,有小汽车、地铁和地面公交三种出行方式可以选择。如果使用小汽车方式,需要花30min并花费20元的汽油费和停车费;使用地铁方式,需要花15min步行到达和离开站点,5min等候,40min车内行程时间并花费5元钱买地铁票;而使用地面公交方式,需要花10min步行到达和离开站点,10min等候公交车,50min车内行程时间并花费2元钱买车票。针对这三种出行方式,建立如下多元Logit模型效用方程,应用该多元Logit模型,对两个交通小区间的1000次出行进行方式划分。

$$V_{\text{auto}} = 0.5 - 0.03 \times \text{Time}_{\text{auto}} - 0.10 \times \text{Cost}_{\text{auto}}$$

$$V_{\text{rail}} = 0.3 - 0.04 \times \text{Time}_{\text{rail}} - 0.10 \times \text{Cost}_{\text{rail}} - 0.10 \times \text{Walk}_{\text{rail}} - 0.12 \times \text{Wait}_{\text{rail}}$$

$$V_{\text{bus}} = -0.05 \times \text{Time}_{\text{bus}} - 0.10 \times \text{Cost}_{\text{bus}} - 0.10 \times \text{Walk}_{\text{bus}} - 0.15 \times \text{Wait}_{\text{bus}}$$

式中: V——效用函数;

    Cost——支出的货币费用(元);

   Time——车内时间(min);

   Walk——步行到达和离开车站的时间(min);

   Wait——等候时间(min);

auto、rail、bus——小汽车、地铁、地面公交出行方式。

解:根据效用方程,可计算三种出行方式的效用值V:

$$V_{auto} = 0.5 - 0.03 \times 30 - 0.10 \times 20 = -2.4$$
$$V_{rail} = 0.3 - 0.04 \times 40 - 0.10 \times 5 - 0.10 \times 15 - 0.12 \times 5 = -3.9$$
$$V_{bus} = -0.05 \times 50 - 0.10 \times 2 - 0.10 \times 10 - 0.15 \times 10 = -5.2$$

根据多元 Logit 模型给出的概率表达式,可以计算各种出行方式被选择的概率:

$$P(auto) = \frac{e^{V_{auto}}}{e^{V_{auto}} + e^{V_{rail}} + e^{V_{bus}}} = \frac{e^{-2.4}}{e^{-2.4} + e^{-3.9} + e^{-5.2}} \approx 0.779$$

$$P(rail) = \frac{e^{V_{rail}}}{e^{V_{auto}} + e^{V_{rail}} + e^{V_{bus}}} = \frac{e^{-3.9}}{e^{-2.4} + e^{-3.9} + e^{-5.2}} \approx 0.174$$

$$P(bus) = \frac{e^{V_{bus}}}{e^{V_{auto}} + e^{V_{rail}} + e^{V_{bus}}} = \frac{e^{-5.2}}{e^{-2.4} + e^{-3.9} + e^{-5.2}} \approx 0.047$$

因此,被划分到小汽车出行方式的出行次数为 1000×0.779 = 779(次);地铁出行次数为 1000×0.174 = 174(次);地面公交的出行次数为 1000×0.047=47(次)。

在上例中,出行方式划分模型仅应用于某两个小区之间。而在实际应用中,模型可被应用到任意两个小区之间。因此,从出行分布模型中得到的出行矩阵可被划分成多个使用不同交通方式的出行矩阵。

更多关于出行方式选择模型的内容见二维码8。

二维码8

4. PA 出行矩阵到 OD 矩阵的转换

第一阶段的出行生成模型中,区分了基家和非基家的出行目的,第二阶段的出行分布模型分别产生了基家和非基家的 PA 出行矩阵。对于基家出行来说,PA 矩阵中的元素 T_{ij} 仅代表产生于小区 i,且被吸引到小区 j 的出行次数,并不等于从小区 i 出发,实际到达小区 j 的出行次数。因此,在实践应用中,需要进行 PA 出行矩阵到 OD 矩阵的转换。

(1)全天 PA 出行矩阵到 OD 矩阵的转换。

通常认为出行者在一天的行程中,先离家,而后返家,整个过程具有对称性。因此认为一半的基家出行是从家所在的小区 i 出发,抵达吸引小区 j,而另一半是从吸引小区 j 出发,返回家所在的小区 i。所以,可用以下公式将全天基家的 PA 出行矩阵转换成全天 OD 矩阵:

$$T_{OD} = 0.5 \cdot T_{PA} + 0.5 \cdot T_{PA}' \tag{6-23}$$

式中:T_{OD}——OD 出行矩阵;

$\quad T_{PA}$——PA 出行矩阵;

$\quad T_{PA}'$——PA 矩阵的转置矩阵。

对于非基家出行来说,由于生成和吸引小区直接对应于出发和到达小区,所以 $T_{OD}=T_{PA}$。

(2)分时段的出行矩阵划分。

出行生成模型给出的是出行者一天的出行总数。在实际应用中,通常需要将一天的出行总数矩阵根据需要进行时段划分,得到一天中每个时间段的出行矩阵,然后分别在路网上做交通分配。如果模型应用于□长期预测,由于对时间分辨率的要求比较低,可以将一天划分成若干个大的时间段,如早高峰前、早高峰、午间、晚高峰、晚高峰后。这样可以大大节省后续交通分配模型的运行时间。利用居民出行调查数据,可以得到类似于表6-28的基于不同出行目的 PA 到 OD 矩阵分时段的转换系数,即每个时间段内基家出行离家和返家的比例。这些系数的列向总和应为0.5,以保证全天内出入家总次数的平衡。如果某基家出行全天的 PA 矩阵为 T_{PA},利用表6-28的系数可计算每个时间段里的 OD 出行矩阵 T_{OD}。例如,早高峰时段的基家

工作出行 $T_{OD}=0.212 \cdot T_{PA}+0.011 \cdot T_{FA'}$，非基家出行 $T_{OD}=0.041 \cdot T_{PA}$。

不同出行目的的PA到OD矩阵分时段转换系数　　　　　　表6-28

目的		基家工作		基家其他		非基家
		离家	返家	离家	返家	
时段	早高峰前	0.136	0.015	0.013	0.007	0.014
	早高峰	0.212	0.011	0.098	0.012	0.041
	午间	0.113	0.212	0.245	0.256	0.643
	晚高峰	0.017	0.171	0.077	0.071	0.156
	晚高峰后	0.022	0.091	0.067	0.154	0.146
总和		0.500	0.500	0.500	0.500	1.000

（3）人出行到车出行的转换。

出行生成模型给出的是基于人出行频率计算得到的出行人次而非车次。如果家庭中的2个成员乘坐同一辆车完成某次出行，在居民出行调查中，这一次车出行会被记录为2次人出行。所以，通过出行方式划分模型得到使用机动车的人出行矩阵后，在实施交通分配前，需要将其转换成车出行矩阵。转换的关键在于估计不同出行目的下机动车车载率（Auto Occupancy Rate），即平均载客人数。从居民出行调查数据可以获取不同出行目的下机动车出行的车载率，形成如表6-29所示的分出行目的的车载率。通常情况下，基家工作出行的车载率较低，仅略大于1，而其他目的出行的车载率往往在1.5左右。而后可用式（6-24）进行出行矩阵人到车的转换：

$$车出行矩阵 V_{OD} = \frac{人出行矩阵 T_{OD}}{车载率} \tag{6-24}$$

分出行目的的车载率　　　　　　表6-29

出行目的	车载率(人/辆)	出行目的	车载率(人/辆)
基家工作	1.10	非基家	1.50
基家其他	1.40		

更多关于出行矩阵转换的内容见二维码9。

二维码9

四、交通分配模型

交通分配（Traffic Assignment），就是将OD交通量按照一定的路径选择准则分配到路网中各条道路（路径）的过程，进而得到路网中各路段或路径的流量。为了应用计算机将大量OD对之间的交通量分配到路网上，需要先将路网输入到计算机中。因此，在介绍交通分配模型之前，有必要先了解路网的表达形式。

1. 网络表达

（1）路网表达。

为了计算和分析的需要，交通网络通常被抽象为图论（Graph Theory）中的"图"。图由节点和路段两类基本元素组成，记作 $G(N,A)$，其中 N 表示节点（如交叉口）的集合，A 表示连接节点的线段（路段）的集合。由于交通流具有方向性，因此交通网络属于有向图。图6-11a）是实际的路网,右边是表达该路网的"图",其中交叉口被简化成了"节点"(Node),而路段被表达成了连接节点的"连接"(Link)。值得注意的是,公共交通网络表达与道路网络表达方法不同。

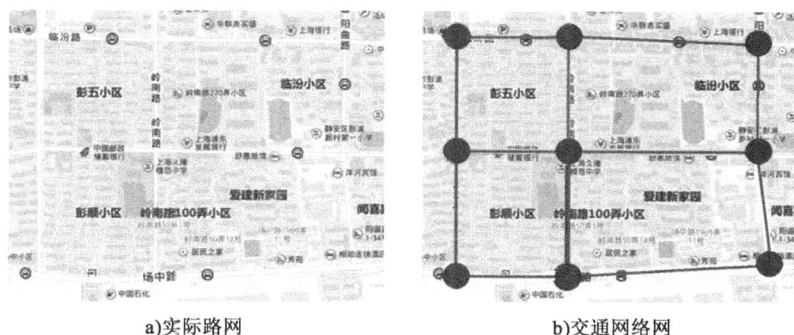

a)实际路网   b)交通网络网

图6-11 实际路网与路网图示例

（2）交通网络表达精度。

根据分析目的、精度要求和计算成本的不同,不同交通网络也有着不同的表达精度。例如,在进行详细的城市交通网络流分析时,所有道路和交叉口都可能被视为交通网络的基本组成要素。在宏观分析交通需求的空间分布时,需要对细致的交通网络进行"去精取粗",作适当的简化。在全国范围的高速公路网分析中,高速公路构成网络的路段,大中城市构成网络上的节点。为了研究远距离货运对美国马里兰州的影响,图6-12a)展示的是马里兰州交通需求模型在研究中使用的路网图,由于该模型主要研究马里兰州的交通状况,因此美国东部的路网结构比较细致,而中西部仅保留了高速公路网。如果将图缩放到马里兰地区,可以在图6-12b)中看到非常细致的华盛顿特区和巴尔的摩的城市道路网。

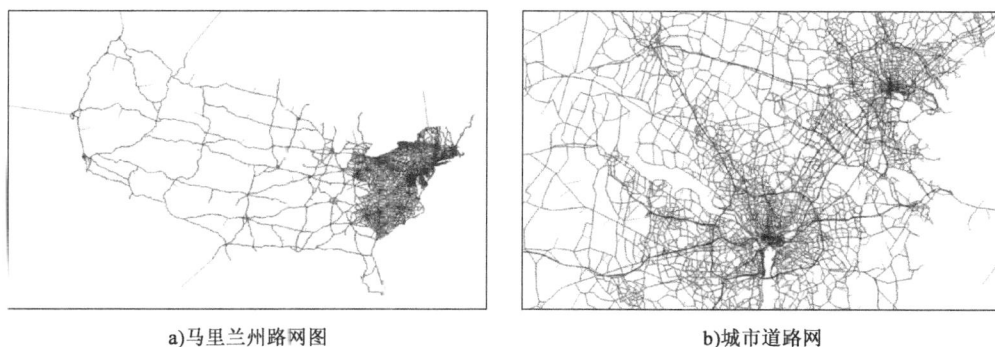

a)马里兰州路网图   b)城市道路网

图6-12 美国马里兰州交通模型的路网

（3）网络与交通小区中心的连接。

在交通规划中,通常将交通小区的中心看作出行的端点(产生源或吸引源),即小区的形心或质心(Centroid)。交通小区中心是该交通区出行交通量产生或吸引的代表点,由于交通网络承载着各交通小区之间的出行交通量,因此在交通工程实践中,工程师会在模型中添加一些连接,使交通小区中心与周边相近的节点发生关联。交通区中心和交通网络节点的结合方法虽然不十分精确,但是在城市交通需求分析和交通规划实践中却非常有效,因此成为国内外工程实践中的通用方法。

2. 最短路算法和阻抗矩阵生成

在出行分布的"重力模型"中,需要输入两个小区之间的出行时间阻抗矩阵(Skim Matrix)。为了计算两个小区之间的出行成本,需要分析小区之间在路网中的最短路问题。最短路算法也是交通分配模型的核心算法,因此有必要深入了解。

最短路(Shortest Path)问题是为了寻找从起点到终点的最短(成本最低)路径,有很多种不同的算法,其中代表性的算法是Dijkstra算法,该算法是最为常用的最短路求解算法,可搜索从起点到网络中任一其他节点的最短路径。

首先定义算法使用的一些符号和变量。对于交通网络$G(N,A)$,其中,$N=\{v_i\}$为网络中节点的集合,$A=(v_i,v_j)$为网络中路段的集合,t_{ij}为路段(v_i,v_j)的费用(或阻抗)。用P、T分别表示某节点的P标号(Permanent)和T标号(Temporary),S_i表示第i步时具有P标号的节点的集合。$c(v_s,v)$表示从起点v_s到节点v的最短路径费用。为了在求出最短路径费用的同时,也获得最短路径轨迹信息(即最短路径所包含的路段),给每个节点赋一个λ值。算法终止时,若$\lambda(v)=m$,表示在从v_s到v的最短路径上,v的前一个节点是v_m;若$\lambda(v)=M$(M为一非常大的常数),则表示在该网络中从v_s到v是不连通的;若$\lambda(v)=0$,表示$v=v_s$。

Dijkstra算法的基本思想是从起点v_s开始,为每一节点记录一个标号,包括T标号和P标号。T标号表示从v_s到该节点的最短路费用的上界,称为临时标号;P标号表示从v_s到该节点的最短路费用,称为固定标号。算法的每一步就是去修改T标号,并且逐步把某一节点的T标号修改为P标号。经过有限步后,所有的节点都可获得P标号,这样就得到了从起点v_s到任意节点的最短路费用。

Dijkstra算法的具体步骤如下:

第一步,初始化。令$i=0$,$S_0=\{v_s\}$,$P(v_s)=0$,$\lambda(v_s)=0$,对$\forall v\neq v_s$,令$T(v)=\infty$,$\lambda(v)=M$,令当前检查点的标号$k=s$。

第二步,终止检验。若$S_i=N$,算法终止,此时$c(v_s,v)=P(v)$,$\forall v\in S_i=N$;否则转入第三步。

第三步,修改T标号。对每个使$(v_k,v_j)\in A$且$v_j\notin S_i$的节点v_j,若$(Tv_j)>P(v_k)+t_{kj}$,则修改节点v_j的T标号,即令$T(v_j)=P(v_k)+t_{kj}$,$\lambda(v_j)=k$;否则转入第四步。

第四步,确定P标号。令$T(v_{ji})=\min\limits_{v_j\notin S_i}\{T(v_j)\}$。若$T(v_{ji})<+\infty$,则把$v_{ji}$的$T$标号置为$P$标号,即$P(v_{ji})=T(v_{ji})$,同时令$S_{i+1}=S_i\cup\{v_{ji}\}$,$k=j_i$。令$i=i+1$,转入第二步;否则,算法终止,此时对每一个节点$v\in S_i$,有$c(v_s,v)=P(v)$,而对每一个$v\notin S_i$,$c(v_s,v)=T(v)$。算法终止后,可通过$\lambda$值"反向追踪"从起点$v_s$到任意节点$v$的最短路径。

为了便于理解,下面用一个简单算例具体说明Dijkstra最短路算法的求解过程。如图6-13所示,各有向路段的行程时间标于路段连线旁。

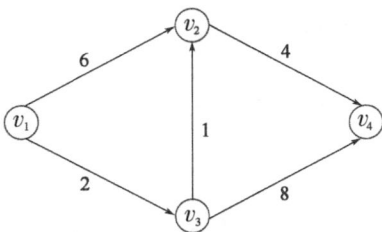

图6-13 Dijkstra算法的算例网络

第一步,令$i=0$,$s=1$,$S_0=\{v_1\}$,$P(v_1)=0$,$\lambda(v_1)=0$,$T(v_2)=T(v_3)=T(v_4)=+\infty$,$\lambda(v_2)=\lambda(v_3)=\lambda(v_4)=M$,$k=1$。初始化标号结果如图6-14a)所示。

第二步,由于$S_0\neq N$,转入第三步。

第三步,因$(v_1,v_2)\in A$,$v_2\notin S_0$,且$P(v_1)+t_{12}=0+6=6<T(v_2)=+\infty$,所以修改$T(v_2)$为$T(v_2)=P(v_1)+t_{12}=6$,$\lambda(v_2)=1$;同理,$T(v_3)=P(v_1)+t_{13}=2$,$\lambda(v_3)=1$。

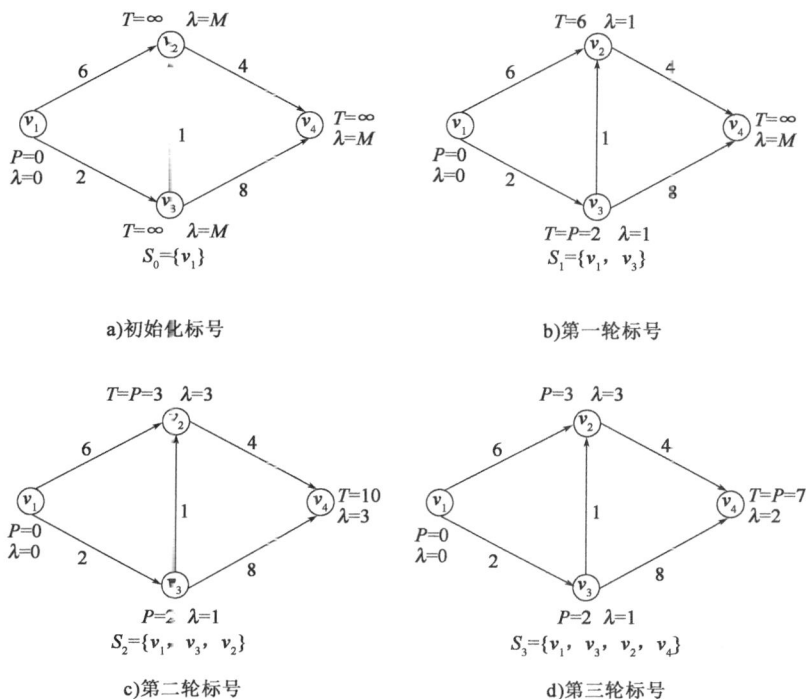

a)初始化标号

b)第一轮标号

c)第二轮标号

d)第三轮标号

图6-14 算例网络的Dijkstra算法求解过程

第四步,在所有的T标号中,$T(v_3)=2$最小,于是令$P(v_3)=2$,令$S_1=S_0\bigcup\{v_3\}=\{v_1,v_3\}$,$k=3$。标号结果如图6-14b)所示。

$i=1$:

第三步,把$T(v_2)$修改为$T(v_2)=P(v_3)+t_{32}=2+1=3$,$\lambda(v_2)=3$;同理,$T(v_4)=P(v_3)+t_{34}=2+8=10$,$\lambda(v_4)=3$。

第四步,在所有的T标号中,$T(v_2)=3$最小,于是令$P(v_2)=3$,令$S_2=S_1\bigcup\{v_2\}=\{v_1,v_3,v_2\}$,$k=2$。标号结果如图6-14c)所示。

$i=2$:

第三步,把$T(v_4)$修改为$T(v_4)=P(v_3)+t_{24}=3+4=7$,$\lambda(v_4)=4$。

第四步,仅有的T标号点为v_4,于是$P(v_4)=7$,令$S_3=S_2\bigcup\{v_4\}=\{v_1,v_3,v_2,v_4\}$,$k=4$。标号结果如图6-14d)所示。

至此所有的节点都有了P标号,算法终止。此时,$P(v_1)=0$,$P(v_2)=3$,$P(v_3)=2$,$P(v_4)=7$,即从v_1到v_2、v_3、v_4的最短路径费用分别为3、2、7;而$\lambda(v_1)=0$,$\lambda(v_2)=3$,$\lambda(v_3)=1$,$\lambda(v_4)=2$。根据λ值可以反向追踪出从起点v_1到v_2、v_3、v_4的最短路径。例如为了获得从v_1到v_4的最短路径,首先考察$\lambda(v_4)$,因$\lambda(v_4)=2$,故最短路径包含路段(v_2,v_4);再考察$\lambda(v_2)$,因$\lambda(v_2)=3$,故最短路径又包含路段(v_3,v_2);再考察$\lambda(v_3)$,因$\lambda(v_3)=1$,故最短路径还包含路段(v_1,v_3),这样从v_1到v_4的最短路径就是(v_1,v_3,v_2,v_4)。同理,从v_1到v_2和v_3的最短路径分别为(v_1,v_3,v_2)和(v_1,v_3),如图6-15所示。

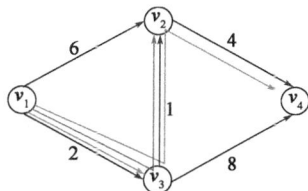

图6-15 起点v_1至其他任意节点的最短路径

如果把图中的节点v_1视为某交通小区i的质心，而v_2、v_3、v_4视为其他小区的质心，算法找到了从i出发到达其他小区的最短路径。之后，可以沿着这些路径累计每个路段上的各类阻抗值（如距离、时间、费用等），得到从小区i到其他各个小区的各阻抗累计值。如果对每一个小区质心都应用该算法，可得到每两个小区i和j之间的阻抗值t_{ij}，t_{ij}将形成各类阻抗矩阵（如距离、时间、费用等）。最后需要指出，此时矩阵对角线上的取值（即小区内部出行的阻抗值）为0，这是不合理的。在实践中，往往采用根据小区面积大小给出的估算值或到达相邻小区的平均时间（或距离）的一半作为小区内部出行阻抗值。最后形成的出行阻抗矩阵将成为出行分布模型的关键输入值。

二维码10　　　　更多关于最短路算法与阻抗矩阵生成的内容见二维码10。

3. 常用的交通分配模型

沃德罗普（Wardrop）在1952年提出了网络均衡分配的第一准则和第二准则，即用户均衡（UE）和系统最优（SO）。Wardrop第一准则假设出行者都确切知道网络的交通状态并选择最短路径出行。在UE状态下，所有出行者都无法再通过单方面改变路径来降低其行程时间。Wardrop第二准则假设在SO状态下，网络总出行成本（或平均出行成本）最小。在现实世界中，出行者对路段阻抗的感知存在误差，不同的出行者对同一路段的感知也存在差异性。达甘索（Daganzo）和谢菲（Sheffi）在1977年提出了随机交通分配方法，即考虑出行者的随机感知误差，OD对的多条路径均有被选择的概率。按照是否考虑拥挤效应以及是否考虑出行者的感知误差，可以将交通分配模型划分为表6-30中的四类。由于SO是从系统最优的角度刻画路网的理想最优状态，一般不用来描述出行者在自然状态下的路径选择行为。

交通分配模型分类　　　　　　　　　　　　表6-30

考虑因素		感知误差	
		否	是
拥挤效应	否	全有全无交通分配	随机交通分配
	是	确定性用户均衡	随机用户均衡

（1）全有全无交通分配。

全有全无（All-or-nothing）交通分配模型不考虑拥挤效应，认为路段阻抗是固定不变的，将OD对间的出行量全部分配到该OD对间的最短路径上，而其他路径流量全部为零。全有全无分配是最简单的交通分配方法，其优点是计算简单，仅需一次分配。缺点也相当明显，没有考虑拥堵等因素对路段阻抗的影响，并且全部出行者都会集中在最短路径上。该模型没有考虑拥挤效应，比较适合于城市间非拥堵路网的交通分配。全有全无分配算法的计算步骤如下：

第一步，计算路网中每个起点到每个终点的最短路径。

第二步，将每个OD对间的出行量全部分配到相应的最短路径上。

【例6-6】　考虑如图6-16所示的方格路网，连线旁所标数字为两节点间的阻抗（行驶时间）。由起点1到终点9的出行量为1000个单位，请问该网络的全有全无分配结果如何？

解：第一步，执行最短路算法，实际应用中采用Dijkstra算法获取最短路径。可以得到1→4→5→6→9为从起点1到终点9的最短路径。

第二步，该最短路径上4个路段的流量均为1000个单位，而其他路段上的流量均为0。

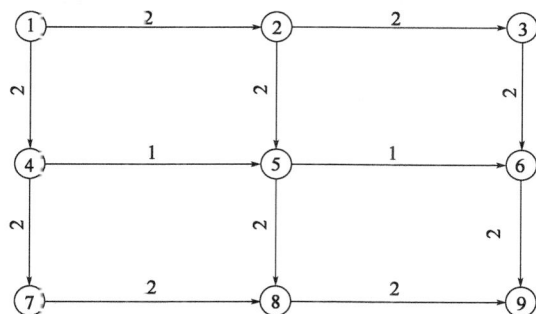

图6-16 方格路网示意图

更多关于全有全无分配法的内容见二维码11。

（2）随机交通分配。

随机交通分配也可称为多路径概率分配（Probabilistic Multi-route Assignment），一般使用Logit模型或Probit模型。Probit模型没有闭合的概率表达式，计算复杂，这里不作介绍。假设OD点对(r,s)间每个出行者总是选择自己认为阻抗最小的路径k，称出行者主观判断的路径阻抗为"感知阻抗"，以C_k^{rs}表示。根据随机效用理论，感知阻抗可表示为实际阻抗与一个随机误差项的和：

二维码11

$$C_k^{rs} = c_k^{rs} + \varepsilon_k^{rs} \qquad \forall k,r,s \tag{6-25}$$

式中：c_k^{rs}——OD点对(r,s)间第k条路径的实际阻抗；

ε_k^{rs}——随机误差项。

则出行者选择路径k的概率为：

$$P_k^{rs} = P(C_k^{rs} C_p^{rs}) \qquad \forall p \neq k, \forall k,r,s \tag{6-26}$$

即在多项选择中选择感知阻抗最小的路径。根据随机效用理论，假设随机误差项ε_k^{rs}互相独立，且服从相同的Gumbel分布，则比时出行者选择路径k的概率为：

$$P_k^{rs} = \frac{\exp(-\theta c_k^{rs})}{\sum_{p \in K^n}\exp(-\theta c_p^{rs})} \tag{6-27}$$

式中：θ——离差参数，与出行者的感知误差有关；

c_p^{rs}——OD对(r,s)间第p条路径的实际阻抗；

K^{rs}——OD对(r,s)间全部路径的集合。

1971年，戴尔（Dial）设计了一种简洁的算法，能够在网络上实现Logit交通分配模型，同时规避枚举或存储路径集合K^s。该算法认为，在实际路网中有许多路径是明显不会被出行者考虑的，因此提出了有效路径的概念，有效路径由有效路段构成。当某一路段(i,j)的尾节点i比头节点j离起点r更近，且头节点j比尾节点i离终点s更近，则该路段为有效路段。利用这个算法，交通量可以依给定的概率被高效地分配到各条有效路径上。

（3）用户均衡交通分配。

针对Wardrop第一准则即用户均衡（UE），贝克曼（Beckmann）等学者提出了等价的数学规划表达式，用户均衡模型（简称UE模型）表达式如下：

$$\min Z(x) = \sum_a \int_0^{x_a} t_a(\omega)\mathrm{d}\omega \tag{6-28a}$$

127

$$s.t.$$

$$\sum_k f_k^{rs} = q_{rs} \qquad (\forall r \in R, s \in S) \qquad (6\text{-}28\text{b})$$

$$x_a = \sum_r \sum_s \sum_k f_k^{rs} \delta_{a,k}^{rs} \qquad (\forall a \in A) \qquad (6\text{-}28\text{c})$$

$$f_k^{rs} \geqslant 0 \qquad (\forall r \in R, s \in S, k \in K^{rs}) \qquad (6\text{-}28\text{d})$$

式中: x_a——路段 a 上的流量;

t_a——路段 a 的阻抗;

$t_a(\omega)$——路段 a 的阻抗函数,是路段流量 ω 的函数。在实践中,路段的阻抗函数常采用美国联邦公路局(Bureau of Public Road,BPR)函数的形式:

$$t_a(\omega) = t_0 \cdot \left[1 + \alpha \left(\frac{\omega}{c} \right)^{\beta} \right] \qquad (6\text{-}29)$$

式中: $t_a(\omega)$——当路段 a 流量为 ω 时,路段 a 的行驶时间;

t_0——自由流状态下,路段 a 的行驶时间;

c——路段 a 的通行能力;

$\alpha \ \beta$——公式中的参数(常用值是0.15和4);

f_k^{rs}——OD对 (r,s) 间第 k 条路径的流量;

q_{rs}——OD对 (r,s) 间的总流量;

$\delta_{a,k}^{rs}$——路段—路径关联变量,如果路段 a 在OD对 (r,s) 间第 k 条路径上,则 $\delta_{a,k}^{rs}=1$,否则 $\delta_{a,k}^{rs}=0$;

A——网络中路段的集合;

R——网络中起点的集合;

S——网络中终点的集合;

其他变量含义同前。

上述模型中,式(6-28b)的含义是OD对间各条路径上的流量之和等于OD出行量,式(6-28c)表示任意路段的流量等于途经它的全部路径流量之和,式(6-28d)表示路径流量的非负约束。可以证明,上述数学规划模型的解满足所有使用路径的阻抗相等且最小,未被使用路径的阻抗都不小于被使用路径的阻抗这一条件。在实际工程项目应用中通常采用用户均衡交通分配法。

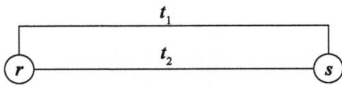

图6-17 两条路径的简单网络

【例6-7】 考虑如图6-17所示的示例网络,两条路段的阻抗函数分别是: $t_1=x_1+2$, $t_2=2x_2+1$。式中, x 和 t 分别代表两条路段上的交通量和行驶时间。OD对 (r,s) 间的交通总量 $q=5$,计算用户均衡状态下两条路的交通分配量。

解:在用户均衡状态下,两条路径应具有相同的行驶时间,即 $t_1=t_2$,因此:

$$x_1 + 2 = 2x_2 + 1$$

同时, (r,s) 间的交通总量 $q=5$,所以:

$$x_1 + x_2 = 5$$

联立上述二式,可解得 $x_1^*=3$, $x_2^*=2$,所对应的路段行驶时间(即阻抗) $t_1^*=5$, $t_2^*=5$。也就是说两条路段都被使用,其阻抗相等,满足用户均衡条件。

Beckmann等价数学规划变换式于1956年被提出,直到1975年才由勒布朗(Le Blanc)等学者将Frank-Wolfe算法应用于该模型的求解,并在交通规划实践中得到广泛采用。Frank-Wolfe算法的步骤如下:

第一步,初始化。按照$t_a^0=t_a(0)$,$\forall a$,进行全有全无交通分配,得到各路段流量$\{x_a^1\}$,令$n=1$。

第二步,更新各路段阻抗:$t_a^n=t_a(x_a^n)$,$\forall a$。

第三步,寻找迭代方向。按照更新后的$\{t_a^n\}$,执行全有全无分配,得到一组附加流量$\{y_a^n\}$。

第四步,确定移动步长。求解满足如下一维线性搜索问题的最优λ(可采用黄金分割法或二分法等)。

$$\min_{0 \leqslant \lambda \leqslant 1} \sum_a \int_0^{x_a^n + \lambda(y_a^n - x_a^n)} t_a(\omega)\mathrm{d}\omega \tag{6-30}$$

第五步,确定新的迭代点:$x_a^{n+1}=x_a^n+\lambda(y_a^n-x_a^n)$。

第六步,收敛性检验。如果$\{x_a^{n+1}\}$满足规定的收敛准则,如$\dfrac{\sqrt{\sum\limits_a (x_a^{n+1} - x_a^n)^2}}{\sum\limits_a x_a^n} \leqslant 10^{-4}$,则停止计算,$\{x_a^{n+1}\}$即最优解;否则令$n=n+1$,返回第二步。

【例6-8】 考虑一个由三条路径组成的单OD对简单网络,每条路径只包含一个路段,其阻抗函数分别为:

$$t_1 = 10 \times \left[1 + 0.15\left(\frac{x_1}{2}\right)^4\right]$$

$$t_2 = 20 \times \left[1 + 0.15\left(\frac{x_2}{4}\right)^4\right]$$

$$t_2 = 25 \times \left[1 + 0.15\left(\frac{x_3}{3}\right)^4\right]$$

OD出行量q为10个单位,请使用Frank-Wolfe算法求该网络的用户均衡解。

解:第一步,各路段按流量为0计算阻抗,分别为10、20、25,进行全有全无交通分配,得到各路段流量$x_1=10$,$x_2=x_3=0$。

第二步,更新各路段阻抗。

$$t_1 = 10 \times [1 + 0.15 \times (10 \div 2)^4] = 947.5$$
$$t_2 = 20 \times [1 + 0.15 \times (0 \div 4)^4] = 20$$
$$t_3 = 25 \times [1 + 0.15 \times (0 \div 3)^4] = 25$$

可以求得此时的Beckmann模型目标函数值为:

$$\min Z(X) = \int_0^{x_1}\left\{10 \times \left[1 + 0.15\left(\frac{x}{2}\right)^4\right]\right\}\mathrm{d}x + \int_0^{x_2}\left\{20 \times \left[1 + 0.15\left(\frac{x}{4}\right)^4\right]\right\}\mathrm{d}x +$$

$$\int_0^{x_3}\left\{25 \times \left[1 + 0.15\left(\frac{x}{3}\right)^4\right]\right\}\mathrm{d}x = 1975$$

第三步,按照更新后的路段阻抗,再进行一次全有全无分配,得到一组附加流量:$y_1=0$,$y_2=10$,$y_3=0$。

第四步,通过求解如下的最小化问题,确定移动步长。

$$\min Z(\lambda) = \int_0^{x_1 + \lambda(y_1 - x_1)} \left\{ 10 \times \left[1 + 0.15 \left(\frac{x}{2} \right)^4 \right] \right\} dx + \int_0^{x_2 + \lambda(y_2 - x_2)} \left\{ 20 \times \left[1 + 0.15 \left(\frac{x}{4} \right)^4 \right] \right\} dx +$$

$$\int_0^{x_3 + \lambda(y_3 - x_3)} \left\{ 25 \times \left[1 + 0.15 \left(\frac{x}{3} \right)^4 \right] \right\} dx$$

可用二分法求得最优的 $\lambda = 0.5965$。

第五步,确定新的迭代点。

$$x_1' = x_1 + \lambda(y_1 - x_1) = 4.0346$$
$$x_2' = x_2 + \lambda(y_2 - x_2) = 5.9654$$
$$x_3' = x_3 + \lambda(y_3 - x_3) = 0$$

第六步,收敛性检验。可以计算如下的收敛准则:

$$\frac{\sqrt{(x_1' - x_1)^2 + (x_2' - x_2)^2 + (x_3' - x_3)^2}}{x_1 + x_2 + x_3} = 0.8436$$

大于常用的收敛标准(如 10^{-4}),因此返回第二步,重新迭代计算。当进行到第13次循环时,各路段的阻抗分别为 $t_1 = 25.4514$,$t_2 = 25.4590$,$t_3 = 25.4556$,各路段上的流量分别为 $x_1 = 3.5834$,$x_2 = 4.6455$,$x_3 = 1.7711$,满足上述收敛标准,终止计算。

更多关于用户均衡模型的内容见二维码12。

(4)随机用户均衡交通分配。

相比于随机交通分配,随机用户均衡(Stochastic User Equilibrium,SUE)进一步考虑了路网拥挤效应,即路段阻抗随流量而改变。而路径选择概率与路径感知阻抗有关,路径感知阻抗是实际阻抗(与流量相关)与感知误差的和。如此反馈,达到随机用户均衡状态,这个关系式也被称为SUE条件。SUE比UE更具普适性,UE可被看作是SUE的一种特殊情形(即感知误差为0)。

(5)系统最优交通分配。

根据Wardrop第二准则假设,在系统最优(SO)状态下,网络总出行成本(或平均出行成本)最小。用户均衡与系统最优数学规划表达式具有完全相同的约束条件,唯一不同之处在于目标函数。系统最优的目标函数也可以等价改写为类似于用户均衡目标函数的形式:

$$\min Z(x) = \sum_a x_a t_a(x_a) = \sum_a \int_0^{x_a} \left[t_a(x_a) + x_a \frac{dt_a}{dx_a} \right] dx_a \tag{6-31}$$

其中,$t_a(x_a) + x_a \frac{dt_a}{dx_a}$ 即路段 a 的边际行程时间(Marginal Travel Time)。因此,可以简单修改上述用户均衡问题的Frank-Wolfe算法,用路段边际行程时间替换平均行程时间 $t_a(x_a)$,即可用于求解系统最优交通分配模型。

【例6-9】 考虑【例6-7】的场景,求解系统的最优交通分配量。

解:在系统最优分配中,需要考虑路段的边际行程时间 $t' = t_a(x_a) + x_a \frac{dt_a}{dx_a}$。由于路段阻抗分别为:$t_1=x_1+2$,$t_2=2x_2+1$。

$$t'_1 = t_1 + x_1 \frac{\mathrm{d}t_1}{\mathrm{d}x_1} = x_1 + 2 + x_1 = 2x_1 + 2$$

$$t'_2 = t_2 + x_2 \frac{\mathrm{d}t_2}{\mathrm{d}x_2} = 2x_2 + 1 + 2x_2 = 4x_2 + 1$$

在系统最优状态下,$t'_1=t'_2$,即:

$$2x_1 + 2 = 4x_2 + 1$$

同时,(r,s)之间的交通总量$q=5$,所以:

$$x_1 + x_2 = 5$$

联立上述二式,可解得$x_1^*=\dfrac{19}{6}$,$x_2^*=\dfrac{11}{6}$。

对同一场景进行用户均衡和系统最优两种方法求解,计算结果如表6-31所示。可以看出,在用户均衡状态下,两条路段的平均行程时间相等;在系统最优状态下,两条路段的平均行程时间不等,但边际行程时间相等,其系统总行程时间小于用户均衡状态下的系统总行程时间。在系统最优状态下,如果路段1上的一些出行者为了减少出行时间而转移到比较快的路段2上,系统最优的状态将无法维持。由于出行者趋于利己的选择行为机制,在不加干预的情况下,系统将不可避免地达到用户均衡的状态。

用户均衡与系统最优的算例比较 表6-31

路段	用户均衡		系统最优		
	流量	平均行程时间	流量	平均行程时间	边际行程时间
1	3	3+2=5	$\dfrac{19}{6}$	$\dfrac{19}{6}+2=\dfrac{31}{6}$	$\dfrac{31}{6}+\dfrac{19}{6}\times1=\dfrac{50}{6}$
2	2	2×2+1=5	$\dfrac{11}{6}$	$2\times\dfrac{11}{6}+1=\dfrac{28}{6}$	$\dfrac{28}{6}+\dfrac{11}{6}\times2=\dfrac{50}{6}$
系统总时间	25		$\dfrac{19}{6}\times\dfrac{31}{6}+\dfrac{11}{6}\times\dfrac{28}{6}=24.92$		

习题

6-1 一位父亲上午上班途中先将孩子送到幼儿园,然后去上班;下午下班途中先到幼儿园接孩子,然后与孩子一同回家。他的家位于1号小区,幼儿园位于2号小区,工作地位于3号小区。请问这一过程中,这位父亲共完成了几次出行? 3个小区分别生成和吸引了几次基家出行和非基家出行?

6-2 根据以下给出的某小区交叉分类的人口数量(表6-32),应用交叉分类的基家工作交通生成模型(表6-33),计算该小区的基家工作交通生成量。

某小区交叉分类的人口数量(单位:人)　　　　　　　表6-32

月收入	男	女
5000元以下	20	30
5000~10000元	30	20
10000~15000元	40	50
15000元以上	50	40

交叉分类的基家工作交通生成率(单位:次/d)　　　　　　　表6-33

月收入	男	女
10000元以下	2.4	2.2
10000元以上	2.8	2.5

6-3　根据基于线性回归的基家购物出行生成和吸引模型和某小区的基础数据(表6-34),预测该小区的基家购物目的的出行生成量和吸引量。

基家购物出行生成率=0.30-0.15×未成年人(0~18岁)比例-0.10×老年人(>60岁)比例+0.10×女性比例+0.01×月收入(千元)

基家购物出行吸引量=6.00×零售业就业人数+0.10×商业区的用地面积(m²)

某小区的基础数据　　　　　　　表6-34

小区变量	数值	小区变量	数值
总人口	500	41~60岁	150
男性人口	260	>60岁	150
女性人口	240	平均月收入(千元)	6.0
0~18岁	100	零售业就业人数	70
19~40岁	100	商业区用地面积(m²)	1000

6-4　某区域划分成1、2、3三个小区,各小区按照小汽车拥有量分类的户数和土地利用特征(岗位数)如表6-35所示。已知基础工业的吸引率为2.25次/岗位,服务行业的吸引率为1.75次/岗位。出行产生率依每户小汽车拥有数为0、1、2、3而分别为5.5次/户、12次/户、15.5次/户、17次/户。试求出各小区的出行产生量和吸引量,并进行出行平衡调整。

各小区按照小汽车拥有量分类的户数和岗位数指标　　　　　　　表6-35

小区	不同小汽车拥有量的户数(户)				岗位数(个)	
	0辆	1辆	2辆	3辆	基础工业	服务业
1	10	30	20	15	400	300
2	25	60	40	30	500	600
3	15	50	50	30	250	350

6-5　从居民小区到市民广场一共产生了100次出行。两个小区之间有3种可以选择的出行方式,包括小汽车、地铁和地面公交。如果使用小汽车方式,需要花20min,花费15元的汽油费和停车费;如果使用地铁,需要花40min,并购买5元的地铁票;如果使用地面公交,需要花60min,并购买2元的公交票。交通工程师建立了以下的基于多元Logit模型的出行方式选择模

型,三个选项的效用方程分别是:

$$V_{\text{auto}} = 0.8 - 0.1 \times 出行时间_{\text{auto}} - 0.3 \times 出行花费_{\text{auto}}$$

$$V_{\text{rail}} = 0.5 - 0.1 \times 出行时间_{\text{rail}} - 0.3 \times 出行花费_{\text{rail}}$$

$$V_{\text{bus}} = -0.1 \times 出行时间_{\text{bus}} - 0.3 \times 出行花费_{\text{bus}}$$

应用多元 Logit 模型,分别计算从居民小区到市民广场使用小汽车、地铁和地面公交的出行次数。

6-6 表 6-36 的 2×2 矩阵是某交通需求模型中,基家工作目的、开车方式的全天人出行 PA 矩阵的前 2 行和前 2 列。PA 到 OD 出行矩阵分时段转换系数查阅表 6-28,分出行目的的车载率为 1.1 人/辆,给出该出行目的的晚高峰时段的开车出行 OD 矩阵的前 2 行和前 2 列。

全天人出行 PA 矩阵　　　　　　　　　　　　　　　　表 6-36

PA值		A	
		1	2
P	1	0	100
	2	50	0

6-7 计算如图 6-18 所示网络中从节点 1 到所有其他节点的最短路。

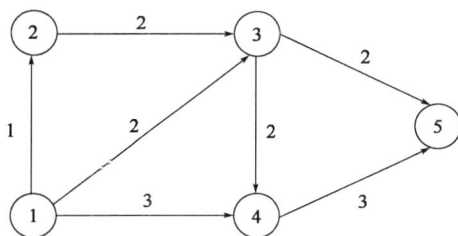

图 6-18　交通网络示意图

6-8 已知 A、B、C、D 四个小区交通现状分布和增长系数,如表 6-37 所示。试以 |G'−G|<0.01 的精度,按照福莱特法求出将来的分布。

四个小区交通现状分布和增长系数　　　　　　　　表 6-37

区号	P	G	现状分布			
			A	B	C	D
A	70	2	0	20	15	35
B	75	1.5	20	0	30	25
C	55	3	15	30	0	10
D	70	2.5	35	25	10	0

6-9 从 A 至 B 有两条平行道路,两条路的长度均为 100km,1 号路径为高速公路,2 号路径为一级公路,高速公路、一级公路的行驶车速分别为 100km/h 和 50km/h;高速公路、一级公路的收费费率分别为 0.5 元/km 和 0.2 元/km。试用 Logit 模型计算这两条路的流量分担比列。两条

路径综合费用差的效用函数为:

$$u = -1.188 - 2.588t - 0.032c$$

式中:t——1号路径与2号路径的行程时间差(h);

c——1号路径与2号路径的收费差(元)。

6-10 在如图6-19所示的交通网络中,各边的行程时间已标出,现从节点1流向节点4的交通量为3000。试分别按全有全无分配法和Logit随机交通分配法求出各边上的交通量。

6-11 考虑如图6-20所示的交通网络,路段连线旁的数字是相应路段的编号。从节点1到节点3的出行需求为4个单位。路段行程时间函数分别为:$t_1=2+x_1^2$, $t_2=3+x_2$, $t_3=1+2x_3^2$, $t_4=2+4x_4$。请给出该问题的用户均衡解。

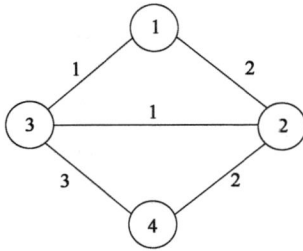

图6-19 交通网络示意图   图6-20 交通网络

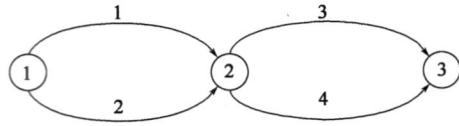

第七章

交通规划

在我国城镇化进入高质量发展阶段背景下,交通规划从"增量扩张"向"存量优化"转变,既注重在高质量发展过程中满足人民对"美好生活的向往",也注重生态环境保护和资源集约利用。掌握交通规划的基本概念、发展目标、编制逻辑,厘清多模式网络协同作用关系,是研究交通管理、交通设计、交通控制的基础。

第一节　交通规划基本概念

一、交通规划的定义及作用

交通规划的目的是通过科学配置各类交通资源,协调交通系统内部各子系统之间的关系,统筹城市内部交通、对外交通、客运交通、货运交通,处理好远期发展与近期建设的衔接,最终形成可持续发展的城市综合交通体系。交通规划是交通运输系统建设与管理科学化的重要环节,是制订交通运输系统建设计划、选择建设项目的主要依据,是确保交通运输系统建设合理布局,有序协调发展,防止建设决策、建设布局随意性、盲目性的重要手段。

二、国土空间规划概念

2019年5月23日,中共中央、国务院发布《关于建立国土空间规划体系并监督实施的若干意见》,明确要建立国土空间规划体系并监督实施,将主体功能区规划、土地利用规划、城乡规划等空间规划融合为统一的国土空间规划,实现"多规合一",强化国土空间规划对各专项规划的指导约束作用,标志着国土空间规划体系顶层设计和"四梁八柱"基本形成,成为指导我国国土空间规划编制、实施和管理的纲领性文件,在我国空间规划发展历程中具有里程碑式的意义,对于今后一段时间国土空间规划体系的构建、实施和保障具有极其重要的指导作用。

国土空间规划是对一定区域内国土空间开发保护在空间和时间上作出的安排,包括各行政层级的总体规划和与有关行政层级总体规划相对应的详细规划。

专项规划是指在特定区域、流域和特定领域,为实现特定功能,对空间开发和保护利用作出的专门安排,均是涉及空间利用的相关规划。

国土空间规划体系是"国土空间规划"与"专项规划"的总称。国土空间规划分为五级三类,五级指国家国土空间规划、省级国土空间规划、市级国土空间规划、县级国土空间规划、乡镇级国土空间规划;三类指总体规划、控制性详细规划、修建性详细规划。

国土空间中的交通空间:交通空间既是国土空间重要的组成部分,与其他用地空间存在紧密联系,交通空间也是承载人员流动的物质载体,是城市发展的重要驱动力。

交通基础设施网络是国土空间的骨架,对自然生态环境有较大影响,同时人和物在交通网络中的流动对社会和经济系统影响巨大。这一方面是综合交通系统重要地位的表征,另一方面反映出对交通系统的功能要求。交通系统建设并非简单地满足空间流动需求,更为重要的是将各种用途的土地开发活动组织成为有机整体,协调城市建设、区域发展、社会进步等与自然生态环境的关系。因此,在存量规划的条件下,国土空间优化的目的之一是在已开发用地内进行功能调整,将建设用地向交通可达性高的地区周边集中,从而落实交通对空间格局的优化。

三、国土空间规划体系与交通规划体系对应关系

《中华人民共和国城乡规划法》规定,城市总体规划属于法定规划,城市交通规划是城市总体规划的重要组成部分。交通规划是指导城市综合交通系统发展的规划,必须与城市规划相协调才能实现城市空间发展与交通系统相互促进的良好效果。国土空间规划体系与交通规划体系对应关系如图7-1所示。

四、交通规划的范围和分类

交通规划范围与年限应与城市总体规划一致。在交通规划编制过程中,进行交通需求分析的基础是城市用地规划中确定的空间与用地布局,城市总体规划、控制性详细规划是城市用地发展唯一的法定用地布局依据。

按照交通规划具体工作内容的差别,可将其分为多种类型,如表7-1所示。

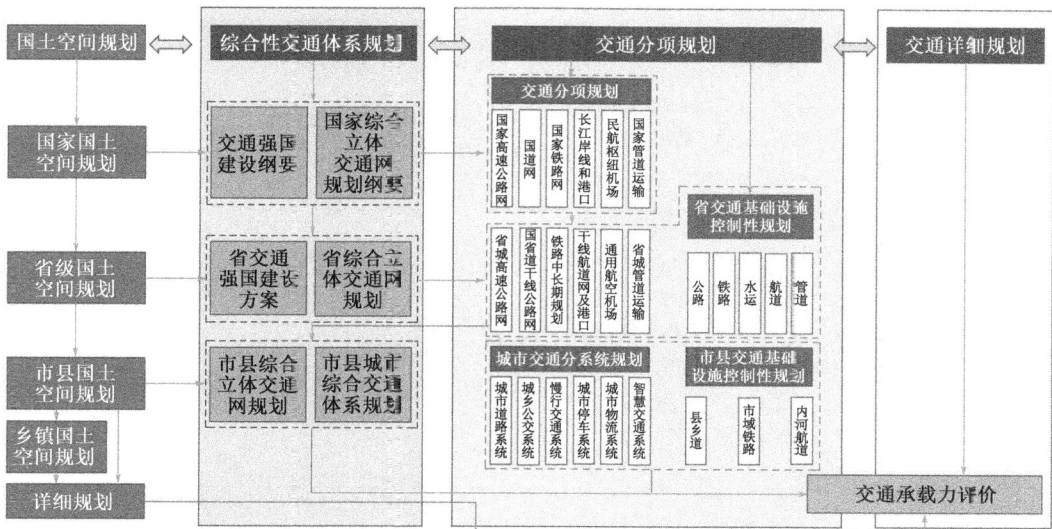

a)国土空间规划五级三类体系与交通规划体系对应关系

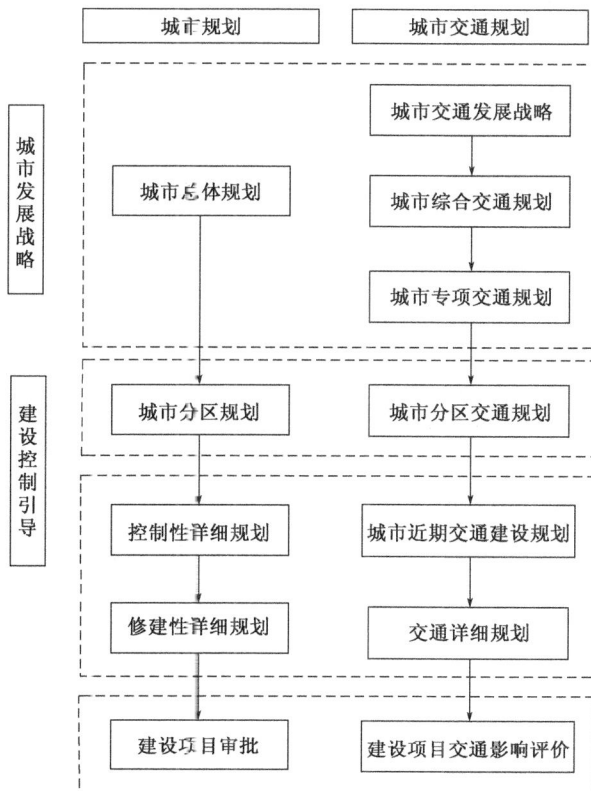

b)城市规划体系与交通规划体系对应关系

图7-1 国土空间规划体系与交通规划体系对应关系

交通规划的分类及成果应用 表7-1

层次	各层次项目	成果在城市规划方面的应用	成果在市政建设等规划管理方面的应用	成果在交通系统运行和行业发展方面的应用
交通规划类	综合交通体系规划	骨架、模式、功能、目标等战略要素规划，与城市规划沟通融合	指导城市交通体系架构性建设与管理工作	作为交通系统一体化建设发展纲领性文件的依据
	分系统专项交通规划	将轨道、干线路网、对外枢纽及综合枢纽等布局规划成果纳入城市总体规划；将公交场站布局规划纳入分区、组团规划；将停车配建标准纳入城市规划标准及准则	设施布局及交通、工程、经济性评价等，作为市政建设管理依据	公交、停车、交通管理等发展政策成果作为行业发展的政策
	分区交通规划	分区交通规划成果纳入分区规划	设施布局及总体布置，作为市政建设的管理依据	成果用于协调整体与局部关系
	片区交通规划	片区交通规划成果纳入法定图则		成果用于落实资源配置
工程前期类	近期交通建设规划	交通近期建设规划成果纳入城市近期建设规划	为具体项目预可行性研究提供规划条件，为项目审批提供技术依据，为交通设施近期建设管理提供依据，为交通综合治理工程设计及管理提供依据	成果作为相关行业发展的依据
	交通详细规划	枢纽、场站、轨道交通、快速公交、干线道路详细规划与沿线土地利用规划同步协调	为安排布置设施功能空间提供技术依据，为方案、初步设计审批提供管理依据	—
	建设项目交通影响评价	—	作为规划要点的部分依据	可作为局部交通改善的依据
专项研究类	交通基础调查	—	交通调查数据是交通规划编制、交通政策制定的基础性依据	
	交通专项研究	—	智能交通系统研究成果可提高交通系统运行效率；交通模型研究成果可改善规划设计编制的技术手段；规划设计指引研究成果可提高交通规划设计编制的技术水平；交通政策研究成果可为交通发展与管理提供政策保障	

第二节 交通网络特征

交通网络是交通系统的基本要素,人、货、车辆的移动均在交通网络中完成,交通网络特性、网络结构、功能等概念是交通工程的基础内容,也是进行科学交通规划、设计、管理、控制、营运的前提。

一、交通网络构成

"网络(Network)"是一个交错或交叉网状的织物线或交叉的系统。本书中提到的交通网络是由道路网(Road Network)、公共交通网(Public Transport Network)、步行与非机动车网络(Pedestrain and Non-motorized Network)等多层网络叠合构成,是各种交通工具运行及转换的基础设施,如图7-2所示。交通网络的整体性能受子网络状态以及子网络间交互作用的影响。

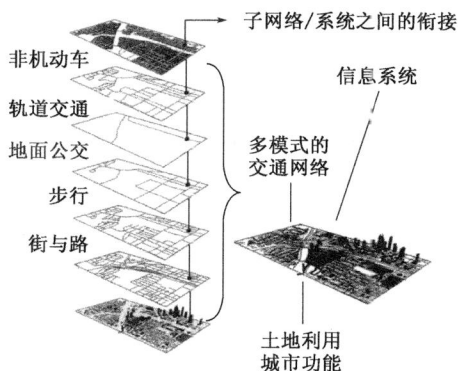

图7-2　交通网络示意图

二、交通网络特征

1. 多工具、多模式的复合性

使用交通网络的直接主体有多种类别,包括步行者与非机动车骑行者、公共交通乘客、机动车等。不同类别的交通工具的运行模式存在显著差异,以小汽车为例,其包括出租车、私人小汽车、共享小汽车等,它们各自均具有不同的运行特征。不同的交通子网络或运输网络在空间中是叠加的。例如,公共交通网络、物流网络、小汽车交通网络、行人及非机动车网络都是基于道路网络形成的。

2. 网络多元构成要素的异质性

交通网络具有主体异质性、子网络结构异质性和子网络运行机制异质性等多重异质性。主体异质性是指出行者个体属性、个体需求、个体决策和个体行为是异质的;子网络异质性是指道路网络、轨道交通网络和地面公交网络的拓扑结构以及拓扑性能具有一定差别;运行机制异质性是指同一个子网络中不同方式的运行机制不同,例如道路网络中的公交车辆(按固定线路和时刻表运行)和小汽车(出行者自由决策)的运行规则是异质的。

3. 网络状态的多尺度时-空动态性

长期来看,交通网络是动态变化的,表现在规模、等级结构、运行组织等,如图7-3所示。从中-短期来看,交通网络运行状态随时间-空间动态变化,外部因素也会显著影响网络状态(如天气等)。交通网络状态的动态性对交通服务质量以及交通需求的反馈有着重要影响。

4. 网络运行的复杂性、非线性

交通网络的异质性和开放性为其带来了复杂性和非线性特征。交通网络需求、网络结构与网络管控形成复杂的相互作用,且每个网络构成都呈非线性特征。另一方面,网络需求与网络干预的非线性反馈进一步加剧了系统的复杂性。

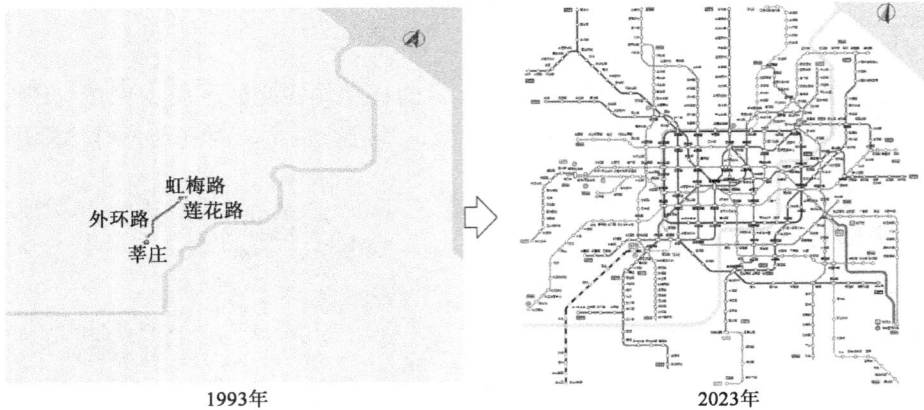

a) 长周期动态性——上海轨道交通网的变化

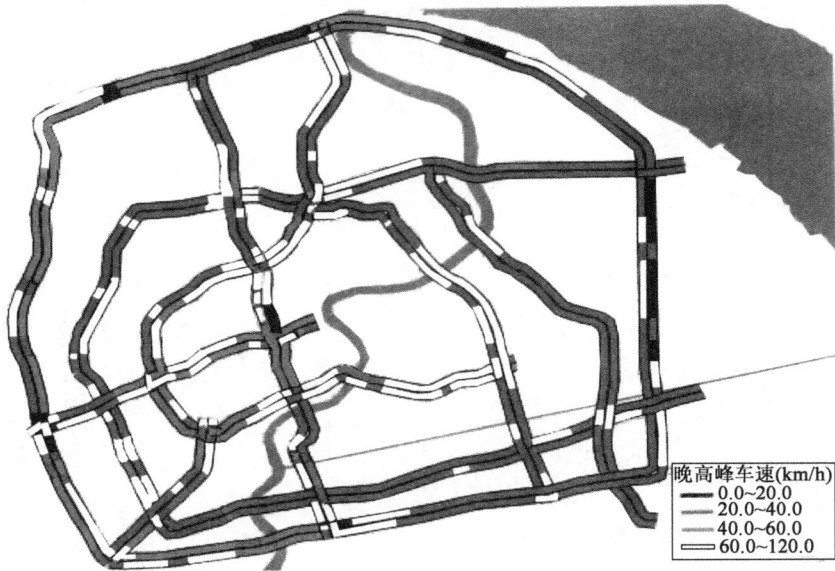

b) 短周期动态性——上海快速路网的运行状况

图7-3 城市交通网络的时-空动态性

注:图b)为工作日17:00—19:00上海中心城快速路网的行程车速分布。

5. 网络运行的可调性

尽管交通网络具有动态性、复杂性等特征,但其网络容量、网络状态和网络性能均具有可调节性。以2010年上海世博会为例,通过公共交通专用网络的运输组织、道路网络控制、交通出行行为诱导和其他干预手段(如停车禁令、价格杠杆等),实现了出行需求调整(如图7-4所示,游客选择小汽车出行的意愿在所有交通方式中的占比由2006年的52%下降至2010年世博会期间的6%,即方式选择调整)和综合交通网络服务能力的双向提升,在几乎不干扰周边地区日常交通运行的条件下,实现了世博园区每日接待40万~100万人观展的大客流交通服务,充分证明了交通网络的可调节性。

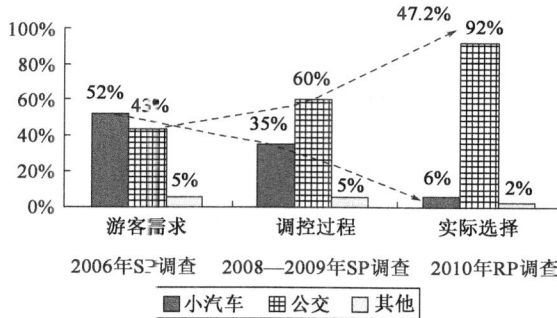

图7-4　2010年上海世博会网络运行调控过程示意图

6. 网络运行可靠性

网络运行可靠性是交通网络系统性能的综合反映。最初的可靠性研究来自于探索地震、洪水、山崩等自然灾害对交通网络连通性的影响,现在的研究已扩展到探索交通事故、道路破坏、上下班高峰和节假日等各类因素导致的交通网络通行能力下降及其进一步带来的网络可靠性下降问题。网络可靠性可以从连通可靠性、出行时间可靠性、通行能力可靠性等不同方面进行评价与分析。

三、网络结构

1. 道路网络

(1)道路网络结构。

道路网必须具有合理的等级结构以及衔接方式,以保障各类交通流由低一级道路向高一级道路有序汇集及高一级道路向低一级道路有序疏散,实现不同出行距离和不同类别交通的合理分流,保障道路网络的运行安全和效率。

美国城市道路网的建议级配结构为主干路、次干路、集散道路、地区道路的长度分别占道路总长度的5%～10%、10%～20%、5%～10%、60%～80%。日本名古屋规划道路网的级配结构为快速路、基干道路及其他道路,长度分别占路网总长度的3.3%、13.3%、83.4%。国外机动化水平较高的城市,干路网规划指标大致与前两者处于同一水平,支路及以下水平道路的长度约占规划道路总长度的80%。

我国《城市综合交通体系规划标准》(GB/T 51328—2018)规定的不同规模城市干线道路等级选择如表7-2所示,不同规模城市的干线道路网络密度如表7-3所示。干线道路占道路总里程比例根据规划人口规模的不同也略有差异,一般宜为10%～25%,如表7-4所示。

城市干线道路等级选择要求　　　　　　　　　　　　　　表7-2

规划人口规模(万)	最高等级干线道路	规划人口规模(万)	最高等级干线道路
≥200	Ⅰ级快速路或Ⅱ级快速路	20～50	Ⅱ级主干路
100～200	Ⅱ级快速路或Ⅰ级主干路	≤20	Ⅲ级主干路
50～100	Ⅰ级主干路		

不同规模城市的干线道路网络密度 表7-3

规划人口规模(万)	干线道路网络密度(km/km²)	规划人口规模(万)	干线道路网络密度(km/km²)
≥200	1.5~1.9	20~50	1.3~1.7
100~200	1.4~1.9	≤20	1.5~2.2
50~100	1.3~1.8		

干线道路占道路总里程比例 表7-4

规划人口规模(万)	<50	50~100	100~300	≥300
干线道路里程比例(%)	10~20	10~20	15~20	15~25

(2)道路衔接原则与典型网络形态。

城市道路依据一定的衔接原则相互连接构成路网,不同的衔接原则可以形成完全不同的网络结构和形态。通常将道路网络的形态分为:方格网式、环形放射式、自由式、混合式,如表7-5所示。

道路网布局形态示意 表7-5

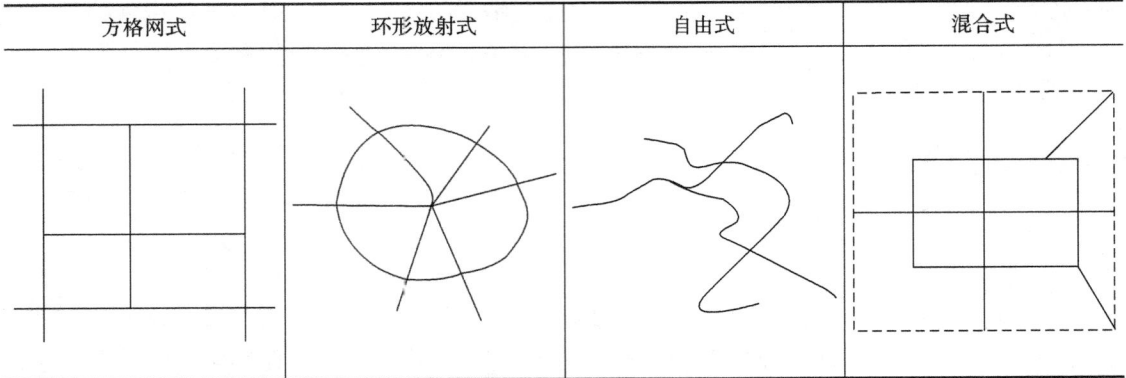

方格网式	环形放射式	自由式	混合式

①方格网式。类似棋盘,道路布局严整、简洁,网络交通分布均匀,但也会导致非直线系数过高的问题。西安、北京老城区路网即为方格网式。

②环形放射式。由以城市中心为圆心的几条环线和自城市中心向四周的若干放射线组成,如成都干路网。放射性干路非直线系数小,若与环线衔接不当,易在高峰时段造成沿线的拥堵。

③自由式。通常由于地形起伏变化较大,道路结合自然地形呈不规则状布置而形成的,重庆干路网即为自由式。

④混合式。上述几种形式路网的组合,如北京市干路网。

2. 公共交通网络

城市公共交通是在城市范围内供公众乘用的各种交通方式的总称,主要包括定线运营的公共汽(电)车、轨道交通、渡轮、索道、出租车等交通方式。

城市公共汽(电)车网络由线路、站点设施和管理系统组成,并包括专用的停车场、保养与修理场、调度中心等。

城市轨道交通网络(Metro Network)由线路、车辆、车站、车辆段与停车场、供电系统、通信及信号系统组成。

（1）轨道交通网络形态。

最常见、最基本的轨道交通线网形态结构为网格式、无环放射式及有环放射式三种。

①网格式。网格式线网的各条线路纵横交叉，形成方格网，呈格栅状或棋盘状，基本结构如图7-5所示。网格式线网中的线路走向比较单一，基本线路关系多为平行与十字形交叉两种，例如大阪、墨西哥城市地铁线网就是这种类型。

这种结构的线网线路分布比较均匀，客流吸引范围比例较高，线路主要有纵横两个走向，多为相互平行或垂直的线路，乘客容易辨识方向；换乘站较多，纵横线路间的换乘方便，线网连通性好。此类线网的缺点：一是线路走向比较单一，对角线方向的出行绕行距离较大，市中心区与郊区之间的出行常需换乘，有些地方可能要换乘多次；二是平行线路间的换乘比较麻烦，一般要换乘2次或2次以上，当线网密度较小/平行线之间间距较大时，平行线间的换乘耗时较长。

②无环放射式。无环放射式线网是由若干穿过市中心的直径线或从市中心发出的放射线构成，其基本结构如图7-6所示。这种类型的线网可使全市各区域至中心点的绕行距离最短，因此位于线网中心的区域可达性最好，市中心与市郊之间的联系非常方便，有利于市中心客流的疏散、市郊居民到市中心的工作、购物和娱乐出行，保持市中心的活力。由于各条线路之间都相互交叉，因此任意两条线路之间均可实现直接换乘，线网中任意两车站之间最多只需换乘1次。由于没有环行线，位于城市外围的市郊区域之间缺少直接的轨道交通联系，需要经过市中心区的换乘站中转，绕行距离很长，或者需要通过换乘至其他交通方式来实现，这种交通不便的程度随着城市规模的扩大而增大。

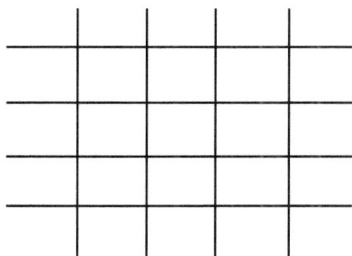

图7-5　网格式线网的基本结构　　图7-6　无环放射式线网的基本结构

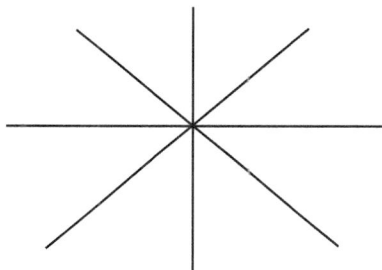

当3条及以上轨道交通线路在同一点交会时，其换乘站的设计、施工及管理都很困难，这种车站一般会高达4层以上，旅客换乘不便，日常运营维护费用也较高，同时庞大的客流量也难以疏解，因此，一般将市中心的一点交叉改为在市中心区范围内多点交叉，形成若干X字形、三角形线路关系，这样既有利于换乘站的设计与施工，又有利于乘客的集散，还利于扩大中央商务区的范围及提高服务水平。

③有环放射式。有环放射式线网在无环放射式线网结构的基础上加上环线形成，是对无环放射式的改进，因而既具有无环放射式线网的优点，又克服了其周向交通联系不便的缺点。有环放射式网络通常由穿越市中心区的径向线及环绕市区的环行线共同构成，基本结构如图7-7所示。在一些轨道交通线网规模不大的城市，如新德里、巴黎等，环线一般只有一条，而在一些轨道交通线网规模较大的城市，如莫斯科、东京等，会出现两条或两条以上的轨道交通环线。这种线网对城市居民搭乘轨道交通方式出行最为便利。与无环放射式线网一样，这种线网在市中心区交会于一点也会产生不利影响。

为了改进图7-7中市中心区放射线过于集中的缺点,将多线一点交叉变为多点两两交叉,这对节省工程与运营成本、提高枢纽使用及商业利用效果均有利,如图7-8所示。

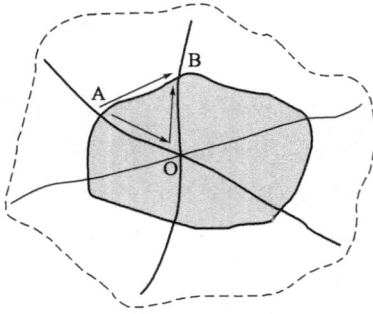

图7-7　有环放射式线网基本结构

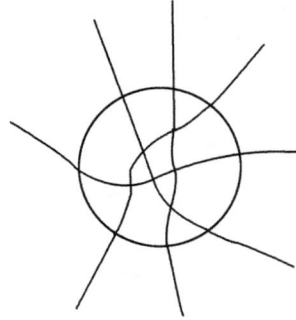

图7-8　改进的有环放射式线网基本结构

（2）城市公共汽（电）车线网形态。

公共汽（电）车线网在形成初期主要受城市形态和路网条件的制约,在发育完善过程中,则决定于客流交通需求、场站条件、车辆条件以及效率等因素。土地利用和客流需求是公共汽（电）车线网完善的内在动因,道路网是线网发展的前提条件和载体。公共汽（电）车线网通常有以下五种形态:

①单中心放射形线网。图7-9是有中央车站的单中心放射形线网,是公共汽（电）车线网的早期形式,仍然适用于小城市和大城市卫星城镇。特点是乘客可直接往返市中心,换乘少,调度管理方便。

②多中心放射形线网。主要适用于中小城市,尤其是具有老城和新城两个中心的城市形态。中心成为公交换乘枢纽,且在多个中心之间形成公交客运走廊。同样具有单中心放射形线网的优点和缺点。

③带有环线或切线状线路的放射形线网。单中心线网随着城区扩大,会逐渐衍变为带有环线或切线的放射形线网,如图7-10所示。

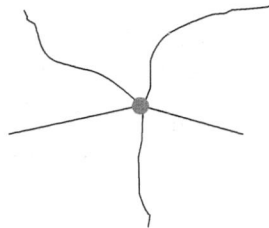

图7-9　单中心放射形线网

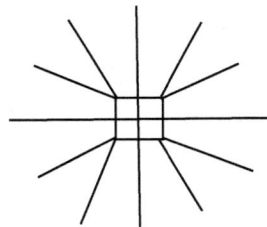

图7-10　环射形线网

④混合型线网。根据城市布局和路网条件灵活布置的线网。

⑤干线和辅线结合的主辅型线网。适用于能够在公交专用道上设置快速公交线路的城市。干线指快速公交线路主线,辅线包括支线、接驳线、共用公交专用道等其他线路。干线和辅线可以通过调整发车间隔达到需要的服务水平,如图7-11所示。

更多关于道路分级和功能、城市公共汽（电）车网络、轨道交通网络的内容见二维码13。

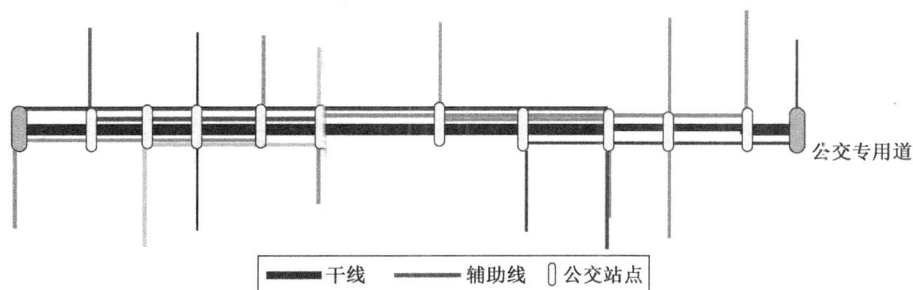

图 7-11 主辅型线网

二维码13

第三节 交通规划编制流程与工作内容

一、交通规划编制流程

1. 交通规划编制工作流程

交通规划方案的编制过程主要包括两个阶段——规划师设计若干方案和模型定量分析辅助评选。交通规划方案的编制应考虑如下几点：①以目标为导向，达成城市发展愿景的运输目标；②面向未来，考虑传统运输工具及未来可能出现的新工具或技术；③软硬兼施，除了设施建设，应更多考虑政策及管理措施；④规划可行性，包括技术、经济、财务及环境对规划实施的影响。

各类交通规划方案编制的工作流程较为相似，以综合交通体系规划为例，工作流程通常可分为现状调查、专题研究、纲要成果、规划成果四个阶段。

（1）现状调研阶段。通过多种方式收集城市经济社会发展的现状和规划资料，听取相关部门规划设想和建议；分析城市发展中存在的主要交通问题；根据规划需要开展相应的交通调查及分析。

（2）专题研究阶段。在现状调研基础上，对影响城市综合交通体系发展的重大问题组织开展专题研究，一般应包括对交通发展趋势、城市交通发展战略与政策、重大交通基础设施布局等的研究。

（3）纲要成果阶段。重点评价和分析城市综合交通体系现状存在的主要问题；论证城市综合交通发展趋势和需求、交通发展战略和交通资源配置策略，提出城市综合交通体系框架；确定城市综合交通体系总体发展目标和交通各子系统规划目标；提出城市综合交通体系的布局原则。

（4）规划成果阶段。确定城市综合交通发展战略、政策和保障措施；确定城市交通设施布局方案、控制性规划指标和强制性内容；提出对城市交通各子系统规划的指导性技术要求；提出近期规划的策略与方案。

2. 交通规划编制技术流程

交通规划采用定性、定量分析相结合的规划思路，问题、目标导向相结合的分析技术，编制技术流线如图7-12所示,具体由现状分析、发展态势分析、发展目标和策略、规划方案编制、规划方案评价与近期工作计划五个环节构成。更多关于可持续城市出行规划流程的内容见二维码14。

二维码14

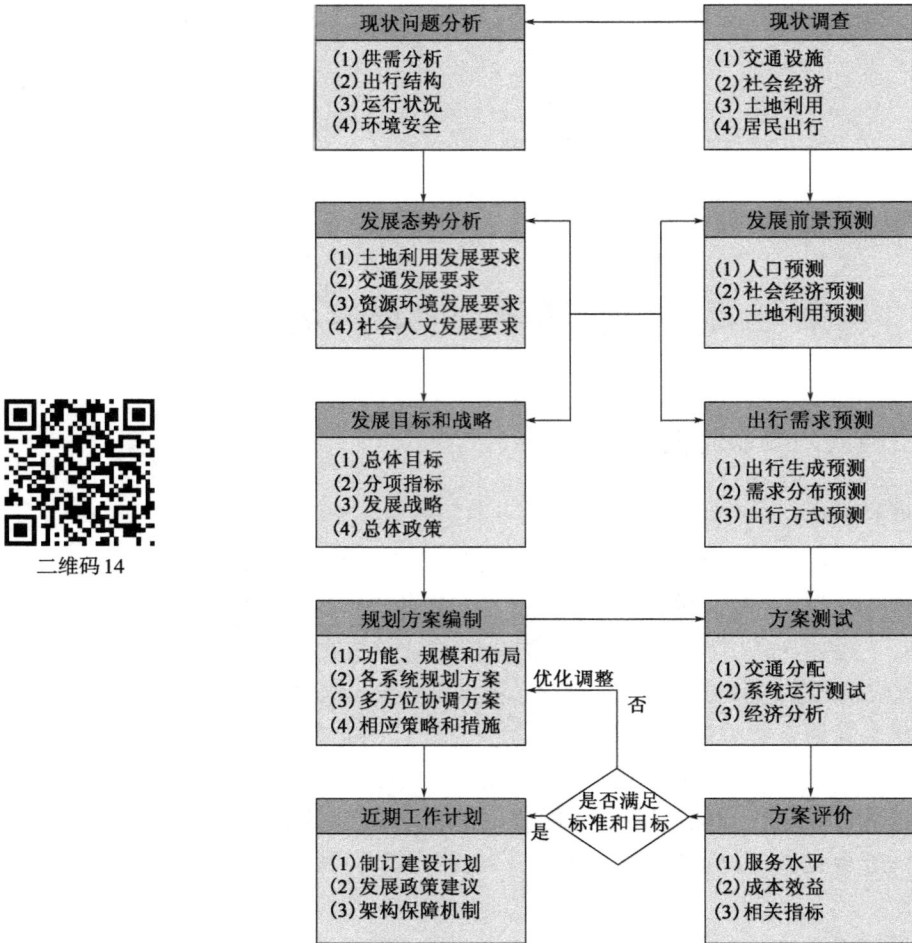

图7-12 交通规划编制技术流线

二、资料收集与调查

当进行交通规划时,资料的收集与调查是至关重要的环节,有助于研判交通问题并为未来的规划提供依据。资料收集与调查的目的主要包括以下三点。

了解现状交通需求:了解现有交通需求量及特性,将其作为拟定交通改善策略的参考。

评估现有交通设施:了解现有交通设施容量及服务绩效,以确定交通问题的严重程度。

建立交通需求模型:通过收集现有资料,建立交通需求模型,以预测未来的交通需求,并分析未来交通系统方案的服务效率。

交通规划资料收集应按照划定的规划范围、研究范围和交通分区进行,具体概念如下:

(1)规划范围与研究范围。

规划范围指的是规划的交通系统所涵盖的地理范围。

研究范围则是除了规划范围外,再涵盖邻近的、其社会经济活动可能会与规划范围相互影响的地区。应该包括大部分当地居民或者访客的活动范围,即居民或访客主要在该范围内进行旅行和活动。此外,应该考虑自然地理界限,比如以河流、山脉等自然界线作为范围的界定,尽量避免选择具有不规则形状的范围。

(2)交通分区。

因规划研究范围较大,在进行交通调查的时候需要进行合理的分区,以便于后续调查和数据分析与建模。交通分区是分析居民活动出行的基本单元。为了便于后续分析和管理,分区时应该按照从大到小的顺序进行分区,先划分大区,再细分成中等大小的区域,最后再进一步细分成小区。交通分区应该与现有的行政分区相配合,以便利用政府已有的统计数据,避免重复调查,节省调查成本。交通小区的面积可以根据实际情况而定,通常应该小至一个街道社区大小,具体面积一般为 $0.5 \sim 2 km^2$。

交通规划通常需要采集的数据及相关要求如下:

基础资料应包括城市和区域经济社会、历史文化保护、城市土地使用、交通工具和设施供给、交通政策、交通组织与管理、居民出行、对外客货运输、城市交通系统运行、交通投资体制与机制、交通环境与安全等方面。资料形式包括统计数据、政府文件、调查成果、相关规划文本与图纸等。相关规划资料应包括最新批复的规划成果和在编的各项规划草案。采用的基础资料应来源可靠、数据准确、内容完整。

反映现状的统计数据宜采用规划基年前1年的资料,特殊情况下可采用前2年的资料;用于发展趋势分析的数据资料不应少于连续的5个年度,且最近的年份不宜早于规划基年前2年;现状分析和交通模型建立应采用5年内的交通调查资料。5年以上的调查资料可作为参考。

应根据交通规划的要求进行相关交通调查,交通调查的内容和精度应根据规划的分析要求确定;调查涵盖交通规划所涉及的各类交通客货运需求、各类交通设施及运行指标。交通调查应包含不同调查项目之间的相互校验及与其他来源公开数据的一致性检查。

三、现状分析方法

以调查数据和相关资料为基础,采用与主管部门访谈、与规范比较、与其他城市类比等方法,开展供需分析、出行结构分析、运行状况分析、环境安全分析等,切实反映城市交通体系的现状特征和存在问题。现状分析通常关注以下几个方面:

(1)城市概况。包括城市区位、自然地理、历史文化、城市功能定位、现状城市人口与用地规模等基本状况。

(2)城市经济与产业。包括城市经济发展规模、水平与增长态势、城市产业结构、城市财政能力、基础设施投资规模与结构比例、存在问题等。

(3)城市空间结构与土地使用。包括现状城市空间结构特征、城市功能布局及土地使用特点、城市发展与交通系统的关系等。

(4)城市交通需求。包括居民出行特征、典型走廊和城市断面的交通分布特征,各类交通工具的规模、增长情况、使用特点以及影响因素,城市重要集散点的交通吸引特征,城市主要货源点分布及货运交通集散特征等。

(5)城市对外交通。包括各种对外交通的客货运输规模和增长情况,货物运输的主要种类,对外交通系统布局、场站设置与城市规划建设的关系,与城市交通衔接存在的突出矛盾等。

(6)城市道路交通现状。包括现状城市道路网络规模、结构、布局特点,道路功能与土地使用的相互关系,现状道路服务水平,主要道路、交叉口交通流状况、路网容量与饱和度等。

(7)公共交通现状。包括各种公交方式发展水平、线网规模、布局及场站设施,各类公交方式运营组织模式及服务水平,优先发展公交的保障措施,如公交专用道、港湾公交站、公交优先信号设置状况,公交发展存在的主要问题等。

(8)步行、自行车交通现状。包括步行、自行车交通的分布及主要交通特征,步行、自行车交通设施和运行管理现状,以及存在的问题等。

(9)城市停车现状。包括公共停车规模、布局,配建停车状况,路内停车状况,不同地区停车供求状况,停车设施使用状况及运营管理等。

(10)交通管理情况。包括交通管理设施、交通组织等基本状况以及存在的主要问题等。

(11)交通信息化现状。包括交通信息化建设、交通信息共享需求等基本状况以及存在的主要问题等。

通常,根据交通规划需要解决的实际问题,除关注以上方面外,还会针对性地进行数据采集和现状分析。

四、交通发展态势分析与发展战略、目标的确定方法

1. 交通发展态势分析

交通需求分析模型是对城市交通发展态势定量分析的重要工具,交通模型要素主要包括基础数据、数学模型、软件工具三个部分。在模型建立过程中,基础数据采集、数据库构建以及数据综合校核分析是最重要的基础工作。通常,交通需求建模与分析主要工作包括以下内容:

(1)数据采集与定期维护和交通模型基础数据库构建。交通模型的基础数据库通常包括土地利用及人口、就业岗位分布、综合交通网络、基于交通调查的模型参数等。图7-13所示为上海市交通规划模型基础数据库架构。

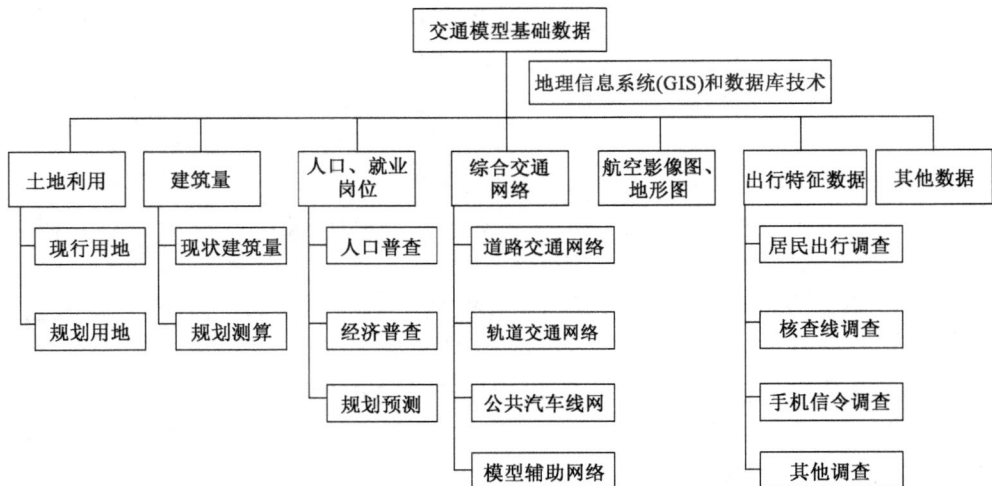

图7-13 上海市交通规划模型基础数据库

（2）模型参数标定。出行生成、出行分布、出行方式划分和交通分配模型根据不同规划需求均需要进行对应的参数标定。数据质量和完整度决定了模型参数标定的准确度，直接影响交通模型预测的可靠性和精度。

（3）模型校核。将传统调查数据与连续数据进行融合分析，为交通模型综合校核提供有力保障。例如采用手机信令数据得出核查线流量和大区OD分布，将其与出行分布模型结果进行校核；将高架路（桥）和地面道路的线圈数据、交叉口视频数据等与交通分配结果进行综合校核等。模型校核得出的预测精度必须能够适应规划控制指标计算的精确度。

在发展前景和交通需求预测基础上，开展交通发展态势分析，并对土地利用、交通发展、资源环境等提出发展要求。

2. 发展目标和战略

结合交通发展态势，采用公众参与、对标城市及区域的类比方法，制定城市交通发展愿景、发展目标及发展思路。战略包括发展战略和总体政策；发展目标包括总体目标和分项目标。

自20世纪60年代以来，交通发展理念与价值取向的转变带动了交通发展目标的转变。城市交通规划发展目标由早期重点关注机动车移动速度、效率向当前更关注交通安全、低能耗、低排放、社会公平及最终的生活质量转变，如图7-14所示。在35个国际大都市城市交通规划目标中出现频率最高的关键词包括"安全、环保、高效、促进经济发展、多模式、公平"，其中"安全、促进经济发展、环保"排在前三位。

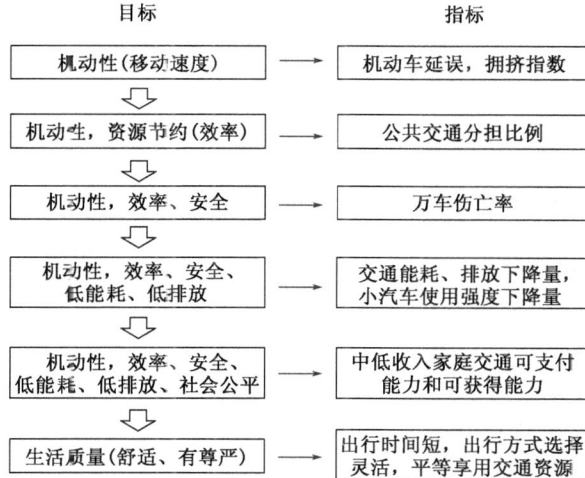

图7-14 国际大都市交通发展目标演变

五、规划方案编制方法

1. 现状交通规划实施评估

交通规划方案编制和计划实施前，必须进行交通规划的实施评估，并应以交通规划的实施评估结论为依据。在传统规划的单线模式"编制-实施"基础上，通过引入具有跟踪监测和动态调校作用的规划实施评估机制,开展交通规划实施评估工作,形成"编制-实施-评估-调整"的滚动闭环,为修订与编制新一轮规划提供依据。

交通规划实施评估应综合采用定性与定量两种评估方法。定性评估可采用专家评估、公众评估等形式,由专家分析城市综合交通体系发展的关键问题,提出专业性、建设性的评估结论和意见,结合市民给出的满意程度、发展愿景和意见给出综合评价。定量评估应构建指标体系,依托科学可靠的基础数据和技术手段,衡量各项指标的数值水平和变化趋势,提供量化的交通发展描述和规划评估结论。在分析评估的基础上,应提出对于规划修订、编制和实施具有反馈作用的建议。

综合交通体系规划实施评估应与《城市总体规划实施评估办法(试行)》一致,原则上每二年进行一次。有条件的城市可采取一年一评估的滚动模式,对年度实施计划提供更及时的动态反馈与调整,并将年度实施计划作为滚动编制过程中动态调校规划实施的关键。

规划实施评估内容包括实施进度、实施效果和外部效益等方面,并应符合以下规定:

(1)实施进度评估应评估综合交通体系各组成部分的规划实施进度与协调性。

(2)实施效果评估应评估规划实施后城市空间的布局调整、居民出行特征、交通系统的运行效果、财政可持续能力等与规划预期的关系。

(3)外部效益评估应评估规划实施对城市经济发展、土地使用、社会与环境可持续等方面的外部影响。

2. 规划方案编制的基本原则

(1)交通与城市空间布局协调。

在城市发展过程中,综合交通体系需与城市空间、用地布局协同,故形成良好的城市活动体系是交通规划的重要任务,也是从源头管理交通需求,形成良好的交通与城市用地关系的关键。

城市综合交通体系应与城市空间布局协同规划,合理协调交通系统在承载城市活动、引导城市集约高效开发、塑造城市特色风貌、提升城市环境质量等方面的功能;通过用地布局优化引导城市职住空间的匹配,合理布局城市各级公共服务设施,将居民出行距离控制在合理的范围内。《城市综合交通体系规划标准》(GB/T 51328—2018)提出了关于居民通勤出行(单程)平均出行距离的控制要求,如表7-6所示。缩短居民的出行距离,一是可以降低城市的交通总周转量(交通周转量是出行次数与出行距离的乘积),缓解城市交通拥堵问题;二是可以提升步行与自行车等绿色交通的比例,大幅度降低城市交通对机动交通的依赖;三是可以提升居民的生活品质。

居民通勤出行(单程)平均出行距离的控制要求　　　　　　　　　表 7-6

规划人口规模(万)	≥500	300 ~ 500	100 ~ 300	50 ~ 100	≤50
通勤出行距离(km)	≤9	≤7	≤6	≤5	≤4

(2)城市交通体系的协调要求。

交通规划应根据不同城市和城市不同地区的交通特点,差异化确定交通体系内不同交通方式的功能定位、优先规则、组织方式和资源配置,包括城市公共交通,小客车、摩托车等个体机动化客运交通方式,步行、自行车等非机动化客运交通方式,以及机动化与非机动化货运交通方式。

城市综合交通体系功能组织应突出城市和交通特色,符合城市发展实际。我国城市发展普遍面临空间、资源、环境紧约束,城市交通体系应坚持低碳环保、集约高效的发展导向,优先保障步行交通、自行车交通和城市公共交通的运行空间与环境,并根据城市和交通系统的承载能力,引导小客车、摩托车等个体机动化交通方式有序发展。同时,交通规划应尽力保障公平,为所有出行者服务。在绿色、低碳的基础上,通过合理分配交通资源,保障交通系统对所有出行者的可达性,特别应当考虑城市中的弱势人群。

城市内部交通体系的协调应做好交通政策的顶层设计,保持各类交通政策的一致性,充分发挥交通政策的引导作用。通过合理的制度设计,分清政府和市场职责,发挥市场和价格机制在交通资源配置中的作用。交通工具停放空间,一方面应考虑交通网络的承载能力,另一方面也要结合动态运行情况,采取差别化的停车建设管理策略,精细化调控停车资源与需求。

(3)不同规模城市客运交通系统结构协调原则。

规划人口规模500万及以上的城市,应确立大运量城市轨道交通在城市公共交通系统中的主体地位,以中运量及多层次普通运量公交为基础,以个体机动化客运交通方式作为中长距离客运交通的补充。人口规模达到1000万及以上时,应构建快线、干线等多层次大运量城市轨道交通网络。

规划人口规模300万～500万的城市,应确立大运量城市轨道交通在城市公共交通系统中的骨干地位,以中运量及多层次普通运量公交为主体,引导个体机动化交通方式的合理使用。

规划人口规模100万～300万的城市,宜以大、中运量公共交通为城市公共交通的骨干,多层次普通运量公交为主体,引导个体机动化客运交通方式的合理使用。

规划人口规模50万～100万的城市,客运交通体系宜以中运量公共交通为骨干,普通运量公共交通为基础,构建有竞争力的公共交通服务网络。

规划人口规模50万以下的城市,客运交通体系应以步行和自行车交通为主体,普通运量公交为基础,鼓励城市公共交通承担中长距离出行。

(4)城市不同土地使用强度地区内各种交通方式的协调原则。

城市内部区域按照城市用地开发强度可区分为中高密度地区、中低密度地区,如表7-7所示。城市内不同用地开发强度地区内的各种客运交通方式之间的协调关系宜根据土地使用和交通出行特征的不同有所侧重,如表7-8所示。

城市土地开发强度　　　　　　　　　　　　　　　　　　　表7-7

类别	参考建筑面积(hm²/km²)	区位
中高密度地区	100及以上	城市中心地区
中低密度地区	100以下	城市集中建设区除中心地区以外的其他地区

城市不同土地使用强度地区客运交通体系协调要点　　　　　表7-8

分区	公共交通	步行和自行车交通	个体机动化交通
城市中心区	优先保障公共交通路权,加密城市公共交通网络和站点,并应优先保障城市公共交通枢纽用地	构建独立、连续、高密度的步行网络和安全、连续、高密度的非机动车网络,紧密衔接各类公共交通站点与周边建筑	严格控制机动车出行停车位规模,降低个体机动化交通出行需求和使用强度

分区	公共交通	步行和自行车交通	个体机动化交通
城市其他地区	公共交通走廊应保障公共交通优先路权。根据需求布设常规公交普线、支线,鼓励灵活的辅助型公交发展	构建安全、连续的步行和自行车网络; 公共交通走廊、主要公交站点周边应加密步行与自行车设施	控制机动车出行停车位规模,调控高峰时段个体机动化通勤交通需求

3. 规划方案编制

交通规划编制人员应在上述交通规划实施评估结论和编制基本原则基础上,结合交通发展需求预测及城市地形、地貌和城市空间形态及功能布局规划,在城市综合交通体系发展的总体目标指导下,编制规划方案。交通需求分析"四阶段"与规划方案编制关系如图7-15所示。

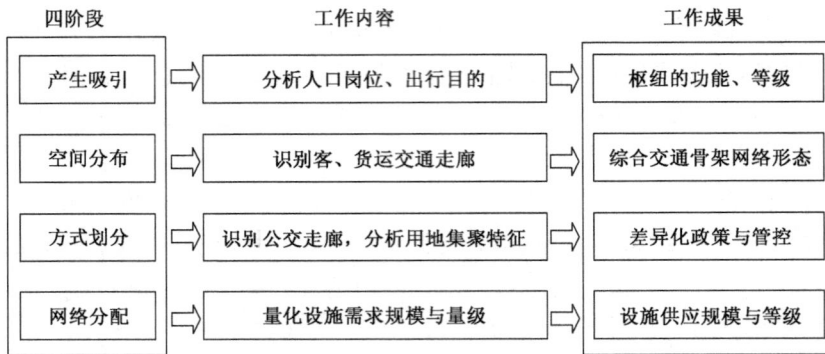

图7-15 交通需求分析"四阶段"与规划方案编制关系

在出行生成和出行空间分布阶段,主要分析人口、岗位聚集量、出行目的,根据出行分布期望线和出行分布矩阵,辨识客、货运枢纽及客、货运交通走廊,形成相应的综合交通骨架网络形态方案,并对枢纽的功能、等级进行规划,形成相应的枢纽规划方案。以上海为例,上海的客流空间分布图如图7-16所示。上海的轨道交通网络与客运走廊吻合度较好,如图7-17所示。通过枢纽、走廊的功能定位,识别出行目的、方式、距离、时效要求等需求特征,开展分级交通网络和交通组织规划。

图7-16 上海的客流空间分布图

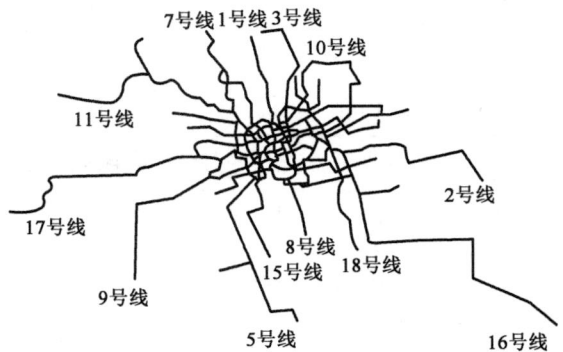

图7-17 上海的轨道交通网络

出行方式划分和网络分配阶段即通过方式划分,在客运交通走廊上进一步识别公交走廊,并对走廊两侧用地集聚特征进行分析,规划公交走廊的功能、等级,确定公交走廊上的主导客运方式。《城市综合交通体系规划标准》(GB/T 51328—2018)中将城市公共交通走廊按照高峰小时单向客流量或客流强度分为高、大、中与普通客流走廊四个层级,各层级城市公共交通走廊客流规模及宜选择的运载方式如表7-9所示。

城市公共交通走廊层级划分 表7-9

层级	客流规模	宜选择的运载方式
高客流走廊	高峰小时单向客流量≥6万人次/h或客运强度≥3万人次/(km·d)	城市轨道交通系统
大客流走廊	高峰小时单向客流量3万~6万人次/h或客运强度2万~3万人次/(km·d)	
中客流走廊	高峰小时单向客流量1万~3万人次/h或客运强度1万~2万人次/(km·d)	城市轨道交通、快速公共汽车(BRT)、有轨电车系统
普通客流走廊	高峰小时单向客流量0.3万~1万人次/h	公共汽(电)车系统

然后,结合网络交通量分配结果,量化网络设施规模与量级,例如,确定道路等级、功能、车道规模、布局,公共交通网络层级、功能、运营组织要求、网络布局等,形成多个系统交通规划的比选方案和协调方案。

最后,根据出行空间分布、方式划分和网络分配,针对客流走廊及相邻片区、不同城市区域提出差异化交通政策和管控措施。引导交通出行向以公共交通方式为主的组织模式转化,提高交通资源的有效和公平利用。

为了使规划方案具有操作性和可行性,在方案形成过程中,应采取多种方式征求相关部门和公众意见。

为了确保规划方案的顺利实施,应制订分期、分阶段建设计划或年度建设计划,同时提出发展政策建议以及用地、投资、管理等方面的保障机制。

六、规划方案测试与评价

1. 交通规划方案测试内容

采用交通需求分析模型对城市交通规划比选方案进行测试,测试的主要内容包括:
(1)城市机动车发展规模。
(2)交通方式构成与交通政策影响。
(3)城市道路网络总体容量和各级道路服务水平。
(4)城市道路关键走廊与断面容量和服务水平。
(5)交通换乘枢纽及重要交通集散点的容量和服务水平。
(6)公共交通服务水平。
(7)城市重要地点的交通可达性。

(8)停车需求规模及停车设施供需关系。

2. 交通规划方案评估目标和准则

在交通规划中,以下名词具有特定含义。

愿景:指的是一个社会对行为的偏好,即全社会希望看到的情景。

目标:是指通过交通规划所能达到的具体成效。

指标:是指描述实现交通规划目标所需达到的具体状态和方式。

评估准则:是指评估交通规划方案达成度的具体测度,一般通过定量成定性方法表示。

3. 交通规划方案评价方法

交通规划方案评价应采用定量与定性相结合的方法,本节介绍成本效益分析法、层次分析法两种评价方法。

(1)成本效益分析法。

成本效益分析法是一种被广泛应用的方案评估方法,其主要目的是计算各种投资方案的成本和效益,然后根据一般的投资原则,选取具有最大成本效益比的方案。

在交通规划中,成本和效益并不一定在建设时期内同时发生,而是分布在建设使用年限的每一年。因此,要判断交通规划方案对社会是否有利,通常需要通过计算总成本和总效益来初步评估。在评估过程中,常常需要将不同时期和空间的成本与效益值置于同一基准下衡量,这样才能够对计划的总成本和总效益进行评估。如果已经估计了所有的成本效益,并且知道了利率和计划的使用年限,那么可以使用净现值法等方法进行比较分析。

其中,净现值法是最常用的一种方法,它以机会成本为视角,分析整体资源的使用效率是否合理。该方法将投资按寿命期间的现金流入(即效益收入)和现金流出(即投资成本)全部贴现成为现值,然后计算它们的净效益。其计算公式如下:

$$\text{NPV} = \sum_{t=1}^{n} \frac{B_t - C_t}{(1 + k)^t} \tag{7-1}$$

式中:NPV——计划方案的整体净效益现值;

B_t——第 t 年的效益;

C_t——第 t 年的成本;

n——投资计划年限;

k——折现率。

净现值法通常被认为是一种严谨的评估方法,因为详细考虑了各个计划方案的成本和效益情况,并通过货币化的方式清楚地将成本和效益表现出来。根据净现值的大小,可以决定接受或拒绝投资专案。如果净现值大于零,则接受投资专案,反之拒绝。如果决策者面对两个以上的互斥专案,通常会选择净现值较高的专案。对于一些必须考虑到效益性的计划,如果评估方法不够客观或不够量化,可能会导致评估结果不准确。因此,对于这类计划,通常采用量化程度更高的经济效益评估方法。

（2）层次分析法。

层次分析法利用层次的概念，将复杂的问题分解为不同层次，由高层往低层依序分解。这样做可以将问题进行层次结构化，使决策者能够更清晰地理解问题的复杂性。层次分析法为每个层次设定权重值，将权重值与评点分数相乘求取优势比重值，比重值愈高表示方案优先顺序最高。这种方法适用于难以利用量化数字进行评估决策的问题。通过层次简化，决策者能够以较简单的方式决定方案的优劣，增加决策的时效性。通常，层次分析法结合了多准则评估法，利用多准则确定计划的目标和标的，然后使用层次分析法决定方案的评估权重，从而确定最佳方案。

层次分析法过程：

①建立层次关系。

②建立各层次的成对比较矩阵。

③求解各层次的权重并进行一致性检定。

④求解各方案的优势权重值，并对方案依据权重进行排序。

4. 交通规划方案评价内容

评价内容需包括经济、社会、环境、交通运行效果等方面。评价过程中，交通规划方案评价指标确定、指标重要性分类、成本与效益确定方法极为关键。一般交通规划方案评价应包括以下主要要素：

（1）交通运行预期效果及与规划目标的吻合程度。

（2）对城市规划布局的引导和支撑作用。

（3）对城市用地资源的占用程度。

（4）对城市生态和环境的影响程度。

（5）对城市历史文化、文物古迹和各类保护区的影响。

（6）地质灾害影响程度。

（7）规划的工程规模与投资。

习题

7-1　请简述城市公共汽电车网络构成与道路网络构成的差别。

7-2　某通勤者早上7:30从家到单位的出行方式为自行车→轨道→公交→步行，请问在这个过程中他使用了哪些网络，这些网络之间的衔接处分别在哪里？如果该通勤者加班到23:00，准备从单位回家，此时发现公交的末班车是22:30，轨道交通的末班车时间是23:30，面对同样的交通网络，该通勤者采用与上班相同的出行方式会有什么问题？请结合该通勤者的通勤出行状况分析网络衔接应关注哪些问题。

7-3　图7-18为某特大城市城区道路1和道路2在一天24h的流量分布情况。请分析判断这两条道路哪条可能是干路，哪条可能是支路，并说明理由。

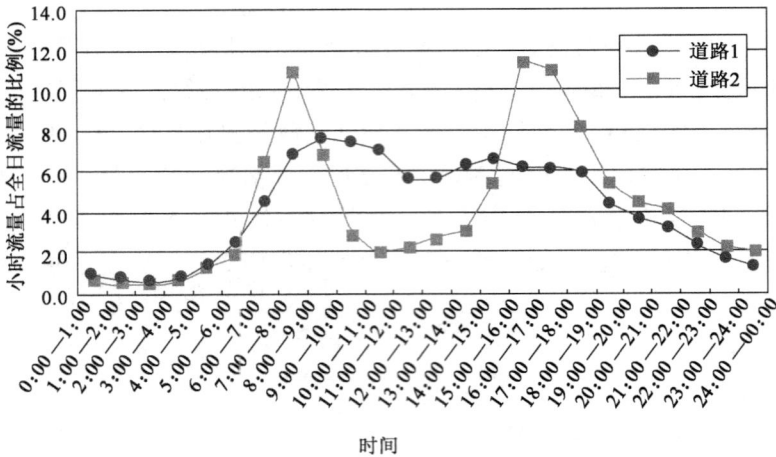

图7-18 某特大城市城区道路1和道路2在一天24小时的流量分布

7-4 如果要做公共交通专项规划,需要准备什么类型的资料和分析工具?

7-5 某城市由于地形的限制,呈狭长布局,南北向长度约40km,东西向约5km,常住人口200万人,人口及岗位分布较为均匀。城市道路总里程为900km,路网总容量为215万pcu·km/h。人均日出行次数为2.5次,各种交通出行方式比例等参数如表7-10所示。假设高峰小时禁止货车通行,过境交通全部走外围绕城高速。试分析该城市可能的机动车交通状况。如果小汽车出行比例增加到30%,同时公交出行比例下降到20%,机动车交通状况又会如何?

各种交通方式出行比例 表7-10

交通方式	小汽车	公交车	自行车/助动车	步行
出行比例(%)	20	30	25	25

7-6 某城市被河流分隔,东边是老城区,西边是新的发展区域。图7-19中A、B、C、D为南北向的干道,1、2为东西向的干道,3为东西向的快速路。虚线为规划道路。交通情况:高峰小时1、2、3路的流量分别为2000pcu/h、1500pcu/h和800pcu/h,B、C、D的流量分别为2500pcu/h,1500pcu/h和1000pcu/h。道路1和B的交叉口非常拥堵,车均延误在5min左右,其余路口的交叉口服务水平在C级左右。针对1-B交叉口的拥堵,有人提出修建立交的建议。请对此建议进行评价,并提出你的建议。

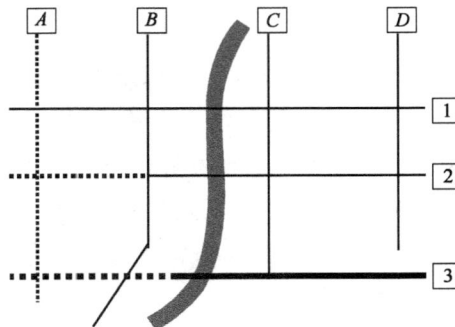

图7-19 某城市路网示意图

7-7 已知某开发区的基本情况:开发区面积为2km²,规划建设300万m²的办公楼,预计约有15万个岗位。开发区内其他类型的建筑非常少。开发区对外的交通联系主要有一条地铁线A和两条主要道路B(双向六条机动车道)和C(双向四条机动车道)。开发区建成后,预计75%的工作人员在早高峰小时内进入开发区,其中30%的人员乘坐地铁,10%骑自行车,30%乘坐公交车,其余30%乘坐小汽车来开发区上班。假设每辆公交车乘坐40人,每辆小汽车平均乘坐3人。分析该开发区(图7-20)对外道路交通系统是否与开发区的发展规划相适应?如不相适应,如何进行改进?

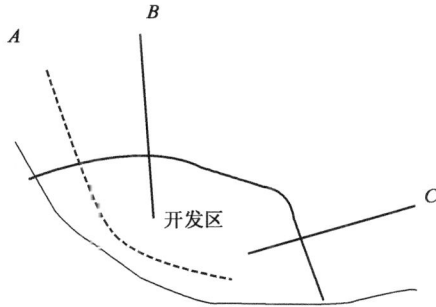

图7-20 某开发区对外交通系统示意图

第八章

交通管理与交通治理

交通管理是面向交通需求侧和供给侧采取的一系列对策措施,旨在促进供需平衡,提升交通系统服务质量。《交通强国建设纲要》《国家综合立体交通网规划纲要》是建设交通强国的顶层设计和系统谋划,两个纲要均指出应推动交通发展从追求速度和规模向更加注重质量和效益转变,推进精品建造和精细管理,推进智慧发展、绿色发展,提升交通运输的治理水平。本章将介绍交通管理基本概念及理论基础,阐述交通需求管理、交通系统管理、交通执法与秩序管理、非常态交通管理、交通治理等内容。

第一节 交通管理基本概念及理论基础

一、基本概念

交通管理(Transportation Management)是从改善交通系统的基本要求出发,以交通系统基本特征和规律为基础,调整并优化交通需求,充分利用交通供给,最大限度协调交通系统供给与需求达到最佳平衡。交通管理的对象涵盖交通系统构成要素及系统外部的影响因素。按照管理的基本出发点可概括为交通需求管理、交通系统管理、交通执法管理、非常态交通管理

等,具体如下:

调整优化交通需求——交通需求管理;

提高设施利用效率——交通系统管理;

依法保障通行环境——交通执法管理;

动态协调供需关系——非常态交通管理。

1. 交通需求管理

很多情况下,人们发现在大量扩建道路后,交通拥挤非但没有缓解,反而越来越严重,并增加了对环境的影响。由此人们开始意识到有限的交通资源不能满足无限的交通需求,于是交通需求管理(Transportation Demand Management,TDM)的理念与方法应运而生。这是交通管理理念上的一次重要变革,即由扩建道路资源来满足交通需求的增长转变为对交通需求加以控制,甚至降低需求总量,以适应已有设施所能提供的服务能力,即改"按需增供"为"按供控需",达到交通系统可持续发展的目的。1992年初,美国出版了《交通需求管理手册》宣传交通需求管理对缓解交通拥挤、改善环境质量、提高道路使用效能的重要性。

交通需求管理是在交通资源和环境容量限制下,通过使用经济、社会、政策、法规等综合手段,借助先进的交通监测、计算机、通信等技术手段,针对交通的发生源进行管理、控制或诱导,从而削减交通需求(特别是个体机动化出行需求)的规模,调整出行的时空分布,达到缓解交通拥堵、减少能源消耗、降低交通环境污染、提升交通系统运行安全和效率的目标,促进交通供给与需求的平衡。

2. 交通系统管理

交通系统管理(Transportation System Management,TSM)是一种面向交通供给侧,从交通系统整体优化的角度,充分利用现有道路交通系统资源,采用各种手段、方法、技术及交通规则,用较少的投资和较短的时间,整体上提高道路交通系统的容量和运行质量,减少交通冲突,提高通行能力,维持交通秩序,保障通行权,使交通系统更加安全、高效的管理方法。

交通系统管理可采取的手段、方法、技术及交通规则包括以下三个方面。

(1)鼓励及优先性措施:如公交优先、主干道优先等。

(2)限制性措施:根据车型、通行时间、流向等因素有选择地限制车辆通行。

(3)禁止性措施:如禁止通行、单向交通、专用路等。

3. 交通执法与秩序管理

交通执法与秩序管理(Traffic Law Enforcement Management)是确保交通系统合法、有序运行的重要环节,通过实施交通法规和通行规则,监督交通参与者守法遵规,提高通行安全和效率,保护公众安全,防止交通事故,并维护交通系统的顺畅运行。

对于交通执法与秩序管理,交通法规的制定和执行是基础。交通法规是道路交通使用者在通行中必须遵守的法律、法令、规则和条例等的统称。交通法律或法令由国家制定并颁布执行,交通规则、条例属于政令,由主管机关根据国家的交通法律、法令制定并颁布执行。制定交通法规的目的是为了保证行人与车辆在道路上安全运行。交通执法管理的关键在于法规的明确性、执法的严格性以及公众的普遍认可。交通执法需与公众教育相结合,通过增强驾驶者和行人的法律意识,促使公众自觉遵守交通规则,可以使执法者和公众共同创造安全、高效、有序的道路交通环境。此外,交通执法还需要适应城市发展和交通变化,不断更新和完善相关法规和执法手段。

4. 非常态交通管理

非常态交通管理是指在面临非正常的交通系统运行状态时,基于对交通供给与需求变化情况的分析与预测,综合采用各种技术手段与调控措施,疏导交通需求,重构交通供给,以实现交通供需关系的动态平衡的管理方法。

近年来,城市大型活动日趋频繁,在一定区域内会引发交通需求的急剧增加。交通事件也时有发生,对交通系统供需平衡造成了明显扰动。自然灾害和人为灾害有时难以避免,相关的预防及救援任务对交通系统的恢复功能提出了越来越高的要求。因地制宜、因事制宜地采取非常态交通管理非常必要。

二、理论基础

交通管理涉及的理论基础包括公共产品理论、市场失灵理论、政府管制理论,以及出行行为分析理论、网络均衡理论和交通冲突理论。

1. 公共产品基本概念

社会产品分为公共产品、私人产品两大类。公共产品相对私人产品而言,是能为绝大多数人共同消费或享用的产品或服务,具有消费或使用上的非竞争性、受益上的非排他性、效用的不可分割性等,一般由政府或社会团体提供。

公共产品可分为纯公共产品和准公共产品两类。一般说来,纯公共产品是为整个社会共同消费的产品。准公共产品兼具公共产品和私人产品属性。按照准公共产品所具有的两种产品属性的组合状况,可将其分为以下三类:

(1)具有非竞争性且具有受益排他性。

这类准公共产品在具有公共产品在消费上的非竞争属性的同时,也具有私人产品在受益上的排他属性。

(2)具有非排他性且具有竞争性。

这类准公共产品在具有公共产品消费上的非排他属性的同时,也具有私人产品受益上的竞争属性。

(3)一定条件下具有非竞争性和非排他性。

在一定条件下具有受益上的非竞争性和消费中的非排他性的准公共产品,是指只要不超过一定的限度,该产品的消费是非竞争、非排他的,但若超过一定限度,则具有竞争性和排他性。比如,不收费的桥梁,只要不产生拥挤,则具有非竞争和非排他性,但如果产生了拥挤,就具有了竞争性,为了解决拥挤问题,政府采用收费的办法抑制需求,于是就使服务具有了排他性。

若用公共经济学的基本理论去衡量,几乎所有的城市交通基础设施和服务都难以划入纯公共产品之列,而应归入准公共产品范畴。

2. 社会边际成本与私人边际成本

私人边际成本(Individual Marginal Cost)是指为消费一件物品,消费者自己所必须承担的边际成本。在实际应用中,没有外部性时,消费者付出的私人边际成本就是社会边际成本(Social Marginal Cost)。

外部性反映的是经济个体之间或人与人之间在市场外的一种相互影响,这种影响必须是某种福利影响。外部性存在的基本条件是:经济个体的私人边际成本不等于社会边际成本,个人收益不等于社会收益。具体而言,存在外部性的条件下,消费者A多消费一件物品会导致外部不经济效应,即使另一消费者B的消费环境恶化,为了抵消这种恶化的影响,消费者B必须追加一定的成本支出,这就是所谓的外部边际成本。私人边际成本与外部边际成本的总和就是A多消费一件物品的社会边际成本。社会边际成本是指系统每增加1个单位用户时,总可变费用的增加部分。

以道路设施为例,道路设施是可以自由得到的资源,每个道路使用者不会意识到自己在进入路网时影响了其他道路使用者。这里交通的外部性包含两个方面:一方面,道路使用者强加给不使用道路出行者的"费用",包括空气污染、噪声、震动等;另一方面,道路使用者强加给其他道路使用者的"费用",如速度降低产生的"费用"等。

实际生活中小汽车驾驶者必须承受的"费用"包括燃油费、车辆折旧费以及他完成这次出行需要的时间"费用"。但是,驾驶人通常不直接支付交通出行产生的外部性费用,故直接导致这次出行的社会成本或全部成本被低估。当任何人都可以使用道路设施时,道路设施就会被一直利用到私人边际成本等于需求的点,如图8-1中的交点F,对应交通流量Q_2,成本C_2;而边际社会成本曲线(MSC)与需求曲线(D)交于A点,对应交通流量Q_1,成本C_1。

但是Q_2远超过了社会边际成本与需求的相交点Q_1(在图8-2中,Q_1处于稳定流区AB,假设为一定服务水平下道路通行能力),通常认为当道路交通流量大于Q_1后,再增加1单位的道路交通量,不仅会增加出行车辆自身的出行时间,还会对道路上通行的其他车辆造成干扰,进而增加其他通行车辆的出行成本(称为负外部成本),如出行时间变长、拥挤带来的额外油耗等。随着道路交通流量趋近于Q_2,交通状态进入图8-2所示的非稳定流区CD,车速不断下降,交通拥挤加剧,整个过程导致道路设施的低效使用或无效配置,带来较大社会损失,即图8-1中ABF阴影面积。

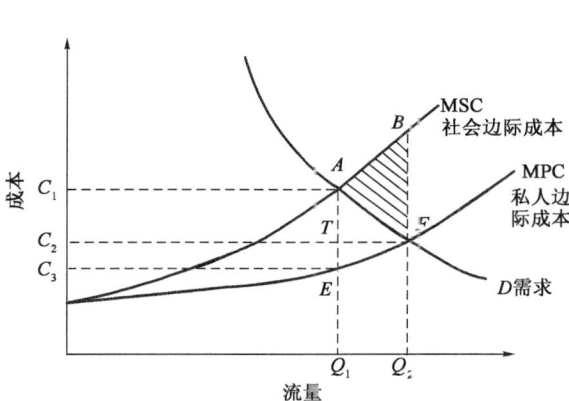

图8-1 交通外部性产生社会损失原理

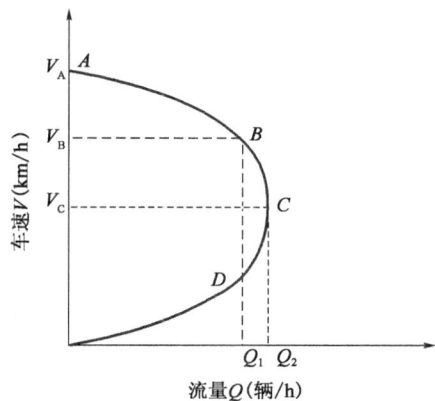

图8-2 车速-流量关系图

交通负外部成本的存在是造成社会损失的主要因素。为了减少社会损失和降低负外部成本,产生了对交通系统运行进行管制的要求,例如采取对于产生社会负外部效应的出行主体进行税收、发放通行许可证、收取拥挤费等措施,且收取费用的大小等于社会边际成本和个人边际成本之差,以抵消交通的负外部成本。在图8-1中,交通流量为Q_2时,对出行者征收拥挤费可使其意识到其造成的社会边际成本已达到A[即应额外支付(C_1-C_3)的费用],从而使交通流量从Q_2回到最佳平衡流量Q_1。图8-1的本质是还原个人出行的社会成本,从而引导人们理性选择出行,缓解城市交通拥挤。

3. 市场失灵与政府配置资源方式

市场失灵(Market Failures)理论认为,公共产品、垄断、外部性和信息不完全或不对称的存在使得市场难以解决资源配置的效率问题,市场作为配置资源的一种手段,不能实现资源配置效率的最大化,这时市场就失灵了。此时为实现资源配置效率的最大化,就必须借助于政府的干预。现代市场失灵理论认为市场不能解决的社会公平和经济稳定问题也需要政府出面化解,从而使得政府的调控边界突破了传统的市场失灵的领域而大大扩张。

城市交通服务作为一种准公共产品,主要由政府提供。为防止"市场失灵",政府需要通过经济管理手段或行政手段引导资源的合理配置。"公平"与"效率"是准公共产品供给机制选择中必须坚持的两大标准,政府需考虑公共产品的不同属性和特征,对准公共产品的多元供给制度作出顶层设计,实现城市客运交通的社会公平、环境保护和经济效益目标。

4. 出行行为分析理论

交通管理措施通过改变出行条件和出行环境,影响出行的价格和时间弹性、出行机会成本(Opportunity Cost),对出行者行为产生影响甚至改变出行行为。出行行为分析理论是用于定量分析出行者在个体属性和出行环境相互作用下的出行选择行为和交通参与行为,诸如出行频率选择、目的地选择、出行时刻选择、出行方式选择、出行路径选择等。

出行行为分析技术分为集计模型和非集计模型两类。第六章提到的"四阶段"预测法,采用的是"集计模型"的处理方法:先将出行个体的出行量集计到交通分析小区,而后生成基于小区的OD出行矩阵,再将这些出行量转换成车辆数或公交乘客数,分配到交通网络上。"集计模型"以中长期交通需求预测为主,对政策等因素变化不敏感。"四阶段"模型存在无法容纳比较丰富的人群差异性,无法合理地反映同一出行者每次出行之间的时空关联性和出行方式的一致性等问题,因此较难考虑诸如道路拥挤收费、停车收费、公交补贴等近期交通需求管理措施的影响。

针对这些问题,"非集计模型"被引入并得到了广泛的应用。"非集计模型"直接将单个决策者作为研究对象,基于随机效用最大化原理,描述每个决策者的选择行为。在交通领域,"非集计模型"可应用于交通需求量的预测、政策评价、交通服务效益评价等。"非集计模型"的理论基础是基于随机效用最大化原理的离散选择模型,而最常用的离散选择模型是多元Logit模型。在微观经济学中,个体选择行为追求的目标常被假定为效用最大化,即在个人可支配资源的约束下,使个人需求和愿望得到最大限度的满足。随机效用的概念源于计量经济学针对随机经济变量的特点作出的理论分析。多元Logit模型建立及参数估计参见第六章第三节。关于出行行为数据采集技术、出行行为分析模型分析及应用实例的内容见二维码15。

二维码15

5. 交通网络均衡理论

早期交通网络均衡研究主要集中于交通分配,随着交通资源供给约束日趋凸显,产生了以交通需求管理措施来调控交通需求时空分布的做法,以此达到系统总体最优状态——即使得网络总出行成本(或平均出行成本)最小的需求。

第六章给出了网络用户均衡和系统最优分配的基础理论,由于出行者趋于利己的路径选择行为,在不加干预的情况下,系统将趋向于达到用户均衡状态,而非系统最优状态。拥挤收费这类交通需求管理政策可以视为一种干预,即通过相应地增加道路使用者的使用成本,改变他们的出行方式、时间、路径等选择,促使整体交通系统由自发形成的用户均衡状态转向政策干预下的系统最优状态。

6. 交通冲突理论

交通冲突(Traffic Conflict)是指在可观测的条件下,两个及以上的道路使用者在空间和时间上相互接近,若任何一方不改变其行驶轨迹,就会导致碰撞的现象。交通冲突是一种非事故统计的交通安全评价方法,可被视为交通事故的先兆,但可能因交通参与者的积极避险而未产生损害后果。在交通冲突的集中区域,采取适宜的交通管理措施可在空间维度和时间维度上减少交通冲突。

第二节 交通需求管理

交通需求管理(Traffic Demand Management,TDM)旨在引导交通参与者合理改变其出行行为,以实现出行需求与交通供给的结构性平衡。在交通产生阶段,TDM策略的思路是尽可能减少出行产生量,通过交通与土地协调开发、交通政策等调整交通发生源。在出行分布阶段,TDM的思路是在空间层面促进供需平衡,对城市土地利用类型的分布加以控制,通过调整用地性质、开发强度等减少或均衡交通需求。在交通方式选择阶段,TDM的思路是使个体机动化出行转向集约化公共交通出行,刺激或抑制某些交通方式,促进交通方式结构的合理化(如汽车合乘,限制私人小汽车进入城市中心区,发展公共交通等)。在交通分配阶段,TDM的思路是从空间与时间上均衡交通流,通过向出行者提供实时交通信息,采取强制收费或限行等措施,使出行者改变出发时间或路径,以缓解拥堵。与交通需求分析四阶段对应的TDM思路与策略归纳为表8-1。

TDM策略与交通需求分析四阶段

表8-1

交通产生与分布阶段	主要实施策略		
	土地利用管理	交通出行替代	限制机动车拥有和使用
相应措施	公共交通引导型用地开发(Transit-oriented Development,TOD); 混合用地布局优化; 站点综合开发; ……	网络办公、电话会议; 居家工作/电子通勤; 网购; ……	道路拥挤收费; 停车管理及收费; 车辆通行限制; 车辆牌照管理; ……

交通方式选择 与网络分配阶段	主要实施策略		调整机动车时空分布
	增加/鼓励适宜交通方式		
相应措施	公共交通优先; 小汽车合乘; 停车换乘; 共享小汽车; 共享单车; ……	鼓励步行和骑车; 高占有率车道(HOV); 公交专用道/路; 通勤财政补贴; 班车、校车; ……	错时上下班; 弹性上班制; 交通信息发布; 智能交通控制、诱导、调度; 区域或道路分车种分时段限行; ……

TDM典型措施可归纳为:控制交通需求总量、优化出行方式结构、调节交通需求时空分布、车辆拥有与使用管理、车辆停放管理等。以下分别阐述。

一、控制交通需求总量

控制交通需求总量是指通过合理的交通规划以及政策引导,减少出行需求量。主要措施有优化土地利用、优化城市布局等。

城市土地利用与交通一体化是TDM的典型对策,TOD理念已成为被人口高密度聚集区域广泛接受的开发理念。城市土地利用是对城市用地进行不同层次及功能的配置,反映了城市布局的基本形态和城市内功能区的空间分布。一方面,城市土地利用决定交通需求的产生、吸引和分布,是交通系统规划和建设的重要依据,交通系统理所应当适应和支撑城市的基本功能;另一方面,城市交通系统可以改变城市空间的可达性,能重塑人口与经济活动的时空分布,从而主动引导和影响城市土地利用。因此,科学合理的城市土地利用可以从源头上减少交通需求,而交通网络又会反作用于土地利用,形成良性循环。实现土地利用和交通的一体化协调发展,是宏观调控交通需求总量、化解城市交通问题、实现可持续发展的治本之策。

在实际应用方面,新加坡、诺丁汉等城市贡献了成功案例。这些城市对于土地的合理规划和利用减少了居民出行,并大力推行高效的出行方式,从而达到控制交通需求总量的效果。

二、优化出行方式结构

优化出行方式结构主要是通过引导居民的出行行为实现居民出行方式选择更多地转移至公共交通和绿色交通,使各种出行方式高效、和谐地匹配出行需求,同时减少小汽车等低能效交通需求。主要措施包括:引导出行方式选择行为、优先发展公共交通、完善慢行交通系统以及实施停车换乘等。

1. 出行方式引导

引导居民出行方式选择可提高交通资源的利用率和居民出行质量,对缓解城市交通拥堵具有积极作用。居民出行方式选择受到多种因素的影响。需求侧主要为出行者的特征、出行偏好、对出行质量的预期等;供给侧主要为交通方式的服务性能,如便捷性、舒适性、快速性、价格等。对于居民出行方式的引导,不仅需要考虑到个体特征差异,更应考虑各交通方式的服务质量。

2. 优先发展公共交通

对于人口高密度聚集的城市和区域,大力发展公共交通,如轨道交通、公共汽(电)车等,提升公共交通吸引力,不仅是优化出行方式结构的重要措施,也是降低汽车交通量的关键手段。

3. 实施停车换乘

停车换乘(Park & Ride,P&R)是指私人小汽车出行者在城市中心区外围停车,换乘城市公共交通系统进入市中心,回程再利用公共交通方式返回到P&R停车场,驾驶小汽车返回出发地。这一措施通常通过实施公共交通收费或停车收费政策落实,引导乘客换乘公共交通进入城市中心区,以减少私人小汽车的过度使用,缓解中心区域交通压力。

4. 完善慢行交通系统

慢行交通是相对于快速和高速交通而言的,有时亦可称为非机动化交通(Non-motorized Transportation),出行速度一般不高于15km/h。慢行交通包括步行及非机动车交通。慢行交通在出行方式中占比较高,在我国大部分城市,慢行交通在全部交通方式中占比超过50%(如上海占56.9%,深圳占67%)。

慢行交通的基本特点可归纳如下:
①贯穿于城市公共空间的每个角落,满足居民出行、购物、休憩等需求。
②短距离出行有明显优势。
③绿色环保健康,不带来环境污染,有时还兼有锻炼身体的作用。
④在交通安全中处于弱势地位。

完善慢行交通系统,一方面可促进其与公共交通衔接,提升公共交通吸引力,促进交通方式结构合理化。另一方面,也是提高生活品质、彰显城市活力的重要途径。国际上有许多城市通过完善慢行交通系统实现了交通需求管理的目的,例如哥本哈根通过改善自行车道的服务水平和安全性,满足与日俱增的交通需求。

三、调节交通需求时空分布

交通需求在时间和空间上分布不均衡会导致交通拥堵,因此削峰填谷、空间均衡是TDM的思路之一。结合交通需求的时间分布特征,即高峰时期交通需求高、低谷时期交通需求低,采用行政等手段尽可能避免出行需求在时间上的过度集中。结合交通需求的空间分布特征,即一部分路段和区域交通需求过高,其余路段和区域交通资源闲置,可采用信息服务引导交通需求的空间分布。调节时间分布的措施主要有:错时上下班(图8-3)、倡导弹性工作制以及远程办公等。调节空间分布的措施主要有:城市与交通一体化规划、倡导职住平衡等。

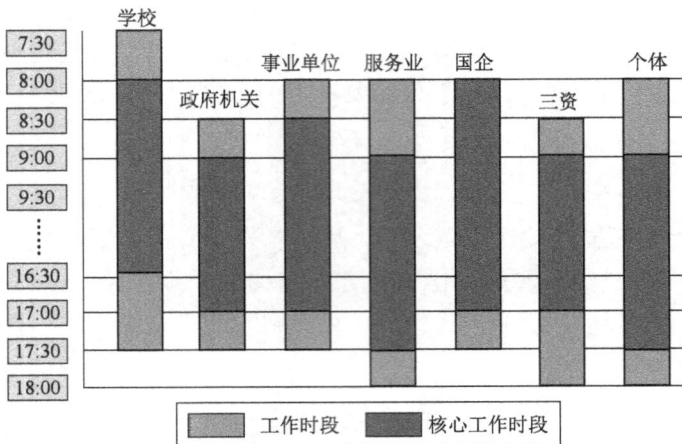

图8-3 某城市各行业工作时间

四、车辆拥有与使用管理

车辆拥有与使用管理是指通过一系列措施限制居民购买小汽车以及适度控制小汽车出行的一种管理手段。

控制车辆拥有的管理手段分为行政管制的增长总量控制和基于高额拥有成本的市场调节机制两类,主要包括限制汽车购买、限制车辆牌照购买以及自备车位等。

控制车辆使用的管理手段可分为行政性的限行措施和基于价格机制的收费调控措施两类,这两类手段的具体措施主要包括拥堵收费、单双号限行、停车收费以及鼓励汽车共享、合乘车和专车等出行方式替代独自驾车出行。

1. 车辆限购限行政策

国内大城市在控制小汽车拥有和使用的过程中,常采用限购、限行政策,限购政策包括:牌照拍卖制、车牌控量摇号制、拍牌+摇号制等;限行政策主要是小汽车通行管制,包括区域限行和时段限行,如单双号限行、尾号限行、外地牌照局部区域限行措施。国内部分城市小汽车拥有和使用控制的措施如表8-2所示。

国内部分城市小汽车拥有和使用控制措施　　　　　　　　　　　　　　　表8-2

城市类型	城市	拥有管制	使用管理
超大城市	北京	燃油车摇号与新能源车排号。车牌类型及数量控制	限号:本地车辆尾号限行、外地车辆区域禁行等
	上海	拍卖。本地牌照(除沪C牌照*)出价规则调整、价格变化等	外地车辆高架高峰限行、沪C牌照车辆区域限行、利用停车收费政策进行使用管理
	广州	摇号+拍卖。车牌类型及数量控制	外地车辆限行等
	深圳	摇号+拍卖。车牌类型及数量控制	利用停车收费政策进行使用管理
	杭州	摇号+拍卖	外地车辆区域或时段限行等
	天津	摇号+拍卖。数量控制	尾号限行、早晚高峰外埠号牌机动车限行、载货汽车通行管理

续上表

城市类型	城市	拥有管制	使用管理
特大城市	南京	无	尾号限行、特定区域和时段限行
	青岛	无	部分区域除了持证车辆及执行任务的特种车辆外，其他社会车辆全天限行、市南辖区大型客车限行
	长沙	无	货车限行，高污染排放、高噪声车辆阻行，部分区域道路禁止摩托车通行
大城市	石家庄	限购家庭第三辆车	单双号限行，中心城区内禁止重型和中型货车、三轮汽车、低速载货汽车和拖拉机通行
	贵阳	无	外地车辆连续行驶时间不得超过规定时间等
	长春	无	中重型柴油货车在特定时段和区域内禁止通行
中等城市	嘉兴	无	单双号限行
	湖州	无	单双号限行、外地车辆区域限行

注:*上海悬挂沪C牌照车辆的行驶区域是有一定限制的,只能在外环以外区域行驶。

值得注意的是,当城市人均车辆保有量已经达到一定水平,道路交通网络交通量接近或达到饱和状态后再实施限购政策时,其公平性、合法性均会受到质疑。现阶段国内城市正在深化研究以经济杠杆和碳减排控制为主要手段的小汽车使用政策,旨在引导市民形成"平时少开车、高峰不开车"的绿色出行新风尚。

2. 拥挤收费

城市道路拥挤收费(Congestion Pricing)是一种车辆使用管理手段,是指在考虑出行者路径选择和时间选择行为的基础上,在交通拥挤时段对部分区域道路使用者收取一定的费用,迫使出行者做出选择:第一,不出行或改选其他路线或时段出行;第二,改变出行方式选择(如由私人小汽车变为公共交通);第三,不改变出行选择但需支付额外费用。前两种选择都可以降低拥挤路段的交通量,而后一种选择所得来的资金可用于城市公共交通基础设施建设和公交服务水平的提高。需要说明的是,与一般道路收费(例如高速公路通行费)用于补偿成本支出不同,拥挤收费的主要目的是利用价格机制来调节城市道路交通出行需求、调整出行路径、调节交通量的时空分布。道路拥挤收费还可以有效促进交通方式选择向公交系统转移,抑制小汽车交通量的增加。

交通拥挤收费的理论基础是经济学中的边际成本定价原理。该原理认为,为使整个道路系统得到最有效的利用,行驶在拥挤路段上的用户应支付一定的费用,才能抵消它所带来的外部不经济效应。收取费用的多少等于社会边际成本和私人边际成本之差,如图3-1所示。通过对拥挤路段上的用户征收通行费来修正其对出行费用的错误感知,以保证用户在做出决策时会考虑自己的出行强加给其他用户的外部不经济性。

当考虑拥挤效应时，从出行者角度出发的用户均衡(UE)与从系统角度出发的系统最优(SO)并不能同时实现，系统角度的SO对出行者而言不具有最优性。但可以通过交通管理和政策措施尽可能拉近UE与SO之间的距离。1961年沃尔特(Walter)定量研究了道路拥挤的外部效果，提出短期拥挤边际成本定价方法，建立了交通拥挤收费模型。设每一单位交通量出行成本为C，路段上的交通量为x_a，二者之间的函数关系为：

$$C = f(x_a) \tag{8-1}$$

因此，交通量为x_a时的总出行成本TC为：

$$TC = x_a C = x_a f(x_a) \tag{8-2}$$

为求得交通量增加对总成本的影响，上式对x_a求微分，得到的边际社会成本：

$$\frac{d(TC)}{dx_a} = f(x_a) + x_a \frac{df(x_a)}{dx_a} \tag{8-3}$$

采用上述基本模型，通过例题介绍如何采用边际收费实现用户均衡向系统均衡的转化。

【例8-1】 如图8-4所示，一OD对由两条平行路段连接，OD出行量为8个单位，两路段的路段行程时间函数分别为：$t_1 = 10 + 2x_1$和$t_2 = 5 + x_2$。

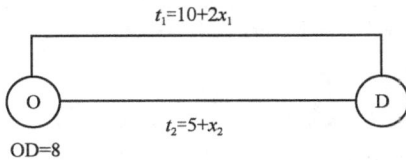

图8-4 连接OD对的两条路段图

当达到UE状态时，可求得两路段的流量分别为$x_1 = 1$、$x_2 = 7$，两路段的平均行程时间相等，即$t_1 = t_2 = 12$。此时的系统总行程时间为$12 \times 8 = 96$。

当达到SO状态时，可求得两路段的流量分别为$x_1 = 1.83$、$x_2 = 6.17$，两路段的平均行程时间不相等，$t_1 = 13.66$，$t_2 = 11.17$(即不会自然达到UE状态)。此时的系统总行程时间为$1.83 \times 13.66 + 6.17 \times 11.17 = 93.9$，小于UE状态下的系统总行程时间96。

当进行边际收费时，收费额度为边际时间成本与平均时间成本的差值。

路段1的边际时间成本为：

$$\frac{d[t_1(x_1) \cdot x_1]}{dx_1} = \frac{d[(10 + 2x_1) \cdot x_1]}{dx_1} = 10 + 4x_1 = \underbrace{10 + 2x_1}_{\text{平均时间}} + \underbrace{2x_1}_{\text{收费}}$$

路段2的边际时间成本为：

$$\frac{d[t_2(x_2) \cdot x_2]}{dx_2} = \frac{d[(5 + 2x_2) \cdot x_2]}{dx_2} = 5 + 2x_2 = \underbrace{5 + x_2}_{\text{平均时间}} + \underbrace{x_2}_{\text{收费}}$$

此时，出行者在选择最优路径时，需要同时考虑平均时间和收费额度这两个因素，因此，边际时间成本也可视为考虑这两种因素的广义费用。基于广义费用的UE状态为：

$$10 + 4x_1 = 5 + 2x_2 = 5 + 2(8 - x_1)$$

即$x_1 = 1.83$、$x_2 = 6.17$，对应的系统总行程时间最小，为93.9；而用户在两路段上的广义费用相等，为17.32(表8-3)。因此，边际收费既实现了SO，也实现了基于广义费用的UE。

计算结果   表8-3

路段	UE		SO			
	流量	平均时间	流量	平均时间	收费	边际成本
1	1	12	1.83	13.66	3.66	17.32
2	7	12	6.17	11.17	6.16	17.32

注:表中的收费是广义费用,代表出行时间的经济价值,可由时间与费用的换算关系得到。

上述以理论模型为基础的最优拥挤定价已被广泛地应用到路网收费系统模型和评价当中,并由此产生路段收费和路径收费两种方式。目前,在理论模型的基础上已推导出具有弹性需求和容量约束的交通网络收费模型、多路径混合交通网络收费模型和多类型用户交通网络收费模型等。

拥挤收费是TDM措施中比较具有争议的一种,将该理论投入实践的仅有新加坡、伦敦、斯德哥尔摩等少数城市。伦敦和斯德哥尔摩的拥挤收费收到了较明显的效果,实施初年交通量分别降低了14%和21%。近年来国内多个城市都开始关注拥挤收费政策,并研究拥挤收费在各个城市实施的可行性,但目前还没有城市将其付诸实践。

五、停车需求管理

停车需求管理是对出行吸引点的小汽车停放需求进行调控,旨在合理限制驾车出行,促使小汽车出行转向公共交通或绿色交通出行,对于减少私人小汽车出行较为有效。具体措施包括停车时间管理、停车区域管理、停车收费管理等。

1. 停车时间管理

一般在停车资源、交通资源紧缺的地方进行停车时间管理。停车时间管理分为两类,分别为时长管理和时段管理。

停车时长管理是指限制车辆单次停放时长,以提高车辆周转率,避免车位资源的浪费。停车时间的规定应根据具体情况进行调整。例如,市中心区停车资源通常较为紧缺,易出现车辆排队等待停车的情况,因此停车时长可限制在1h以内,而在邻近市中心的区域,限时则可适当放宽至2h。

停车时段管理是指根据一天内不同时段的停车需求进行调控优化。依据时段特征可将停车需求分为夜间停车需求与日间停车需求,停车高峰时段和通行高峰时段等。夜间停车需求主要是由车辆保有引起,为居民或单位车辆夜间停放服务;日间停车需求主要由车辆使用引起,基于社会、经济活动产生的各种出行所形成。可以将夜间闲置的道路通行空间划分为停车位供车辆夜间停放;实施车位资源错时共享,引导车主在夜间闲置的商场、写字楼车位与日间闲置的居民小区车位之间错时停放,最大限度利用车位资源。

2. 停车区域管理

停车需求与城市经济活动、土地利用、人口和岗位分布等许多因素有关。城市不同功能区域的差异可能引起城市内停车供需关系的差异,需要采取区域差别化的管理措施引导和控制停车需求,缓解停车矛盾。

以上海为例,上海市实行的区域差别化停车管理政策主要有:针对不同区域实行不同的停车供给策略,体现"中心区从紧,外围区适度"和"满足基本车位,控制出行车位"的政策导向,严格控制中心区路内停车,适度增加外围区道路停车泊位等。

3. 停车收费管理

停车收费(Parking Pricing)是通过对停车设施的使用者征收费用,来改变出行者出行时段、出行者出行方式、出行目的地等,以调控出行者的停车需求。可以对不同片区、时段、路外/路内停车泊位实施不同的停车费率,以调节停车需求在时间与空间上的分布,达到平衡停车供需之目的。

停车收费机理是从边际成本定价原理出发,对一定区域内有停车需求的交通出行者征收费用,以增加个人边际成本,使得交通出行者放弃驾车出行,以达到缓解区域交通压力与合理利用停车设施之目的。如果某区域停车费用较低,使出行者的出行希望效用(承担能力)大于出行成本(边际个人成本),就会造成过多的小汽车交通涌入该区域,造成区域交通路网压力增加,整体运行效率降低,形成"负外部效应"。停车收费上调机制的作用是将小汽车出行者所带来的"负外部效应"内部化,即补偿了该区域停车产生的社会成本和交通拥挤造成的外部成本,缓解区域的交通拥挤。

二维码16　　　二维码17

每一项交通需求管理措施都有其自身特点,多项措施共同作用往往可形成管理效果,但实施前、实施中会遇到诸多问题,需要多方合作与支持。交通需求管理措施实施成败的关键环节见二维码16,《移动性管理的国际实践与理论研究综述》见二维码17。

第三节　交通系统管理

交通系统管理的目的在于充分利用现有交通系统的资源,典型措施包括交通组织优化、特殊车道管理、优先通行管理、接入交通管理等。

一、交通组织优化

交通组织优化是指在有限的道路空间内,科学合理地分时、分路、分车型、分流向使用道路,使道路交通处于有序、高效的运行状态。主要体现在区域路网上的单向交通组织和节点上的转向交通组织。

1. 单向交通组织

单向交通又称单行线,是只允许车辆按一个方向行驶的交通组织形式,适用于高密度狭窄路网上的拥堵缓解,可减少对向车流间的冲突,改善狭窄道路的通行条件,简化交叉口交通组织。

根据管理模式,单向交通一般可分为以下四类。

①固定式单向交通:所有时段内均实行单向交通组织。

②定时式单向交通:仅部分时段内实行单向交通组织。

③可逆性单向交通:在不同时段内实行不同方向的单向交通组织。

④车种性单向交通:仅对特定车种实行单向交通组织。

（1）单向交通的实施效益。

①提高路段通行能力。实行单向交通减少了对向车流间的冲突,通过增加单向驾驶宽度创造了超车空间,缓解了慢车移动瓶颈的影响,可显著提高车速和路段通行能力,也为设置公交专用道创造了条件。此外,满足宽度条件的巷弄也可用于单向通行,能够减轻主干道的交通负荷。

②提高交通安全性。单向通行条件下,车流间冲突点数量大大减少,能够降低交通事故频率,即使发生事故,也以追尾类型为主,降低了恶性事故率。此外,对向来车的眩光干扰被消除,行人过街也只需注意单方向来车,进一步减少了交通事故。

③提高交叉口通行能力。在单向交通条件下,交叉口处的车辆流向减少,车流冲突点类型也随之减少,可简化交叉口的交通组织,以更少的信号灯相位实现无冲突控制,降低交叉口延误,增加有效绿灯时间,提高通行能力。此外,部分高架下匝道口附近也可通过实行单向交通来减少冲突,提高疏散效率。

④提供停车空间。在狭窄道路上,实行单向交通可在不引起阻塞的情况下释放部分道路空间,可供路边停车,适用于学校、医院等停车供给不足的场所附近的低等级道路。

（2）单向交通的负面影响。

①增加绕行。在不能双向通行的情况下,部分出行者需绕行,增加了出行距离和周边道路上的无效交通,且容易导致不熟悉路况的驾驶人迷路。

②影响公共汽车。在单向交通条件下,部分公共汽车线路和站点需要迁移,增加了部分旅客出行与换乘的步行距离,造成不便。若保留公共汽车双向通行,则会影响单向交通的效益与安全性。

③影响非机动车交通。非机动车占地面积小且灵活,善于利用较狭窄的街、巷或低等级道路通行。在这些区域实行单向交通限制了非机动车的通行,容易使其违规通行,且管理难度较大。因此,一些道路条件较好的机动车单行道会保留非机动车双向通行的交通组织设计。

（3）单向交通的实施条件。

单向交通组织在效率、安全、容量等多方面产生效益,但也具有明显的负面影响,是一把"双刃剑"。结合国内外经验,实施单向交通组织一般应满足以下条件:

①路网密度较高,达到10km/km²以上。

②由起终点相同的两条平行道路构成对偶单行道路,间距不超过400m。网络化单行宜设置在棋盘式路网上。

③设置长距离通道式单行的对偶道路之间应有多条通道联系。

④交通组成单一,非机动车出行比例较低。

⑤具有明显潮汐交通特性的街道,其宽度不足三车道的可实施可逆性单向交通。

2. 转向交通组织

转向交通组织包括左转交通组织和右转交通组织。由于左转车流与对向、同向直行车流之间的矛盾,左转交通组织成为了提高交叉口通行效率与安全性的关键。

（1）左转替代。

当路网处于局部饱和状态,可考虑对瓶颈交叉口实施禁左控制,将左转车流疏导至交叉口外,以另一形式完成左转,常见的替代形式有"右转加掉头"和"直行加掉头"两种。

当交叉口左转交通量较小时,可采用"右转加掉头"的替代形式,如图8-5所示。主路上宽度足够的分隔带或支路下游交通量较少的交叉口均可作为掉头开口位置,它们与瓶颈交叉口的距离应在200m以上。

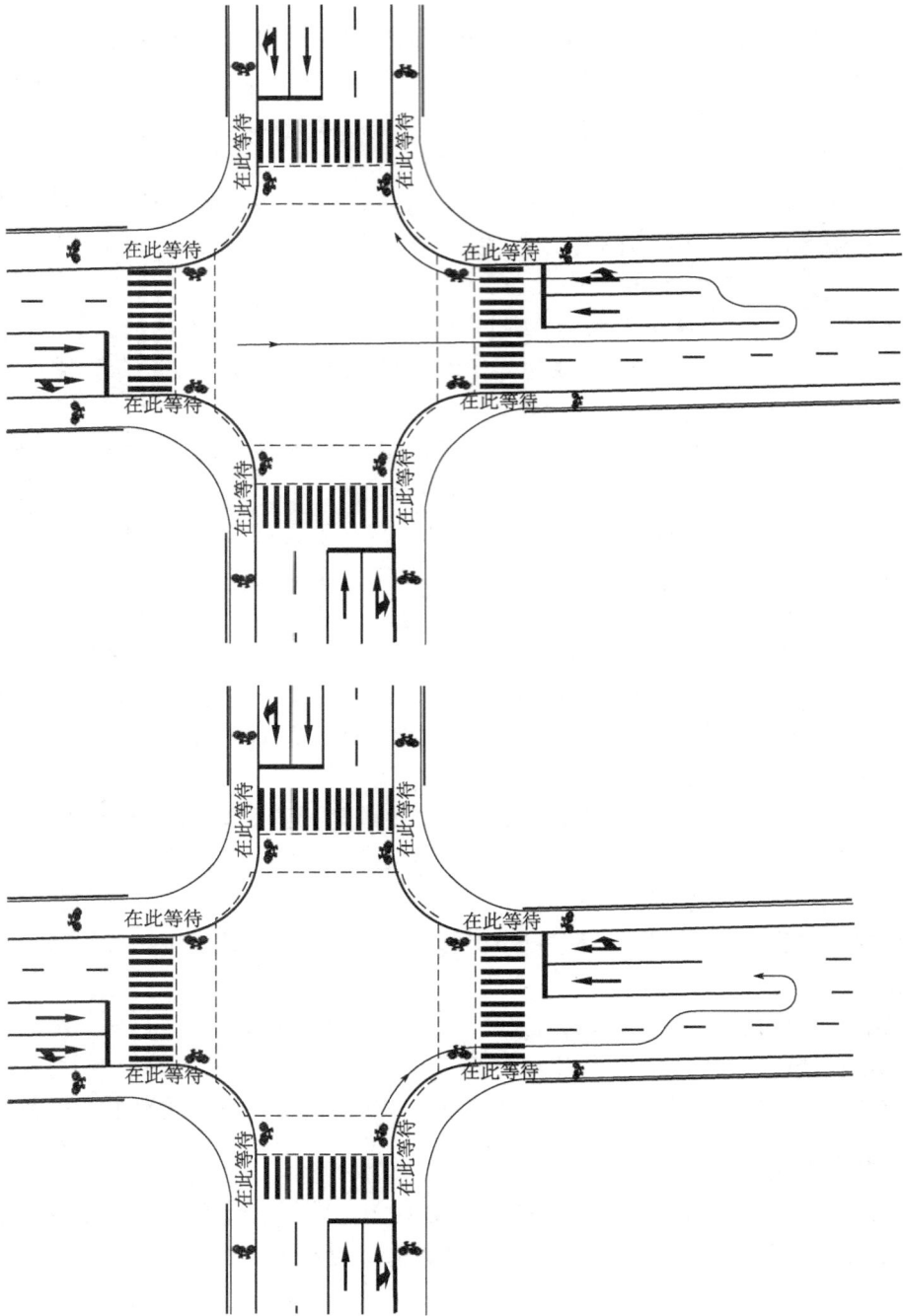

图8-5 两种左转替代形式示意图

当交叉口附近有支路网,且交叉口间距在200m以内时,可采用"连续右转"的替代形式,如图8-6所示。

(2)设置左转待行区。

当交叉口左转需求高,路网又处于全局饱和状态,导致不宜实施禁左控制时,应设置左转车道和左转专用信号相位。若交叉口左转车道是由进口道展宽得来,左转车辆排队一旦溢出就会阻塞直行车道,影响交叉口通行能力。此时,可将左转车道的停车线前移,即设置左转待行区来缓解这一问题。此外,若交叉口进口道车辆有掉头需求,也可考虑设置左转待行区,并在交叉口停车线上游设置掉头开口。

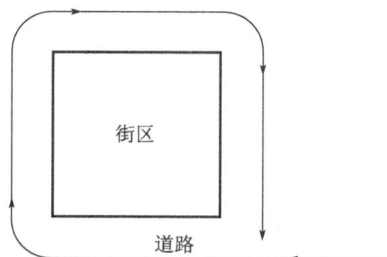

图8-6 "连续右转"形式

左转待行区一般设置在交叉口内部,停车线位于该行驶方向与对向直行车流的冲突点之前,如图8-7所示。当直行信号启亮时,左转车辆驶入待行区,左转信号启亮后方可左转。左转相位终止时,左转车辆不得停留于待行区内。

当左转需求过大,左转待行区也无法避免左转排队溢出时,应考虑增设左转车道。更多关于交通组织优化案例的内容见二维码18。

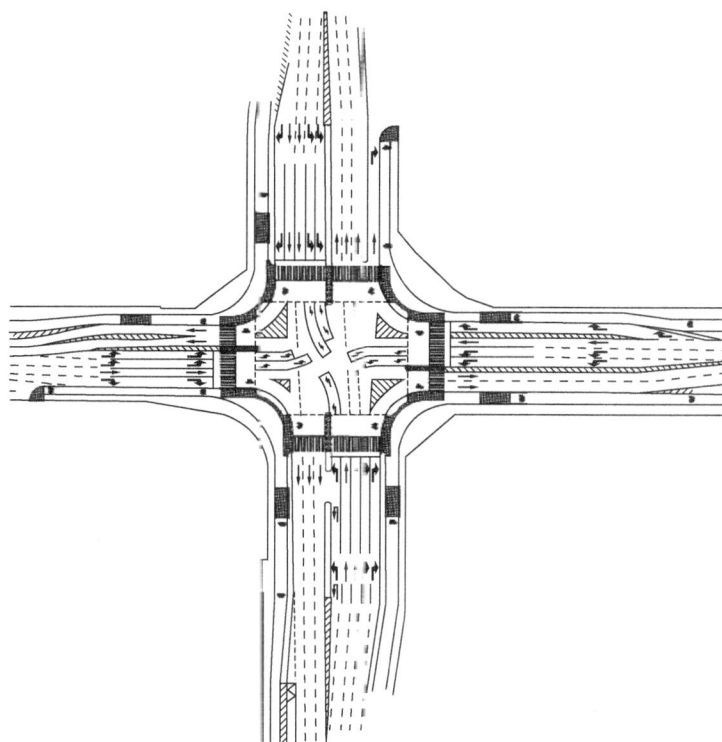

图8-7 左转待行区示意图

二维码18

二、特殊车道管理

特殊车道管理即通过车道级的特殊管理来提高交通设施的利用效率,可设置的特殊车道种类包括多乘员车辆(High Occupancy Vehicle, HOV)专用道、高占有率收费(High Occupancy

Toll，HOT)车道、公交专用道、可变车道、多功能车道等,基于服务对象和适用环境的特性,可在全天或部分时段实施特殊管理。

1. 多乘员车辆专用道(HOV车道)

HOV车道是指仅供多乘员车辆(又称高占有率车辆)行驶的车道,旨在为该部分车辆提供通畅、可靠的通行环境,以鼓励出行者选择合乘以及对公共交通方式,提高车均载客量,减少路面车辆总数。HOV在车流中的占比略低于HOV车道数占比时,HOV车道可在充分利用道路资源的前提下发挥积极作用。当HOV在车流中占比过高时,可考虑增加HOV车道数,或提高使用HOV车道的最低载客数要求,以维持HOV车道的通行效益。需要指出,HOV车道设置不合理,可能会造成HOV车道资源闲置,同时普通车道拥堵加重;或者HOV车道仍然拥堵等。

2. 高占有率收费车道(HOT车道)

HOT车道也称为多乘员收费车道,与低占有率车辆(单乘员车辆)收费相比,对多乘员车辆予以收费减免,乘员数越多,收费费率越低,甚至完全免费。当HOT车道存在闲置道路资源时,低占有率车辆可以付费使用。一般而言,通行费率随交通条件动态改变,道路越拥挤,费率越高。

3. 公交专用道(Bus-only Lane)

公交专用道是在规定时间内,只允许公共汽(电)车及其他指定车辆通行的车道和道路,包括公交专用车道和公交专用路等。是公交优先战略的物理载体之一,旨在引导居民优先选择集约化大运量公共交通工具,减少小汽车的使用,降低人均出行资源消耗。公交专用道与HOV车道相似,同样面临道路资源闲置问题,基于此,有学者提出了间歇式公交专用道的设计:在公交车联网条件下,识别公交专用道的非占用时段并开放给社会车辆使用,以提高道路利用率。

4. 可变车道(Variable Lane)

可变车道是指在不同时段内可变化行车方向或行车种类的车道,旨在根据交通流特征动态调整交通设施的供给特性,充分提高道路利用率,调节因交通量随时间分布不均而产生的各种交通矛盾。其缺点主要在于增加了交通管制的工作量,且在过渡段容易产生运行风险。

为调节方向性矛盾而设置的可变车道称为方向性可变车道,如根据早晚高峰的交通流潮汐现象设置的潮汐车道。其设置一般应满足以下条件:

①道路上机动车道数应为双向三车道及以上,总数最好为奇数。

②方向调整车道通常位于道路中央,道路不能使用固定式的中央分隔带。

③交通量方向分布系数应大于2/3。

④轻交通方向在失去可变车道后,仍应满足其交通需求,不应陷入拥堵。

⑤在城市道路上使用时,应在信号控制交叉口进口道上相应增加车道数。

为调节不同交通类型之间空间矛盾而设置的可变车道称为功能性可变车道,如商业区将车行道转化为定时步行街。其设置一般应满足以下条件:

①非机动车借用机动车道仅适用于一块板、两块板的道路。借用后,剩余的机动车道仍

应满足机动车交通需求。

②机动车借用非机动车道后,剩余车道应能保证非机动车通行的安全。

③行人借用车行道一般适用于中心商业区,除定时步行街外,要对机动车流进行分流疏导和控制。

更多关于可变车道管理的内容见二维码19。

二维码19

5. 多功能车道

多功能车道可集成多种车道功能及特殊管理方式,如事故后紧急停靠、应急交通、公交优先、预约出行等。设置多功能车道可满足道路的多种运行需求,提高道路交通对突发事件的响应能力,使交通系统的运行更灵活。

三、优先通行管理

优先通行管理可从空间和时间两个维度出发,空间优先可基于专有路权实现,时间优先则可通过信号控制实现。

1. 空间优先

空间优先可分为车道级优先和路段级优先。针对车道级优先,前文已提及各类专用车道,此处不再详述。路段级优先是指将整个通道的路权优先级分配给某些交通流。为鼓励绿色出行和高占有率车辆的出行,常用的专用路形式有步行街、自行车专用路,以及公共交通专用路等。

步行街是指在交通集中的城市中心区域设置的行人专用道,是行人优先活动区,原则上排除汽车交通,常与商业街区、传统街区相连。

自行车专用路是指专门供自行车行驶的道路,一般设于城市中心区、郊区、以及通往旅游区的道路中,也可在景区周边设置。在自行车专用路上,禁止机动车通行,以保障自行车通行安全。自行车专用路不仅具有更强的自行车交通承载力和吸引力,还可缓解高峰期公共交通拥挤状况。

为实现良好的自行车专用路效益,应注意以下几点:

①以短途通勤需求为核心,科学进行专用路选线及出入口规划。

②应及时检修、维护专用路铺面和辅助机电设备。

③加强管理,避免运行速度有差异的其他交通主体闯入,如行人、电动自行车等。

④优化设施设计,如减少出入口与衔接路面的落差。

公共交通专用路是指仅供公共汽(电)车通行、禁止其他机动车辆通行的道路,体现了公共交通优先、绿色交通优先的理念。道路两侧一般允许行人和自行车等慢行交通通行。公共汽(电)车载客量大,可以更加有效地利用道路,60人分别采用公共汽车、小汽车、自行车出行占用道路面积的差异如图8-8所示。因此,通常采用公共汽(电)车空间优先通行的理念,设置公交专用道甚至公交专用路,以提高运行效率与服务质量,引导人们弃"驾"就"乘"。

公交优先通行空间管理的对策包括:公交专用车道、公交专用路、公交专用进口车道。

公交专用道是在规定时间内,只允许公共汽(电)车及其他指定车辆通行的车道和道路,包括公交专用车道和公交专用路等。其他指定车辆是指法律法规规定的在特定情况下可以使用公交专用道的机动车辆。

| a)小汽车 | b)公共汽(电)车 | c)摩托车 |

图8-8　公共汽(电)车与小汽车、摩托车的道路利用效率比较

（1）公交专用车道。

公交专用车道的形式有路中式公交专用车道、路外侧式公交专用车道、路次外侧式公交专用车道、逆向式公交专用车道等。

（2）公交专用路。

在规定时间内，只允许公共汽(电)车及其他指定车辆通行的道路。例如，专门供公交车和自行车行驶的道路、高架快速公交专用路等。

（3）公交专用进口车道。

公交专用进口车道是指在交叉口的进口道范围内设置一条或若干条专门供公交车使用的车道。

2. 时间优先

基于信号控制的时间优先是随着技术的发展而渐进演变的，此处仅作简要介绍，具体内容将在第十一章详细阐述。

在没有车辆检测器的时期，通过分析优先车辆运行规律，并将信号与之适配的方法称为被动优先，其成本低，但缺乏实时感知能力，效果不佳。

随后，通过在优先车辆和进口道上加装设备，交叉口可感应并放行优先车辆，即主动优先，但又产生了多路优先车辆同时等候在交叉口时的优先请求冲突等问题。目前，学界已注意到主动优先需要解决社会车辆利益协调、多交叉口信号协调、多优先申请排序等问题，提出了以非延误指标最优为目标的信号控制，即实时优先，如公交时刻表偏移最小或公交车车头时距偏移最小。

此外，依《道路交通安全法》，警车、消防救援车辆、救护车、工程救险车执行紧急任务时，享有道路优先通行权，在确保安全的前提下，不受行驶路线、行驶方向、行驶速度和信号灯的限制。

四、接入交通管理

接入交通管理（Access Management，AM），也称进出交通管理，是针对干道沿线有单位开口或有支路相交时,对从干道汇入单位(支路)的交通流以及从单位(支路)汇入干道的交通流进行组织管理(图8-9),以提高通行安全和效率。接入交通管理包括对干道沿线中央分隔带开口、汇入车道等的交通运行管理,以及对连接干道的支路交通的运行管理,例如开口位置、空间渠化以及通行方式组织等。

接入交通管理的主要原则有以下几个方面。

(1)明确道路的功能侧重:明确不同类型的道路在移动性和连通性上具有不同的功能侧重,并据此进行设计和管理。

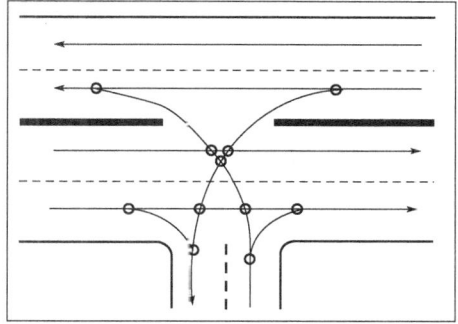

图8-9 接入口交通冲突

(2)限制主干道上的接入点:主干道承担了区域间大量的交通量,其功能侧重于移动性,因此需要限制由主干道两侧用地直接出入的车流,将其分散到附近的支路上,以避免对直行交通流的干扰。

(3)交叉口分级:交叉口是道路间主要的连接方式。不同等级道路相互连接应采用不同类型的交叉口设计。设置合理的道路交叉口分级,是构建高效交通网络的必要条件。

(4)保护交叉口的功能区:交叉口的功能区是车辆进出交叉口的区域,道路接入点与功能区距离太近会导致严重的交通冲突。因此应避免在交叉口功能区附近设置道路接入点。

(5)限制交通冲突数:为驾驶人提供相对简单的道路环境,能够有效降低发生交通事故的可能性。

(6)分离冲突区域:分离交通冲突区域,能够使驾驶人获得足够的反应时间。

(7)设置转向车道:减少转向车辆与两个流向直行车辆之间交通冲突的数量和严重程度。

(8)控制道路上的左转车辆:减少道路上直接左转的车辆能够有效降低事故发生率。

以下是接入交通管理的一些具体措施。

1. 内部出行集聚

当干道两侧的独立用地单元过多,且均将服务自身的连通性支路与干道直接相连时,会导致接入点间距过小,增加干道交通冲突,提高碰撞风险及延误。此时,宜在干道的一侧设置内部道路,将交通流集聚到内部道路,再将内部道路与次路相交,通过次路联系干道,实现交通由连通性转向移动性的合理衔接,如图8-10所示。同时,对于间距过近、不符合规范的次路接入点,应予以合并。

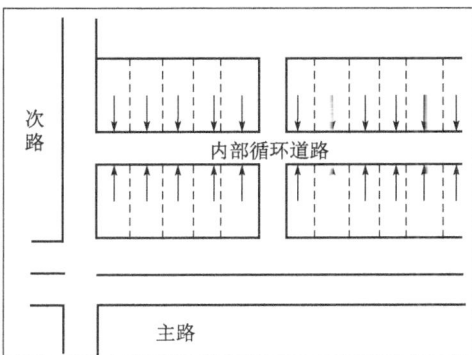

图8-10 利用内部道路集聚出行

2. 支路延长

若与干道直接相连的支路长度不足,那么干道转入支路的车流容易出现排队溢出的现象,影响干道交通运行。另一方面,支路需要进入干道的车辆缺少足够的加速距离,会在接入点产生速度差,形成安全隐患。因此,应保证与干道直接相连的支路具有足够的长度,并进行合理的分级速度管理。

3. 左转交通管理

对接入点交叉口进行合理的左转交通组织，是提高接入交通管理水平的重要措施。例如，减少中央分隔带开口、设置左转待行区、道路中央设置左转待行车道等，也可参考交通组织优化部分关于左转替代的相关措施。

4. 右转交通管理

对于自干道右转进入支路的交通，考虑到干道与支路的不同限速，宜设置减速车道。类似的，对于支路右转进入干道的交通，为减少低速进出车流对主线交通的干扰，宜在主线开口处设置加速车道。右转交通管理的概念如图8-11所示。

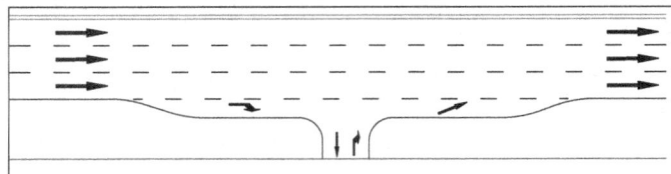

图8-11　右转交通管理

第四节　交通执法与秩序管理

交通执法与秩序管理是保障通行环境有序的必要手段，主要涉及交通法规、道路交通标志、道路交通标线三个部分。

一、交通法规

交通法规是道路交通使用者在通行中必须遵守的法律、法令、规则和条例的统称，其中，交通法律、法令由国家制定并颁布执行；交通规则、条例由主管机关根据国家的交通法律、法令制定并颁布执行。我国道路交通法律法规主要有《中华人民共和国道路交通安全法》《中华人民共和国道路交通安全法实施条例》等，它们是促进我国道路运输行业安全、健康、稳定发展的基础。

制定交通法规的目的是保证车辆与行人在道路上能安全运行，交通法规的基本内容包括对"人、车、路、环境"的管理，具体来说是要维护道路交通秩序，预防和减少交通事故，保护人身安全，保护公民、法人和其他组织的财产安全及其他合法权益，提高通行效率。

依据道路交通安全法的规定，交通执法是指交通管理部门对交通违法行为进行处罚的情形，包括口头警告、罚款、行政拘留等。我国交通运输部制定的规章《交通运输行政执法程序规定》（以下简称《规定》）旨在规范交通运输行政执法行为，促进严格规范公正文明执法和保护公民、法人和其他组织的合法权益。《规定》共设10章，包括总则、一般规定、行政检查、调查取证、行政强制措施、行政处罚、执行、案件终结、涉案财物的管理、附则。

二维码20　　　与交通法规相关的交替通行典型案例见二维码20。

二、道路交通标志

道路交通标志（Traffic Signs）是用文字或符号向交通参与者传递引导、限制、警告或指示信息的一种道路交通管理设施,一般设在路侧或道路上方(跨路式)。设置安全、醒目、清晰的交通标志是保证道路交通安全、顺畅的必要措施。

我国《道路交通标志和标线 第2部分:道路交通标志》(GB 5768.2—2022)规定了道路交通标志的分类、颜色、形状、字符、尺寸、图形、设置、使用和维护以及制作等方面的要求。该标准适用于公路、城市道路和虽在单位管辖范围但允许社会机动车通行的场所,包括广场、公共停车场等。

1. 道路交通标志的分类

(1)道路交通标志按作用划分,分为主标志和辅助标志两类。

主标志包括以下6种。

①禁令标志:禁止或限制道路使用者交通行为的标志;

②指示标志:指示道路使用者应遵循某规定的标志;

③警告标志:警告道路使用者注意道路、交通情况的标志;

④指路标志:传递道路方向、地点、距离信息的标志;

⑤旅游区标志:提供旅游景点方向、距离的标志;

⑥告示标志:告知路外设施、安全行驶信息以及其他相关信息的标志。

辅助标志是指设在主标志下方,对主标志进行辅助说明的标志。其按不同标准可进行如下分类。

①按显示位置划分,分为路侧标志和路上方标志。

②按版面内容显示方式划分,分为静态标志和可变信息标志。

③按光学特性划分,分为逆反射标志、照明标志和发光标志三种,其中照明标志按光源安装位置又分为内部照明标志和外部照明标志。

④按设置的时效划分,分为永久性标志和临时性标志。由于施工作业或交通事故管理导致道路使用条件改变的区域,所使用的道路交通标志是临时性标志。

⑤按标志传递信息的强制性程度划分,分为必须遵守标志和非必须遵守标志。

2. 道路交通标志的特性

交通标志必须易于使驾驶人在极短时间内能辨识和记忆,这是对道路交通标志的主要设计要求,也是交通标志的视认性要求,主要通过颜色和形状实现。

(1)颜色。

交通标志的颜色与人的心理效应有关。如红色能使人感受到,表示停止、约束的含义,一般用作禁令标志或规制标志;黄色有警戒、警告之意,一般用作警告标志;绿色有和平、安全之意,在交通上表示安全、可通行,一般用作导向标志;蓝色有沉静、安静之意,一般用作导向、指示标志。另外,考虑到周围景色对交通标志视认性的影响,要求文字最好用暗色,文字与底色的度差要大一些。交通标志颜色的基本含义见表8-4。

标志颜色的基本含义 表8-4

颜色	基本含义
红色	表示停止、禁止、限制
蓝色	表示指令、遵循
	表示一般道路(除高速公路和城市快速路之外的道路)指路信息

颜色	基本含义
黄色/荧光黄色	表示警告
荧光黄绿色	表示与行人有关的警告
绿色	表示高速公路和城市快速路指路信息
棕色	表示旅游区指路信息
橙色/荧光橙色	表示因作业引起的道路或车道使用发生变化
粉红色/荧光粉红色	表示因交通事故处理引起的道路或车道使用发生变化
黑色	用于标志的文字、图形符号和部分标志边框
白色	用于标志的底色、文字和图形符号以及部分标志的边框

注:红色为标志底板、红圈及红杠的颜色

二维码21

上海停车诱导板的演变见二维码21。

（2）形状。

交通标志形状选用的原则是要求视认性强,一般选用简单的形状。从视认性看,三角形最好,菱形其次,角越多视认性越差,矩形最易同广告及其他结构物混淆。道路交通标志形状应符合如下规定:

①正八边形:用于禁令标志中的停车让行标志;

②倒等边三角形:用于禁令标志中的减速让行标志;

③圆形:用于禁令标志和指示标志;

④正等边三角形:用于警告标志;

⑤叉形:用于"叉形符号"警告标志;

⑥矩形:用于指路标志、旅游区标志、告示标志和辅助标志,以及部分禁令标志、指示标志和警告标志等。

三、道路交通标线

道路交通标线是由标划于路面上的各种线条、箭头、文字、立面标记,突起路标和轮廓标等所构成的交通安全设施。其作用是管制和引导交通,可以与交通标志配合使用,也可单独使用。

1. 道路交通标线的分类

（1）按设置方式分类。

①纵向标线:沿道路行车方向设置的标线;

②横向标线:与道路行车方向成角度设置的标线;

③其他标线:字符标记或其他形式标线。

（2）按功能分类。

①指示标线:指示车行道、行车方向、路面边缘、人行道等设施的标线;

②禁止标线:告示道路交通的遵行、禁止、限制等特殊规定,如不准车辆跨越的双黄实线、停车让行线、禁止停车线等驾驶人及行人需严格遵守的标线;

③警告标线:促使驾驶人及行人了解道路上的特殊情况,提高警觉,准备防范应变措施的标线,如车道渐变标线、接近障碍物标线等。

(3)按形态分类。

①线条:标划于路面、实体交通岛、缘石或立面上的实线或虚线;

②字符标记:标划于路面上的文字、数字及各种图形符号;

③突起路标:安装于路面上用于标示车道分界、边缘、分合流、弯道、危险路段、路宽变化、路面障碍物位置的反光或不反光体;

④轮廓标:安装于道路两侧,用以指示道路的方向、车行道边界轮廓的反光柱(或片)。

2. 道路交通标线的特性

(1)颜色、线型。

传统白色道路交通标线较为醒目且视认效果好,黄色交通标线用于分隔限制道路两侧对向车流相互跨越和干扰。为了确保夜间的视认性,路面标线可使用具有反射特性的材料标划。道路交通标线的不同标划含义如下。

①白色虚线:划于路段中时,用以分隔同向行驶的交通流或作为行车安全距离识别线;划于路口时,用以引导车辆行进。

②白色实线:划于路段中时,用以分隔同向行驶的机动车和非机动车,或指示车行道的边缘;划于路口时,可用作导向车道线或停止线。

③黄色虚线:划于路段中时,用以分隔对向行驶的交通流;划于路侧或缘石上时,用以禁止车辆长时在路边停放。

④黄色实线:划于路段中时,用以分隔对向行驶的交通流;划于路侧或缘石上时,用以禁止车辆长时或临时在路边停放。

⑤双白虚线:划于路口时,作为减速让行线;划于路段中时,作为行车方向随时间改变之可变车道线。

⑥双黄实线:划于路段中时,用以分隔对向行驶的交通流。

⑦黄色虚实线:划于路段中时,用以分隔对向行驶的交通流;黄色实线一侧禁止车辆超车、跨越或回转,黄色虚线一侧在保证安全的情况下准许车辆超车、跨越或回转。

⑧双白实线:划于路口时,作为停车让行线。

(2)长、宽尺寸。

驾驶人的行车视觉对纵向和横向交通标线的宽度有着不同的要求。纵向标线宽度一般取 10~15cm,标线宽度与道路宽度成正比。横向标线宽度应比纵向标线宽,因为驾驶人在行车中发现横向标线的方向往往是由远到近,尤其在距横向标线较远时,驾驶人视角范围很小。此外,根据远小近大的原理,加宽横向标线很有必要,一般宽度为 20~40cm。暗底色上的白色虚线标线,虚线中的实线段与间隔长度之比与车辆的行驶速度直接有关。实线段与间隔距离太近,会造成其闪现率过高而出现连续感,对驾驶人产生过分的刺激。在郊外公路上线段与间隔的闪现率不大于4次/s被认为是可以接受的,闪现率2.5~3.0次/s效果最好。

(3)反射性。

为了确保夜间的视认性,路面标线可采用具有反射特性的材料。

第五节　非常态交通管理

非常态环境下，交通供给和需求会在短时间内剧烈波动，打破原有的供需平衡状态，引发交通问题。此时应根据交通环境的具体变化，综合采用相应的交通管理策略，以维持交通系统的平稳运行。

一、大型活动交通管理

举办大型活动时，活动场所会聚集大量的交通需求，活动参与人员在活动开始前密集到达，在活动结束后集中离开。同时，如马拉松比赛、自行车赛等体育类活动还可能会占用一定的道路空间，使活动期间的交通供给下降。基于以上特点，在活动的不同阶段均应采取交通管理措施。

活动开始前，应做好出行信息引导和交通需求预测，并提供运力保障；

活动进行中，应快速确定实际影响范围，并提供替代交通方案；

活动结束后，应按需调集运力，并进行有效疏导。

1. 活动开始前

体育赛事、音乐会等活动的持续时间短，通常为一次性活动。该阶段的主要交通问题是密集的人员到达分布。若举办活动的时间、地点已知，活动规模也可通过售票、场所容量等信息进行推测，据此可预测客流需求。由于道路空间、停车空间等的限制，客流不一定完全通过私人小汽车方式到达，故应积极采用大规模、集约化的公共交通实现方式。可以开通从城市主要交通集散中心到活动场所的专线，并适当加密可能服务于本次活动的公共交通班次，以缓解可能的道路拥堵和延误。

世界博览会等展览型活动往往持续多日，但活动内容基本不变，可安排错峰游览。此类活动每日有固定的开始和结束时间，但仅能作为游客到达与离场时间的极限约束。为防止节假日游客数超出场馆容量，可采用以小时为粒度的门票预约管理方法进行容量控制，利用余票吸引游客在非高峰时段和日期游览，并作为交通需求预测的依据，进行相应的公共交通运力保障。

进行上述公共交通运力保障后，应积极进行媒体宣传，引导人员放弃小汽车出行计划。对于坚持使用小汽车的出行者，应做好停车诱导管理，避免这部分出行者因围绕场馆寻找停车位而产生绕行交通，引导驾驶人利用距离稍远处的停车空间。

大型活动期间也可考虑实施单向交通组织，以减少交通冲突并提供一定的停车空间，但必须考虑公共交通线路的临时变更方案，以及在场馆周围诱发的无效绕行交通量对公共交通运行和人员安全产生的影响。

2. 活动进行中

大部分基于场馆的活动不会在进行过程中影响动态交通，而需要占用道路空间的活动应重点关注此阶段。由于活动的需要，该阶段的道路空间往往被活动参与者占用，出于交通安全的考虑，宜禁止社会车辆通行。同时，相关道路的封闭会导致路网的拓扑结构发生改变，对于被切断的路径，应提供替代方案，并基于网络平台和路面信息进行宣传，引导车流高效通行。对于部分截断较高等级道路用于活动的，应提前在外围路网内进行车辆速度控制，以避免潜在恶性事件。

对于无需报名的开放性大型活动,应考虑场所的容量限制,及时限制人流量,避免发生踩踏事故。当活动需要拓展场所时,可考虑对周边低等级道路进行功能性转换,借用为人行道,同时做好连接道路上的车辆引导。

3. 活动结束后

该阶段的主要交通问题是高度集中的人员疏散需求。该阶段采取的管理措施可与到达场馆的交通管理措施保持一致,即根据活动规模,确定疏散交通需求量,并根据活动开始前的集中过程估计人员主要疏散方向及比例,开行前往外围交通集散中心及不同公共交通线路站点的专线,防止场馆周边少数站点、线路的交通拥挤。考虑到大型活动常利用夜晚时间举办,应适当延长城市公共交通系统的运营时间,并积极调动出租车运力,提供门到门服务,缓解公共汽车和轨道交通系统的压力。

二、交通事件管理

交通事件还可能具有突发性,其发生时间、地点、类型和影响程度不可预知。因此,交通事件管理的首要问题就是交通事件的检测与确认,确认后进行快速反应和现场处理,并对其影响范围实施一定的交通管理,直至事件处理完毕,恢复原通行条件,并发布相关信息。

1. 交通事件检测

交通事件发生后,通常会导致部分道路阻塞,形成临时瓶颈或断点。因此,可以通过交通状态的偶发性改变来尝试检测交通事件,常用的数据源有路段断面和交叉口进出口道实时检测数据、浮动车数据和收费站通行数据。检测算法的一种常见思路为:纵向比较两处相邻地点采集的交通数据,若上游交通状态逐渐陷入拥挤,而下游交通状态不变或有所改善,且这一变化是偶发性的,则两处检测地点之间可能发生了交通事件。

随后,应进行交通事件的确认,可借助摄像头的视觉检测信息进行判断。若其识别不清或覆盖范围不足,还应进行现场人工复检。

此外,互联网数据逐渐成为交通管理的一类重要数据源,其源于出行者自主上传,可信度有限,处理较困难,但覆盖范围广,对事件地点及类型的描述也较为精确。

2. 事件处理期间的交通管理

对于临时占用道路空间的交通事件,应快速反应,清理撒漏物品,将车辆移至不妨碍交通的地点处理。对于道路结构被破坏、有损道路通行能力的,应呼叫应急救援及工程抢险车辆。

在交通事件处理期间,应对受影响的路网进行交通管理。在事发路段上游,进行交通诱导,临时将交通量转移至平行替代道路。若事发路段仍保有可通行车道,则还应进行平顺性与安全性管理,可考虑通过连续限速控制等手段,对来自上游的交通流进行状态转换,并尽早引导变道,避免在事件发生位置附近出现紧急刹车或插队通行的行为,预防发生二次事故。

事件处理完毕后,可恢复正常通行,并发布相关信息。

施工区交通组织的变迁案例见二维码22。

三、应急交通管理

发生恶性交通事故或自然灾害时,其突发性及灾难性使得事中管理难以进

二维码22

行,而事前仅能进行应急预案、物资和人员的准备,故此类应急交通管理往往应用于事后阶段。此时,部分路段通行受阻,交通供给下降,可能还有疏散人群的额外交通需求。

发生恶性交通事故后,对外部路网的管理思路可参照交通事件管理,即诱导上游车辆、尽量维持通行,但不同点在于:应急救援车辆需要迅速赶到事故地点,救援线路上的道路应清空应急车道,并通过信号控制等手段提供优先通行权。

发生自然灾害后,交通设施有可能遭到破坏,损害路网的连接性与应急车辆的出行可靠性。因此,首先应检查路网的连接性,保障应急物资的运输发放及受灾人员的紧急撤离需求,必要时可借助空中运输。随后,应抢修对应急救援重要度高的道路,恢复路网的连接性与力学可靠性。对前往受灾区域的道路,应实施基于车辆种类的限制通行管理,在灾害处置结束前限制社会车辆的通行。

此外,对城市内应急车辆的交通管理也可称为应急交通管理,其做法可参照优先通行管理,以应急救援车辆为优先车辆,一般采用主动优先策略,具有绝对优先级。

第六节　交　通　治　理

中共十八届三中全会提出了"国家治理体系和治理能力现代化","治理"开始成为中国官方理论体系下的重要概念。近十余年,新老矛盾交织与新旧利益碰撞,城市交通已逐渐开始呈现与以往差异显著的基本特征,交通服务共建、共享、共治成为新要求和新趋势。对城市交通发展的认识,必须由提供基础设施向提供均等的公共服务转变;衡量城市交通的发展,也必须向能否满足人的需求、能否提高交通服务共建共享水平转变。政府包建包管的交通管理手段,既不能解决旧矛盾,也无法应对新问题。交通治理必须打破对传统城市交通管理的路径依赖,从设施建设管理、系统运行管理和行业管理范畴向公共服务供给和社会治理转型。

一、城市交通治理内涵

城市交通治理(Urban Transport Governance)是指运用公共治理基础理论方法,针对城市交通服务链的特征与要求,优化各类资源配置(公共资源或市场资源),建立政府、企业、社会组织、公众等多元主体在交通服务体系构建过程中的权责关系,设计维系多元主体权责关系的正式与非正式制度安排。城市交通管理与交通治理关系如图8-12所示。

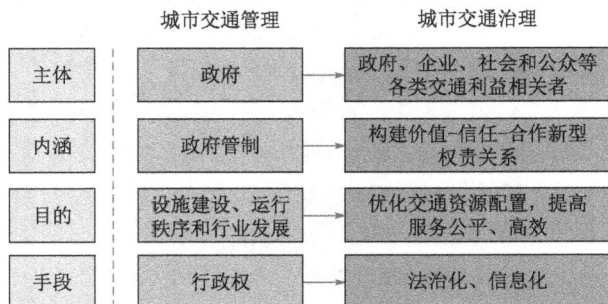

图8-12　城市交通管理转向交通治理

城市交通服务链是指由服务提供、服务生产、服务消费与服务评估构成的交通服务全过程。城市交通治理的现代化是指提高交通服务的共建、共享、共赢水平。

二、城市交通治理的理论基础

治理理论提供了城市交通治理的基础理论分析框架。治理理论朝向合作治理的发展构成了我国城市交通治理理论的变革基础。治理理论要求城市交通治理在价值层面和工程技术层面实现统一。

1. 治理理论的核心:工具理性与价值理性的统一

治理理论具有工具理性与价值理性相统一的特点。从工具理性的角度,治理理论为治理主体提供了寻求优化解决方案的视角。不同的治理主体都希望在追求治理效率提高的同时降低治理成本。作为工具而言,治理理论需要构建能够提高治理能力和提升治理成效的理论设计。因而,从工具的角度,治理的概念可以从不同层面来理解,根据治理目标在诸多情境和不同学科中同时运用和发展。

从价值理性的角度,治理的目的与意义并不是其理论本身产生的,而是与治理主体的制度环境和价值取向相关联。治理主体嵌入的国家制度环境直接影响治理绩效。因而,治理理论在理论价值内核上必然嵌入治理主体的政治制度及其背后意识形态。因此,我国城市交通治理在引入和运用相关理论时要注意技术和意识形态两方面统一。

2. 城市治理理论发展趋势:合作治理

治理理论的核心假设之一是非政府参与主体能够在管理过程中发挥重要作用。城市治理也是基于政府管理的局限性,探寻政府、市场、社会共同促进城市发展的道路。现阶段随着合作治理的兴起,城市交通合作治理研究也在持续推进。合作治理是指在治理目的具有多元价值因素考虑时,多种治理主体如政府、企业、社会组织、民众团体等在平等、主动、自愿的原则下以某一方为侧重参与社会公共事务的治理方式。城市交通合作治理是合作治理理论在城市交通领域中的具体应用,是城市交通的利益相关主体面对解决日益复杂的城市交通问题和未来城市交通服务的变革,在政府主导下通过建立合作关系,共同参与城市交通治理决策制定的过程和机制。

对于城市交通合作治理目前有以下研判:(1)城市交通问题复杂化的现实,城市交通问题已经由单一的供需问题发展为若干子因素和不确定因素叠加导致的复杂问题;(2)城市交通管理行政部门在职能和职责上无法通过单一行政手段解决问题;(3)根据中国城镇化的趋势以及城市交通发展的现状,故可以预判城市交通问题在今后相当长的一段时期内仍将十分棘手。

3. 新治理观与发展:共建共治共享

中共十八届三中全会提出了"推进国家治理体系和治理能力现代化""加快形成科学有效的社会治理体制""创新社会治理,必须着眼于维护最广大人民根本利益,最大限度增加和谐因素,增强社会发展活力,提高社会治理水平"。中共十九大报告提出了"不断推进国家治理体系和治理能力现代化""打造共建共治共享的社会治理格局……完善党委领导、政府负责、社会协同、公众参与、法治保障的社会治理体制,提高社会治理社会化、法治化、智能化、专业化水平"。中共二十大报告提出了"到二〇三五年,基本实现国家治理体系和治理能力现代化""健全共建共治共享的社会治理制度,提升社会治理效能……建设人人有责、人人尽责、人人享有的社会治理共同体"。

综上,西方城市治理理论向合作治理的发展趋势为分析我国城市治理的具体问题提供了可供借鉴的基本理论与经验,但现有西方理论与我国的城市治理具体实践存在诸多不契合的地方。城市交通治理在价值层面要创造性地借鉴与运用西方理论,将我国城市交通治理具体目标嵌入党和国家发展战略。在城市交通治理操作层面,要在党和政府的主导下推进不同主体的合作,实现治理目标。

三、城市交通治理研究框架

城市交通治理的研究框架由认识论、方法论、对策论"三位一体"构成,见图8-13。

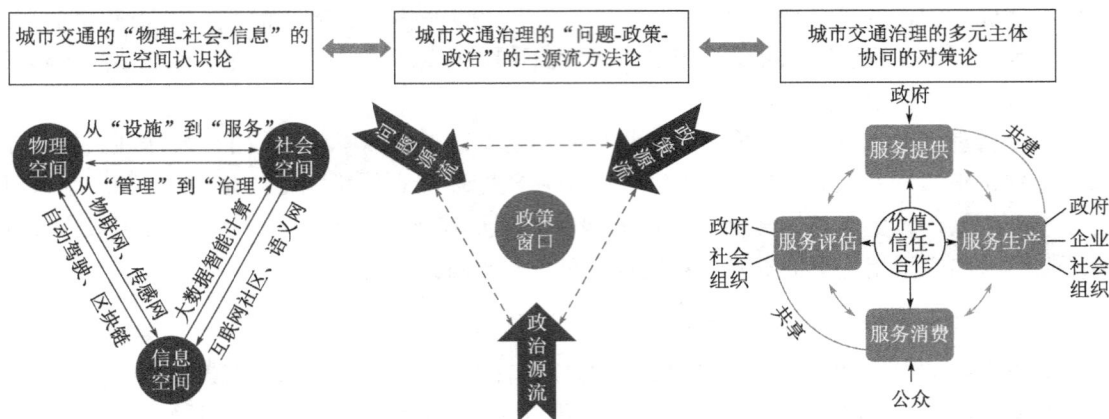

图8-13 城市交通治理研究框架

1. 城市交通的三元空间认识论

为了有效地实现城市交通治理现代化,必须科学认识其研究对象——城市交通系统。城市交通系统在城镇化、工业化的变革中不断演变,从传统的物理空间扩展为"物理-社会-信息"三元空间中展开的系统,如图8-14所示。在信息化时代,随着设施革新、社会进步和技术进步,城市交通研究需要跳出交通系统本身,拓宽分析问题的维度,注重以人为本的思想,从更多元的视角看待交通问题。

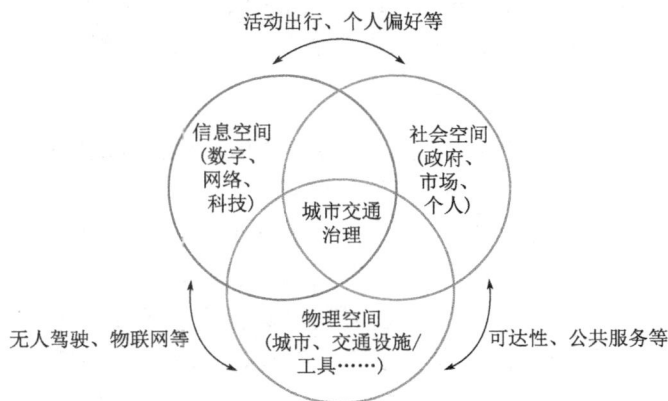

图8-14 城市交通治理的"三元空间"理论

城市交通系统是一个处于三元空间的复杂自适应系统,其三元空间属性并非简单的线性叠加,而是体现在三元空间之间的关联。探讨三元空间中的动力机制是理解城市交通演化规律的关键。将城市交通系统置于三元空间中来描述,有助于相关认识共同体和政策共同体形成对于问题的科学认知,有助于战略思维引导形成正确的对策行动路径,有助于有效使用信息工具完成政策执行。

2. 城市交通治理的三源流方法论

在公共政策研究领域中,金登(Kingdor)于1995年提出了多源流模型,提供了政策过程参与者的全景分析图。金登在1984年出版的《议程、备选方案与公共政策》(*Agendas,Alternatives,and Public Policies*)一书中提出,"一个项目被提上议程是由于在特定时刻汇合在一起的多种因素共同作用的结果,而并非它们中的一种或另一种因素单独作用的结果。"对于这种共同作用,金登借助了问题源流(Problem Stream)、政策源流(Policy Stream)和政治源流(Political Stream)三者的连接与交会来加以阐述。

问题源流是由社会环境中的各种社会问题构成的,值得注意的是并不是其中所有的问题都能够得到政策制定者的关注从而上升到政策议程的高度,只有当"各种问题开始引起政府内部及其周围人们的关注"的时候,它们才能被政策制定者识别。政策源流是由特定政策领域专业人员所生成的其内在的一种重要机制是政策共同体的形成,这种政策共同体是由专家和官僚、规划评估方面的人员、预算部门的人员、决策机构的办事人员、学者、利益集团以及研究人员所构成。独立于问题和政策源流的政治源流中,包含了不同社会群体的舆情和诉求,利益集团的影响,以及不同社会力量的对比结构等,政治源流中的实践产生往往不依赖于问题源流和政策建议源流。这三股源流运行具有相对的独立性,只有当三者交会,从而打开"政策窗口"时,问题才会被提上政策议程。

从城市交通治理的角度来看,在我国城市交通战略与政策的决策过程中,政治源流具有其独特的规律。通过机构改革提升国土空间治理能力,以及党的十九大提出加强和创新社会治理的新理念和新举措等,均是政治源流中的重要事件。而国土空间规划体系的推进、中央第五次财经会议提出提高中心城市和城市群的经济和人口承载力等,是国家层面一些重要的政策窗口。城市交通白皮书编制、中央活动区(CAZ)组团规划编制等,是地方层面的一些重要政策窗口。伴随社会和经济的发展,问题源流中对于城市建设的"以人为本"、生态文明等需求逐步被识别与关注。

3. 多元主体协同对策论

将城市交通服务分为提供、生产、消费和评估四个环节,构建基于"价值-信任-合作"的城市交通多元主体协同对策论,其主要特征属性为:

(1)服务的主体不单是政府主导的设施规划、建设、运行管理,而是政府、企业、社会组织、公众等多元主体共同作用下形成的出行服务共同体。

(2)服务的载体将是多方式交通工具与基础设施、运输组织与调控、信息服务与干预等要素共同构成的复合交通网络。

(3)服务的方式更加强调通过政策、经济、法律、信息等正式和非正式安排手段对交通需求进行时空调控,并最终映射在交通网络的运行状态中。

城市交通多元主体协同对策论中,"信任"有五个内涵:一是公民、顾客或用户对公共服务的信任;二是决策者、执行者、行政管理专家和其他公共管理者之间的相互信任;三是政府、企业、社会组织等治理主体间的相互信任;四是各级政府间的相互信任;五是培育全球范围的社会网络组织中的信任。在垂直信任和水平信任两个维度中,横向的"水平信任"具有更加重要的意义。

合作的重心主要集中在协商过程、有效参与、联合行动的能力及互益的互动,特别是参与者的协商行为、参与代表性和共识判断等。

四、未来城市交通治理的主要议题

1. 交通区域治理:城市群的交通协同发展

党的十九大报告提出,以城市群为主体构建协调发展的城镇格局。建立城市群,通过资源集中、区域协同发展,发挥资源最大化利用和开发的作用。其中,雄安新区、粤港澳大湾区、长三角等区域包含的城市在经济、产业发展上都有领先优势,对其他城市群建设具有引领作用。交通协同发展有助于城市群的建设,实现公共服务共建、共治、共享是经济发展的新突破口,也是协同发展之脉。而交通协同发展,离不开交通基础设施建设与交通协同治理。在交通协同发展的过程中,城镇、区域的空间壁垒相对容易突破,而跨区域的政治治理是交通区域治理今后面临的重大障碍。

2. 交通技术治理:数字城市与交通信息化建设

数字城市建设是信息时代的发展要求,是对城市过去、现在、未来的一种数字映射。随着交通系统逐渐向"出行即服务"的方向发展,通过数字化实现的融合为重塑交通系统带来了重大机遇。数字城市、智能城市、智慧城市的建设与交通信息化建设离不开信息化手段的介入。从信息空间入手,通过交通大数据挖掘、交通信息可视化等技术,对城市交通要素进行直观分析,也能更好地帮助决策者实时了解交通问题。在信息化的前提下对城市交通进行治理,对未来城市交通发展具有重要意义。

3. 交通发展治理:智慧城市与绿色交通

随着信息化时代的发展,智慧城市将成为未来城市建设的蓝图,智慧城市的建设是数字城市和智能城市后城市信息化的高级形态。智慧城市的建设离不开智慧交通建设,交通作为城市功能的重要载体,智慧城市的发展决定了未来交通发展将开启信息联动、科技驱动的智慧交通新模式。在"创新、协调、绿色、开放、共享"五大发展理念的引领下,未来城市交通必须坚持可持续发展的理念,发展绿色交通。基于绿色环保理念下的城市交通治理一直是近年来的关注热点,主要研究可分为从政策入手改善交通、从交通模式转型角度推进绿色交通治理、从数据出发反映交通碳排放情况等。共享出行是可持续交通的载体之一,依托新技术和新业态,共享的方式将更加丰富。将各种交通方式整合在一起,实现出行即服务,也是未来交通治理的重点领域。

4. 交通风险治理:城市交通应急管理

在经过非典型性肺炎、新冠疫情后,面向突发公共卫生事件的城市交通应急管理引起了各界关注。对于高传染性的疾病而言,公共交通所在的人群高度聚集的环境是极易发生疾病大规模传播的空间,人群之间具有交叉传染的风险。因此,面对突发公共事件下的需求和变化,城市交通治理不仅需要制定紧急状态下的应急预案,更需要制定常态化城市交通治理方案,这也是城市交通治理精细化的一种体现。从信息维度来看,国家的防疫战略应该与不同城市、不同交通方式的数据联系在一起,在大数据的背景下,研究高效快捷的城市交通应急救援措施具有重要意义。应急管理方案应该随信息的变化而变化,营造安全的出行环境,实现动态防范的同时也能保障必要出行需求。

5. 交通人本治理:交通公平与多元共治

交通的本质是人和物的移动,而在快速城镇化的进程中,以机动车交通为主的城市交通规划和发展模式往往忽视了人的体验。习近平总书记在各地考察的过程中,多次提到"人民城市人民建,人民城市为人民"。以人为本的理念渐渐融入城市交通治理当中,成为未来城市交通可持续发展的必要模式。

随着经济的快速发展,居民生活质量不断提升,个体间差异也越来越大,社会发展带来的矛盾引发了人们对社会公平问题的探讨。以人为本的城市交通治理体系需要构建更为公平的交通体系,为社会群体提供公平共享的基础设施和运输服务也是交通治理的重要目标之一。

除了公平性研究,实现公平城市的建设还需要实现民主与多元协同治理。无论是区域交通一体化、交通信息化建设,还是交通应急管理,这些场景都面临着交通治理主体的协同问题。研究政府、企业、社会组织、居民等多元城市交通主体的合作共治等问题,是提高交通综合治理能力的有效途径。

习题

8-1 从火车站到市中心可使用出租车、地铁和地面公交三种交通方式。如乘坐出租车,需要花费20元,需要15min;乘坐地铁需花费5元,需要30min;而乘坐地面公交车仅需花费2元,但需要45min。三种交通方式的效用方程如下:

$$V_{taxi} = 0.5 - 0.02 \times Time_{auto} - 0.10 \times Cost_{taxi}$$
$$V_{rail} = 0.3 - 0.03 \times Time_{rail} - 0.10 \times Cost_{rail}$$
$$V_{bus} = -0.04 \times Time_{bus} - 0.10 \times Cost_{bus}$$

式中: V——效用函数;

Cost——支出的货币费用(元);

Time——车内时间(min);

taxi、rail、bus——出租车、地铁和地面公交交通方式。

(1)在这种情况下,分别计算使用出租车、地铁和地面公交的概率。

(2)计算出租车的费用对于出租车、地铁和地面公交三种出行方式使用概率的边际效应和弹性。

8-2 某市采用电子收费的路内停车泊位有2万个,采用如表8-5所示的收费标准;社会公共停车场的停车泊位有33万个。对在路内停车泊位停车的驾驶人开展停车费率上调的问卷调查,调查数据建模得到如图8-15所示的收费标准上调-开车者放弃开车的概率曲线。目前小汽车出行占全方式出行比例为20%,请分析在该市继续上调路内停车泊位收费标准对全市的小汽车驾驶人出行行为改变的可能性。

路内停车泊位收费标准 表8-5

时段		收费标准(元/0.5h)					
		一类区域			二类区域		
		首0.5h	首0.5h后—首3h结束	首3h后	首0.5h	首0.5h后—首3h结束	首3h后
工作日	7:30—20:00	3	6	10	1.8	3.6	6
非工作日	10:00—20:00	1.2	2.4	4	0.9	1.5	2.5
其余时段		免费					

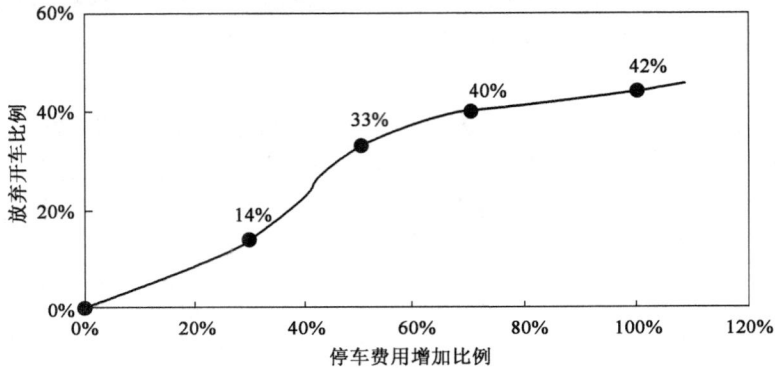

图8-15 收费标准上调-开车者放弃开车的概率曲线

8-3 在某市的中心区域,经观测得知进出该区域的高峰小时汽车流量为25000辆,双向基本平衡,交通十分拥挤;该区域共有各类停车泊位1200个,已近饱和(平均每车的停放时间为60min)。为缓解交通紧张状况,提出了三个解决方案:

(1)对该区域实行交通需求控制,如单双号通行制度。

(2)减少停车泊位或提高停车收费标准,以减少交通吸引。

(3)在该区域外围修建较高标准的环路。

论述上述三个方案的可能产生的作用和代价,并给出你的建议方案和理由。

8-4 请阐述交通系统管理的主要措施,并以其中的车道管理为例,论述HOV车道和HOT车道的设置条件,选择城市某条道路,试分析如何设置才能避免车道资源闲置,同时保障HOV车道和HOT车道一定的通行速度。

8-5 请阐述接入交通管理(进出交通管理)的概念。以干道和支路交叉为例,试给出干道上左转及右转交通的管理措施,并论述其适用性。

8-6 结合交通治理内涵和研究框架,选择某城市交通治理典型案例进行剖析。

第九章

道路交通安全

"让交通系统运行更加安全、高效"是交通工程学科中交通规划、交通管理与交通治理、交通设计、交通控制等科学研究的最终目标,而安全作为前提始终排在首位。现如今,我国经济已由高速增长阶段逐步转向了高质量发展阶段,安全发展是推进综合交通高质量发展的首要任务,道路交通安全又是综合立体交通网络安全的重要一环,与人民群众的切身利益紧密关联。因此,了解道路交通安全现状,厘清"人-车-路-环境-管理"五基本要素对道路交通安全的作用机理,掌握道路交通安全评价方法,把握道路交通安全改善逻辑,从而切实有效地提升道路交通安全水平,是至关重要的。

第一节 道路交通安全概述

一、道路交通安全研究的发展历程

广义的道路交通安全是一个历史悠久的命题。从人类开始使用道路交通工具进行生产活动起,道路交通安全管理的概念就已经诞生。几千年前的人类开始使用畜力车辆进行人和货物的运输时,便已经出现了如规定行驶方向等简单的交通规则,以维持交通秩序、避免事故。如今,道路交通安全这一概念涵盖了道路上所有交通参与者的安全出行问题,而道路上所有交通参与者的安全出行问题便是现代道路交通安全学科的主要研究内容。

从全球范围来看,现代道路交通安全的发展至今大致经历了五个阶段。

(1)懵懂阶段:汽车出现的早期,人们认为交通事故是偶然且无法预判的。

(2)朦胧阶段:20世纪20年代,随着汽车的逐渐普及,交通事故数量激增。人们发现道路交通事故的发生在特定人群中具有集中性,因而开始关注与人相关的交通事故致因。

(3)萌芽阶段:20世纪50年代,随着公路建设进入黄金期,汽车产业蓬勃发展,研究人员开始逐步认识到交通事故的发生也与道路、车辆因素相关。

(4)起步阶段:到了20世纪60—70年代,人们逐渐认识到了交通事故是人、车、路与环境等多要素综合作用的结果。随着哈顿矩阵(Haddon Matrix)模型的提出,交通研究者们提出了一系列基于多阶段、多因素的交通事故致因分析方法,道路交通安全逐渐发展成为一门学科。

(5)发展阶段:到了20世纪90年代,人们充分认识到,道路交通系统是由人、车、路、环境、管理等要素组成的动态系统,道路交通事故是多因素耦合失调所致。

直至今日,道路交通安全的分析研究依然是围绕着"人、车、路、环境、管理"这五个核心要素自身及其相互关联的安全问题展开,两大核心研究主题为"道路交通事故产生的原因"和"道路交通安全的改善方法"。

二、道路交通安全研究意义

1. WHO世界事故统计

依据世界卫生组织(World Health Organization,WHO)《2023年全球道路安全现状报告》,2021年,全球大约有119万人死于道路交通事故,致死人数较2010年的125万人相比降低了约5%。2019年的统计数据表明,道路交通事故是全球第十二大致死原因,且是全球5~29岁儿童、少年和青年人的首要致死原因。经济学家估计,2015—2030年,道路交通伤害造成的全球宏观经济损失约为1.8万亿美元(2010年不变价美元)。道路交通事故对人类社会造成了巨大的健康和经济损害,道路交通安全已成为当今社会普遍关注的重大研究方向。

2. 我国道路交通安全现状

我国每年因道路交通事故死亡的人数约为6万人(国家统计局数据),这与我国人口基数大的特点有关。从道路交通事故十万人死亡率数据来看,我国虽在发展中国家行列中表现较好,但这一数据仍有待进一步降低。依据世界卫生组织发布的数据,2021年我国道路交通事故十万人死亡数为17.4,英国为2.4,瑞典为2.1,德国为3.3。

据我国国家统计局发布的数据,改革开放后,我国民用机动车保有量快速增长。至20世纪末,机动车通行需求已超出彼时道路交通基础设施系统及其管理水平的承载能力;2002年,道路交通事故数和死亡人数达到顶峰(图9-1)。但随着一系列严管措施的出台,以及2004年《中华人民共和国道路交通安全法》开始实施,我国道路交通安全管理水平明显提升,同时交通设施也在不断优化升级,事故数与死亡人数得到了明显控制。然而近十年来,随着机动车保有量进一步增加,道路交通事故数与死亡人数略有上升。当前,民用机动车保有量增速未有明显放缓,提升道路交通安全水平仍然是一项艰巨的任务。

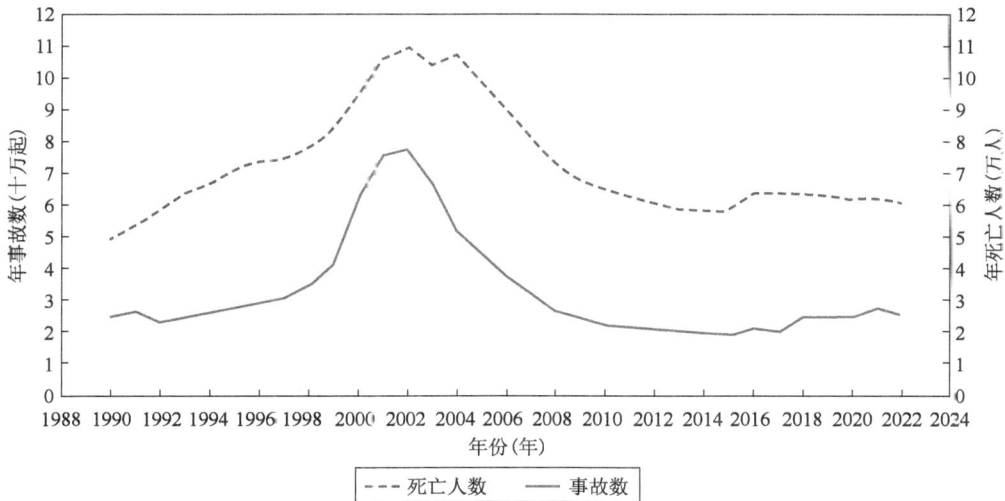

图9-1 我国全国范围内年道路交通事故数和造成死亡人数(1990—2022年)

第二节 道路交通事故数据采集

一、道路交通事故及其数据采集的定义

1. 道路交通事故的定义

《中华人民共和国道路交通安全法》(2021年4月29日第三次修正版)第119条第5项规定,道路交通事故是指车辆在道路上因过错或者意外造成的人身伤亡或者财产损失的事件。该定义中强调交通事故是因"过错或者意外"造成的事件,而非主观故意,且事件中存在人身伤亡或者财产损失。

2. 道路交通事故数据采集的定义

道路交通事故数据采集是指,在道路交通事故发生后,由专人前往事故现场,通过观察、测量、调查等方式,对道路交通事故发生的时间、地点、环境条件,事故的类型、形态,造成的损害等基本信息,事故所涉及的人、车、路、环境、管理相关方面信息的获取与记录。我国的交通事故信息调查采集工作是由处理事故的交通警察负责,同时可由其他调查人员或行业专家协助。

二、道路交通事故调查与数据采集的意义

道路交通事故数据是一个地区或国家、城市、道路交通系统的重要统计数据,是交通安全数据库的核心组成部分,可以为交通设施建设、道路改善、安全教育、车辆检验等方面的工作提供依据,具体用途包括但不限于:

(1)鉴别事故多发地点,确定防范重点。

(2)评估交通安全改善效果。

(3)评价与优化道路设计(几何线形、安全防护措施、标志和标线等)。

(4)评价与优化交通控制方案(交叉口信号配时等)。

(5)为完善交通法规提供依据。

(6)总结诱发事故的交通参与者行为,提升交通安全宣传教育的针对性。

美国基于多个州市的道路特征、交通运行特征、交通事故数据,于1987年开始建设道路安全信息系统(Highway Safety Information System,HSIS)用于道路交通安全分析,并依托该系统于2010年编制了《道路安全手册》(*Highway Safety Manual*,HSM)。欧盟于1993年建立了"欧盟道路交通事故数据集"(Community database on Accidents on the Roads in Europe,CARE),并基于交通安全数据研究了安全统计分析方法和建模技术,如欧洲交通安全委员会(European Transport Safety Council,ETSC)于1997年编制了《道路安全审计与影响评价手册》(*Road Safety Audit and Safety Impact Assessment*)。

三、我国交通事故严重程度分类与人员死亡标准

1. 我国交通事故严重程度分类

(1)道路交通事故分类。

《道路交通事故处理程序规定》(由中华人民共和国公安部于2017年7月22日发布,自2018年5月1日起实施)中,将道路交通事故按照严重程度分财产损失事故、伤人事故、死亡事故三类,具体划分标准如表9-1所示。

《道路交通事故处理程序规定》中的道路交通事故分类标准 表9-1

类名	说明
财产损失事故	造成财产损失,尚未造成人员伤亡的道路交通事故
伤人事故	造成人员受伤,尚未造成人员死亡的道路交通事故
死亡事故	造成人员死亡的道路交通事故

(2)生产安全事故分级。

当道路交通事故涉及生产经营活动时(如正常运营的客运班车或货运车辆发生事故,由于道路养护单位施工造成事故等情况),该道路交通事故纳入生产安全事故的范畴。依据《生产安全事故报告和调查处理条例》(国务院令第493号,自2007年6月1日起施行),生产安全事故划分为一般事故、较大事故、重大事故、特别重大事故四级,具体划分标准如表9-2所示。

《生产安全事故报告和调查处理条例》中的生产安全事故分级标准 表9-2

等级	说明
一般事故	造成3人以下死亡,或者10人以下重伤(包括急性工业中毒,下同),或者1000万元以下直接经济损失的事故

续上表

等级	说明
较大事故	造成3人以上10人以下死亡,或者10人以上50人以下重伤,或者1000万元以上5000万元以下直接经济损失的事故
重大事故	造成10人以上30人以下死亡,或者50人以上100人以下重伤,或者5000万元以上1亿元以下直接经济损失的事故
特别重大事故	造成30人以上死亡,或者100人以上重伤,或者1亿元以上直接经济损失的事故

当前我国政府部门在实际工作中所采用的"特别重大道路交通事故""重大道路交通事故"等分级,均是按照上述生产安全事故分级标准对道路交通事故进行的定级。

值得注意的是,现行的生产安全事故分级易与我国曾使用过的"轻微事故、一般事故、重大事故、特大事故"道路交通事故分级(已废止)相混淆,该道路交通事故四级分级由《道路交通事故处理办法》(国务院令第89号,已废止)及《关于修订道路交通事故等级划分标准的通知》(公通字〔1991〕113号,已废止)确定,影响广泛,但随着我国社会经济的快速发展,早已因不适合实际需求而废止,须注意区分。

2. 我国道路交通事故的人员死亡时间标准

我国在进行道路交通事故死亡人员数统计时,计算包含因道路交通事故当场死亡的人员数,以及在道路交通事故中受伤但在事故后7天内救治无效死亡的人员数。

国际上推荐将因道路交通事故受伤后30天内救治无效死亡的人员,均计入道路交通事故死亡人员数中。部分国家按照30天的存活期标准进行记录,也有部分国家采用的标准与我国相同甚至更短,如表9-3所示。

各国对交通事故中死亡的时间界定 表9-3

国家	对交通事故中死亡的时间界定
日本、西班牙、印度尼西亚、菲律宾、泰国、土耳其	1天
波兰	2天
希腊、奥地利	3天
法国	6天
中国、意大利、孟加拉国	7天
新西兰	28天
美国、英国、加拿大、澳大利亚、俄罗斯、捷克、匈牙利、埃及、印度、马来西亚、新加坡、巴基斯坦、韩国、罗马尼亚、尼日利亚、墨西哥、巴西	30天

值得注意的是,表9-3中对于人员是否为道路交通事故中死亡的时间界定,仅针对道路交通事故相关数据统计,并不一定作为司法追责过程中的标准。例如,我国虽然以7天存活期作为统计交通事故死亡人数的标准,但是在司法实践中,对于非当场死亡的情况,无论是在事故后7天内死亡,还是在7天之外的更长时间后死亡,只要是因交通事故直接导致或者经鉴定是

因交通事故导致,均有追究事故责任方刑事责任的案例。

四、道路交通事故数据采集内容

我国交警在进行道路交通事故调查时,根据采集数据用途的不同,所需要采集的数据的具体内容也不完全相同。用于事故处理调查取证的数据,其所需要采集的内容参照《道路交通事故案卷文书》(GA 40—2018)、《道路交通管理信息采集规范 第3部分:道路交通事故处理信息采集》(GA/T 946.3—2021)、《道路交通事故现场痕迹物证勘察》(GA/T 41—2019)、《道路交通事故现场图绘制》(GA/T 49—2019)、《道路交通事故现场图形符号》(GB/T 11797—2005)、《道路交通事故现场勘察照相》(GA/T 50—2019)等标准规范要求确定;用于事故统计分析的数据,其所需要采集的内容参照《道路交通事故信息调查》(GA/T 1082—2021)标准要求确定。

本教材以《道路交通事故信息调查》(GA/T 1082—2021)(由中华人民共和国公安部于2021年2月4日发布,自2021年7月1日起实施)中对于道路交通事故数据采集内容的要求为例进行介绍。

1. 我国的道路交通事故信息调查表(用于事故统计分析)

我国现行的道路交通事故信息调查表(用于事故统计分析)分为三套,分别为《一次死亡3人以上道路交通事故信息调查表》《适用一般程序处理道路交通事故信息调查表》及《适用简易程序处理道路交通事故信息调查表》,其中调查的项目数依次减少,调查的详细程度依次降低。

根据《道路交通事故处理程序规定》(由中华人民共和国公安部于2017年7月22日发布,自2018年5月1日起实施),适用简易程序处理的道路交通事故包括:①财产损失事故;②受伤当事人伤势轻微,各方当事人一致同意适用简易程序处理的伤人事故。但有交通肇事、危险驾驶犯罪行为的除外。

对于适用简易程序处理的道路交通事故,应调查《适用简易程序处理道路交通事故信息调查表》中规定的项目;对于一次死亡3人及以上的道路交通事故,应调查《一次死亡3人以上道路交通事故信息调查表》中规定的项目;其余道路交通事故应调查《适用一般程序处理道路交通事故信息调查表》中规定的项目。

《一次死亡3人以上道路交通事故信息调查表》共包含27个子表(图9-2),分别为:基本信息表,车辆基本信息表,大中型客车信息表,重中型货车、挂车信息表,电动自行车信息表,营运客车信息表,普通货运车辆信息表,危险品运输车辆信息表,校车信息表,电动汽车信息表,辅助/自动驾驶功能信息表,起火车辆信息表,当事人基本信息表,机动车驾驶人信息表,行人信息表,摩托车/电动自行车驾驶人信息表,道路基本信息表,桥梁信息表,隧道信息表,道路交叉口信息表,施工作业区信息表,道路运输企业安全管理信息表,公安交通管理信息表,交通运输管理信息表,医疗应急救援信息表,其他相关部门信息表,综合分析表。其中,基本信息表如图9-3所示。

2. 道路交通事故信息调查(用于事故统计分析)的主要内容

针对一次死亡3人以上道路交通事故,我国道路交通事故信息调查(用于事故统计分析)

的主要内容包括事故基本信息(含自然环境信息)、事故涉及车辆信息、事故涉及人员信息、事故所在道路信息(含交通环境信息)、事故涉及管理信息、事故原因综合分析信息共六个方面。

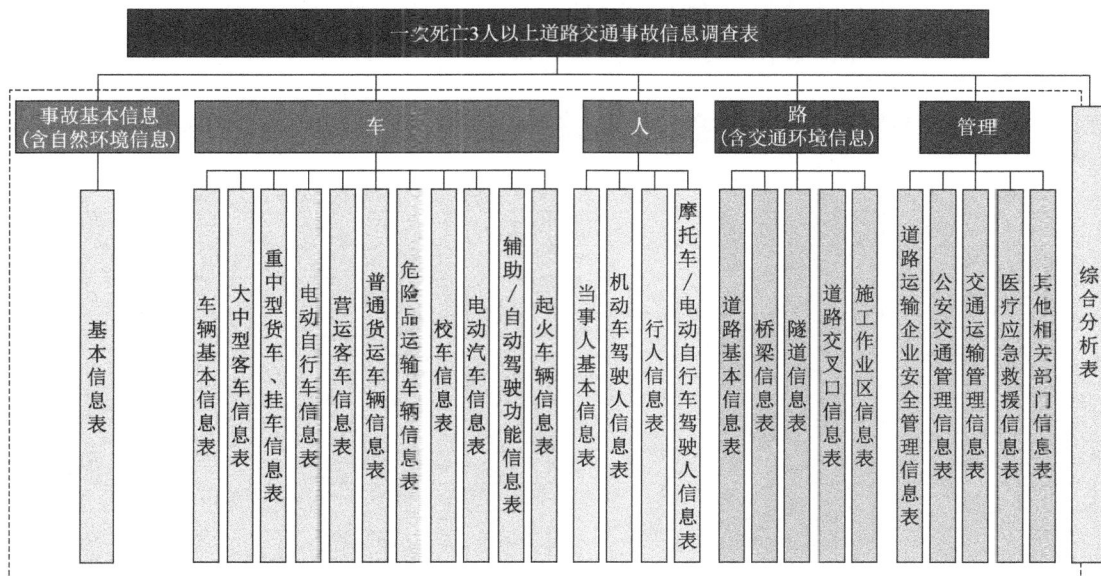

图9-2 一次死亡3人以上道路交通事故信息调查表结构图

(1)事故基本信息。

用于描述道路交通事故这一事件的一系列基本信息,主要包括事故时间、事故地点、事故形态、天气情况、道路状况、人员伤亡情况、直接财产损失、事故原因等方面。

其中,事故形态分为车辆间事故,车辆与行人事故,单车事故三大类;这三大类中的车辆间事故可分为碰撞运动车辆、碰撞静止车辆,其他车辆间事故三小类。同时,车辆间事故按照碰撞形态,可分为追尾碰撞、正面碰撞、侧面碰撞(同向)、侧面碰撞(对向)、侧面碰撞(直角)、侧面碰撞(角度不确定)、同向剐蹭、对向剐蹭、其他。如图9-4所示。

(2)车辆信息。

交通事故涉及车辆的各类信息,主要包括车辆类型、车辆基本登记信息、车辆安全状况、采取避险措施前的行驶速度、事故发生时的行驶状态、碰撞情况(碰撞速度、碰撞方位、碰撞重叠度、碰撞后车辆形态)、车内不同位置死伤情况、车辆乘员抛出车外情况、车辆受损情况、车辆起火情况、辅助/自动驾驶功能作用情况等。对于特定种类的车辆(如校车、营运客车、危险品运输车等)还需要调查相关特定信息。

(3)人员信息。

主要包含人员基本身份信息、出行目的、交通方式、安全保护装置使用情况、乘坐位置、碰撞后位置、受伤情况、死亡情况、事故责任等。另外,对于机动车驾驶人、行人、摩托车/电动自行车驾驶人还需调查额外信息,包括:针对机动车驾驶人主要调查驾驶证信息、驾龄、酒驾或毒驾情况、连续驾驶时长、历史违章、肇事情况、对车辆和路线的熟悉程度、分心驾驶情况、采取的紧急避险措施、因事故受到的处罚等;针对行人主要调查其衣物类型(浅色、深色、反光、发光)、事故前的状态和事故后的被撞击/碾压情况等;针对摩托车/电动自行车驾驶人主要调查头盔相关情况(类型、是否认证、佩戴情况、损坏类型、损坏部位)。

基本信息					
1 事故编号	□□□□□□□□□				
2 事故时间	□□□□年□□月□□日□□时□□分				
3 事故地点	路名/地点		路号	□□□□□	
	公里数	□□□□ 米数 □□□		□01-上行 □02-下行	
4 经纬度	北纬：_____，东经：_____				
5 在道路上位置	01-机动车道 02-非机动车道 03-机非混合道 04-人行道 05-人行横道 06-应急车道 07-人非混行道 08-避险车道 09-其他____				□□
6 现场形态	01-原始 02-变动 03-驾车逃逸 04-弃车逃逸 05-无现场 06-伪造现场 07-潜逃藏匿				□□
7 逃逸事故是否侦破	01-是 02-否				□□
8 是否为次生事故	01-是 02-否				□□
9 是否运载危险品	01-是 02-否				□□
10 运载危险品事故后果	01-无后果 02-爆炸 03-气体泄漏 04-液体泄漏 05-辐射泄漏 06-燃烧 07-翻倾				□□
11 天气	01-晴 02-阴 03-小到中雨 04-大到暴雨 05-小到中雪 06-大到暴雪 07-雨夹雪 08-霾 09-雾 10-大雾 11-团雾 12-强风 13-强横风 14-台风 15-沙尘 16-冰雹 17-霜浆 18-冻雨				□□
12 天气温湿度	温度 _____℃		湿度 _____%		
13 能见度	01-50m以内 02-50~100m 03-100~200m 04-200m以上				□□
14 路面状况	01-路面完好 02-施工 03-壅包 04-波浪 05-塌陷 06-坑槽 07-开裂 08-车辙 09-泛油 10-翻浆 11-拱起 19-其他____				□□
15 路表情况	01-干燥 02-潮湿 03-积水 04-漫水 05-积雪 06-结冰 07-局部冰冻 08-泥泞 09-油污 10-粘土 11-落叶 12-路障 19-其他____				□□
16 交通控制方式	01-无控制 02-交警指挥 03-信号灯 04-标志 05-标线 （可多选）				□□
17 照明条件	01-白天 02-夜间有路灯照明 03-夜间无路灯照明 04-黎明 05-黄昏				□□
18 道路监控/车载视频	01-无 02-有道路监控 03-有车载视频 04-两者都有				□□
19 事故后当事人安全措施	01-无 02-打开危险报警闪光灯 03-放置三角牌 04-设置路障 05-移到路边 09-其他___				□□
20 事故对道路交通影响	01-无影响 02-对交通流影响不大 03-影响较大,车辆排队积压 04-车辆严重排队积压 (1km以上) 05-交通中断				□□
21 人员伤亡情况	事故涉及人员总数 □□	当场死亡人数 □□		抢救无效死亡人数 □□	
	下落不明人数 □□	重伤人数 □□		轻伤人数 □□	
22 直接财产损失	（元）				
23 事故涉及车辆和人员数量	机动车 □□辆	非机动车 □□辆	行人 □□人	乘员	□□人
24 事故形态	车辆间事故	11-碰撞运动车辆 12-碰撞静止车辆 13-其他车辆间事故	车辆与行人	21-刮撞行人 22-碾压行人 23-碰撞后碾压行人 29-其他车辆与行人事故	
	单车事故	31-侧翻 32-翻滚 33-坠车 34-起火 35-撞固定物 36-撞非固定物 37-自身折叠 38-乘员跌落或抛出 39-落水 49-其他单车事故			□□
25 车辆间事故碰撞形态	01-追尾碰撞 02-正面碰撞 03-侧面碰撞(同向) 04-侧面碰撞(对向) 05-侧面碰撞(直角) 06-侧面碰撞(角度不确定) 07-同向刮蹭 08-对向刮蹭 09-其他 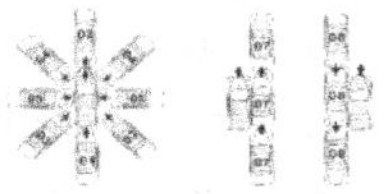				□□
26 单车事故碰撞对象	固定物	11-中央隔离设施 12-同向护栏 13-对向护栏 14-交通标识支撑物 15-缓冲物 16-直立的杆或路灯柱 17-树木 18-桥墩 19-隧道口端墙 20-建筑物 21-山体 20-其他			□□
	非固定物	31-动物 32-作业/维修设备 39-其他____			
27 事故认定原因	违法	违法行为代码：8001-未设置道路安全设施 8002-安全设施损坏、灭失 8003-道路缺陷 8009-其他道路原因____			□□□□
	非违法过错	9001-制动不当 9002-转向不当 9003-油门控制不当 9099-其他操作不当____			
	意外	9101-自然灾害 9102-机件故障 9103-爆胎 9104-突发疾病 9199-其他意外____			
	其他	9999-其他____			

图9-3 一次死亡3人以上道路交通事故信息调查表（基本信息）

事故形态

车辆与行人事故
- 刮擦行人
- 碾压行人
- 碰撞后碾压行人
- 其他车辆与行人事故

单车事故
- 侧翻
- 翻滚
- 坠车
- 起火
- 撞固定物
- 撞非固定物
- 自身折叠
- 乘员跌落或抛出

车辆间事故
- 碰撞运动车辆
- 碰撞静止车辆
- 其他车辆间事故

车辆间事故碰撞形态
- 追尾碰撞
- 正面碰撞
- 侧面碰撞(同向)
- 侧面碰撞(对向)
- 侧面碰撞(直角)
- 侧面碰撞(角度不确定)
- 同向剐蹭
- 对向剐蹭
- 其他

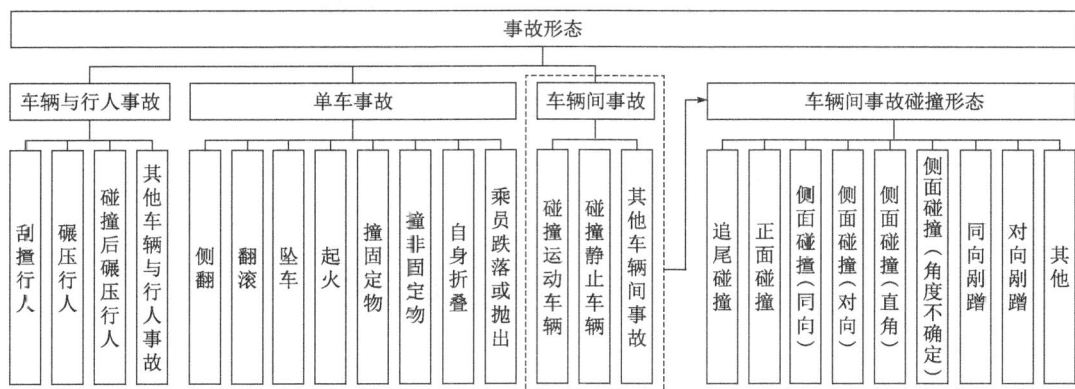

图9-4 事故形态及车辆间事故碰撞形态划分

（4）道路信息。

主要包含道路类型、路口路段类型、平面线形、纵断面线形、横断面设计（道路宽度、车道数、隔离防护设施）、路面材料、路面附着系数、道路交通环境（路侧用地、路侧构造物、交通流量等）、道路限速、道路标线情况等。发生在桥梁、隧道、交叉口，或发生在正在施工作业的道路上的事故，还要相应调查桥、隧、交叉口、施工区的相关信息。

（5）管理信息。

主要包含对于道路运输企业安全管理状况（若事故车辆为营运车辆）、公安交通管理部门的事故处理及日常安全管理情况、交通运输管理部门职责履行情况、事故医疗应急救援情况、以及其他相关部门的职责履行情况等信息。

（6）综合分析信息。

该部分信息是针对道路交通事故发生原因的综合分析，主要从人的因素、车辆因素、道路环境因素、管理因素四个方面进行记录。

对于适用一般程序处理道路交通事故及适用简易程序处理道路交通事故，我国道路交通事故信息调查（用于事故统计分析）内容则相对简单，具体可参见《道路交通事故信息调查（GA/T 1082—2021）》规范原文，此处不再进行援引。

五、道路交通事故数据采集方法

道路交通事故调查所涉及的内容繁多，对于各种规范标准中要求调查、采集的各类数据，其所在规范标准对具体调查方法都做了比较详细的说明。以《道路交通事故信息调查》（GA/T 1082—2021）为例，其第4章节为道路交通事故信息调查的一般要求，第5至第10章节分别对事故基本信息调查项目和方法、车辆信息调查项目和方法、人员信息调查项目和方法、道路信息调查项目和方法、管理信息调查项目和方法、综合分析信息调查项目和方法进行了具体说明。

总体来说，可以分为以下五类方法。

（1）人工方法：指通过事故调查人员的观察、询问、讯问、人工测量、分析等进行数据采集；

（2）仪器方法：指利用各种仪器进行数据采集，如利用卫星定位仪器获取事故的地点信息，利用激光测量仪器和全站仪重构事故现场图等；

（3）鉴定方法：指鉴定人员运用自己的专门知识和技术，对案件中需要解决的专门性问题作出结论性判断，具有客观性和科学性的特点；

(4)实验方法:指通过进行实验来还原(模拟)事故发生的过程,从而获取事故发生时的特定的状态信息。该类实验多在事故现场进行,例如现场制动试验(在相同的车辆、道路和环境下进行,测试车辆的制动性能或者事发前的车速);

(5)录像方法:这是一种事前使用的仪器法,指通过道路上、道路周边或车载摄像机记录的事故过程视频进行事故信息调查,是一种非常有效的事故调查手段。

第三节　道路交通事故特征

一、道路交通事故发生的影响因素

道路交通事故的发生是小概率事件,具有很强的随机性。所谓小概率事件,即道路交通事故仅仅是道路交通系统中所有车辆交互事件里的极小部分,海登(Hydén)于1987年提出的著名的金字塔模型能够很形象地展示这一关系(图9-5);随机性则是由于道路交通事故的发生是一系列事件经过复杂的随机组合后共同作用的结果,并且这些事件本身可能也具有很强的随机性。可见,道路交通事故发生的影响因素非常复杂。

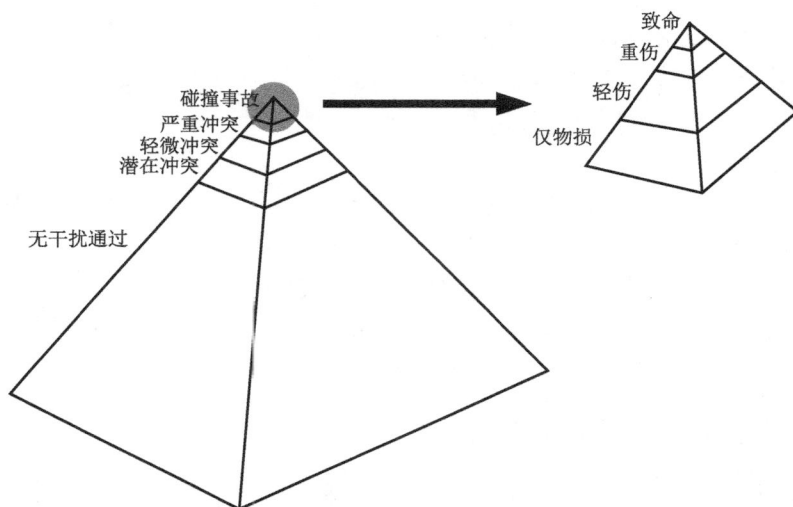

图9-5　Hydén安全表现金字塔模型

虽然影响道路交通事故发生的具体因素非常繁杂,但从总体来看,这些因素可以归纳为人的因素、车辆因素、道路因素、环境因素、管理因素五类(图9-6)。其中,"人-车-路-环境"为构成道路交通系统的四大基本要素,而"管理"则是对这四个基本要素的协调、组织、监督、维护等。同时,人的因素是这五类因素中导致道路交通事故发生的最主要因素。

由于人、车、路、环境、管理五要素中部分内容的归属可能存在重叠现象,且不同的研究者对于这五类要素的划分也不尽相同,例如有些研究人员将路与环境归为一类,有些则并未单独提及管理。为了明确概念及方便表述,对本章中涉及的影响交通安全的人、车、路、环境、管理的概念做界定如下。

人：指所有道路交通参与者，包括驾驶人、乘车人、行人等。

车：指所有道路交通工具，包括所有机动车与非机动车，但主要指小汽车。

路：指道路土建基础设施，不包括宏观交通规划，而是包括交通设计、交通管控的具体实施实体（如标志标线实体的位置、形式，信号灯实体的数量和位置等），但不包括交通设计与管控的方案内容（交通标识具体内容如何进行设定，如何设置信号配时方案等）。

环境：包括自然环境与交通环境，其中交通环境主要指交通量、交通构成、交通秩序。

管理：包括对于人、车、路、交通环境、自然环境的管理，其中对于交通环境的管理包括交通规划，包括交通设计与管控的方案内容。另外，事故发生后的应急救援及分析调查也应归纳人管理范畴。

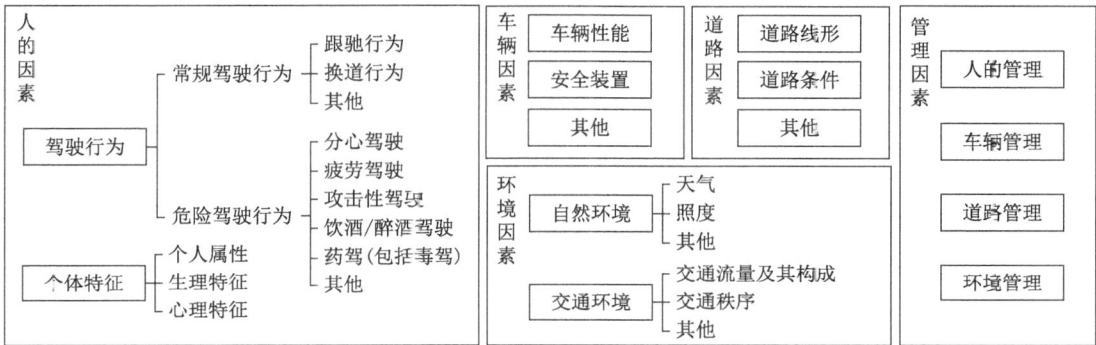

图9-6　道路交通事故影响因素

本章后文中在无特别说明的情况下，均按照上述概念进行叙述。但需要注意的是，此处"管理"的具体内容与《一次死亡3人以上道路交通事故信息调查表》中的管理类的调查项目不尽相同，调查表中对于管理部分的调查主要是对于交通相关部门是否尽到相应职责，是否存在可能埋下交通事故隐患的失职行为的调查；而对于交通设计与管控的方案内容，则主要放在了道路类的调查项目中。

1. 人的因素

驾驶人、自行车骑行者及行人的年龄、性别、个性及心理生理状态直接影响到交通安全。驾驶人的年龄、驾驶技能及经验、注意力集中程度、疲劳程度等均会影响其对周边车辆的行驶速度、可接受间隙、交叉口信号灯变化时机等的判断；同时，驾驶人注意力不集中或疲劳驾驶等可能会导致其操作失误。驾驶人感知迟钝、判断不准、操作失误是道路交通事故的主要成因。

2. 车辆因素

车辆设计制造缺陷、维护状态不佳等问题均可能诱发道路交通事故。例如，车辆行驶过程中制动不灵、动力突然丢失、突然爆胎、底壳突然漏机油等均是导致道路交通事故的重要原因。另外，车辆超载、超限所导致的制动距离过长、车辆结构存在隐患等，亦是我国大型货运车辆交通事故的重要影响因素。

3. 道路因素

影响道路交通事故的道路因素主要包括道路类型、道路的几何线形设计、交叉口布设、路面状况等。

(1)道路类型。

基于英国道路事故数据的一项研究表明,不同类型的道路事故率有明显的差别,如表9-4所示。

英国各种类型道路上受伤事故率 表9-4

道路类型	事故率 [起/(万辆·km)]
商业中心道路	5.0~8.1
居住区道路	2.5~4.4
乡区道路	0.9~1.6
三车道道路	1.3
两块板式道路(乡村)	1.0
两块板式道路(城市)	3.0
高速公路	0.4

值得注意的是,道路类型并不对道路交通事故的发生产生直接影响,不同道路类型对于事故率的影响仍然是通过道路的平纵线形与横断面设计、路面状况、交通环境管理等因素作用的。

(2)几何线形与横断面设计。

道路几何线形(包括路线平面线形、纵断面线形)与道路横断面的设计均会对交通安全造成影响。道路平曲线及竖曲线的曲率大、视距短或纵坡陡,则交通事故率高;小半径平曲线接较陡的纵坡易发生事故;长直线、暗弯及瓶颈等是发生事故的潜在因素。

横断面设计中,公路弯道超高的合理设置可有效避免车辆转弯时因附着系数不够产生侧滑,合理的道路横坡设置有利于避免路面积水等。

(3)交叉口布设。

交叉口的交通安全状况实际上是由道路工程、交通设计、交通管控等多方面因素耦合而共同决定的,影响因素非常复杂。单从路的角度来说,畸形交叉口(非直角交叉、五路及以上交叉等)、进口道存在较大纵坡的交叉口、内部不平整的交叉口、尺度过大的交叉口等均不利于道路交通安全。

(4)路面状况。

道路路面与交通事故的关联性主要体现在路面与车轮间的附着系数。一般情况下,附着系数越大,道路事故率越低。而附着系数与路面材料、路面表面的粗糙程度、路面干湿程度、路面病害情况(如裂缝、坑槽、沉陷、表面破损)等均有关联。

对于路面进行粗糙化处理可以增大附着系数。英国格拉斯哥市对路面粗糙化处理前后的事故率进行了观察统计,结果如表9-5所示。

路面粗糙化前后事故率对比 表9-5

路面情况	路面干燥	路面滑溜	路面不湿而滑溜	路面积雪结冰	合计
粗糙化处理前	21起/年	44起/年	15起/年	2起/年	82起/年
粗糙化处理后	18起/年	5起/年	4起/年	0起/年	27起/年

4. 环境因素

影响交通事故发生的环境因素可分为自然环境因素、交通环境因素两类。

自然环境因素主要包括天气条件、光照条件等。例如：雨和雾均会在不同程度上限制驾驶人的视线；雨雪天气导致路面积水、积雪甚至结冰会导致附着系数显著下降，易造成车辆发生侧滑等危险现象；夜间行车时驾驶人对道路状况及其他交通参与者的观察与判断难度显著上升。

交通环境因素则包括道路上的交通量、交通组成、车速分布、交通秩序等。通常交通事故率随着交通量的增大而上升，交通流中的载货货车混合率也会对交通事故率产生影响，普通地面道路（指除高、快速路外的道路）的交通事故率通常与平均车速存在正相关关系，采取限速措施通常能够有效减少事故发生数。但也有观点认为，事故率与平均车速关系较小，而与道路上的车速分布离散程度更大呈正相关，即认为单车的车速过快或过慢均不利于保证安全，将车速保持在交通流平均车速附近最为安全。

5. 管理因素

管理因素实际上并不直接作用于道路交通运行安全性，而是通过对交通参与者、车辆、道路、环境这道路交通系统四大要素进行协调、组织、监督、维护来确保交通系统的运行安全。因此，管理因素可分为人的管理、车辆管理、道路管理、环境管理四类。

人的管理主要包括：通过法律法规对交通参与者扰乱通行秩序、危害道路交通安全的行为进行约束、处罚；对驾驶人进行充分的技能培训，并严格考核、检查；普及交通安全知识，提升民众交通安全素养等。

车辆管理主要包括：通过规范设定确保车辆设计与制造过程能够满足车辆安全行驶要求；强制对机动车运行安全技术条件进行定期检查；对"两客一危"车辆进行更为严格的监控和检查等。

道路管理主要包括：通过设定规范确保道路基础设施规划、设计、施工能够满足车辆安全通行要求；道路通车后监控道路基础设施健康情况；对道路基础设施开展日常养护；排查道路设施可能存在的安全隐患并进行整改等。

环境管理主要包括对于自然环境的管理、对于交通环境的管理两部分。对于自然环境的管理主要指，当显著影响车辆通行安全的自然现象出现时，及时采取相对应的措施，尽量避免交通事故的发生。如出现大雾天气时及时关闭相应的高速公路入口，雪天及时对道路进行铲雪除冰等。对于交通环境的管理则主要是通过各种管控手段尽量减少交通参与者间的相互干扰，维持道路交通良好秩序等（例如：设置道路中央实体分隔带，设置机动车-非机动车、非机动车-行人实体分隔设施等）。需要注意的是，自然环境是不以人的意志为转移的，所以对于自然环境的管理实际上是通过对于"人-车-路"的管理对不利的自然条件做出应对，而交通环境本就由"人-车-路"所构成，所以对于环境的管理事实上仍是对于"人-车-路"的管理。但由于这部分管理措施是通过尽量避免交通系统在不利环境下运行来减少交通事故的发生,所以归为"环境管理"类。

二、交通事故的一般规律

道路交通事故在时间、地点、交通方式与车种、人员等各方面的分布是随机的,但通过长时间、全范围的事故数据统计分析可以发现一定的规律,对采取合理有效的安全管理与防护措施、减少事故发生、降低事故损失具有指导意义。

1. 时间分布

一年中,运输量大的繁忙季节事故数较多,而运输淡季则事故数较少。一周中每天的事故数及一天中各时段的事故数也存在一些周期性变化规律。我国周五至周日事故发生频率在一周中通常相对较低。另外,我国多数交通事故发生在白天,但一天中事故最高发的时段通常为17:00—20:00。

2. 地点分布

据《全国道路交通事故统计年报》,我国发生在城市道路上的交通事故数量在事故总量中的占比逐年增加,发生在公路上的交通事故数量在事故总量中的占比逐年下降。但公路交通事故数量、事故致死人数仍高于城市道路。

我国绝大多数道路交通事故发生在平原地区(约69.5%),约18.4%的事故发生在丘陵地区,约12.1%的事故发生在山地地区。这与我国平原地区人口基数大,交通出行量大有密切关系。然而,山地地区平均单起事故致死人数最多,丘陵地区次之,平原地区最少。

3. 人员分布

据《全国道路交通事故统计年报》,2015年我国全国交通肇事所致死亡人数分布中,机动车驾驶人(不含乘车人员)死亡人数占总死亡人数比例最高,约为34%;行人死亡人数占比次之,约为26%;另外,非机动车驾驶人(不含乘车人员)占比约为20%,机动车乘车人员占比约为18%。

世界卫生组织发布的《2023年全球道路安全现状报告》指出,2021年间,全球道路交通事故死亡者中有23%为行人,6%为自行车骑乘人员(含三轮自行车),21%为有动力二/三轮车驾乘人员,30%为四轮机动车驾乘人员,21%为其他交通参与者(包括10人以上客车驾乘人员、重型货车驾乘人员、其他交通方式驾乘人员和未知交通方式的交通参与者),如图9-7所示。

另外,由《全国道路交通事故统计年报》分析可得,我国道路交通事故人员分布规律还包括:

①我国各驾龄段驾驶人肇事致人死亡情况分布规律为:以5年为分度时,1~5年(含1年以下,不含5年以上)驾龄段的驾驶人肇事数量最大、致死人数最多,其次是6~10年驾龄段的驾驶人,再次是11~15年驾龄段的驾驶人;以1年为分度时,1年以下驾龄段的驾驶人肇事数量最大、致死人数最多(需要注意的是,肇事绝对数量及致死绝对人数除与不同驾龄驾驶人驾驶技术能力差异有关外,也与该驾龄段的驾驶人基数差异有关)。

②道路交通事故死伤人数中男性占比显著高于女性。同时,男性肇事者导致的道路交通事故数量及导致的人员伤亡数量均远高于女性肇事者。这与我国大部分驾驶任务由男性承担这一基本情况密切相关。但随着女性越来越多地实际参与到驾驶任务中,由女性肇事者导致的事故数量在逐年增加。

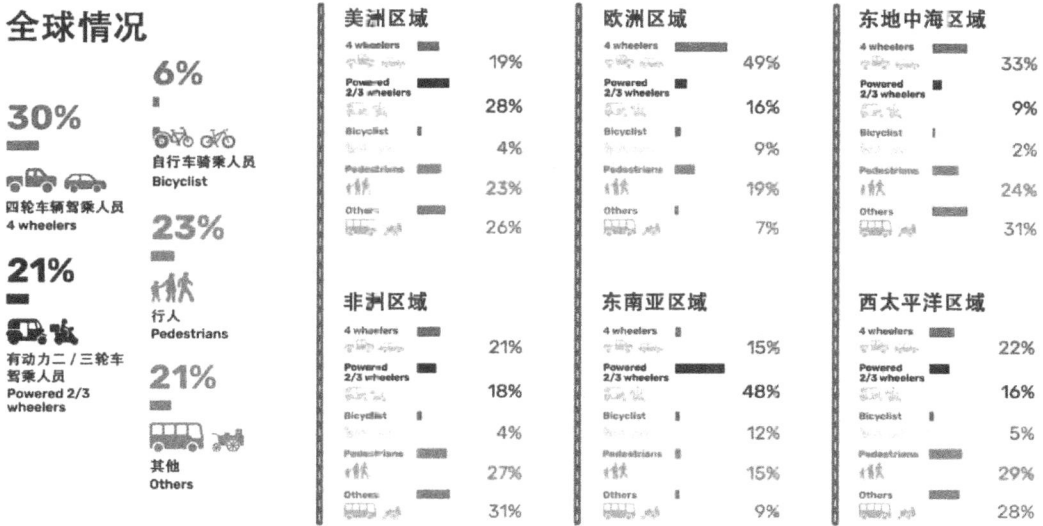

图9-7　全球道路交通事故死亡人员类型分布(按WHO区域划分,
图源为WHO《2023年全球道路安全现状报告》)

第四节　道路交通事故数据分析

一、道路交通安全评价

1. 基于事故的道路交通安全评价

(1)道路交通事故暴露量。

在开展道路交通安全评价时,仅基于绝对事故数或绝对伤亡人数无法准确判断驾驶人或设施的安全性,需考虑驾驶人、设施"暴露(Exposure)"在事故风险中的量值。驾驶人、道路设施的在途风险(Population at Risk)的量化数值称为暴露量,亦称为分母数据(Denominator Data)。例如:驾驶人A去年驾驶里程约10000km,发生事故2起;驾驶人B去年驾驶里程约2000km,发生事故1起。以事故次数为评价指标时,驾驶人A要比驾驶人B危险。若考虑两个驾驶人发生事故的可能性或在途风险量(即暴露量),驾驶人A平均1000km发生0.2起事故,驾驶人B平均1000km发生0.5起事故,驾驶人B则比驾驶人A危险。因此,在计算事故率时,事故数为分子,暴露量为分母,如交通安全评价指标"百万车公里事故率"中的"百万车公里"即暴露量。

暴露量具有以下特征:

①暴露量不能阐述其与事故的相关关系，但可改变事故数据的显性意义。

通过对比白天事故起数与夜间事故起数，可得出道路交通事故更易发生在白天的结论。但将驾驶里程作为暴露量时，分析结果将会发生变化，夜间道路交通事故发生的可能性显著高于白天。

②不存在通用的暴露量，暴露量的选用与需要解决的问题相关。

对比分析男性驾驶人与女性驾驶人的事故发生可能性，若基于事故伤亡人数，男性驾驶人要多于女性驾驶人，但人口这一暴露量并未考虑出行里程的差异性，因此，还可采用单位里程的事故伤亡人数作为评价指标进一步分析。

③道路交通安全评价指标采用不同暴露量时其展示的目的和意义均不同。

选取上述同样例子，采用单位出行里程作为暴露量不能解决驾驶环境差异性的问题，相较于女性驾驶人，男性驾驶人更可能暴露在危险驾驶环境下（如饮酒驾驶、夜间驾驶、恶劣天气条件下等），这些额外的因素均需要针对所分析问题，在选择暴露量时加以考虑。

（2）常用的基于事故的道路交通安全评价指标。

道路交通事故评价指标众多，不同评价指标的适用场景各有差异。我国道路交通事故统计年报中主要采用四项数据统计，即事故起数、死亡人数、受伤人数、直接财产损失（元），对全国、各地区的交通安全态势进行类比、同比分析。这四项指标计算方法简单直观，但无法深入分析事故发生的主要因素差异。为开展深入的交通安全分析、事故多发道路判别，管理部门常使用平均事故率、事故率、等价财产损失事故率三个评价指标（表9-6）。

常用指标优缺点汇总表　　　　　　　　　　　　　　表9-6

评价指标	优点	缺点
平均事故频率	计算简单	（1）无法考虑不同地点交通流量的差异性； （2）判别出的事故多发地点往往为大流量地点，并不能代表其交通安全改善可能性
事故率	计算简单	不能用于比较交通流量差异性大的地点，且容易把低流量、低事故总数的地点作为事故多发地点
等价财产损失事故频率	可有效考虑事故严重程度	（1）无法考虑不同地点交通流量的差异性； （2）判别出的事故多发地点偏向于伤亡事故多发设施

①平均事故频率。在判别事故多发道路时，常使用某种类型、某种严重程度的事故的平均发生频率作为评价指标，以发现事故多发地点。平均事故频率被定义为在一年内在一个特定的地点发生的事故数，其计算公式如下：

$$平均事故频率 = \frac{事故数量}{年数} \tag{9-1}$$

②事故率。为考虑交通流量等暴露量，实际分析评价中常采用事故率（Accident Rate）作为评价指标。路段和交叉口事故率的计算方式不同，路段事故率通常以路段百万车公里数作为暴露量，而交叉口事故率则通常以进口道百万车流量作为暴露量，其计算公式如下。

a)路段事故率:

$$路段事故率 = \frac{(年)平均事故频率}{路段百万车公里数} = \frac{10^6 A}{365TVL} \tag{9-2}$$

式中:A——事故总数(起);

T——时间(年);

V——日均交通量(pcu/d);

L——路段长度(km)。

b)交叉口事故率:

$$交叉口事故率 = \frac{(年)平均事故频率}{各进口道百万车流量和} = \frac{10^6 A}{365TV} \tag{9-3}$$

式中:A——事故总数(起);

T——时间(年);

V——交叉口所有进口道流量之和(pcu/d);

③等价财产损失事故频率(Equivalent Property Damage Only Crash Frequency)。等价财产损失事故频率将事故严重程度作为事故频率权重因子,以计算出考虑严重程度的综合事故频率指标。权重因子通常基于事故损失进行对比得出。

事故损失可划分为直接损失和间接损失,直接损失包括救援服务、出警费用、财产损失、保险费用等;间接损失则包括由于死亡、受伤等带来的社会价值损失。

等价财产损失事故频率计算公式如下:

$$等价财产损失事故频率 = W_1 \times 死亡事故频率 + W_2 \times 受伤事故频率 + W_3 \times 物损事故频率 \tag{9-4}$$

式中:W_1、W_2、W_3——不同严重程度事故的权重因子。

2. 基于冲突的交通安全评价

(1)交通冲突技术(Traffic Conflict Technique,TCT)。

基于研究对象地点(区域)的历史交通事故数据及其关联数据进行统计分析是最直接的交通安全评价方法,但是基于事故的评价方法存在以下三点难以回避的原生缺陷:

①交通事故的随机性。交通事故的发生是一个小概率事件,并且这一小概率事件受到非常多偶然因素的影响(如突变的天气状况、驾驶人无意的分神、车辆突发的机械故障等),从而导致交通事故的发生具有极强的随机性。因而交通事故的数量与研究对象地点或区域本身的交通安全状况之间可能并不具有显著的相关性。

②交通事故数据的长周期性。交通事故发生的小概率性导致了交通事故数据样本的稀疏,从而必须从一个较长的时间周期(甚至几十年)对其进行统计分析才能使得分析结果在统计学上有意义。然而在如此长的时间周期内很难保证研究对象自身不发生较大程度的改变(例如道路改、扩建等)。

③历史交通事故数据的缺失和错误。对于研究对象地点(区域)来说,并不是发生在此的所有历史交通事故都能有准确无误的数据记载。对于一些轻微的小型交通事故,驾驶人可能会选择私下了结,从而出现事故漏报。而对于有记载的交通事故,也可能因为执法人员的观测误差(比如对事故类型的误判、事故发生地点的不精确记载等)而影响数据的准确性。

交通冲突技术作为一种非事故指标评价方法,能很好地规避上述问题和缺陷,已经在国际交通安全领域得到了普遍应用。把交通冲突的理念用于危险点的鉴别已有很长历史,然而交通冲突的概念直到通用汽车公司的两名技术人员佩尔金斯(Perkins)和哈里斯(Harris)在20世纪60年代进行了大量工作(以评价通用汽车公司的产品性能)后才最终确定。这项新技术的运用立即引起了道路交通安全研究人员的广泛关注,因为交通冲突技术相比于传统的基于事故数据的安全评价方法,最显著的优势在于能够在短时间内获取大量数据,使得安全评价程序能够在短时间内实施。

1977年在挪威首都奥斯陆召开的首届国际交通冲突学术年会上,首次明确统一了交通冲突的基本定义:在可观测的条件下,两个或两个以上道路使用者在空间和时间上相互接近,以至于如果任何一方不改变其运行轨迹,将会发生碰撞。交通冲突现象的具体表现为避险行为,若观测到车辆或其他道路使用者有明显的制动、避让等行为,则可判别为交通冲突。交通冲突技术则是基于交通冲突进行交通安全性评价的技术。

(2)常用的交通冲突严重程度计算指标。

为了定量描述交通冲突事件的严重程度,研究者们提出了一系列的计算指标。由于这些指标并非直接基于事故数据,所以它们也被称为安全替代指标(Surrogate Safety Measure,SSM)。既有的安全替代指标大致可被归为以下三类。

①基于时间:以当前状态与潜在碰撞在时间上的接近程度来衡量车辆交互的风险;

②基于减速度:关注当前状态下为规避碰撞风险所需的车辆减速度大小;

③基于能量:基于能量视角关注车辆潜在碰撞的严重性。

另外有一些基于距离的安全替代指标,但是这些指标仍然依赖于减速度假设,因而在此处被归纳入基于减速度的类别。图9-8为目前一些比较具有代表性的安全替代指标之间的关系。

下文对几个比较经典的安全替代指标进行具体介绍:

①TTC(Time-To-Collision,距碰撞时间)。

TTC是一个基于时间的安全替代指标,也是目前最常见的安全替代指标之一。它由海沃德(Hayward)于1972年提出,其定义为:"如果两辆车保持当前速度大小和方向不变,它们将会在未来某时刻发生碰撞,TTC即为当前时刻与未来碰撞时刻的时间间隔。"这个定义在一维、二维、三维情形下均适用。在一维情形下,TTC的计算公式如下:

$$\text{TTC}_i(t) = \frac{[X_{i-1}(t) - X_i(t)] - l_i}{v_i(t) - v_{i-1}(t)} \tag{9-5}$$

式中:X——车辆位置坐标(以车尾位置计,$i=$后车,$i-1=$前车);

$\quad l$——车身长度;

$\quad v$——车速。

②PET(Post-Encroachment Time,侵入后时间)。

PET也是一个经典的基于时间的安全替代指标,由艾伦(Allen)等于1978年提出,其定义为:"第一辆车离开冲突点与第二辆车到达冲突点的时间间隔。"公式形式如下:

$$\text{PET} = t_2 - t_1 \tag{9-6}$$

式中:t_2——第二辆车到达冲突点的时刻;

$\quad t_1$——第一辆车离开冲突点的时刻。

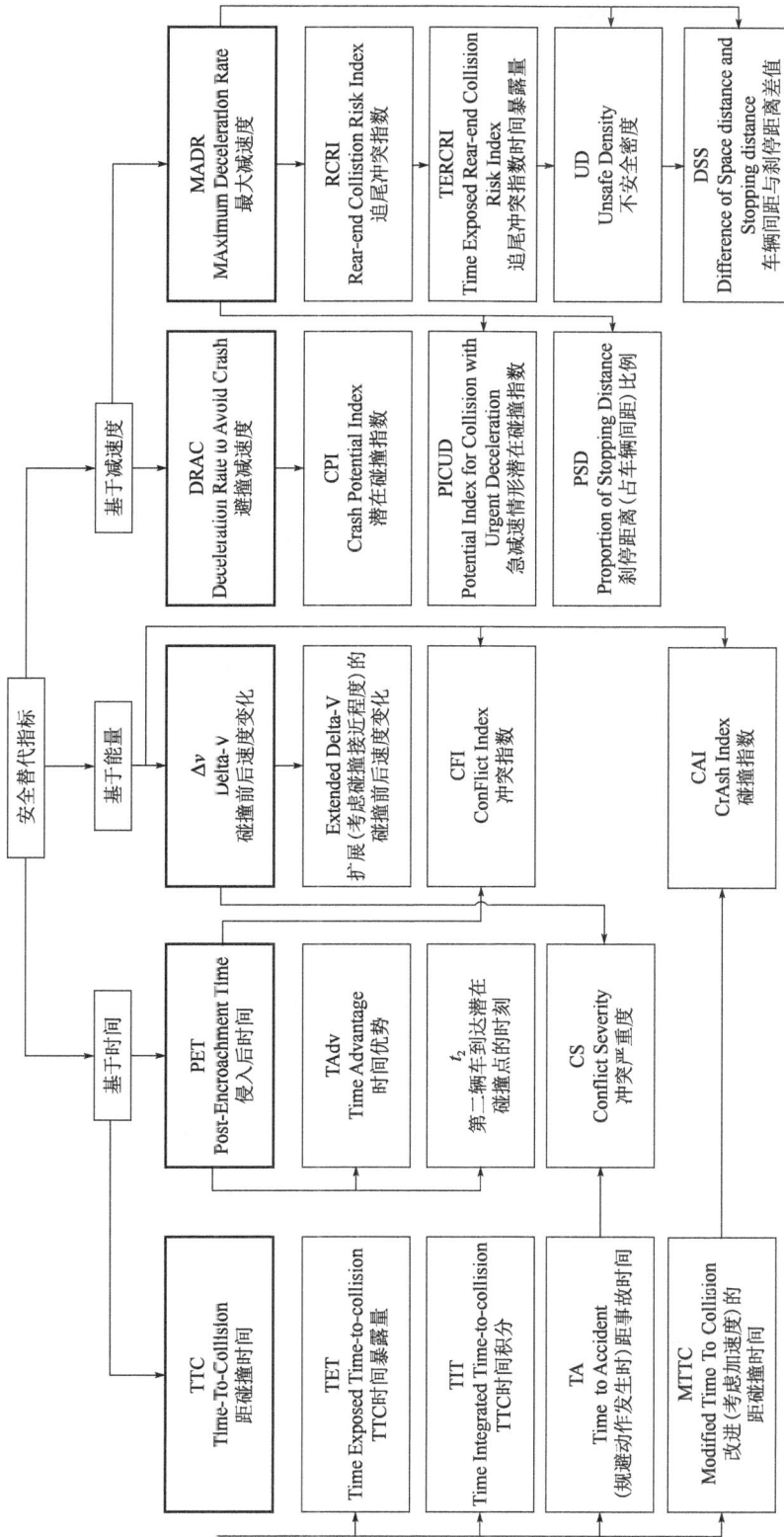

图 9-8 安全替代指标关系示意图

③DRAC(Deceleration Rate to Avoid Crash,避撞减速度)。

DRAC是一个常用的基于减速度的安全替代指标,由库珀(Cooper)和弗格森(Ferguson)于1976年提出,其定义为:"在当前速度差条件下,后车为避免与前车发生碰撞而所需要的最小减速度",其公式由匀变速运动公式推导而来,如下所示:

$$\text{DRAC}_i(t) = \frac{[v_i(t) - v_{i-1}(t)]^2}{2[(X_{i-1}(t) - X_i(t)) - l_i]} \tag{9-7}$$

式中:X——车辆位置坐标(以车尾位置计,i=后车,$i-1$=前车);

l——车身长度;

v——车速。

二、道路交通事故预测

1. 交通事故预测的定义与目的

交通事故预测是通过对交通事故的过去和现在状态的系统分析,并考虑其相关因素的变化,对交通事故未来状态进行估计和推测。交通事故预测的目的是为了掌握交通事故的未来状况,以便及时采取相应的对策,有效控制各影响因素,达到减少交通事故的目的。目前,也常通过事故预测进行安全评价。

2. 交通事故预测的作用

交通事故预测的作用主要有:

(1)预测交通事故的变化特点,为制定针对性预防措施和交通立法提供依据。

(2)预测交通事故的近期状态特征,为制订合理的交通安全管理目标值提供依据。

(3)预测交通事故的发展趋势,为制定交通事故预防对策和开展交通安全宣传教育提供依据。

(4)预测控制条件下的交通事故状况,对交通安全措施的可行性和实施效果进行合理评价。

3. 交通事故预测的方法

交通事故预测的常用方法包括时间序列分析法、回归分析法、灰色预测法等,下文简要介绍回归分析法,其他方法可查阅其他相关教材。

道路交通安全研究中常利用回归分析模型进行可靠的平均事故频率期望值估计,该类模型被称为安全性能函数(Safety Performance Functions,SPF)。安全性能函数采用统计的多元回归技术进行构建,建立了平均交通流量、道路长度、几何特征等变量与道路设施平均事故频率间的定量函数关系。例如,美国乡村双车道公路路段的安全性能函数如下:

$$N = \text{AADT} \times L \times 365 \times 10^{-6} \times e^{-0.312} \tag{9-8}$$

式中:N——基于SPF估算的平均事故频率(事故起数/年);

AADT——Annual Average Daily Traffic,研究对象路段的年平均日交通量(辆/d);

L——研究对象路段的长度(km)。

安全性能函数的回归参数早期是基于事故发生频率服从泊松分布的假设来确定的。泊松分布的概率函数如下：

$$P(X_i = x) = \frac{{\mu_i}^x \cdot e^{-\mu_i}}{x!} \tag{9-9}$$

式中：$P(X_i = x)$——该设施在时段i内发生x起事故的可能性；

μ_i——该设施在时段i内发生事故数的期望值。

然而由于泊松分布的均值与方差相等，但事故发生频率实测数据的方差通常大于均值，所以目前多基于负二项分布（该分布的方差大于均值）建立回归模型进行事故数据分析。负二项分布的概率函数如下：

$$P(X_i = x) = C_{x + \beta - 1}^{\beta - 1} p^{\beta} (1 - p)^x \tag{9-10}$$

式中：$P(X_i = x)$——该设施在时段i内发生x起事故的可能性；

p——负二项分布参数，取值区间为$(0,1)$；

β——负二项分布参数，为正整数。

三、道路交通事故多发点（段）判别

1. 交通事故多发点（段）的定义

交通事故多发点（段）是指在较长的一段时间内，发生交通事故数目（或发生交通事故的严重程度）与具有相同特征的地点或路段相比明显偏大（或偏高）的位置。在有限资源约束的情况下，正确地判别事故多发点（段）以合理分配资源，可以显著提高安全管理效率，有利于整体交通安全状况的改善。

2. 常用交通事故多发点（段）判别方法

（1）直接排序法。

直接排序法通过对所有事故点（段）的交通安全评价指标进行计算、审查，并将结果从高到低排序，以发现事故多发点（段）。

（2）临界值判别法。

临界值判别法是基于事故数样本服从正态或近似正态分布的假设，用3σ准则计算交通安全评价指标的临界值，以发现事故多发点（段）的方法。

3σ准则又称拉依达准则，设总体$X \sim N(\mu, \sigma^2)$，则$P(|X-\mu|>3\sigma)=0.003$，即当总体X服从期望值为μ、方差为σ^2的正态分布时，如果$(X_1,\cdots,X_n)$是取自总体X的一个样本，那么，对任意一个$i=1,\cdots,n$，X_i落在区间$[\mu-3\sigma, \mu+3\sigma]$之外的概率为0.3%，$3\sigma$准则把这部分$x_i$视作异常值。因此，临界值判别法的临界值计算公式为：

$$临界值 = \mu + 3\sigma \tag{9-11}$$

式中：μ——各点（段）事故数分布的期望值；

σ——各点（段）事故数分布的标准差。

即认为事故数大于$\mu+3\sigma$的点（段）为事故多发点（段）。在实际问题中，事故数分布的期望值μ和标准差σ往往未知，通常用样本的统计均值、标准差来代替。

（3）基于超期望平均事故频率判别法。

根据特定碰撞类型或事故严重程度的超期望平均事故频率，按降序对事故点（段）排序，

以发现事故多发点(段)。其中超期望平均事故频率需基于安全性能函数进行计算,具体计算公式如下:

$$N_{excess, i} = \overline{N}_{observed, i} - \overline{N}_{predicted, i} \qquad (9\text{-}12)$$

式中:$N_{excess, i}$——道路设施i的超期望平均事故频率;

$\overline{N}_{observed, i}$——观测的道路设施$i$平均事故频率;

$\overline{N}_{predicted, i}$——基于安全性能函数预测的道路设施$i$平均事故频率。

以某市7个交叉口为例进行事故多发点判别为例,采用基于超期望事故频率判别法演示计算过程。表9-7所示是某市7个交叉口近三年的年平均日交通流量及观测事故频率数据。

事故多发交叉口排查观测数据　　　　　　　　　　　表9-7

交叉口	年	AADT(veh/d)		观测事故频率(起)
		主要进口道路	次要进口道路	
1	1	12000	1200	9
	2	12200	1200	11
	3	12900	1300	15
2	1	18000	800	9
	2	18900	800	8
	3	19100	800	6
3	1	21000	1000	11
	2	21400	1000	9
	3	22500	1100	14
4	1	15000	1500	7
	2	15800	1600	6
	3	15900	1600	4
5	1	26000	500	6
	2	26500	300	3
	3	27800	200	8
6	1	14400	3200	4
	2	15100	3400	4
	3	15300	3400	5
7	1	15400	2500	5
	2	15700	2500	2
	3	16500	2600	4

第一步:计算观测平均事故频率。

针对每一交叉口近三年事故频率,计算平均每年的事故发生频率。以交叉口1为例:

$$交叉口1的平均事故频率 = \frac{9 + 11 + 15}{3} = 11.7(起/年)$$

第二步:计算预测平均事故频率。

针对每一交叉口,基于交叉口安全性能函数,计算近三年的预测平均事故频率(各年预测事故频率的算术平均值)。交叉口安全性能函数如下:

$$N = \exp\{-8.9 + 0.82 \times \ln[\text{AADT(主要道路)}] + 0.25 \times \ln[\text{AADT(次要道路)}]\}$$

以交叉口1为例,根据式(9-1)和上式,计算交叉口1的预测平均事故频率如下:

$$N = \frac{\sum_{1}^{3} \exp\{-8.9 + 0.32 \times \ln[\text{AADT(主要道路)}] + 0.25 \times \ln[\text{AADT(次要道路)}]\}}{3}$$

$$= \frac{1.78 + 1.80 + 1.92}{3} = 1.8(\text{起/年})$$

第三步:计算超期望平均事故频率。

根据式(9-12)计算各交叉口的超期望平均事故频率,并基于该指标对7个交叉口的安全改善重要度进行排序,如表9-8所示。

事故多发交叉口排查排序   表9-8

交叉口	观测的平均事故频率（起）	预测的平均事故频率（起）	超期望平均事故频率（起）	事故多发交叉口排序
1	11.7	1.8	9.9	1
2	7.7	2.3	5.4	3
3	11.3	2.8	8.6	2
4	5.7	2.4	3.3	4
5	5.7	2.5	3.2	5
6	4.3	2.7	1.6	6
7	3.7	2.7	1.0	7

在所分析的7个交叉口中,交叉口1的超期望平均事故频率(潜在安全改善效果)最大,因此在事故多发交叉口排序中列为第一。交叉口1近三年观测到的平均事故频率为11.7。基于安全性能函数计算得到同类型设施在交叉口1的交通流量条件下预期年均发生1.8起事故。因此,若对交叉口1进行安全改善,使其交通安全态势与同类型设施持平,预期可减少事故9.9起/年。

第五节 道路交通安全改善对策与措施

一、道路交通安全改善的逻辑

道路交通安全工程的研究内容涵盖人、车、路、环境、管理等方方面面,但研究的目的归根结底是为了提升道路交通的安全性,减少因道路交通事故造成的人员伤亡和财产损失。道路交通安全的改善措施与对策可以从事故发生前,事故发生时与事故发生后三个方面进行考虑,如图9-9所示。

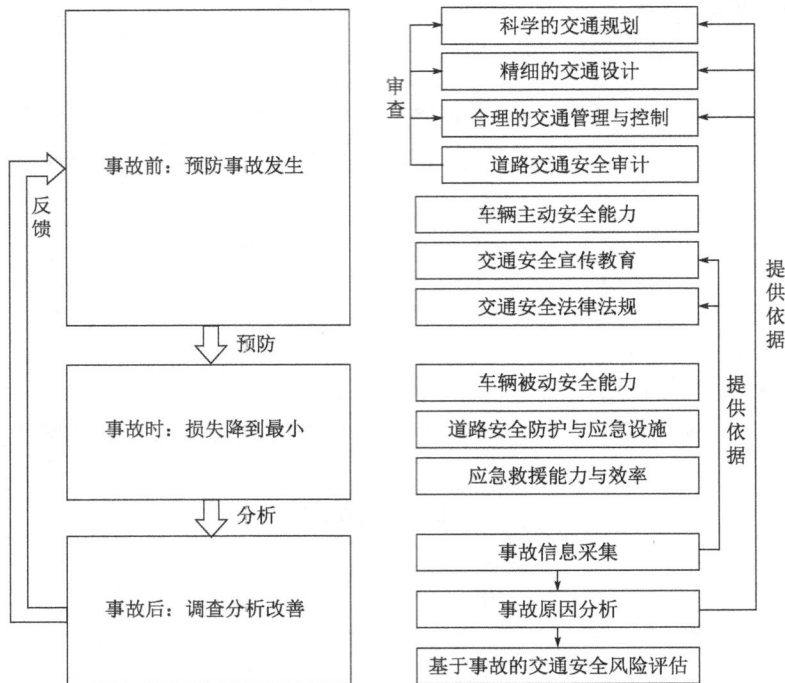

图9-9　道路交通安全改善逻辑图

1.事故前:预防事故发生

道路交通安全事故的发生是人们所不愿意见到的,交通事故的发生必定带来损失甚至人员伤亡。因此提升道路交通安全必须以预防为主,在事故发生之前从多方面尽量消除交通事故隐患,降低事故发生概率。道路交通安全事故的预防可以从人、车、路、环境、管理五方面进行考虑。①在"人"方面,主要需加强对交通参与者的安全宣传教育,提升其道路交通安全意识与事故防范能力;②在"车"方面,主要需提升车辆的主动安全性能,降低因人为错误造成事故的可能性;③在"路"方面,需通过科学合理的道路工程设计与施工方案,尽量消除交通基础设施本身可能诱发事故的隐患;④在"环境"方面,需通过合理的交通设计与管理手段尽量消减不利自然环境带来的安全风险,同时维持交通秩序,保证良好的交通环境;⑤在"管理"方面,需强化管理手段对道路交通四要素中可能存在的安全隐患的约束作用,例如:通过完善交通安全相关法律法规及加强执法力度,对交通参与者的不安全行为进行约束,避免基本安全性能不合格车辆上路行驶;通过加强监管巡查和道路交通安全审计,尽早发现和消减道路交通基础设施在使用过程中产生的以及本身存在的病害等安全隐患,对临时出现的不利环境因素及时采取应对措施等;通过优化交通设计与管控方案保障交通运行秩序等。

关于同济大学8DOF驾驶模拟器的介绍见二维码23。

2.事故时:损失降到最低

道路交通事故是无法完全避免的。当道路交通事故发生时,则必须尽可能将伤亡损失降低。通过提升车辆的被动安全性能,可以在事故发生时尽量减少冲击对于车辆乘员及行人的伤害;完善道路安全防护与应急设施设置,可以尽量避免次生事故发生,为在救援到来之前的群众自救互救提供可能;提高应急救援

二维码23

214

能力与效率,可以使伤员尽快得到救治,并能尽快控制事故影响蔓延。

3.事故后:调查分析改善

在道路交通事故发生之后,交警部门需要及时对事故信息详细、规范地采集记录,并全面地分析事故发生原因(特别是对于伤人事故和死亡事故)。典型的道路交通事故案例(集)可作为交通安全宣传教育的有力素材,帮助完善交通安全宣传教育内容,为交通安全相关法律法规的完善提供依据。积累一定量的事故数据后可进行基于事故数据的交通安全风险评估分析,如事故多发点(段)识别等,分析结果可为完善交通规划、设计、管控过程中的安全相关内容,改善不良道路条件,加强高风险点位(区域)的安全管理提供依据。

二、道路交通安全改善的具体对策与措施

改善道路交通安全的具体对策与措施可以总结为"4E"框架,即工程(Engineering)、教育(Education)、执法(Enforcement)和急救(Emergency)。工程是指通过改进道路设计、优化交通设施和提升车辆安全技术等工程手段预防事故发生及降低事故损失;教育主要指通过宣传和培训提高交通参与者的安全意识,提升驾驶人驾驶技能等;执法是由交通管理部门依据相关法律法规对交通行为进行监督和管理;急救则包括紧急医疗救治及事故应急抢险等。下文重点介绍工程和教育方面主要的道路交通安全改善对策。

1.科学的交通规划

随着科技的不断发展,新的城市结构形式、交通系统不断涌现。科学的交通规划及各种运输方式的良好配合是交通安全问题的治本方法。

以位于巴黎西郊的拉德芳斯新区为例,其交通系统规划采用了高架交通、地面交通和地下交通三位一体的设计思想,新区地面上的商业和住宅建筑以一个巨大的广场相连,而地下则是道路、火车、停车场和地铁站共同构成的交通基础设施网络。通过分层交通系统实施人、车分离,保证人流与车流互不干扰,大大降低了交通事故发生概率。

近年来国内大型枢纽、居住区交通系统规划设计也多采用了人车分离、分层交通系统的理念,以降低各种交通流的冲突、提高交通安全性。

另外,通过交通需求管理、城市更新规划与交通规划协同等手段,提高公共交通服务水平,鼓励公共交通出行,减少汽车交通量,也可有效降低交通事故发生概率。

2.精细的交通设计

改善道路的交通设计示例如下。

(1)道路线形的几何设计要素,如平面曲线半径、平面线形要素的连接和组合、平纵线形要素的组合、纵坡长度、纵向竖曲线半径、平面与竖向视距等,均应保证行车安全。

(2)改善路况,清除障碍物,确保弯道或交叉口的视距,对瓶颈蜂腰地段要设法拓宽。交叉口范围内的树木要注意剪修,以避免妨碍驾驶人和行人视线。

(3)桥梁宽度、桥头接线、人行道缘石高度均应保证行车安全,符合有关设计规范。

(4)提高路面的粗糙度及排水能力,改善路面防滑性能。于适当路段设置各种柔性或刚性护栏与安全带,为潜在的碰撞冲击提供缓冲,保护车辆及乘客。

(5)夜间易出事故的路段,应增设照明设备。

3. 合理的交通管理与控制

加强道路交通管理与控制示例如下。

(1)分隔措施:设置中央分隔带,区分上行、下行、快慢车、车辆与行人等。分隔带可做成具有一定宽度的带状构造物,若道路宽度不足时宜用隔栏分离。

(2)设置交通岛(导流岛、安全岛、中心岛),做好渠化工作,控制车辆行驶速度,减少冲突,并保护行人安全。

(3)设置人行横道及行人过街信号,建造人行天桥或地道(视道路与交通情况)。

(4)视道路与交通情况安装信号灯、电子警察或其他控制、管理设施;提高信号控制交叉口级别或调整信号控制配时、相位。

(5)道路标志、标线按规定设置,并定期检修、清洁,保持标志、符号、文字、图案的清晰,使其能够正常发挥作用。

(6)设置诱导性标志或各种视线诱导物,使道路去向明显,以便驾驶人能够预知前方路况,采取正确而适当的操作。

(7)组织单向交通,减少交叉口的冲突点,避免路段上的会车冲突。

(8)设立专用道,将机动车、非机动车和行人相分离,既降低事故率,又提高交通效率。

(9)在不同时间和空间实行交通限制,如禁止转弯、禁止停车、禁止通行、禁止进入及禁止超车等。

(10)加强无信号控制交叉口的管理,设立"停车"或"减速让行"标志,限制交叉口的进入车速。

4. 提高汽车的安全性能

(1)提升车辆被动安全性能。

车辆的被动安全性能是指发生事故后,车辆通过自身技术性能减轻人员受伤和货物受损的能力。车辆被动安全又可分为内部被动安全与外部被动安全,前者是指减轻车内乘员和货物受损的性能,后者是指减轻对事故所涉及的非本车人员和非本车车辆损伤的性能。

提升车辆被动安全性能的措施主要包括:

①提升车辆的结构安全性,一方面应使汽车驾驶室及车厢有足够的强度和刚度以确保车内乘员的生存空间,另一方面应使碰撞部位有尽量大的塑性形变空间以吸收尽可能多的碰撞能量;

②采用被动安全保护装置,如使用车内安全带、安全气囊等对车内乘员进行保护,使用主动防护发动机盖系统、车外行人安全气囊系统等对被碰撞的行人进行保护等。

(2)提升车辆主动安全性能。

车辆的主动安全性能是指车辆应用各种技术措施,避免发生道路交通事故的能力。车辆的主动安全性能包括行驶安全、操纵安全、环境安全和感觉安全等几个方面。

行驶安全来自车辆悬架、转向系统、制动系统等部分的协调,它反映了车辆的最佳动态性能。与行驶安全相关的系统需具备很高的可靠性,可通过冗余设计等方式提升相关系统的可靠性(例如双回路设置的制动系统)。

操纵安全要求优化设计驾驶人的操作条件,实现良好的人机交互,使驾驶操作方便。

环境安全是指汽车驾驶室与车厢内的环境安全,要求将汽车行驶的噪声、振动以及外界不良天气条件对汽车乘员(尤其是驾驶人)的不利干扰降至最低,尽可能提高乘员舒适性。

感觉安全是指驾驶人在驾车过程中心理上获得的安全感,这种安全感来自驾驶人能够方便地获取各类驾驶信息,例如良好的车外视野、视认性良好的仪表和警告灯信息等。

为主动预防道路交通事故、避免人员伤亡而专门增设的安全装置称为车辆主动安全装置。常见的车辆主动安全装置包括:①防抱死制动系统(ABS);②电子防滑转系统(ASR);③车身电子稳定系统(ESP);④电子驻车制动系统(EPB);⑤胎压监测系统(TPMS);⑥缓速器;⑦先进驾驶辅助系统(ADAS)等。其中,先进驾驶辅助系统是一系列先进驾驶辅助功能的集合,包括自适应巡航(ACC)、车道偏移报警系统(LDWS)、车道保持系统、自动避撞系统、盲点探测系统等等。

通过改良车辆设计、增设车辆主动安全装置等方式,可有效提升车辆主动安全性能。

(3)定期进行车辆检验、保养。

对车辆进行定期的检验和保养,可以识别和预防潜在问题,确保车辆各部件的正常运行,防止由于零部件老化、损坏而可能引发的事故。

5. 提升道路交通安全科技支撑能力

(1)加强营运车辆危险驾驶行为辨识及干预、重特大事故防控理论和技术研究;推进跨部门、跨地区的营运车辆管理数据资源共享共用。

(2)加强驾驶行为机理与干预、车辆主被动安全技术、道路因素对交通安全风险影响、交通事故综合致因分析等方面的理论与技术研究。

(3)加强道路安全研究信息互通、资源共享。

6. 加强交通安全教育宣传

(1)提高驾驶人素质、水平与职业道德。大量的交通事故统计表明,有50%以上的事故同驾驶人的行为有关,因此提高驾驶人的素质、职业道德对保证交通安全有重要作用。

①驾驶人应有良好的身体素质,如在视觉、听觉、反应动作方面具有相当的准确性,在生理、心理和精神方面,都经过了有严格标准的、科学的检查。对于先天性缺陷如色盲、色弱或反应迟钝者不能取得驾驶资格。

②改革驾驶培训考试制度,改进驾驶人教育培训模式。

③严格执行交通法规,促使驾驶人讲交通道德、职业道德,遵规守纪。坚决杜绝酒驾和疲劳驾驶等行为。

(2)健全交通安全宣传教育体系,广泛开展交通安全宣传教育。

(3)交通安全教育课进校园,全面覆盖各级院校。

(4)建立道路交通参与者交通安全信用体系。

三、全球交通安全提升

1. 零死亡愿景(Vision Zero)

零死亡愿景是一项国际性的计划,最终目标是将因交通事故死亡及重伤的人数降至零。这一愿景由前瑞典道路管理局交通安全负责人克拉斯(Claes)于1995年提出,并于1997年10

月由瑞典议会审议通过。从零死亡愿景提出之初直至今日，世界上有越来越多的国家或者城市响应号召，相继将其作为当地交通安全的发展目标，并且其中许多已经取得了显著的成效。瑞典作为零死亡愿景的提出地，在该愿景提出时（1995 年）每年约有 600 人因交通事故丧生，而 2022 年，该项数据已降至 227 人。

零死亡愿景的核心理念在于，人的生命和健康是不能与其他任何社会利益交换的。即人的生命和健康不应作为衡量交通系统成本的指标，交通规划设计和管理控制必须首先保证人的安全，而不是优先考虑速度或者通行能力。为了保证交通参与者的安全，零死亡愿景中提出了一项与传统观念具有显著差别的原则：交通事故的发生不应完全归咎于交通参与者，因为"人非圣贤，我们不应该为现实中不存在的完美的人设计道路系统，而应该为像我们一样的普通人设计道路系统"（克拉斯述）。实现零死亡及重伤的共同目标需要交通规划、设计、管理及医疗卫生等各部门通力协作，以确保交通参与者在不小心失误时不会导致死亡或严重伤害事故发生（图 9-10）。

安全的系统=安全的出行

系统规划设计者及政策制定者
有责任在交通系统规划设计和政策制定中优先考虑保证安全

如果道路使用者犯了错误
对交通系统规划设计和政策进行分析
以提升安全性

个人道路使用者
有责任遵守交通规则

图 9-10　多方合作以实现道路交通事故零死亡及重伤的共同目标

2. 道路安全行动十年（Decade of Action for Road Safety）

道路安全行动十年全球计划是由联合国世界卫生组织牵头发起的一项全球性道路安全行动。联合国大会在 2010 年 3 月正式宣布 2011—2020 年为道路安全行动十年，并在后续由 WHO 牵头制订了行动计划。在该计划的指导下，一些国家和地区的死亡人数大幅减少。例如，哥伦比亚首都波哥大市采取了一系列综合行动，大力推行了广泛的技术改进和监管改革，在 10 年内将死亡人数减少了一半。2020 年 9 月，联合国大会通过决议，宣布开启"2021—2030 年道路安全行动十年"。世卫组织和联合国各区域委员会以及联合国道路安全协作机制的其他参与伙伴合作制定了《道路安全行动十年（2021—2030）全球计划》（2021 年 10 月发布），呼吁继续优化道路和车辆的设计，完善法律法规，严格执法工作，提升急救服务能力与效率，提倡健康、环境友好的交通方式。同时该计划中还进一步指出，道路安全责任远远不止于卫生和交通领域范畴。城市规划人员和工程师必须将安全作为所有交通基础设施的核心考虑因素，企业则可通过在整个价值链（Value Chain）中落实安全优先原则推动和改善道路安全。图9-11为《道路安全行动十年（2011—2020）全球计划》和《道路安全行动十年（2021—2030）全球计划》英文版封面。

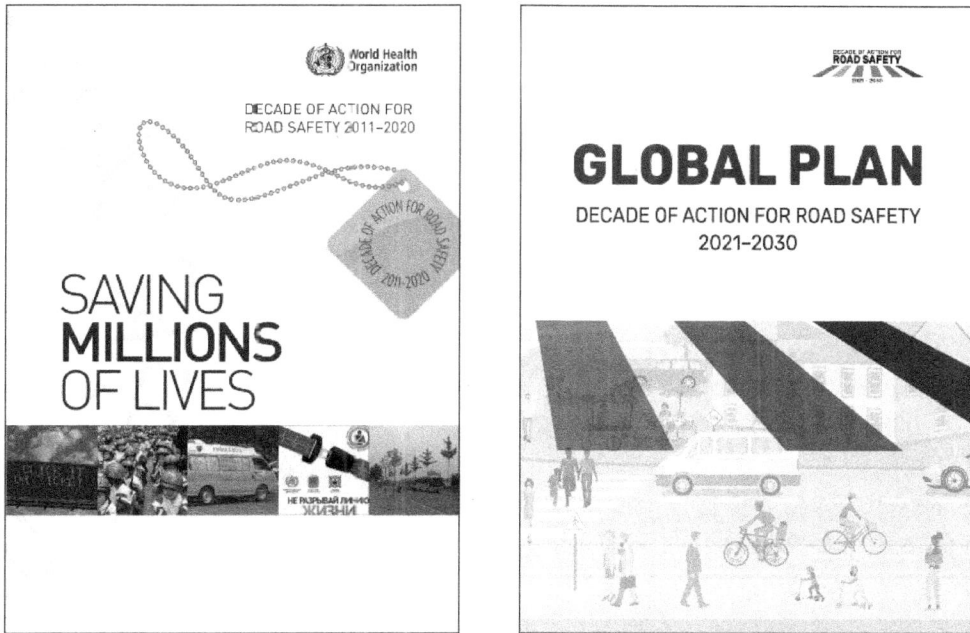

图9-11　《道路安全行动十年（2011—2020）全球计划》和《道路安全行动十年（2021—2030）全球计划》英文版封面

四、交通安全的未来发展

唯物辩证法指出，世界是永恒发展的，所谓发展，是指事物由简单到复杂、由低级到高级的变化趋势，其实质是新事物的产生和旧事物的灭亡。道路交通系统也不例外。随着技术的不断革新，有越来越多的新事物诞生并走进（或将要走进）人们的日常交通出行，如今的道路交通系统正变得越来越复杂，也越来越高级。道路交通系统的不断发展也使得交通安全课题的研究不断面临着越来越复杂的挑战。以下就道路交通系统中几个典型的新生事物带来的交通安全问题作简要介绍。

（1）共享交通的交通安全问题。

在互联网技术快速发展、共享经济蓬勃发展的浪潮之下，共享交通的概念也随之诞生，且目前已深刻改变了人们的出行方式。现有比较有代表性的共享交通服务包括：共享单车、共享电单车、共享汽车、网约车服务等。目前国内共享汽车的运营模式已基本宣告失败，而共享单车、共享电单车、网约车服务已经趋于稳定，且已经成为人们日常出行的重要方式。

其中，共享单车带来的新的交通安全挑战主要包括：共享单车大量投放后无序停放阻碍正常交通通行；共享单车骑行者交通安全意识淡薄，随意穿行影响交通秩序；部分城市在交通机动化的浪潮中，对于非机动交通的基础设施配建供给不足，共享单车的出现使得机非混行现象更加普遍；共享单车车况难以保证，骑行者对共享车辆不爱惜，同时由于投放数量过大，运营企业难以保证每辆车的保养维护水平等等。共享电单车除了具有与共享单车相同的交通安全挑战之外,还面临着如何保证共享电单车用户正确使用头盔的问题。网约车服务由于本质上是网络预约出租车,与传统巡游出租车在安全问题上的区别主要在于监管和设施配套方面。

（2）电动汽车与自动驾驶汽车。

在可持续发展理念的引领下,我国大力推行新能源汽车产业发展,其中电动汽车产业是主要发展方向。当前,电动汽车已经走进全国各地的大街小巷,其保有量在未来还将持续快速提升。电动汽车的电动机相较于内燃机拥有更大的扭矩、更强劲的动力,这将会对驾驶人的驾驶行为产生影响,可能会诱发更普遍的急加速、穿插等行为;由于电池的特性,电动汽车普遍会面临更严重的续航里程焦虑问题(特别是在气温较低时),驾驶人的焦虑心理同样不利于交通安全;另外电动汽车电池的安全性问题也一直备受关注,电动汽车自燃,或发生碰撞事故后迅速起火燃烧的事件时有发生。

在创新发展理念的指引下,我国自动驾驶汽车试验也在如火如荼开展,自动驾驶汽车开放测试道路里程不断增加。然而当前自动驾驶车辆的驾驶行为相较于人类驾驶人仍有明显区别,如何保证人机混驾环境下的道路交通安全已成为新的热门研究主题;同时,目前的自动驾驶能力仍然不足以应对各种复杂工况,仍旧不时需要人类驾驶人进行接管,所以如何保证人机共驾的安全性亦是一个重要研究内容。另外,因自动驾驶汽车自身问题而发生交通事故时的责任划分问题也较难以明确(应归咎于驾驶人,还是汽车制造商,或是其他人?);自动驾驶汽车面对一些伦理道德难题(如电车难题)时的抉择问题一直以来也为人们所争论。

技术的革新为道路交通安全带来众多新的挑战的同时,也伴随着许多新的机遇。大数据时代的到来为交通事故致因的分析提供了更多可能,车车通信、车路协同技术的发展也为道路交通安全的改善方法带来了更多的思路。道路交通系统发展日新月异,道路交通安全这一重大课题的研究同样需要与时俱进。但是万变不离其宗,无论未来道路交通安全的研究内容如何千变万化,都始终不会离开"人-车-路-环境-管理"这五个核心要素。

习题

9-1 请举例介绍影响道路交通事故发生的主要因素。

9-2 某交叉口近三年的平均交通事故为6起/年,假设该交叉口事故发生频率服从泊松分布,请问此交叉口明年发生5起交通事故的概率是多少?

9-3 请根据表9-9所提供的10条道路的交通事故与交通流量信息,基于给定的安全性能函数计算预测事故频率,并使用超期望平均事故频率法进行事故多发道路判别

安全性能函数:

$$N = \exp\left[-11.63 + 1.33 \times \ln(年平均日交通量) + \ln(长度)\right]$$

式中,年平均日交通量(AADT)的单位为辆/d;长度的单位为英里。

10条道路的交通事故与交通流量信息 表9-9

编号	平均事故频率 (起/年)	年平均日交通量 (辆/d)	长度 (英里)
1	85	57281	4.035
2	141	118145	3.050
3	133	89709	3.605
4	122	53684	6.650
5	120	53713	8.350
6	125	59562	7.270
7	116	53500	4.105
8	122	56675	7.250
9	112	51451	2.890
10	114	69573	4.010

9-4 请简述道路交通安全改善的基本逻辑,并列举一些具体的道路交通安全改善措施、方法。

9-5 请简述零死亡愿景的核心思想理念与主要观点。

第十章

交通设计

道路网络交通设计的主要目的是：科学合理地分路、分时、分车种、分流向使用道路，实现交通流均衡分布、有序行驶，确保交通安全，提高道路网通行效率的目标。

第一节　交通设计内容及流程

在我国，交通设计概念虽然形成于20世纪80年代，然而其真正意义的普及还是自2000年开始，伴随着城市交通拥堵严重程度的加剧，公安部、住房和城乡建设部在全国范围内实施"畅通工程"，交通设计的概念及其作用开始被广大的交通规划、建设与管理部门接受并应用。

一、交通设计概念与理论基础

交通设计是基于城市与交通规划的理念和成果，运用交通工程学的基本理论，以交通安全、通畅、便利、效率以及与环境协调为目标，以交通系统的"资源"（包括通行时间与空间资源、环境资源及投资条件等）为约束条件，对现有和未来建设的交通系统及其设施加以优化设计，寻求改善交通状况的最佳方案，精细化确定各交通方式的通行权、通行时间与空间及其管

222

理方案、相关设施的布局方案等。交通设计上承交通规划,下接交道设施工程设计与交通运行管理,指导交通设施的土木工程设计。

交通设计理论基础包括:探讨交通出行者与交通系统关系的交通行为理论、交通流理论、通行能力分析、交通冲突分析、交通管理与控制系统理论等。

交通设计的基础是处于上位的交通规划和各类相关规范、标准。因此,如何将规划转化为可实施的工程方案,也是交通设计的研究与应用内容之一。

二、交通设计内容

交通设计内容取决于设计的对象、目的和目标,如图10-1所示。

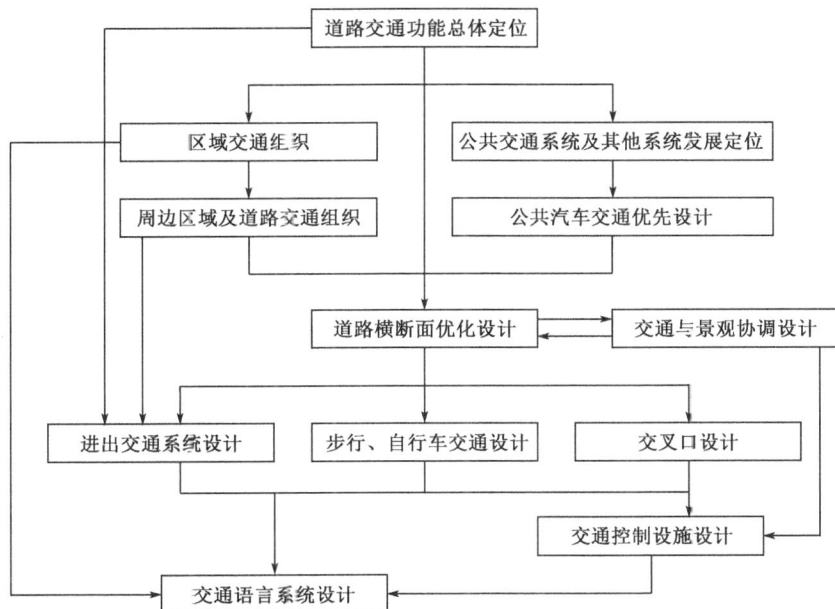

图10-1 交通设计内容逻辑关系图

1. 交通系统分析与构筑

(1)交通系统相关关系分析。

定性、定量地分析交通系统的基本构成、各构成要素间的基本关系、系统基本功能与分析目标以及目标和系统构成要素间的关系,为交通系统的优化构筑、设计和管理提供依据。

(2)交通设计需求分析。

确定交通设计需求,以解决或缓解交通事故、阻塞、污染、抗灾、不方便和不可靠(不准时、可达性差)问题,提高资源的有效利用率,适应不同出行需求、不同服务水平交通的需要,为制订交通问题处理方案提供依据。

(3)交通系统资源和约束条件分析。

交通改善应建立在土地资源、通行权资源、交通系统的空间与时间资源和投资等基本资源约束条件的基础上。

(4)交通问题基本对策分析。

交通设计的主要任务是面向问题,基于系统资源和约束条件设计交通改善方案。因此,有必要在交通问题的调查与诊断分析的基础上,对交通以人为本、公交优先、交通设施无瓶颈化、交通流有序化与饱和度均衡化等方面的改善方案进行可行性和适应性分析。

2. 交通通行空间设计

人和交通工具的通行需有必要的空间。交通通行空间的设计是交通设计的基本内容,应基于交通需求、通行权分配和通行能力分析,结合交通设施的类型和条件,最优化确定交通空间或分配空间资源。

3. 交通时空协调设计

当交通流存在交叉时,其通行权、通行能力和交通冲突还取决于通行时间,因此,在平面交通空间内,如何最优化分配通行时间、使之与交通空间分配相协调,是交通设计的另一项重要工作。交通实际中的通行时间分配是通过交通组织管理或交通信号(或其他)的控制方式加以实现的。

4. 交通行驶环境设计

交通行驶环境设计是确保交通与环境质量的综合性工作。交通环境是交通出行者对通行空间的感受,其构成取决于交通通行时空与视距、视觉连续性和交通流冲突状况等。因此,行驶环境影响着交通的安全性、通畅性、平顺性和舒适性。交通行驶环境设计还包括缓解车辆废气、减少碳排放及缓解噪声和振动对环境污染等相关方案的设计。

5. 交通安全设计

保证交通安全,减少使出行者暴露于危险的空间、降低事故发生的概率,降低事故造成的伤害与损失等,是交通设计中极其重要的内容,主要包括:交通分隔方案设计、减少与缓和交通冲突的设计、防护和限速设计等。

6. 交通语言设计

“交通语言”,是交通管理者使用法定的标识和符号向交通参与者传递的信息。指导交通系统中出行者交通活动的交通管理设施必须明确、无歧义、全面且准确地表达交通管理的意图和服务信息。交通语言设计包括机动车、慢行交通系统及公共交通设施的交通语言设计等。

7. 交通设计评价分析

设计方案的优劣,或其效益与投入对比大小的评定,需要通过评价加以判断。常用的评价手段和方法有:前后调查对比分析法、评价模型计算法以及仿真分析法等。

三、交通设计流程

交通设计的流程一般包含四个步骤:基础资料调查与分析、概念设计、详细设计、评估与分析。新建设施和改建设施在基础资料调查与分析阶段内容不同,新建设施重点调查规划上的功能定位与设计目标、用地条件等,改建设施在相关规划条件的基础上重点调查设施的现状、使用中存在的问题和改善的可能性等。新建设施的交通需求量为预测值,可能无法准确反映其使用后的实际情况。因此,交通设计应基于可预见性,确保设施在建成后即使出现问题,也能通过较为方便、易行的措施对其进行改善。

第二节　城市道路横断面设计原则、组成要素与形式

城市道路横断面设计是道路交通设计的重要内容,也是保障道路功能的基础,直接影响到道路通行效率和交通安全。

一、横断面设计原则

(1)须保障人行和各种车辆交通的安全、通畅。

(2)须满足各种车辆和行人通行能力的需求。

(3)遵循公共交通优先和以人为本的原则。

(4)遵循减小用地的基本原则;在一定的道路红线(Road Property Line)范围内,以充分发挥城市交通用地效益为目标,合理地分配机动车、非机动车、行人等各组成部分的空间。

(5)横断面形式(Cross-section Design for Roads)和各组成部分尺寸及比例应根据道路等级、设计速度、设计年限的机动车、非机动车交通量和人流量、交通特性、交通组织、交通设施、地上杆线、地下管线、绿化、地形等因素统一安排。

二、横断面组成要素

横断面组成要素包括:机动车道(Motorway)、非机动车道(Non-motorized Lane)、人行道(Sidewalk)、分隔带、绿化带、公共设施带、临时停车带以及存车带等部分。

1.机动车道宽度

机动车道的总体宽度由机动车道数和一条车道宽度决定。新建城市道路,机动车道数由规划年设计小时交通量、设计通行能力、道路红线决定;改建道路,可由规划年交通量、现状交通运行状况、道路红线、改建工程量等决定。原则上主干路车道数不大于单向三车道(含公交专用车道),次干路不大于双向四车道,支路不大于双向三车道。一条车道宽度根据道路类型、设计车速及通行车辆类型确定。国内外城市道路一条机动车道宽度推荐值如表10-1所示。随着机动车辆性能的提高,车道宽度有下降趋势。

国内外城市道路一条机动车道宽度推荐值(单位:m) 表10-1

道路等级 (设计车速)	国外		国内	
	一般值(美国、英国、 加拿大、澳大利亚等)	较窄值 (日本)	我国《城市道路工程 设计规范(2016年版)》 (CJJ 37—2012)	我国实际应用值
主干道(60km/h)	3.30~3.60	3.25~3.50	3.25~3.50	3.25~3.50
次干道(40km/h)	3.00~3.60	3.00~3.25	3.25~3.50	3.00~3.25
支路(≤30km/h)	3.00~3.30	2.75	3.25~3.50	2.75~3.00

注:1. 通行公汽车、大型货车或与小汽车混行的道路取大值,小汽车专用道取小值。

2. 机动车道路面总宽应包括车行道宽度及两侧路缘带宽度。

2. 非机动车道宽度

(1)非机动车道宽度必须保证非机动车的通行安全、连续,并避免与行人、机动车之间的相互干扰。

(2)自行车为非机动车道的代表车型,一条自行车道的最小宽度应为1.0m。

(3)应根据自行车设计交通量与每条自行车通行能力计算自行车车道条数。

(4)自行车道路面宽度应为几条自行车车道宽度及两侧各0.25m路缘带宽度之和。

(5)考虑到电动自行车和自行车共用车道的需要,非机动车道最小净宽不得小于2.5m。

3. 人行道宽度

(1)人行道宽度的设计,必须考虑到行人通行的安全、畅通和舒适,最小净宽不得小于2.0m。

(2)实际设计时,应根据道路功能、类别确定人行道宽度。商业街上应兼顾部分观赏、浏览商店橱窗停步、慢行行人和快步通过行人的需要。在干路边,有大型商店、公共文化中心、影剧院等娱乐场所,火车站、码头、轨道交通站、长途汽车站等建筑物时,人行道宽度宜取5.0~6.0m,预测人流特别拥挤的地段,宽度应视实际人流需求确定。

(3)考虑到行动不便者和老幼出行者的通行需求,应做好无障碍设计,在交叉口或道路步行空间有变化处做好盲道设计。

4. 分隔带宽度

分隔带包括中央分隔带和机非分隔带。

(1)中央分隔带:在设计车速大于等于50km/h或车道数在双向四车道以上的干路上,宜设高于路面的实体中央分隔带,最小宽度可取0.5m;困难时或特殊情况下可采用小于0.5m的分隔物。在没有或不能做实体分隔带的干路上,可在路面上漆划双黄线分隔带,两线总宽0.5m;在双向两车道的道路上和公交专用道与其他车道间,可用宽为0.15m的单黄线分隔以降低车辆间的横向干扰或冲突,提高运行车速;用于行人过街路中驻足区时,宽度应大于2.0m,展宽后的余留宽度应不小于行人过街驻足需要的最小宽度(1.5m)。

(2)机非分隔带:单向机动车道为两条及以上时,宜设置实体或单黄线机非分隔带,用于分隔机动车与非机动车,宽度宜取1.0m。实体带上可设置交通标志、路灯、绿化等设施。为不遮蔽驾驶人视线和灯光,绿化设施应使用高度1.0m左右的灌木。

5. 绿化带

设在车道侧人行道上的绿化带通常会种植乔木,有为行人和非机动车遮阳、挡雨的作用,如需要保证行道树的高存活率,单行行道树的树穴宽度一般为1.5~2.0m。

6. 公共设施带宽度

设施带用来设置公共电话亭、灯杆(慢行交通辅助灯)、消防栓、装饰人行道的"街具"和各类标志标牌等公共设施。这些设施一般都分散插置在绿化带乔木的间隙间,不占用人行道的宽度。设施的边、角不得突出于其两侧的人行道和车道,妨碍行人和车辆的正常通行,插置的位置也不得影响绿化带乔木的生长。

7. 临时停车带

在大型商店、火车站等有临时停车需求的地段,车行道边可酌情设置只准上下客、车辆必须立即驶离或出租车上下客的临时停车带。

8. 路边存车带

支路上有存车需求的地段,可设置路边存车带,宽度宜在 2.0~2.5m。

三、横断面形式

本节介绍常见的机动车干道、公交优先、慢行优先三种街道的横断面形式。

1. 机动车干道横断面形式

以机动车交通功能为主的快速路、Ⅰ级主干路,主要保障机动车的通行功能,一般行人与自行车交通量相对较少。该类道路横断面示例如图10-2所示。设计各组成部分的宽度时须符合规范标准。

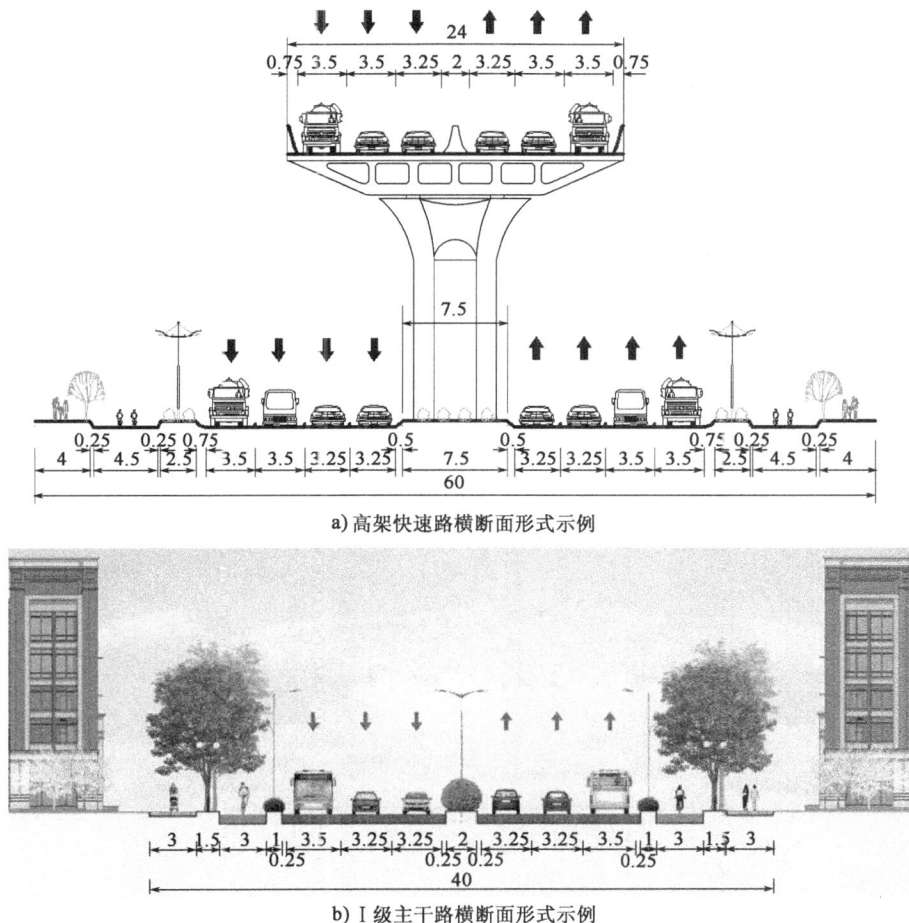

a) 高架快速路横断面形式示例

b) Ⅰ级主干路横断面形式示例

图10-2 机动车交通干道横断面形式示例(尺寸单位:m)

Ⅱ级主干路机动车道可改为双向四车道至六车道,人行道应视路段建筑物类型、人流实际需求加宽;Ⅰ级主干路个别类似路段同样须按需加宽。

横断面优化设计示例见二维码24。

二维码24

2. 公交专用道横断面形式

公交专用道(Bus-only Lane)的横断面主要保障公交优先通行,兼顾社会车辆通行,沿线行人与自行车交通量一般较多。由于公交车辆一般较宽,约为2.55m,正常行驶限速为50~60km/h,因此其车道宽度需要适当增加,合理的设计宽度取值如表10-2所示。路中及路侧公交专用道横断面示例分别如图10-3、图10-4所示。公交专用车道与其他车道通常采用栏杆或单黄线隔离,主要目的是禁止其他车辆驶入公交专用车道,保证公交车辆通行不受干扰。

公交专用道合理宽度推荐值(单位:m)　　　　　　　　　　　　表10-2

设置位置	路段	出口道	进口道
路侧	3.45~3.75	3.40~3.75	3.25~3.65
路中	3.30~3.50	3.25~3.50	3.20~3.40

来源:浙江省地方标准《城市道路机动车道宽度设计规范》(DB 33/1057—2008)。

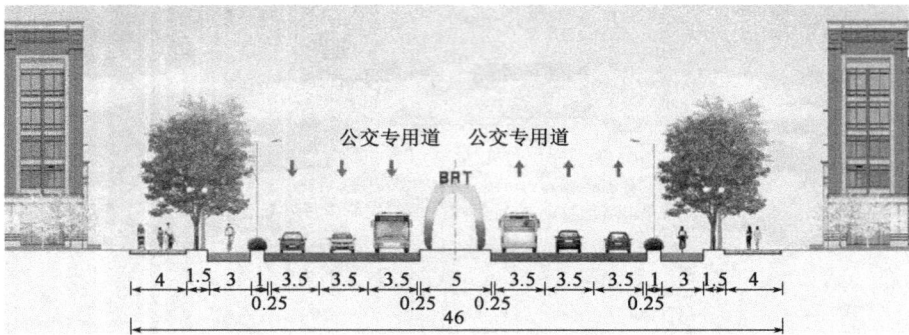

图10-3　路中型快速公交专用车道横断面示例(尺寸单位:m)

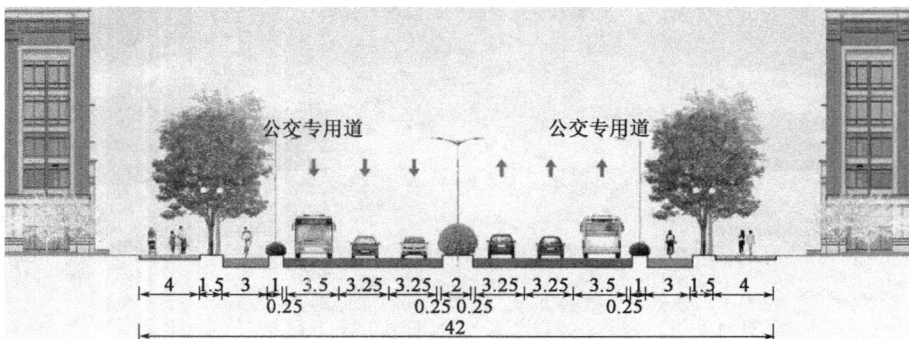

图10-4　路侧公交专用道横断面示例(尺寸单位:m)

3. 街道横断面形式

街道主要承载非机动车和行人出行以及休憩等多种功能。应采用降速槛等设计措施及限速(例如限速20km/h)管制手段,迫使机动车降低通行速度,以保障街区交通安全与环境宁静。同时应考虑步行与活动空间、附属设施、沿街建筑界面、交通设施之间的关系,从宁静、舒适、安全、便捷、同建成环境相融合等角度进行横断面设计。街道横断面设计及横断面改善示例如图10-5和图10-6所示。一般机动车道宽度取2.75~3.0m,机非间可采用单黄线隔离。人行道设计应尽量宽敞;绿化布置应尽量凸显艺术感,行道树相邻乔木间可穿插布置绿篱、各种形状的花坛、石雕、树桩等街头装饰"家具",使之高低、大小错落有致;门前屋侧可布置一条绿篱或杂以小花坛带;中间位置需留出人行道的宽度,应能使两个成年人手牵一个儿童通过以及两辆手推车能够自对向宽松通过,宽度可大于3.0m。

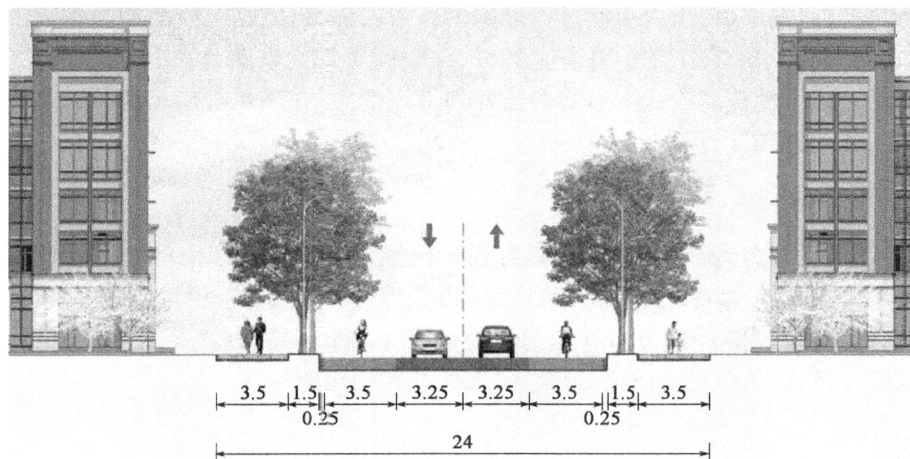

图10-5 街道横断面设计示例(尺寸单位:m)

a)改善前

b)改善后

c)改善前

d)改善后

图10-6 街道横断面实际改善示例

229

第三节　平面交叉口设计

平面交叉口是道路通行能力的瓶颈区域,制约整条道路乃至路网的服务水平。平面交叉口设计的主要目的是:在通行安全和有序的前提下,充分利用其空间资源。对于干路交叉口,通过路段和交叉口进口道、出口道间通行能力的有效匹配,以期在有限的交叉口范围内,最大化交叉口通行效率。对于公交专用道交叉口,在空间资源允许条件下,可设置公交停靠站。对于街道交叉口,尽量提高慢行交通的舒适性和街道活力,在满足机动车通行的条件下,可不进行机动车进口道展宽。

一、交叉口设计范围

为了明确设计对象,需要确定交叉口的设计范围。参考我国国家标准《城市道路交叉口规划规范》(GB 50647—2011),交叉口的规定范围如图10-7所示,包括构成该平面交叉口各条道路的相交部分及其进口道、出口道和向外延伸10～20m的路段(包括进出口道展宽段和渐变段,以及行人、非机动车过街设施、公交车站)所共同围成的空间。

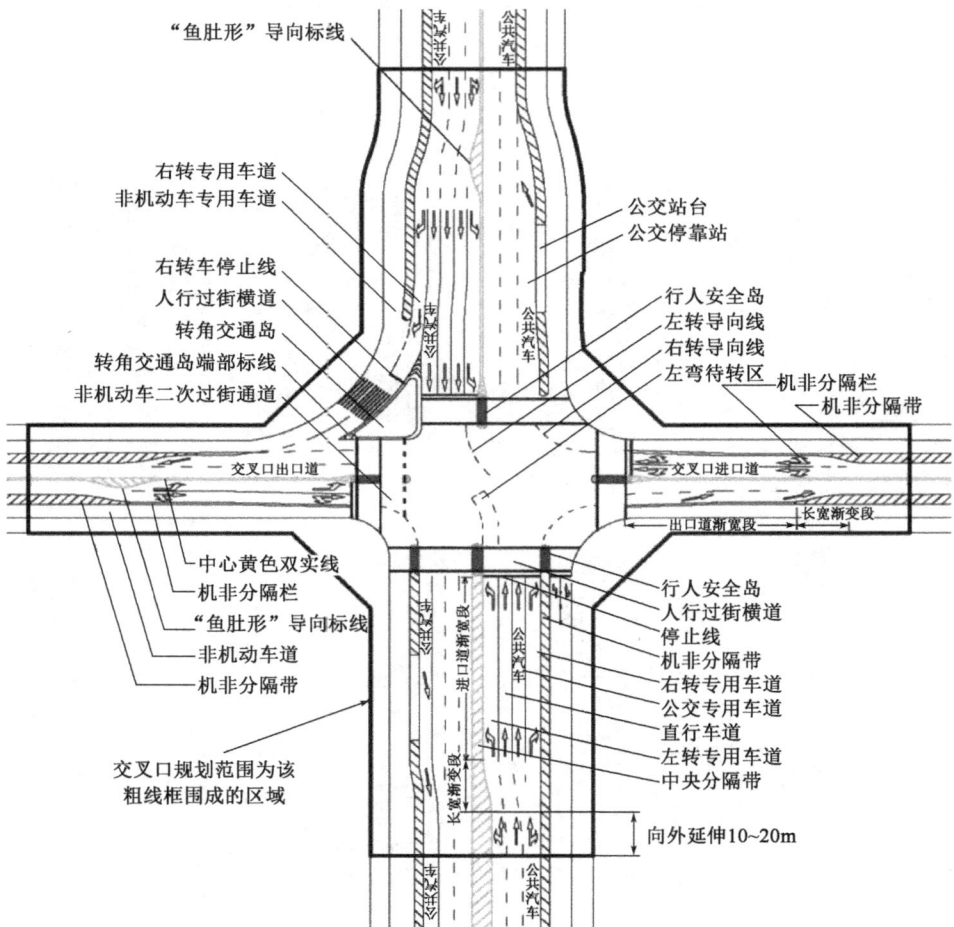

图10-7　交叉口交通设计范围及各部分构成

二、交叉口设计内容

交叉口的设计内容,涵盖交叉口设计范围内的所有对象,可分为交叉口布局设计,进、出口道渠化设计,交叉口内部渠化设计三个方面,详细设计方法可参考杨晓光、白玉等编著的《交通设计》一书。

1. 交叉口布局设计

交叉口布局设计,即为交叉口内各个交通对象分配合理的通行空间,如慢行交通组织方式、右转渠化岛设计等。

2. 进、出口道渠化设计

进、出口道渠化设计,包括进出口道展宽设计、交叉口渐变段设计、进口道车道数设计、停车线设计、进口道车道功能设计等。

3. 交叉口内部渠化设计

交叉口内部渠化设计,包括导流线、渠化岛、左转弯待转区、右转交通流渠化设计以及交叉口内部综合渠化设计等。

三、典型交叉口设计

1. 干路交叉口设计

对于干路交叉口,在满足通行安全和有序前提下,需尽量提高机动车通行能力。应增加机动车道数,进行进、出口道展宽设计。机动车道总宽度超过16m时,应在人行横道中央规划设置行人过街安全岛,如图10-8和图10-9所示。

图10-8 干路交叉口设计示例图(一)

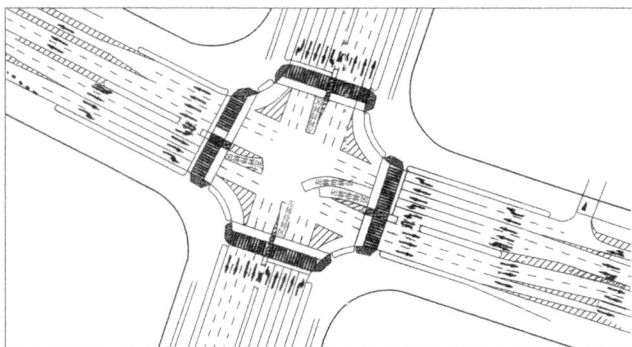

图10-9 干路交叉口设计示例图(二)

2. 街道交叉口设计

街道交叉口以保障慢行交通安全和舒适性为主,机动车能够在交叉口平稳有序疏解即可,进、出口道原则上不进行展宽。为降低机动车运行车速,提高慢行交通过街安全性,应设计较小的路缘石转角半径。既有标准规范《城市道路交叉口规划规范》(GB 50647—2011)和《城市道路交叉口设计规程》(CJJ 152—2010)中规定,交叉口路缘石半径最小为10m,但研究发现,8m缘石半径可以满足公交车转弯要求,5m缘石半径可以满足小客车转弯要求。街道交叉口设计示例如图10-10和图10-11所示。

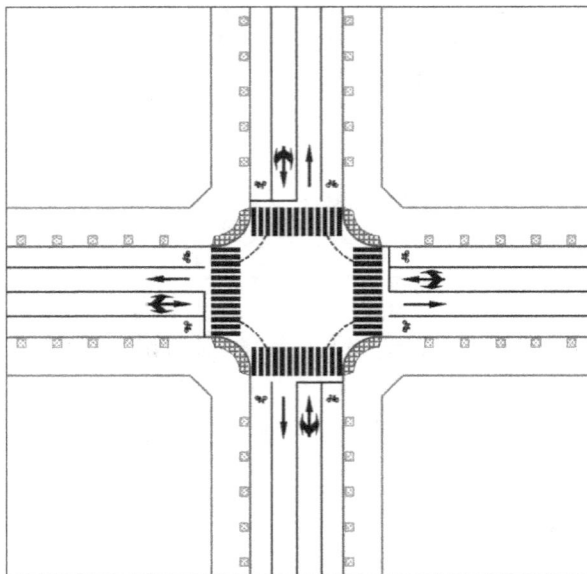

图10-10　支路交叉口设计示例图

a)改造前

b)改造后

图10-11　小半径交叉口设计示例图

二维码25

更多关于平面交叉口精细化设计的内容见二维码25。

3. 交叉口与路中式公交专用车道停靠站一体化设计

路中式公交专用车道的停靠站通常结合交叉口进行一体化设计,充分利用中央分隔带设计车站,公交候车廊与人行横道线紧密结合,方便公交乘客过街及搭乘公交车。图10-12是公交专用道出口道设站示例(车辆右侧开门)。图10-13是公交专用道进口道设站示例(车辆左侧开门)。

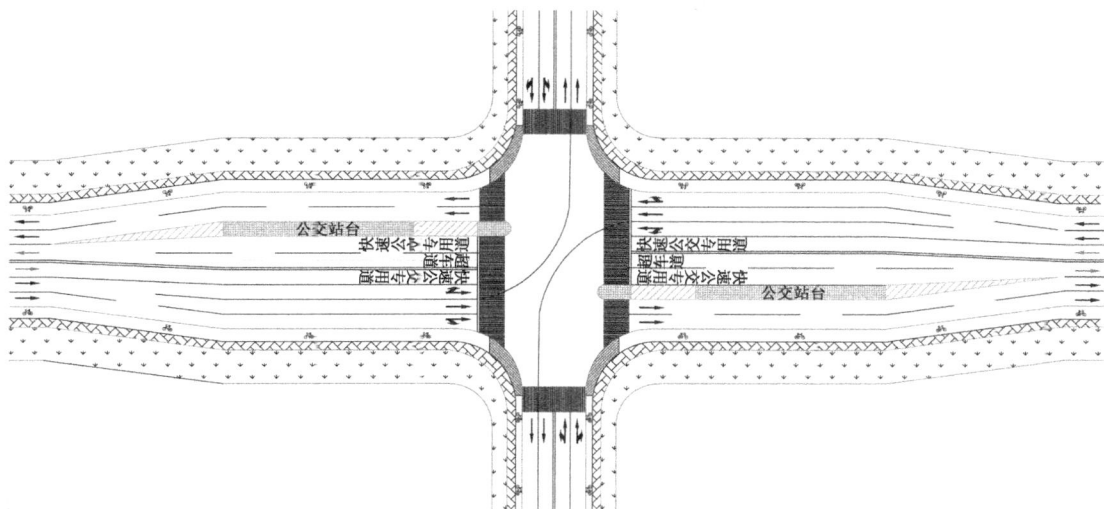

图10-12　路中式公交停靠站与交叉口出口道一体化设计示例图（车辆右侧开门）

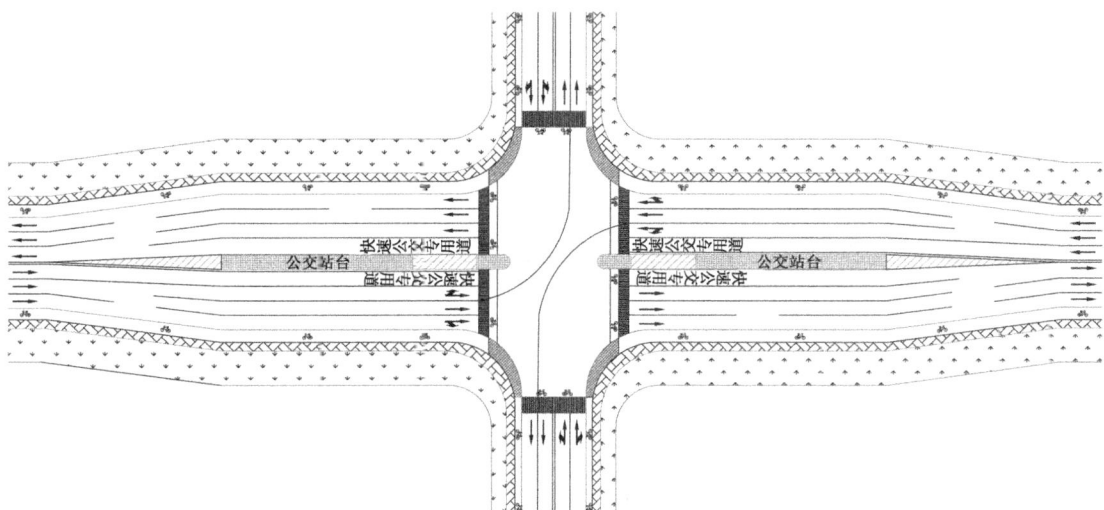

图10-13　路中式公交停靠站与交叉口进口道一体化设计示例图（车辆左侧开门）

第四节　步行与非机动车交通设计

一、步行与非机动车网络设计要求

步行和非机动车网络设计必须保障安全性、连续性、方便性、舒适性。

1. 安全性保障

(1)应保障步行和非机动车交通通行空间，不得通过挤占步行道、非机动车道的方式拓宽机动车道,杜绝安全隐患。

(2)步行和非机动车道应通过各种措施与机动车道隔离,不应将绿化带等物理隔离设施改造为护栏或划线隔离,不得在人行道及非机动车道上施划机动车停车泊位。

(3)当机动车交通与步行交通或非机动车交通混行时,应通过交通稳静化措施,将机动车的行驶速度限制在能够确保行人或非机动车安全通行的速度范围内。

(4)在过街设施、道路照明、市政管线、街道界面等的设计和维护中应考虑步行和非机动车交通使用者的安全,降低交通事故发生或步行与非机动车交通使用者受侵害的风险。

2. 连续性保障

(1)应根据不同等级的城市道路布局与两侧用地功能,结合滨水、公园、绿地空间,形成由城市道路两侧步行道、非机动车道与步行专用路、非机动车专用路构成的步行和非机动车交通网络,保证行人和非机动车通行的连续、通畅。

(2)在步行和非机动车交通网络与铁路、河流、快速路等相交时,应通过工程及管理措施保障步行和非机动车交通安全、连续通行。

(3)探索步行和非机动车交通穿越公园、小区以及大院的可行措施,增强网络密度,提高连通性。

(4)在设计道路交叉口和过街设施时,应特别注意人行道和非机动车道的连续性,避免出现断点。

3. 方便性保障

(1)在既有城区改造、新区建设、轨道交通、环境综合整治等重大项目实施过程中,应充分考虑步行和非机动车网络与周边公园、大型居住区内部路网的连通,将其作为城市路网的补充,形成步行和非机动车交通的便捷路径,完善步行和非机动车交通微循环系统。

(2)鼓励结合城市水体、山体、绿地、大型商业购物区和文体活动区,建设步行和非机动车专用道路或禁车的步行街(区)。在城市滨水空间和公园绿地中应设置步行专用路和非机动车专用路,方便居民休闲、健身和出行。

(3)步行和非机动车网络布局应与城市公共空间节点、公共交通车站等吸引点紧密衔接,步行网络应与目的地直接连通,非机动车停车设施应尽可能靠近目的地设置,以提高效率,方便使用。

(4)应特别注意步行和自行车交通系统的无障碍设计,以方便老人、儿童及残障人士出行。

4. 舒适性保障

(1)在道路新建、改造和其他相关建设项目过程中,应保证步行和自行车通行空间和环境品质,保障系统舒适性,增强吸引力。

(2)除满足基本通行需求外,应结合不同城市分区特点,结合周围建筑景观,建设完善的林荫绿化、照明排水、街道家具、易于识别的标志及无障碍等配套设施,尽量提供遮阳遮雨设施,提高舒适程度和服务水平。

(3)应与城市景观、绿地、旅游系统相结合,将步行道和自行车道与城市景观廊道、绿色生态廊道、休闲旅游热线合并设置,尽可能串联城市重要景观节点和公共开敞空间,提升整体环境品质。

（4）在兼顾经济与实用的前提下，应考虑地面铺装、植物配植、照明、标识及街道家具的美观性，力求体现当地环境特色，彰显地方文化特质。街道家具是设立在道路、道路边缘、人行道上的公共设施。

二、步行道设计

步行道横断面划分为人行道、绿化带或设施带，以及建筑前区，如图10-14所示。各分区应保证连续，避免分区间发生重叠或冲突。

分级步行道的人行道单侧宽度推荐值如表10-3所示。

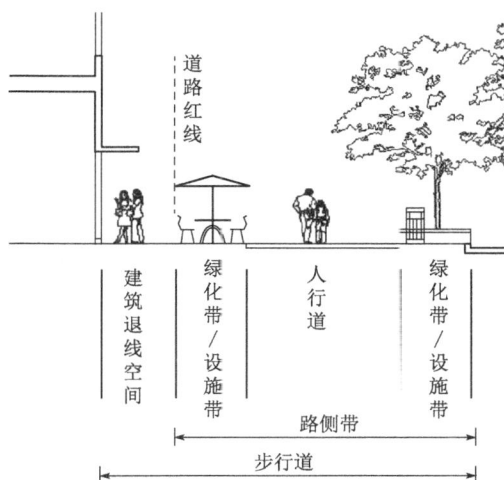

图10-14　步行道横断面组成

人行道单侧宽度推荐值（单位：m）　　　　　　　表10-3

步行道等级	一级	二级	三级
快速路（辅路）、主干路、次干路、支路	4.0～7.0	2.5～5.5	2.0～3.5

三、非机动车道设计

非机动车网络由各类非机动车道路构成，可分为非机动车道和非机动车专用路两类。非机动车道指沿城市道路两侧布置的非机动车道。非机动车专用路主要包括以下类型道路或通道空间：

（1）公园、广场、景区内的非机动车通道，滨海、滨水、环山的非机动车专用通道和非机动车绿道等。

（2）通过管理手段、铺装差异等措施禁止（或分时段禁止）非机动车和步行之外的交通方式通行的各类道路，允许非机动车通行的步行街（区）等。

（3）不具备机动车通行条件，但非机动车可以通行的各类通道，如较窄的胡同、街坊路、小区路等。

非机动车道宽度确定应同时考虑非机动车道等级、非机动车高峰流量、服务水平和非机动车混合车型组成等因素，如表10-4所示。

各级非机动车道宽度和隔离方式要求　　　　　　　表10-4

非机动车道等级	非机动车道宽度	隔 离 方 式
非机动车专用路	单向通行不宜小于3.5m，双向通行不宜小于5.0m	应严格物理隔离，并采取有效的管理措施禁止机动车进入和停放
一级	3.5～6.0m	应采用物理隔离
二级	2.5～3.5m	主干路、次干路应采用物理隔离，支路宜采用非连续物理隔离

习题

10-1 选择一所上下学有家长接送的小学,请分析上下学期间道路交通可能存在什么问题?提出合适的交通组织目标以及分方式交通组织思路。

10-2 已知一条以服务生活功能为主的道路,北段约1km,道路红线21m,双向二车道,有一定自行车流量,横断面如图10-15所示;道路南段约1.1km,道路红线24m,双向四车道,非机动车道和人行道均较窄,横断面如图10-16所示。请结合北段横断面形式,分析南段的横断面布置可能会带来什么问题。假设北段的横断面形式不变,道路南段有一些小汽车停车需求,请针对以下两种情况分别设计南段路段的横断面,说明设计意图和方法、画出横断面设计图。

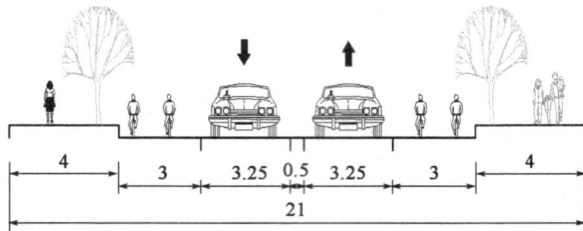

图10-15 道路北段横断面(尺寸单位:m)

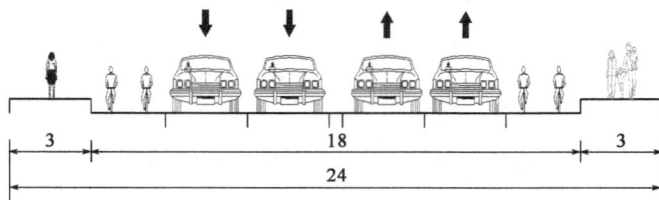

图10-16 道路南段横断面(尺寸单位:m)

(1)情况一,不能进行土木工程改造。

(2)情况二,可以在道路红线范围内进行土木工程改造,但需要尽量缩小改造工程量。

10-3 请说明为什么要进行交叉口展宽。

10-4 请针对学校周边的步行者、非机动车骑行者做问卷调查,了解步行者、非机动车骑行者对学校周边现状步行网络和非机动车网络在安全性、连续性、方便性、舒适性方面的满意度及改善诉求,提出步行网络和非机动车网络设计优化方案。

第十一章

交通控制

交通控制的目的是充分发挥已有道路交通设施的机能,使交通安全、流畅、有序地通行,并减轻噪声、废气等交通公害。交通控制主要基于交通冲突分析、交通流理论以及通行能力与服务水平、延误等交通特征指标实施。

第一节　交通信号控制概述

交通信号控制是运用现代化的通信设施、信号灯、信号控制机(Signal Controler)、检测器(Detector)、监控设备和计算机对运行中的车辆、行人、自行车等进行准确的组织、调控,使其能够安全、畅通、高效地运行。

一、交通冲突概念

交通流在通过平面交叉口时,会在交叉区域与其他方向的交通流在流线上产生"冲突",因此需在时间上分时共享该区域,来保证交通流的安全。无信控交叉口采用让行规则,信号控制交叉口采用法定信号灯及让行规则对交通流进行分时通行控制和管理。理解交叉口的交通运行须从分析此处的交通冲突入手。

任意两股交通流在交叉口的运行轨迹间存在交点时,认为这两股交通流之间存在交通冲突,其行驶轨迹交点称为冲突点。对某一股交通流而言,与其产生冲突的交通流通常有若干股,因此会形成多于一对的冲突点组,一个典型交叉口的冲突点组如图11-1所示,实际交叉口的冲突点可能会更复杂。

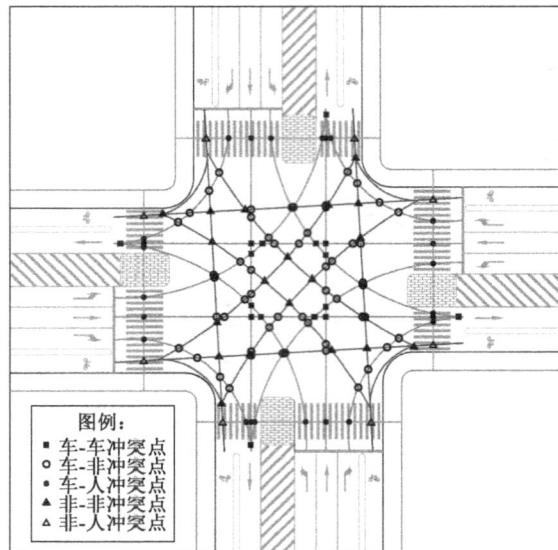

图11-1　典型交叉口冲突点(组)示意图

根据交通流间冲突严重程度的不同,应将交叉口交通冲突分为第一类冲突(不可调和冲突)和第二类冲突(可调和冲突)。可将行人与行人以外的任何直行与直行交通流的冲突定义为第一类冲突。除此之外的冲突在一定条件下可以确定为第二类冲突。在以下条件下,第二类冲突可以转化为第一类冲突。

(1)左转机动车与对向直行车:当左转方向上有两条及以上车道或对向直行有三条及以上车道时;对向直行车流量较大(以致每周期可以通过的左转车辆数小于四辆;由于左转车辆抢道引起交通混乱;左转车流量较大,多数周期时间产生二次排队现象)时。

(2)右转机动车与平行方向行人和非机动车:当机动车和行人或非机动车流量较大以致引起严重冲突、造成交通秩序混乱时。

(3)左转非机动车与直行和/或右转机动车:当机动车和左转非机动车流量较大,造成严重冲突时。

此外,同一个交叉口的某些冲突车流可能在一天之中的不同时段(例如,高峰、平峰和夜间)或在相同时段的不同绿灯时间阶段(绿灯的初期、中期或末期)具有不同的冲突性质。

第一类冲突必须通过信号控制手段分配冲突交通流的通行时间。具有第一类冲突的交通流不得出现在同一个信号相位中,其在前后相连的相位间出现必须满足绿灯间隔时间的要求。第二类冲突则可以通过应用让行规则来管理通行。

若某交叉口采取信号控制消除所有涉及左转和直行车流的第一类冲突,则如图11-1所示交叉口只剩下右转机动车与平行放行的行人和非机动车之间的冲突,冲突点如图11-2所示。

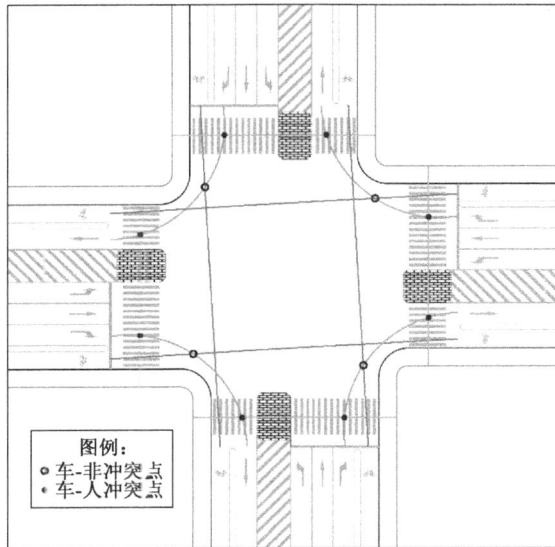

图 11-2 信号控制交叉口冲突示意图

二、交通信号控制类型

1. 按控制范围分类

（1）单个交叉口的交通控制。

每个交叉口的交通控制信号只按照该交叉口的交通情况独立运行，不与其邻近交叉口的控制信号有任何联系，称为单个交叉口交通控制，简称"点控制"。这是交叉口交通信号控制最基本的单元。

（2）干道交叉口信号联动控制。

把干道上若干连续交叉口的交通信号通过一定的方式联结起来，同时设计一种各交叉口信号相互协调的控制方案，各交叉口的信号灯按此协调方案联合运行，使车辆通过这些交叉口时，减少连续遇上红灯的频率，称为干道信号联动控制，也叫"线控制"，俗称"绿波控制"。

（3）区域交通信号控制系统。

以某个区域中的若干信号控制交叉口作为协调控制的对象，称为区域交通信号控制系统，俗称"面控制"。控制区域内各受控交通信号一般与交通控制中心联网，以便管理者进行集中控制。对范围较小的区域，可以整区集中控制；范围较大的区域，可以分区分级控制。区域交通信号控制系统按控制策略可分为定时式脱机操作控制系统和适应式联机操作控制系统。

2. 按控制方法分类

（1）定时控制。

交叉口交通信号控制机均按事先设定的配时方案运行，也称"定周期控制"。一天只用一个配时方案的称为单段式定时控制；一天按不同时段的交通量采用几个配时方案的称为多时段定时控制。

(2)感应控制。

感应控制是在交叉口进口道部分或全部车道上设置车辆检测器,信号灯控制参数或方案由智能化信号控制机计算,可随检测器检测到的车流信息而实时改变控制方案的一种控制方式。

(3)自适应控制。

通过建立交通系统的数学模型和目标函数,根据连续测量所得的交通流特征,如车流量、饱和度、停车次数、延误时间、排队长度等,了解和掌握系统状态,进行动态寻优求解,合理改变系统的控制结构或参数,从而实现目标最优或次最优的一种控制方式。

3. 按控制交通流特性分类

(1)间断流交通控制。

针对高速公路及快速路以外的道路交通设施上行驶的交通流进行的信号控制手段,是常见的信号控制类型,最典型的就是平面交叉口的信号控制。

(2)连续流交通控制。

连续流交通控制主要指对在高速公路或城市快速路上行驶的车流进行控制的方法。高速公路/快速道路的控制系统主要分为三个部分:

①主线控制系统。

②入口匝道控制系统。

③出口匝道控制系统。

其中使用最广泛的是入口匝道控制系统,包括单点匝道控制、多匝道协调控制、匝道与主线速度协同控制等;其次是主线控制,包括主线速度控制、车道控制等;出口匝道控制常用的控制方式为关闭出口匝道。

4. 按控制对象分类

由于机动车交通流、非机动车交通流、行人流的动力学、运动学特性不同,在交叉口根据冲突特征及绿灯间隔时间需求,可考虑分别进行信号控制。

国内不少城市已经出现针对公交车辆的公交优先控制。交叉口处采取公交优先控制的目的在于降低公交车在交叉口的延误,尽可能使公交车辆不停车通过交叉口,缩短公交车的行程时间,均衡公交车的车头时距,减少公交车辆运行与时刻表的偏离,从而提高公交运行的准点率。具体控制措施包括被动优先控制、主动优先控制及实时优先控制等。

三、交通信号和信号灯

1. 交通信号

在道路上用来传达对交通流通行或停止具有法定意义的指挥作用的光、声、手势等,都是交通信号(Traffic Signal)。在道路交通信号控制中,常用的交通信号主要有灯光信号和手势信号。灯光信号通过交通信号灯的灯色来指挥交通;手势信号则由交通管理人员通过法定的手臂动作姿势或指挥棒的指向来指挥交通。

2. 信号灯含义

1968年,联合国《道路交通和道路标志、信号协定》中对信号灯含义的规定摘要如下。

（1）非闪灯。

①绿灯：表示车辆可以通行，在平面交叉口，面对绿灯的车辆可以直行、左转或右转，左右转弯车辆必须让合法通行的其他车辆和人行横道线内的行人先行。但是如果在该绿灯所允许通行的方向上，交通非常拥挤，以致进入路口的车辆，在灯色改变之后，还是无法通过交叉口，这时，即使其他方向绿灯亮起，对应方向车辆也不得通行。

②红灯：表示不许车辆通行，面对红灯的车辆不能超过停止线。

③黄灯：表示即将亮红灯，车辆应该停止。除非黄灯刚亮时，车辆已经接近停止线、无法安全制动。此时，车辆可以开出停止线。

（2）闪灯。

①闪红灯：警告车辆不准通行。

②闪黄灯或两个黄灯交替闪亮：表示车辆可以通行，但必须特别小心。

（3）箭头灯。

①绿色箭头灯：表示车辆只允许沿箭头所指的方向通行。

②红色或黄色箭头灯：表示仅对箭头所指的方向起红灯或黄灯的作用。

（4）专用于自行车的信号灯。

即在信号灯上加有自行车的图案。《中华人民共和国道路交通安全法实施条例》中对信号灯含义的规定基本上与国际规定一致。我国不少地方采取了倒计时信号，如红灯倒计时、绿灯倒计时等，倒计时信号可为驾驶人提供剩余等待时间或通行时间信息，但机动车绿灯倒计时会导致车速离散、驾驶行为离散、超速等问题；机动车红灯倒计时易诱导车辆高速进入交叉口，从而引起安全隐患；倒计时信号也会限制感应信号控制的灵活性，由此影响信号控制的效益。

四、信号灯设置原理与依据

1. 设置交通信号控制的利弊

合理设计信号控制的交叉口，通行能力会超过停车或减速让行标志管理的交叉口。设有让行标志的交叉口的交通量接近交叉口通行能力时，就会大大增加车辆的停车频率与延误时间，特别是次要道路上的车辆停车、延误问题更加严重。这时，把设有让行标志的交叉口改为信号控制的交叉口，可明显改善次要道路上的车辆停车与延误状况。如果交通量没有达到需要设置信号灯的条件，不合理地将让行交叉口改为信号控制交叉口，则结果可能恰得其反。具体负面效应可能包括以下几方面：

（1）增加延误。将让行交叉口改为信号控制交叉口之后，少量次要道路的车辆需要有对应的信号设置，主要道路的红灯时间必然增加，使车辆产生大量停车与延误，导致能耗增加；而次要道路因车辆数较少，可能会出现对应方向亮绿灯却无车通行的情况。

（2）诱发闯红灯行为。主要道路驾驶人遇红灯而停车，但在相当长时间内并未看到次要道路上有车通行，往往会诱发主要道路上车辆驾驶人的闯红灯行为。

通常，信号控制交叉口相关的交通事故多发在交通量较低的交叉口或是交通量较低的时段内。因此，制定合理的交通信号灯的设置依据十分重要。在技术上，可以有据可依，避免乱设信号灯现象，避免不必要的损失和交通事故；在经济上，可避免无谓的投资浪费。

2. 设置交通控制信号需考虑的要素

让行标志交叉口改为信号控制交叉口时,主要考察两个因素:让行标志交叉口的通行能力和延误水平。

(1)让行标志交叉口的通行能力分析方法。

根据让行标志交叉口的通车规则,次要道路上的车辆必须等主要道路车流间出现足够的可穿越间隙(Acceptable Gap)时才能通过。

因此,让行标志交叉口的通行能力等于单位时间内主要道路上能够通过的交通量加上次要道路上能够穿越主要道路车流空当的车辆数。次要道路可以通行的最大交通量可以通过计算单位时间内主要道路车流中可供次要道路车辆穿越的间隙数来求出。这一理论分析有相当的深度,计算也有一定的困难,且实际上理论分析还要考虑主要道路上各向车流及次要道路对向车流对穿越车辆的影响,是一个十分复杂的问题,难以算得正确的结果。因此,国内从未用此计算来作为判断交叉口是否该采用信号控制的依据,而基本上是根据《道路交通信号灯设置与安装规范》(GB 14886—2016)确定。

(2)让行标志交叉口的延误。

次要道路交通量增长到一定程度,接近次要道路通行能力上限时,车辆延误大增,是否应将标志控制交叉口改为信号控制交叉口的判断条件为:对比改用信号控制前后,主次道路车辆总延误的大小。图11-3所示为英国学者给出的某T形交叉口的三组流量-延误关系曲线,图中A(视线不良情况)、B(视线良好情况)为停车让行标志交叉口的流量-延误关系曲线;C为信号控制交叉口的流量-延误关系曲线。比较曲线B、C可以看出,当进入交叉口的交通总流量超过1200辆时,信号控制交叉口的延误比停车标志交叉口小得多,此时,采用信号控制更为合理。

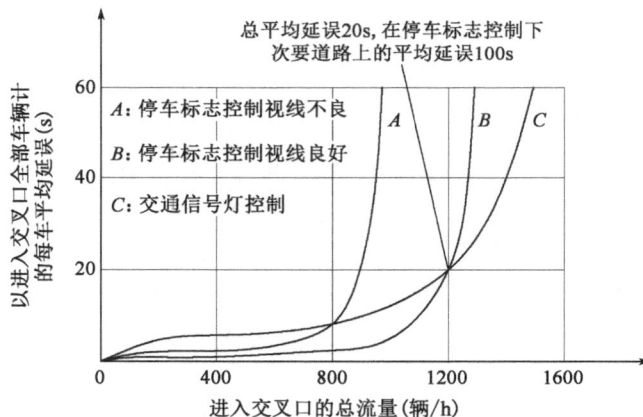

图11-3 T形交叉口上让行标志控制和信号控制时的理论延误曲线
注:主、次道路交通量之比为4:1。

交通量与延误是考察交叉口采用什么控制方式的主要可定量分析的依据,实际工作中还需根据当地的具体条件与特殊因素进行综合分析,才能按《道路交通信号灯设置与安装规范》(GB 14886—2016)的规定作出正确的决策。

3. 信号灯设置依据

我国《道路交通信号灯设置与安装规范》(GB 14886—2016)中指出,需根据交叉口和路段的流量条件及安全条件综合判断交叉口是否需要设置信号控制。

一般而言,在主干路和主、次干路相交、次干路和次干路相交的交叉口应设信号控制。此外,还应根据下列因素判断交叉口是否需要设置信号控制:

(1)由于交叉口视距不足或优先级不明确,导致交通安全难有保障的干路与支路、支路与支路相交的交叉口。

(2)经常出现交叉口排队车辆阻塞上游路段的交叉口。

(3)机动车与过街行人、非机动车事故多发点,以及需要考虑应特别保护的过街人群(如老年人、儿童、残疾人、病人等),但无法采取其他保护措施的交叉口和过街地点。

(4)交通管理部门与紧急救援服务及其他安保工作方面存在特殊需要的交叉口。

第二节　信号控制的基本参数与配时设计流程

一、信号控制的基本参数

1. 信号相位

在信号控制交叉口,一股或多股交通流同时获得稳定通行权所对应的逻辑信号灯组的显示状态,称为一个信号相位(Signal Phase)。这里的逻辑信号灯组是相对于物理信号灯组的一个概念。物理信号灯组即由红、黄、绿三色灯,或红、绿二色灯组成的一组用于控制某一股或几股交通流的实体信号灯具组合。逻辑信号灯组是指信号机输出的用于驱动物理信号灯组的一组独立的红、黄、绿信号组,它是控制一股或多股交通流的信号控制基本控制单元,在信号配时图中由一组红、绿、黄图例表示。交叉口中可以布设两个或两个以上显示完全相同信号的信号灯组,它们是不同的物理信号灯组,但属于同一个逻辑信号灯组。

所有这些信号相位及其顺序统称为相位(相位方案),一个交叉口的信号控制方案一般有2相位和多相位(3相位以上)两类。信号控制机按设定的相位方案,轮流开放不同的信号显示,轮流对各向车辆和行人给予通行权。

相位方案常用相位图来表示,图11-4所示的是称为基本相位方案中的2相位方案。图中第一相位为东西向道路放绿灯,给东西向车辆以通行权,南北向道路放红灯,南北向车辆不准通行;第二相位改东西向道路放红灯,南北向绿灯,给南北向车辆以通行权。

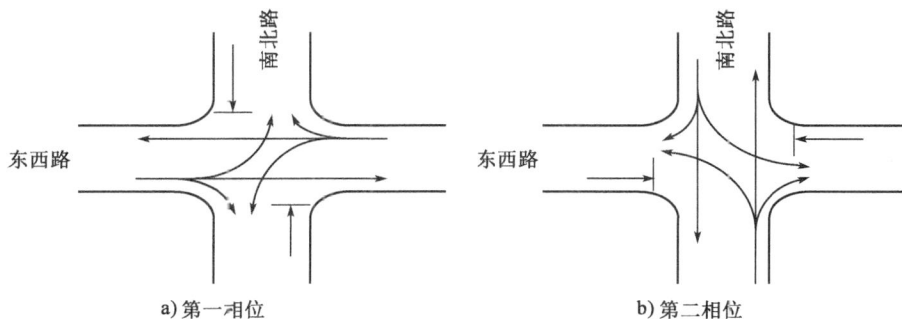

a)第一相位　　　　　　b)第二相位

图11-4　两相位信号的相位图

在信控交叉口的配时设计中,由于左转流量对交叉口运行的影响非常大,所以相位方案常依据左转流量的要求来确定。根据相位设置是允许还是不允许左转车流与其他车流发生冲突,可以将相位分成允许冲突相位和保护转弯相位两类。例如在图11-5中,交叉口采取三相位方案,其中东西方向采取保护左转相位,南北方向采取左转允许相位。

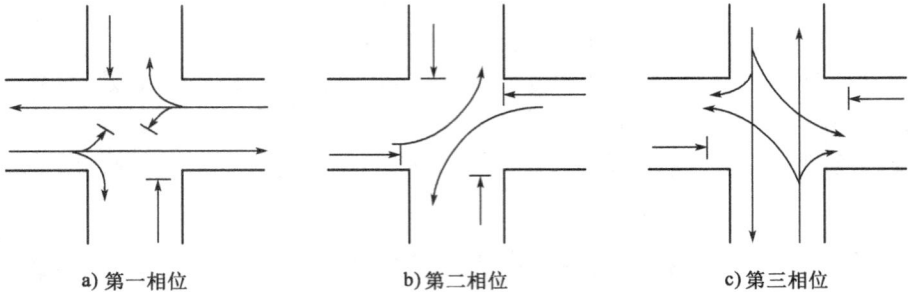

a) 第一相位　　　　　　　b) 第二相位　　　　　　　c) 第三相位

图11-5　三相位方案

信号配时方案一般用信号配时图表达。图11-6所示是图11-4中交叉口最基本的两相位信号的配时图。

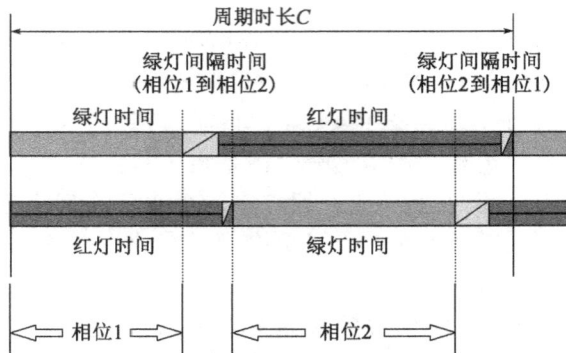

图11-6　两相位信号配时图

2. 绿灯间隔时间

绿灯间隔时间(Inter-green Interval)是指在信号控制交叉口中,相互冲突的两股交通流从失去通行权的上一股交通流绿灯结束时刻到得到通行权的下一股交通流绿灯开始之间的时间间隔,以保证上一相位黄灯末期进入交叉口的车辆不与下一相位绿灯启亮时进入交叉口的车辆相撞。现有绿灯间隔时间确定方法主要对应两种极限情况:一种为前一相位清空车辆刚过冲突点即允许下一相位车辆到达冲突点的最高效率极限情况;另一种为前一相位清空车辆已完全离开交叉口而下一相位进入车辆尚未驶出停止线的最大安全极限情况。在众多方法中,德国方法计算最为严谨,不但考虑了上一相位车辆清空时间,还考虑了下一相位车辆进入时间。计算示意如图11-7所示,公式如下。

$$I = t_u + \frac{S_c + L}{v_c} - \frac{S_e}{v_e} \tag{11-1}$$

式中:I——绿灯间隔时间;

t_u——通过时间(s),一般为黄灯时间;

S_c——清空车辆从停止线到冲突点的距离(m);

S_e——进入车辆停止线到冲突点的距离(m);

L——车辆长度(m);

v_c——清空速度(m/s);

v_e——进入速度(m/s),根据相关研究,机动车清空

及进入速度可取10m/s,非机动车取5m/s。

设置黄灯时间是为了避免"进退两难区"(Dilemma Zone)的出现,即信号交叉口既不能停车也不能通过的情况而设置的一种过渡信号,是绿灯间隔时间的主要组成部分,应当合理科学计算黄灯时间。有单独的非机动车信号控制时,黄灯时间可取2~3s。

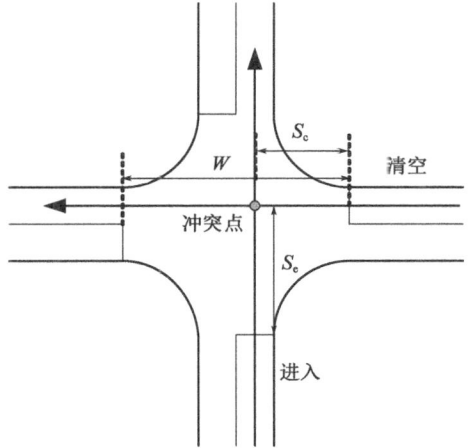

图11-7 绿间隔时间计算示意图

【例11-1】 限速60km/h道路上机动车流黄灯时间的计算方法。

解: (1)黄灯启亮时,若驾驶人采取制动决策,对应的停车距离s_H由反应距离s_{Re}和制动距离s_B两部分组成(图11-8)。

$$s_H = s_{Re} + s_B$$

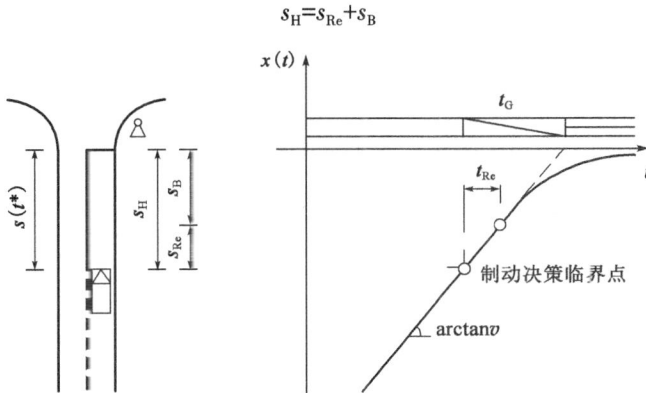

图11-8 停车距离s_H、反应距离s_{Re}和制动距离s_B示意图

根据第二章车辆动力学特性,反应距离和制动距离的计算为:

$$s_{Re} = v \cdot t_{Re}$$

$$s_B = \frac{v^2}{2b_v}$$

式中:v——车辆行驶速度(m/s);

b_v——车辆制动减速度(m/s²),为简化计算,这里直接取为3.5m/s²;

t_{Re}——驾驶人感知-反应时间,一般可取为1s,则停车距离:

$$s_H = 60/3.6 \times 1.0 + (60/3.6)^2 \div (2 \times 3.5) = 56.35(\text{m})$$

(2)黄灯启亮时,若车辆速度较高,并且已非常接近停止线,在不超速的前提下,驾驶人应该采取通过决策,使车辆在红灯启亮前通过停止线。即在黄灯时间内,车辆将保持原行驶速度驶过一段距离s_F:

$$s_F = v \cdot t_G$$

在限速60km/h的道路上,$s_F = 16.67 \times t_G$。

为保证不出现"进退两难区"(图 11-9),需满足 $s_H \leqslant s_F$,即:
$$16.67 \times t_G \geqslant 56.35\text{m}, t_G \geqslant 3.38\text{s}$$

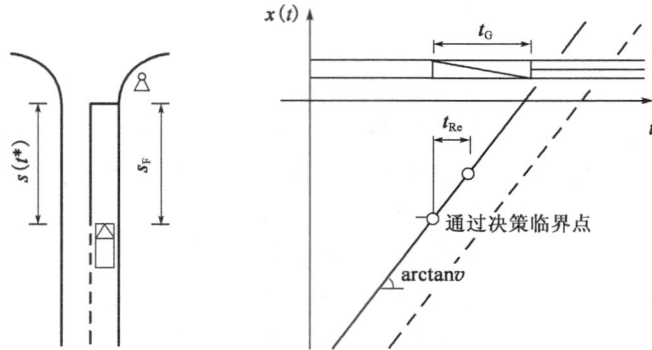

图 11-9 两难区计算示意图

因此,黄灯时间取整为4s。

【例 11-2】 信控交叉口直行车辆清空,清空速度取 10m/s,清空距离为 20m,下一相位进入车流为左转车流,左转车辆进入速度取 11.1m/s,进入距离为 18m,假设车长为 6m,计算该情况下的绿灯间隔时间。

解: 绿间隔时间计算公式为:

$$I = t_u + \frac{s_c + L}{v_c} - \frac{s_e}{v_e}$$

通过时间 t_u 取 3s。

清空时间计算:直行车辆清空速度取 10m/s,则清空时间为(20+6)÷10=2.6(s)。

进入时间计算:左转车辆进入速度取 11.1m/s,则进入时间为 18÷11.1=1.6(s)。

因此,绿灯间隔时间为 3+2.6-1.6=4.0(s)。

3. 周期时长

周期时长是对应于某一进口道的信号灯各种灯色轮流显示一次所需的时间,即各种灯色显示时间之总和也可理解为某主要相位的绿灯启亮开始到下次该绿灯再次启亮之间的一段时间,见图 11-6,一般用 C 表示,单位为 s。

周期时长是决定点控制定时信号交通效益的关键控制参数,周期时长的确定应考虑延误、行人过街时间、饱和度上限、短车道、排队长度和通行能力等因素。

周期时长范围应合理设定,最小周期通常应不小于 40s,最大周期通常应不超过 150s,以5s 为最小单位时间。周期时间过长会导致排队过长,延误增加;周期时间过短则导致相位切换频繁,损失时间占比增加,通行能力难以满足实际要求。

实际中,信号周期时长也可以在保证各方向机动车流、自行车流不至于出现二次排队所需的各相位最小绿灯时间的和及各相位绿灯间隔时间和的基础上,加一个设计余量进行计算。

二、单点交叉口信号配时设计流程与关键参数计算

1. 设计流程

交通流量是进行交通信号控制方案设计的基础条件,交通流量时变特征是划分信号配时

时段的依据,一般来说,城市道路交叉口的信号配时时段应至少包括早高峰、晚高峰、平峰和低峰等四个时段。

进口道渠化方案设计必须同信号控制方案同步进行并反复调整,使渠化方案与信号控制相位方案充分协调,最大限度地提高信号控制交叉口的交通安全水平与通行效率。交叉口信号配时设计的基本流程如图11-10所示。

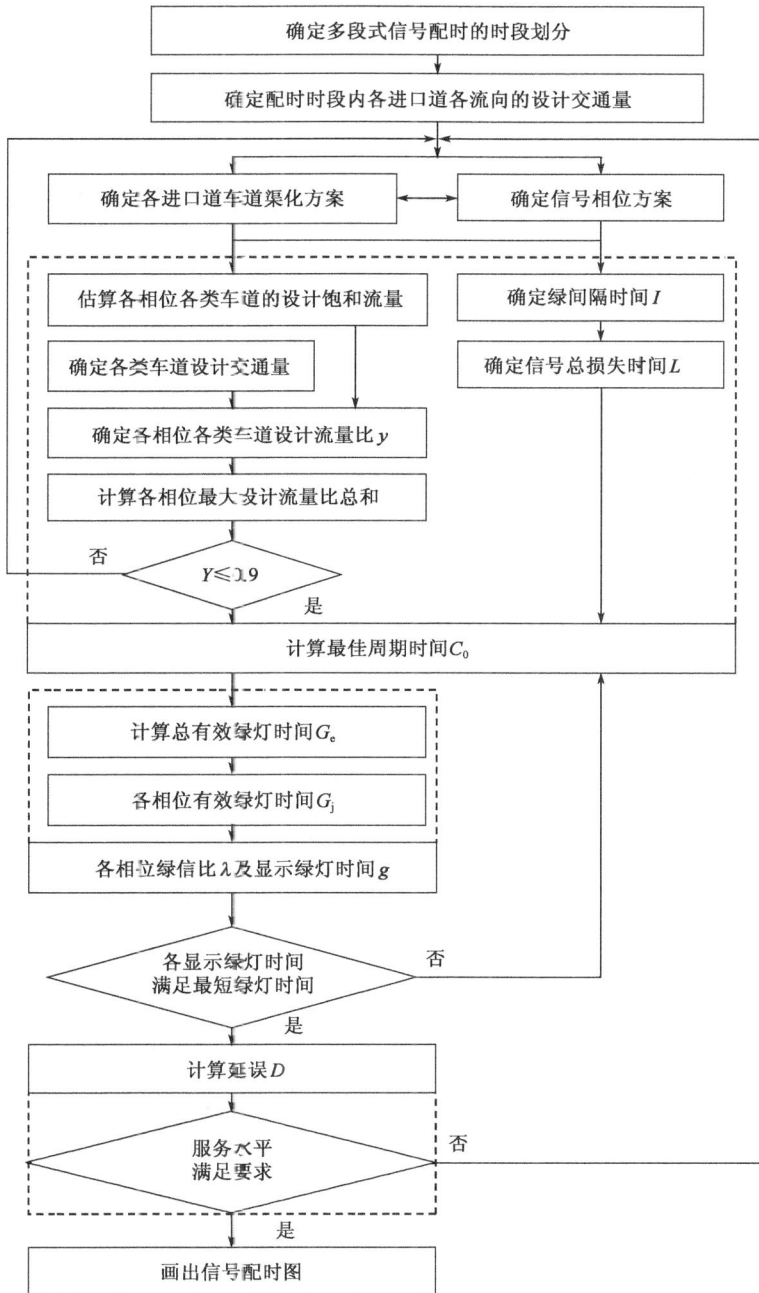

图11-10 交叉口信号配时设计的基本流程

2. 数据采集要求

信号配时设计中需要采集的基础数据是配时时段内对应的机动车(需换算成当量小汽车)、非机动车、行人的小时交通量。

3. 关键参数计算

(1)设计交通量。

机动车设计交通量应根据各配时时段中的最高15min流量换算的小时交通量,按公式(11-2)计算:

$$q_{d_{mn}} = 4q_{15_{mn}} \tag{11-2}$$

式中:$q_{d_{mn}}$——换算得到的配时时段中,进口道m、流向n的设计交通量(pcu/h);

$q_{15_{mn}}$——配时时段中,进口道m、流向n的高峰小时中最高15min的流量(pcu/h)。

若无最高15min流量的实测数据,可按公式(11-3)估算设计交通量:

$$q_{d_{mn}} = \frac{Q_{mn}}{\mathrm{PHF}_{mn}} \tag{11-3}$$

式中:Q_{mn}——配时时段中,进口道m、流向n的高峰小时交通量(pcu/h);

PHF_{mn}——配时时段中,进口道m、流向n的高峰小时系数,主要进口道可取0.75,次要进口道可取0.8。

行人交通流可分两个方向调查断面流量,非机动车交通流应调查各流向流量,需特别关注左转非机动车流量。

(2)设计饱和流量(或设计饱和流率)。

饱和流量定义见第二章。饱和流量因交叉口几何因素、渠化方式及各流向交通冲突等情况而异,比较复杂,因此应尽量采用实测数据。实在无法取得实测数据时,例如在进行新建交叉口设计时,饱和流量采用基本饱和流量乘以各影响因素校正系数的方法估算。具体估算方法可查阅《城市道路交叉口规划规范》(GB 50647—2011)。在实际计算中,一般先选用理想的饱和流量,然后考虑实际的道路和交通条件,对理想饱和流量进行修正。

(3)流量比。

逻辑信号灯组流量比为逻辑信号灯组的设计交通量与设计饱和流量之比,按公式(11-4)计算:

$$y = \frac{q_{\mathrm{d}}}{S_{\mathrm{d}}} \tag{11-4}$$

式中:y——逻辑信号灯组流量比;

q_{d}——逻辑信号灯组设计交通量(pcu/h);

S_{d}——逻辑信号灯组设计饱和流量(pcu/h)。

周期总流量比取各相位中逻辑信号灯组流量比最大值之和,即关键逻辑信号灯组流量比之和。

(4)绿灯间隔时间。

绿灯间隔时间计算详见公式(11-1)。

(5)信号总损失时间。

信号总损失时间包括启动损失时间和清空损失时间,而在交叉口配时设计的计算中,可

将其简化为绿灯间隔时间之和,与相位数相关,可按公式(11-5)计算:

$$L = \sum_k I \tag{11-5}$$

式中:L——信号总损失时间(s);

　　I——绿灯间隔时间(s);

　　k——相位数。

(6)周期时长。

英国的韦伯斯特(Webster)以延误最小作为周期时长(Cycle Length)的优化指标,得出Webster最佳周期时长公式:

$$C_0 = \frac{1.5L + 5}{1 - Y} \tag{11-6}$$

式中:C_0——Webster最佳周期时间(s);

　　Y——各相位最大设计流量比之和。

(7)绿灯时间及绿信比。

可根据等饱和度的原则来分配各相位的绿灯时间。每周期的总绿灯时间计算公式如下:

$$G = C - L \tag{11-7}$$

式中:G——总绿灯时间(s);

　　C——周期时长(s);

　　L——总损失时间(s)。

各相位的绿灯时间按公式(11-8)计算:

$$G_j = G\frac{y_j}{Y} \tag{11-8}$$

式中:G_j——相位j的绿灯时间(s);

　　y_j——该相位的关键逻辑信号灯组流量比。

各相位的绿信比(Split)按公式(11-9)计算:

$$\lambda_j = \frac{G_j}{C} \tag{11-9}$$

式中:λ_j——相位j的绿信比。

三、信号控制中对行人、非机动车的考虑

交叉口信号控制除考虑机动车外,还必须同时考虑行人和非机动车的通行需求,并充分保证其过街的安全和便捷。规范的做法是:根据道路的等级和功能,以及不同交通方式路权的高低采取区别化的方法对行人和非机动车进行信号控制。通过信号控制减少或消除行人、非机动车与转弯车辆的冲突,但同时不应导致行人红灯时间过长。计算交叉口绿灯间隔时间时,应同时计算非机动车、行人所需的绿灯间隔时间,特别是右转车交通量较大时,会导致其与行人、非机动车冲突频繁,事故多发。因此,在这种情况下,宜采用合适的右转车控制策略,消除或减少行人、非机动车与右转车的冲突。

1. 信号控制中对行人的考虑

在行人信号配时参数的设计中,最关键的是行人清空时间,即对应我国常用行人绿闪信号的时间。行人清空时间应保证行人可以完成清空,即绿灯最后一秒进入横道线的行人可安

全通过人行横道全程。有安全岛的情况下,需保证行人完全通过路侧至安全岛的距离。计算行人清空时间公式如下:

$$t_c = \frac{L_0}{v_p} \tag{11-10}$$

式中:t_c——行人清空时间(s);

L_0——人行横道长度或人行道与安全岛之间的距离(m);

v_p——行人清空步速(m/s),一般取1.0m/s。

行人最大红灯时间不应超过90s;安全岛上行人最大红灯时间不应超过45s,极限情况下不得超过60s,否则极易导致行人闯红灯。

路中有过街安全岛的人行横道应设计协调的行人信号控制,避免行人在安全岛上等待时间过长,积累行人过多导致行人溢出安全岛。路段行人过街信号控制宜与上下游交叉口协调设计,或在行人过街需求波动较大的路段设置感应式行人过街控制。在商业街或休闲街道交叉口,各方向过街行人众多,可设计行人专用信号相位。在对角线方向过街行人流量较大的交叉口,可以沿对角线方向设置人行横道和行人专用相位。

2. 信号控制中对非机动车的考虑

在两相位交叉口,当红灯期间左转非机动车平均到达流量较大(>15辆/周期)时,宜设置左转非机动车专用信号和专用相位,或采用其他非机动车过街组织方式。在四相位交叉口,当相位切换期间非机动车所需的绿灯间隔时间显著超出平行方向机动车时,应设置非机动车专用信号,并采取非机动车信号早断的设计,以保障非机动车的安全。

左转非机动车是交叉口最难处理的车流之一。在无非机动车专用信号的交叉口,非机动车根据机动车信号通行,信号配时中绿灯间隔时间的设置应满足非机动车安全清空的需求,特别是左转非机动车的需求。在无机动车左转专用相位或者禁止机动车左转的信控交叉口,若左转非机动车流量不大,左转非机动车待行区面积可满足非机动车停车需要,可采用左转非机动车"二次过街"的交通组织方式,左转非机动车按照直行机动车信号通行,进入待行区内等待,并且必须采用适当的信号和标志进行辅助管理。

四、感应信号控制

感应式信号(Traffic Actuated Signal)控制是根据检测到的车流特征实时调节信号控制参数,以使绿灯信号与车流匹配,减少绿灯时间的浪费,提高信号控制效率的一种信号控制方式。在低饱和度运行的条件下,具有良好的调节功能,在各方向车流均饱和的情况下,感应信号控制有失去其调节功能的可能性。

感应信号的基本工作原理如图11-11所示。当一相位启亮绿灯时,信号控制器内预设有一个"初期绿灯时间g_i",到初期绿灯结束时,如在一个预置的时间间隔内(这个时间间隔称之为"单位绿灯延长时间g_0")无后续车辆到达,则可更换

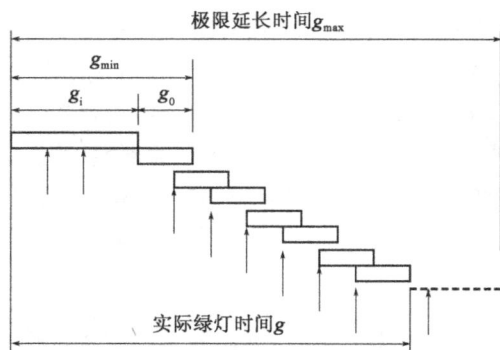

图11-11 感应信号工作原理图

相位。这个初期绿灯时间 g_i 加上单位绿灯延长时间 g_0 就是最短绿灯时间 g_{min}。如检测器测到有后续车辆到达，则每测得一辆车，绿灯就延长一个预置的单位绿灯延长时间，即只要在这个预置的时间间隔内，车辆中断，即换相；连续有车，则绿灯连续延长。绿灯一直延长到一个预置的"极限延长时间" g_{max} 时，即使检测到后面仍有来车，也中断这个相位的通车权。实际绿灯时间 g 大于最短绿灯时间 g_{min} 而小于绿灯极限延长时间 g_{max}。

感应信号控制的实现离不开检测器的设置，并且需要根据控制目的设计控制流程。比如，在消防车、救护车等紧急车辆的出入口，可以在出入口所在道路（次路）上设置检测器，实现出入口次路优先。平时，主路上总是绿灯，对次路预置最短绿灯时间。当次路上检测器测到有车时，立即改变相位，次路为绿灯，次路无后续车辆通行时，相位即返回主路；否则，到达最短绿灯时，强制改换相位。控制流程如图11-12所示。

单点感应信号控制适用于以下情况：

（1）不在干线协调控制系统中，交通量变化大而且不规则、难以用定时信号控制处理的交叉口。

（2）有一个或多个流向的交通量时有时无或多变的复杂交叉口。

（3）有特殊车辆通过且需要优先通行的交叉口。

在行人流量较少的路段或交叉口人行横道处，宜通过行人请求进行感应控制。在有快速公交和有轨电车通过，且设置公交优先控制的交叉口，应设置感应式信号控制。

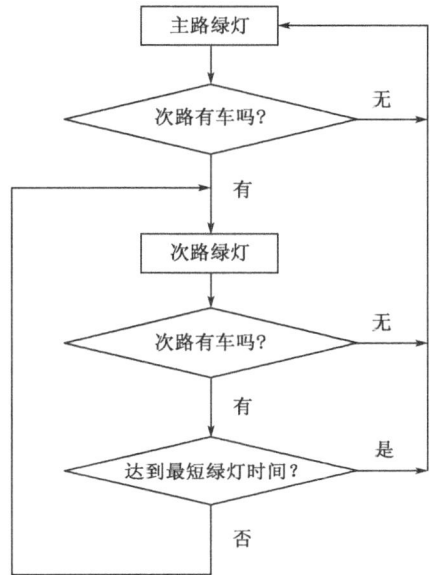

图11-12　次路优先感应控制流程图

五、信号控制优化评价

1. 运行效果宏观评价

以饱和度为指标对交叉口机动车的运行状况进行宏观评价。饱和度是交叉口的到达交通量与通行能力的比值 V/C。

（1）通行能力的计算。

①步骤一：准备计算资料。

a. 交叉口的平面布局。确定交叉口的形式，各进口道的宽度、机动车道的条数和车道类型等。

b. 交通流量。根据实测资料和规划要求，确定高峰小时流量，车流转弯比例，如车辆流向分布、车道分布、信号灯配时参数等。

②步骤二：确定计算方法和参数。

a. 根据实际情况选择适当的计算方法。

b. 确定选用的计算方法涉及的各项参数。

③步骤三：计算通行能力。

a. 计算一条进口车道的设计通行能力，即该车道饱和流量与其所属信号相位绿信比的乘积,单位以小汽车当量计。

b. 计算各个进口道的设计通行能力:一条进口道的通行能力是此进口道上各条进口车道通行能力之和。

c. 验算该进口道的设计通行能力。

d. 计算整个交叉口的设计通行能力,即各个进口道的设计通行能力之和。可以按照下式计算:

$$\text{CAP} = \sum_i C_i = \sum_i S_i \lambda_i = \sum_i S_i \left(\frac{g}{c}\right)_i \tag{11-11}$$

式中:C_i——第 i 条进口车道的通行能力(pcu/h);

S_i——第 i 条进口车道的饱和流量(pcu/h);

λ_i——第 i 条进口车道所属信号相位的绿信比,$\lambda_i = g_i/c$ 或写为 $\lambda_i = (g/c)_i$;

g_i——第 i 条进口车道所属信号相位的绿灯时间(s);

c——周期时长(s)。

(2)饱和度计算。

饱和度是到达交通流率与通行能力之比 V/C,通常用 x 表示,采用下式计算:

$$x_i = \left(\frac{V}{C}\right)_i = \frac{V_i}{S_i \cdot \left(\frac{g}{c}\right)_i} \tag{11-12}$$

$$x_i = \frac{V_i c}{S_i g_i} = \frac{\dfrac{V_i}{S_i}}{\left(\dfrac{g}{c}\right)_i} \tag{11-13}$$

式中:x_i——进口道 i 的 V/C 值,其数值的范围在 0.00(流率等于 0)到 1.00(流率等于通行能力)之间;

V_i——进口道 i 的实际流率(pcu/h);

S_i——进口道 i 的饱和流率(pcu/绿灯小时);

V_i/S_i——进口道 i 的实际流率 V 与其饱和流率之比。

需要注意,进口道 i 可能包括左转、直行等车道组,车道组是指交叉口各进口受同一逻辑信号灯组控制的所有车道。

信号配时应保证各车道组饱和度均衡,若不同车道组饱和度相差较大,则应通过调整车道功能和信号配时均衡各车道组饱和度。交叉口饱和度评价应取各车道组饱和度的最大值。新建或改建交叉口饱和度应不超过 0.9,改善交叉口饱和度应不超过 1.0。

2. 运行效果微观评价

以延误为指标对交叉口进行微观评价。可采用实测方法获取延误,当实测有困难时,可采用理论计算或仿真分析的方法获取延误。饱和度大于或等于 0.9 的情况下,理论计算延误存在较大误差,不宜采用。当采用仿真分析获取延误时,应对微观交通仿真模型进行充分的标定和验证,以保证模型分析计算的精度。

(1)交叉口机动车延误计算。

交叉口机动车延误计算中,应对交叉口各进口道分别估算各车道的每车平均延误;进口道每车平均延误是进口道中各车道延误的加权平均值;整个交叉口的每车平均延误是各进口道延误的加权平均值。美国《道路通行能力手册》(HCM)中给出的计算方法如下:

$$d = d_1(\text{PF}) + d_2 \tag{11-14}$$

$$d_1 = \frac{0.5C\left(1 - \dfrac{g}{c}\right)^2}{1 - \min(1,X) \cdot \dfrac{g}{c}} \tag{11-15}$$

$$\text{PF} = \frac{(1 - P)f_{\text{PA}}}{1 - \dfrac{g}{c}} \tag{11-16}$$

$$d_2 = 900T\left[(X - 1) + \sqrt{(X - 1)^2 + \frac{8kIX}{CT}}\right] \tag{11-17}$$

上述式中:d——每辆车的控制延误(s/pcu);

d_1——均匀控制延误,为假设车辆均匀到达时的延误;

PF——均匀延误信号联动交正系数,表示信号联动控制的影响;

d_2——增量延误,是由于车辆随机到达和过饱和排队引起的延误,其计算与分析时段和信号控制有关,并假设分析开始时,车辆组内没有排队车辆;

P——绿灯时间内到达车辆比;

g/c——有效绿信比;

f_{PA}——对绿灯期间,车辆成车队到达的校正系数;

T——分析时段,是分析持续时间长度(h);

k——增量延误参数,和控制设定有关;

I——交叉口上游筛选的或测量的校正参数;

C——车道组通行能力(pcu/h);

X——车道组 V/C 值,即饱和度;

c——信号周期长(s),是定时控制信号的周期长度,或者是感应控制的平均信号周期长度;

g——车道组的有效绿灯时间(s),是定时信号控制的绿灯时间,或者感应控制的平均有效绿灯时间。

由于上一个分析时段结束后,仍然有车辆排队,使得在分析时段(T)开始时就有排队车辆。由于这部分排队车辆要在其后车辆到达之前离开,所以引起了分析时段(T)内到达车辆的额外延误。在每个分析时段末,如仍有排队车辆,则其延误移到下个分析时段分析;如果某个分析时段末没有排队车辆,则 d_2 值为 0。

按该进口道中各车道延误的加权平均数估算各进口道的平均延误:

$$d_{\text{A}} = \frac{\sum\limits_i d_i q_i}{\sum\limits_i q_i} \tag{11-18}$$

式中:d_{A}——进口道 A 的平均信控延误(s/pcu);

d_i——进口道 A 中第 i 车道的平均信控延误(s/pcu);

q_i——进口道 A 中第 i 车道的小时交通量(换算自其中高峰15min的交通流量)(pcu/h)。

整个交叉口的平均信控延误,按该交叉口中各进口道延误的加权数估算:

$$d_\mathrm{I} = \frac{\sum\limits_A d_A q_A}{\sum q_A} \qquad (11\text{-}19)$$

式中:d_I——交叉口每车的平均信控延误(s/pcu);

q_A——进口道 A 的高峰15min交通流量(pcu/h)。

(2)交叉口行人平均延误。

交叉口行人延误可按下式计算:

$$d_\mathrm{p} = \frac{(C - g_\mathrm{p})^2}{2C} \qquad (11\text{-}20)$$

式中:d_p——行人平均延误(s/人);

C——周期时长(s);

g_p——行人相位的绿灯时间(s)。

(3)信号控制交叉口的服务水平。

采用高峰15min内的车均(人均)延误评价信控交叉口的服务水平。机动车、行人的服务水平分级标准如表11-1、表11-2所示。

信控交叉口机动车服务水平分级标准　　　　　　　表11-1

平均延误(s/辆)	饱和度≤1.0	驾驶人与乘车人感受
≤10	A	交通通畅,满意
10~20	B	略需等待,基本满意
20~35	C	虽有一定阻断,但可接受
35~55	D	感觉到明显的交通拥挤,表现出一定的烦躁情绪,但尚能忍受
55~80	E	交通已阻塞,厌烦情绪加剧,勉强能忍受
>80	F	交通严重阻塞,等待通过的时间过长,已超过忍受的极限

注:《安徽省城市道路交叉口信号控制设计规范》(DB 34/T 2423—2015)和美国《道路通行能力手册》(HCM)中服务水平分级标准是一致的。

信控交叉口行人服务水平分级标准　　　　　　　表11-2

人均延误(s)	服务水平	人均延误(s)	服务水平
<15	A	<45	D
<20	B	<60	E
<30	C	≥60	F

注:本表出自《安徽省城市道路交叉口信号控制设计规范》(DB 34/T 2423—2015)。

第三节　干　线　控　制

一、干线协调控制的定义

在城市干道上,各交叉口分别设置单点信号控制时,车辆会随机遇到红灯,造成行车不畅,也会因此加重环境污染,特别是在交叉口间距较小时。为使车辆在干道上能够畅通行驶,减少停车频次,可以对一条干道上若干相邻的交通信号进行协调,以实现干线交叉口交通信号的联动控制(简称线控制,也称绿波控制)。根据协调控制的方向可分为单向绿波控制和双向绿波控制。单向绿波通常可以实现,而实现双向绿波需要一定的条件,一般可以通过调整相序来满足绿波的要求。

二、干线协调控制的关键参数

1. 周期时长

在信号控制系统中,为使各交叉口的交通信号能取得协调,各个交通信号的周期时长必须是统一或者成倍数关系。为此,必须先按单点定时信号的配时方法,根据系统中各交叉口的布局及交通流向、流量,计算出各个交叉口交通信号所需的周期时长,然后从中选出最大的周期时长作为这个系统的周期时长,把周期时长最大的这个交叉口确定为关键交叉口。对有些交通量较小的交叉口,若其实际周期时长接近于系统周期时长的一半,可把这些交叉口的信号周期时长定为系统周期时长的半数,这样的交叉口叫作双周期交叉口。

2. 绿信比

在信号控制系统中,各个信号的绿信比是根据各个交叉口各向交通量的流量比来确定的。因此,控制系统中,各个交叉口信号的绿信比不一定相同。

3. 时差

时差也称"相位差"(Offset),有绝对时差和相对时差之分。

(1)绝对时差。

绝对时差是指各个信号的绿灯或红灯的起点或中点相对于某一个标准信号绿灯或红灯的起点或中点的时间之差。

(2)相对时差。

相对时差是指相邻两信号的绿灯或红灯的起点或中点之间的时间之差。相对时差等于两个信号绝对时差之差。

以红灯中点为标准的时差与以绿灯中点为标准的时差是相等的,一般多用于线控制的通过带方法中,以确定信号时差;以红灯起点或绿灯起点为标准的时差,一般多用于面控制系统中确定信号时差。各信号的绿信比相等时,各不同标准点的时差都相等。一般多用绿灯起点或中点作为时差的标点,称为绿时差。为使车辆通过协调信号控制系统时能连续通过尽可能多的绿灯,必须使相邻信号间的绿时差同车辆在其间的行程时间相适应,所以时差是信号控制系统实现协调控制的关键参数。

4. 时间-距离图

线控制系统配时方案通常可用时间-距离图来描述,如图11-13所示。图中以时间(即信号配时)为纵坐标,干道上交叉口间距离为横坐标。

图11-13中所绘一对平行斜线所标定的时间范围称为通过带,其宽度就是通过带宽(或绿波带宽),简称带宽。它确定干道上交通流所能利用的通车时间,以秒(s)或周期时长的百分数计。平行斜线的斜率就是车辆沿干道可连续通行的车速,可称为通过带速度,简称带速。

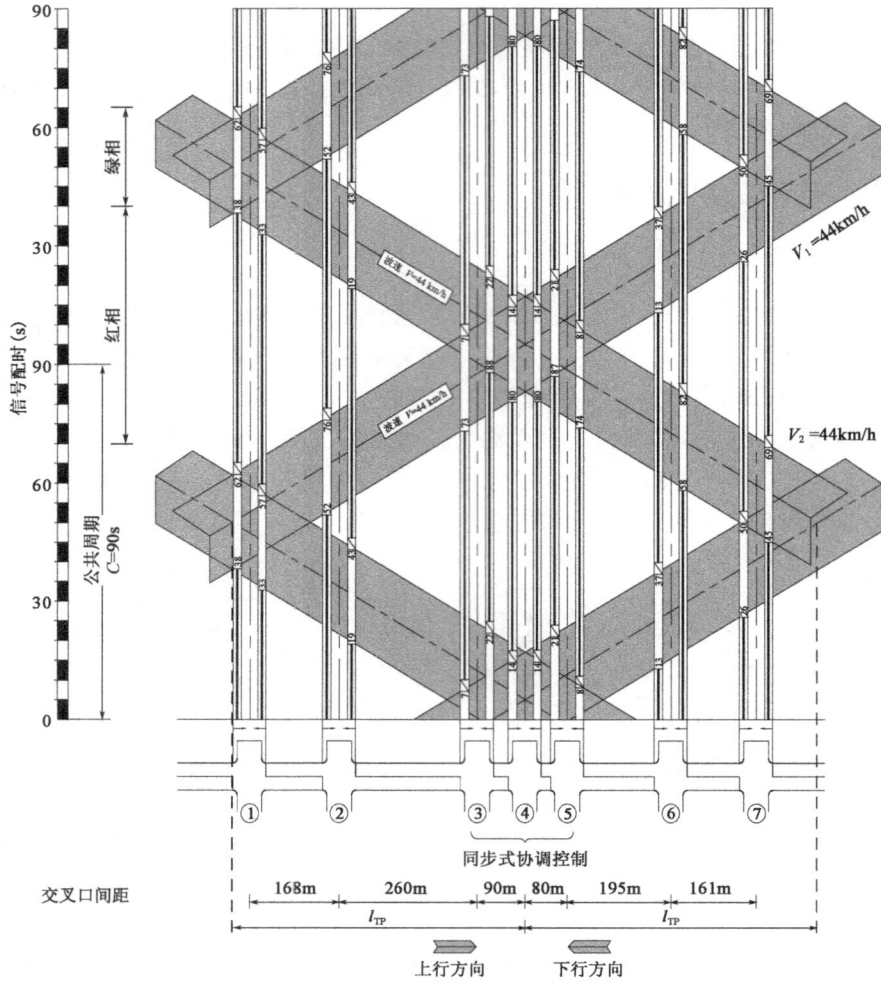

图 11-13　双向绿波的时间-距离图

三、干线协调控制的适用条件

对于线控信号系统的设计应该考虑以下主要因素:

1. 车流的到达特性

在交叉口,车辆形成车队,脉冲式地到达,此时采用线控系统可以得到良好的效果。如果车辆的到达是均匀的,线控效果就不理想。车辆均匀到达的可能原因包括以下几方面。

(1)交叉口之间的距离太远,即使是成队的车流,也因其间距远而引起车辆离散,不成车队。

(2)在两个信控交叉口之间,有大量的交通从次要街道或路段中间的出入口(例如商业中心停车场、库等)转入干线。

(3)在有信号的交叉口处,有大量的转弯车辆从相交街道转入干线。

2. 信控交叉口之间的距离

在干道上,信控交叉口之间的距离越远,线控效果越差,一般不宜超过800m。

3. 道路运行条件

单向交通运行有利于线控系统取得良好实施效果,因而对单向交通运行的干道应优先考虑采用线控系统。

4. 信号的相位和相序

由于信号配时方案和信号相位密切相关,可以通过选用合适的相位和相序满足绿波设计的要求。

5. 交通随时间的波动

车辆到达特性和交通量的大小,在每天的各个时段内有很大的变化。高峰期交通量大,容易形成车队,用线控系统会有较好的效果。此外,即使在非高峰期,结合车辆到达特性,合理使用线控系统控制也会有一定的效果。

第四节　交通信号的公共交通车辆优先控制

公共汽(电)车载客量大,可以更加有效地利用道路通行能力,提高公共交通车辆的运行效率,故降低公共交通车辆在交叉口的延误是十分重要的,即尽可能使公交车辆不停车通过交叉口,缩短公交车的行程时间。此外,均衡公交车的车头时距,减少公交车辆运行与时刻表的偏离,从而提高公交运行的准点率。用交通信号优先控制来降低公共交通车辆在交叉口的延误有以下四种方法:

1. 调整信号周期

按公交车的交通量缩短信号周期(不能采用最短周期时间),以减少公交车在交叉口的停车时间。

2. 增加公交车通行次数

在行驶一般车辆的道路与行驶公交车的道路相交的交叉口中,一般道路如有两个相位时(A相和B相),可用其中的一个相位(如B相)把公交车道路相位(C相)的绿灯时间分为两段,分别列在B相位的前后(这时相位次序成为AC_1BC_2),以增加公交车的通车次数并降低其延误时间。

3. 使用公交车感应信号

在公交车上安装有固定频率的专用信号发射器,路上设置相应频率的信号检测器,检测器与交通信号控制机相连。当公交车接近交叉口时,向检测器发出信号,检测器即把信号传给控制机,控制机指令信号灯由红灯改为绿灯,或继续延长绿灯时间。公交停靠站设在交叉口上游一侧时,可把检测器设在停靠站附近,当公交车离站时就可通知信号灯放绿灯,以免在交叉口前再次停车。

4. 使用公交车放行专用信号灯

这种专用信号灯一般为方形，与一般信号灯有明显区别。安装在公交车专用车道上的检测器测得有公交车到达时，这种专用信号灯即显示绿色，公交车进入交叉口后，一般信号灯才显示绿色，其他车辆在公交车后面通行，以保证公交车优先通过交叉口。

随着车辆自动定位系统（Automation Vehicle Location，AVL）、全球卫星导航系统（Global Navigation Satellite System，GNSS）等信息采集和传输技术的发展，公交优先控制策略逐步从被动优先发展到主动优先、实时优先策略。三种控制策略的特征及对检测器的要求列于表11-3。

三种公交优先控制策略 表11-3

控制策略	控制目标	交叉口控制模式	时刻表		线路和车辆		检测器				适用公交类型	
							公交检测器			社会车辆检测器		
			需要	不需要	区分	不区分	检入	检出	实时		常规公交	BRT、有轨电车
被动优先	公交车辆延误最小	定时控制		√		√					√	
主动优先	公交车辆延误最小	感应控制		√		√	√	(√)		√	√	√
实时优先	多项性能指标优化，含公交时刻表偏移最小或公交车车头时距偏移最小	感应控制	√			√	√	√	√	√	√	√

（1）被动优先控制。

在有公交专用道的定时控制交叉口，可采取预信号的控制方法，即在交叉口进口道处设置两条停止线，两条停止线之间的距离应不少于30m，红灯期间公交车可进入机动车排队区域前方，等待绿灯启亮。也可根据历史数据，可在公交运行的高峰时段内适当延长周期时间，或给公交运行方向更多的绿灯时间。

（2）主动优先控制。

在感应控制交叉口，可根据公交检测器检测到的公交到达情况，结合公交车辆到达时所处的信号阶段，采取绿灯延长、红灯早断、插入相位等做法。

①当公交车辆在绿灯末期到达时，可采取绿灯延长的控制策略。

②当公交车辆在红灯末期到达时，可采取红灯早断的控制策略。

③当公交车辆在红灯期间到达时，在不会对其他相位和车辆造成较大影响的条件下，可插入专用的公交相位。

（3）实时优先控制。

基于公交车辆的实时检测数据为公交车辆提供信号优先的同时，以性能指标最优或公交车辆时刻表或公交车头时距偏移最小为优化目标,对交叉口的整个信号配时方案进行优化。优化方法包括基于模型的优化、基于规则的优化以及基于模型和规则的优化。

公交优先的信号控制需要控制系统有极高的灵活性,需要考虑各方面的约束条件,需要检测和通信设备的支撑,是信号控制的高级形式。实际工程中可以将此类控制方式划分不同等级,根据不同的需求和条件实现不同程度的优先。即通常需要协调公交车辆与其他交通流的关系,采取有条件的公交优先控制策略,并处理好以下关系:

①公交优先控制不得突破交叉口机动车、非机动车及行人最小绿灯时间和最大红灯时间的约束条件。

②公交优先控制应协调社会车辆和公交车辆的关系,可采取在控制算法中设置不同优先等级的方法。在通行能力有剩余的交叉口,可以给予公交车辆高的优先等级,而在高流量、公交车密集的路口,可以降低公交车辆的优先等级。

③如果交叉口的不同方向同时发出公交通行请求,宜对不同方向的公交车设置不同的优先等级。一般而言,快速公交 BRT、有轨电车的优先级高于常规公交,有公交专用(进口)道的常规公交优先级高于与社会车辆混行的常规公交。当不同方向同一优先级公交同时提出通行请求时,可综合考虑同方向社会车辆的停车排队情况,以及行人、非机动车的等待时间等因素,采取合适的控制策略。在检测设备完善的条件下,可根据公交线路的车头时距均衡程度或公交时刻表偏移程度,利用条件优先策略为早到、晚到或者正点公交车辆给予不同的优先等级。对于公交流量较大的主次干道,宜考虑干线层面的公交优先控制,建立和处理动态的优先列表,以避免公交车辆在上游交叉口获得的优先效果在下游被抵消。

④快速公交和有轨电车应采用尽量高级的实时优先,且交叉口必须是感应控制、无绿灯倒计时设置。快速公交在专用道上通行,必须为对向转弯车辆设置专用相位。

习题

11-1 图 11-14 所示为一常规四路交叉的信号控制交叉口,已知交叉口限速为 50km/h,坡度为 0°,机动车车辆长度取 6m,建议最大减速度为 3.5m/s²,非机动车车辆长度取 2m。图中各进口道上不同车道对应的车流依次编号为 M1,M2,M3,…(M 表示一股交通流)。机动车灯组用 K1,K2,K3,…表示;非机动车灯组用 B1,B2,B3,…表示。

(1)请计算机动车相位的黄灯时间(建议反应时间为 1s,通过速度与限速一致)。

(2)请计算在东西左转相位结束后,南北直行相位启动前,车流 M4 与 M2、M18 与 M2 所需的绿灯间隔时间。

11-2 图 11-15 所示是人民路-解放路交叉口渠化方案,表 11-4 给出该交叉口高峰小时各进口道各方向机动车流量,假设左转车道、直行车道、直右车道的设计饱和流量均为 1550 辆/h,绿灯间隔时间为 5s(3s 黄灯+2s 全红),请给出该交叉口的标准四相位的机动车信号配时方案,并对交叉口服务水平进行评价。

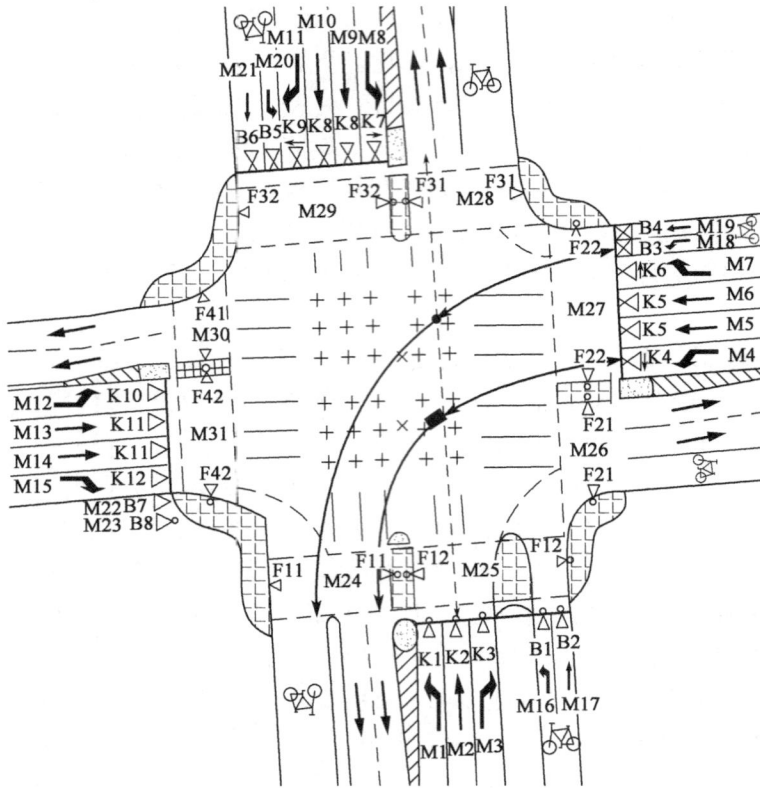

图 11-14　信号控制交叉口灯组示意及计算参数示意图

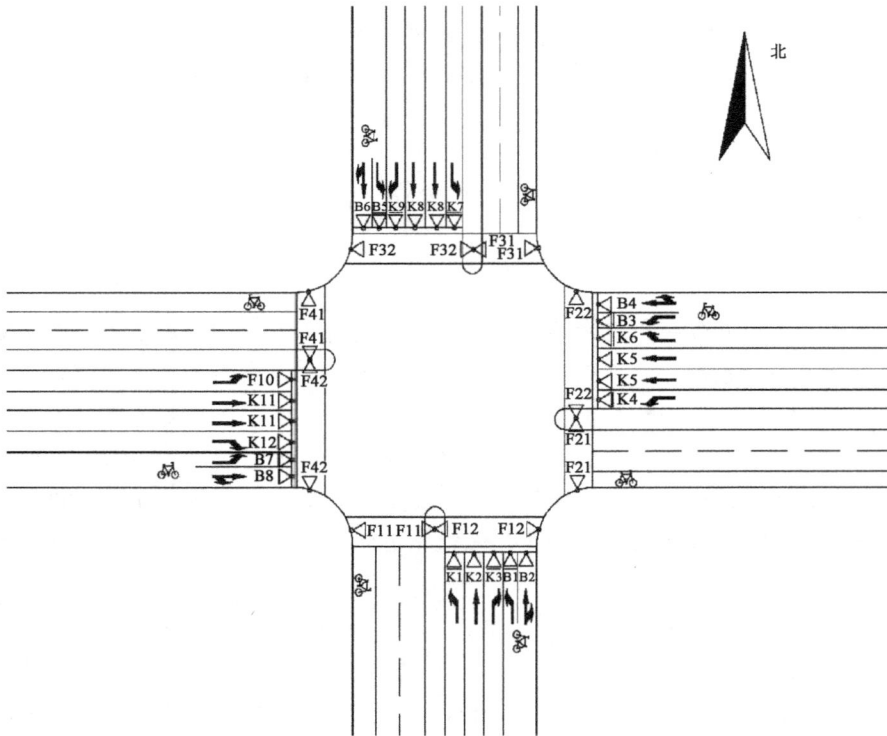

图 11-15　渠化方案示意图

人民路-解放路交叉口高峰小时各进口道机动车流量表(单位:pcu/h)　　表11-4

转向	东进口	西进口	南进口	北进口	合计
左转	169	239	137	154	699
直行	795	560	252	608	2758
右转	98	23	165	376	815

11-3　图11-16所示为一城市道路交叉口,东西方向是城市的公交走廊,内侧车道为有轨电车专用道;次内侧车道为公交专用道,运行普通公交车;最外侧为社会车辆车道。南北方向为一般道路,主要社会车辆与公交车混行。该交叉口控制给有轨电车最高优先级,其次为普通公交车,再次为社会车辆,请结合有轨电车专用道上的检测器,给出有轨电车信号优先(如绿灯延长控制策略)的控制流程。

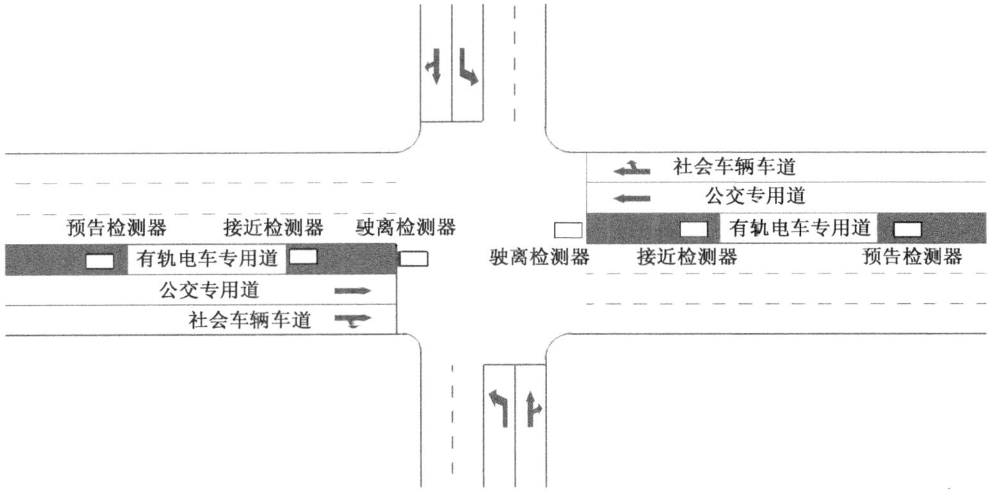

图11-16　有轨电车道路交叉口

第十二章
智能交通系统

为解决汽车化带来的诸多交通问题,智能交通系统(Intelligent Transportation System,ITS)越来越得到重视。在物联网技术、车辆技术、大数据技术以及人工智能技术等先进技术不断深度发展的背景下,ITS的水平在迅速提升,为实现交通安全、效率提升、环境友好与能源节约提供了新方案。了解ITS的内涵、基本系统架构和功能、关键技术原理以及评价方法,是进一步深入研究ITS技术,并利用ITS技术解决传统与新型交通问题的基础。

第一节　智能交通系统概述

一、引言

随着我国汽车保有量不断上升,交通需求飞速增长,然而交通设施服务能力的建设速度始终很难跟上交通需求的增长,产生了严重的交通拥堵、能源消耗、交通安全、停车等问题。为应对日益严峻的交通局面,智能交通系统的概念应运而生,即通过先进技术提升整个交通系统的性能,而非单纯依靠交通设施建设,来满足多样化、大体量的出行需求,最终实现交通安全、效率提升、环境友好与能源节约。

二、概念与特征

ITS是将先进的感知技术、信息技术、通信技术、大数据分析技术、电子技术、控制技术以及计算机技术等综合应用于整个交通运输系统中,实现车辆、道路、使用者和环境之间的紧密配合以提升交通系统效能。不同于传统交通运输系统,ITS主要有以下特征。①信息化:基于实时采集、监测以及分析海量交通数据的能力,为各项交通管理和服务提供智能决策;②整体性:面向整个交通运输系统的全面管理和协调,以实现系统层面的整体优化和协调运行;③开放性:具备同多种路侧设备、车载设备、信息资源和服务平台等跨平台互联互通的能力,有效提升智能化水平;④动态性:根据实时交通状况进行动态调整和优化,提高交通运输的响应速度和效率。

三、应用领域和用户

ITS的应用领域非常广泛,涵盖了城市交通管理、公共交通运营、智慧出行服务、智慧停车建设、交通安全监控、车辆驾驶增强等多个方面。用户群体包括政府交通管理部门、公共交通运营者、交通规划设计机构、交通安全监管部门、城市居民和出行者等。

第二节 智能交通系统关键技术

一、通信技术

通信技术是ITS的核心技术之一,它包含以下种类:

1. 移动通信技术

移动通信技术主要利用标准的蜂窝网络(如3G,4G LTE,5G等)来支持车辆与外界(如交通管理中心和互联网)之间的宽带连接。这些技术使得车辆可以接入互联网,从而接收来自交通管理中心的信息,或者将车辆生成的数据回传给中心。

2. 卫星通信技术

卫星通信技术主要应用于精确的位置定位和导航服务。通过全球定位系统(GPS)以及其他卫星导航系统,如北斗导航,为车辆提供准确的地理位置信息,支持高效的路径规划和导航。

3. 光纤通信

光纤通信技术以其高带宽和远距离传输能力,在ITS的后台数据中心和控制中心之间传输大量数据信息。它支持高速数据传输,确保交通管理系统中各种应用的数据处理和响应能够实时进行。

4. 车载网络通信

车载网络通信技术,特别是专用短距离通信(DSRC)和车载蜂窝技术(C-V2X),能够支持车辆与车辆、车辆与基础设施、车辆与行人之间的直接通信。C-V2X直接利用了蜂窝移动通信技术(如LTE和5G)的基础设施和部分标准来实现车辆通信的特定需求。这种通信方式的设计目的是提高道路安全水平、优化交通流和支持自动驾驶技术。

二、交通信息采集技术

ITS依赖于准确、实时的交通信息来提高交通效率、安全性,并减少环境影响和能源消耗。交通信息采集技术是ITS的基础,涉及多种技术和方法。

1. 交通信息与分类

交通信息随着ITS的发展越来越复杂,这些信息体量巨大、种类繁多。根据信息更新频率可将其分为静态交通信息和动态交通信息;根据应用领域可将其分为交通规划信息、交通运行信息、交通营运信息、交通管理信息和交通服务信息;根据时间跨度可将其分为实时交通信息和历史交通信息;根据产生形式可将其分为原始交通信息和加工交通信息。

2. 固定式交通信息采集技术

该技术依靠安装在固定位置的设备来收集交通数据。这些设备技术包括地磁线圈、超声波、视频图像和微波雷达。地磁线圈采集技术利用电磁感应原理采集路面车辆信息,可以用来检测车流量和车道占有率;超声波采集技术利用超声波的反射原理采集车辆信息,主要用来检测车辆速度、车道占有率等;视频图像则提供车流量、车道占有率、车辆类型、排队长度等视觉数据;微波雷达主要利用波的多普勒效应检测车辆速度、车流量等。

3. 移动式交通信息采集技术

该技术利用车载设备或移动设备来收集交通数据,可以分为浮动车、无人机和众包信息采集技术。浮动车采集技术能够以一定的采样间隔记录车辆的位置和时间信息,从而能够推算出车辆途经某个路段的行程时间和速度等;无人机采集技术可以通过搭载的视频录制设备对地面信息进行录制和拍照,从而获得道路交通信息,比如车辆轨迹、车速、交通密度、交通流量等;众包信息采集技术则利用出行者的移动终端进行信息采集,能够反馈实时路况信息,为出行者提供出行信息服务。

表12-1归纳了各种交通信息采集技术的优缺点。

各种交通信息采集技术优缺点比较 表12-1

信息采集技术	优点	缺点
地磁线圈信息采集技术	(1)天气和光线变化造成的影响较小,能够在多种环境下稳定工作; (2)能够精确检测过车数量和车辆停留状态; (3)地磁线圈不易受到日常交通活动的物理损害	(1)需要挖掘道路来安装,初始成本较高,且需要关闭车道; (2)区分不同类型的车辆的精确性较低; (3)只能在安装点进行数据采集,不具备灵活性
超声波信息采集技术	(1)易于安装; (2)相比于其他一些技术,如视频监控,成本更低; (3)能够检测多车道信息	(1)受天气影响,如雨、雾等天气条件可能影响性能; (2)探测距离相对较短

续上表

信息采集技术	优点	缺点
视频图像信息采集技术	(1)可以同时获取车辆类型、颜色、车牌等多种信息; (2)可以覆盖更大区域; (3)适用于复杂的交通情况分析和监控	(1)在夜间或恶劣天气条件下性能可能下降; (2)易受汽车的动态阴影干扰,检测精度受限
微波雷达信息采集技术	(1)能够精确测量车速和车流量; (2)性能稳定,即使在恶劣天气条件下也能正常工作; (3)可以覆盖较远的距离	(1)设备成本和安装成本较视频图像和地磁线圈高; (2)对静止车辆的检测较困难
浮动车信息采集技术	(1)利用现有车辆即可进行,无需额外设备安装; (2)能够覆盖车辆行驶的整个路网; (3)能够提供包括速度、行程时间等综合信息	(1)数据质量依赖于车辆的分布和数量; (2)信息更新可能不如固定式设备及时
无人机信息采集技术	(1)可以快速部署到任何需要监控的区域; (2)适用于交通监控、事故现场分析等多种场景; (3)检测范围广,效率高	(1)电池寿命限制了连续作业的时间; (2)风速过大或其他恶劣天气可能影响飞行安全和数据质量; (3)需要遵守严格的空域管理和隐私保护法规
众包信息采集技术	(1)利用公众的智能设备收集数据,成本低; (2)能够提供持续更新的交通状况信息; (3)能够收集大量数据,覆盖范围广	(1)数据的准确性和完整性依赖于用户的参与和数据提交质量; (2)低参与率可能导致数据覆盖不全; (3)需要适当管理用户数据,以防泄露个人信息

三、交通大数据管理技术

交通大数据包括交通运行及其相关数据,具有数据量大、数据类型多样、真伪数据共存以及价值丰富等特点。交通大数据管理的核心技术主要涉及云边协同的计算技术、交通大数据清洗、大数据挖掘以及大数据可视化技术等方面,具体内容如下。

1. 云边协同的计算技术

移动互联网、物联网技术在车辆、道路、交通管理和控制平台以及用户终端上的应用,提升了交通数据的采集精度和细粒度,使得采集的信息更加丰富。随着通信技术的发展,万物互联互通的时代已逐渐来临,各类交通检测器的数量迅速增加,导致交通数据规模出现爆炸式增长,数据量级从TB级别升级到ZB级别。面对如此庞大的数据规模和多样化结构数据,分布式、网络化云边协同计算模式正以其高度的灵活性和即时性能力,成为智能交通系统数据处理的新方式。

(1)云计算。

基于网络的可配置共享资源计算池,包含网络、服务器、存储、应用和服务的云计算,能够以最小的人工干预或自动化方式获取和释放计算资源。通过网络对计算资源池化整合,可根据业务需求提供弹性伸缩服务,其中一个重要特征是分布式计算,为了高效利用资源,将大型数据处理程序拆分为多个计算节点并行执行,并最终将结果反馈给用户。根据部署模式,云计算可分为公有云、私有云和混合云三种类型。同时,云计算还能按需提供可动态伸缩的服务,根据服务类型分为基础设施即服务(IaaS)、平台即服务(PaaS)和软件即服务(SaaS)。

(2)边缘计算。

边缘计算与云计算不同,它是在通信基站、服务器、网关设备以及终端设备等网络边缘节点上处理和分析数据,而非在中央服务器上集中处理数据。相比于云计算,边缘计算在网络拓扑中更接近用户端;作为云计算的补充,它可以弥补云计算在数据传输延迟、数据安全和存储空间方面的不足。边缘计算不仅具有分布式架构和低延时的优势,还降低了成本、缓解了网络带宽压力,并且提高了可用性和安全性。

2. 交通大数据清洗

质量可靠且有效的数据是交通大数据分析的基石,而数据清洗是挖掘和提炼数据价值的重要前期步骤。数据清洗是指在数据中检测并纠正潜在错误,确保数据质量符合使用需求。数据清洗包含两个基本任务:错误检测和数据修复。错误检测涉及发现数据中的潜在错误、重复或缺失值等;数据修复则是针对发现的数据错误进行修复。四类常见错误包括:①异常值,即明显不符合属性语义的值,可通过基于统计或基于距离的方法进行检测;②结构性错误,即数据不符合交通领域语义要求,可使用条件函数依赖、拒绝约束规则和知识图谱等方法来检测结构性错误;③重复记录,由于数据结构性错误或属性对应错误等问题导致,可使用实体识别技术检测;④数据缺失,即部分属性不存在,可通过空值检测、可视化、描述性统计等方法检测。数据修复是基于检测出的错误,利用数据关联特征或一些定量的统计指标对数据进行纠正和更新,例如,缺失数据可基于数据特征如均值、中位数、众数直接填充,也可根据变量关系进行回归预测或使用机器学习模型预测填充。

3. 交通大数据挖掘

大规模交通数据中蕴藏着大量有效信息,数据挖掘技术可以从数据中提取出研究者有兴趣的知识,包括有价值的、规律性的、之前未知的以及具备潜在作用的知识,辅助交通分析和决策。传统的基于统计学和数学模型对交通数据进行分析的方式越来越难以满足需求,效率也越来越低。机器学习凭借其卓越的学习能力和预测性能,成为挖掘数据价值的核心技术,在交通大数据计算中发挥关键作用。常见的数据挖掘技术包括以下几种。

关联分析:主要用于发现不同事件之间的关联性,即在一个事件发生的同时,另一个事件也经常发生。关联分析的重点在于快速发现那些有使用价值的关联事件。其主要依据是事件发生的概率和条件概率应该符合一定统计意义,常用方法有Apriori、FP-Growth以及D-S证据理论等。

序列分析:主要用于发现一定时间间隔内连续发生的事件。目标是预测未来发展趋势、寻找相似的发展模式或发现周期性的规律,例如时间序列和卡尔曼滤波等。

分类分析:通过分析带有类别的样本的特点,确定样本属于不同类别的规则或方法,例如贝叶斯、神经网络、决策树和支持向量机等。

聚类分析:聚类分析是将没有类别标记的样本聚集成不同的组,并对每组进行特征描述的过程。其主要依据是属于同一组的样本应该彼此相似,而属于不同组的样本应该彼此不同,例如K-Means、K-中心和DBSCAN等。

参数预测:参数预测与分类分析类似,但预测是根据样本的已知特征估算某个连续变量的取值,而分类则是用于判断样本所属的离散类别。回归分析和深度学习是常用的预测方法。

知识图谱:通过数据挖掘算法(如节点嵌入、图神经网络等)开发知识图谱,用于发现图中的模式、社区结构等信息,挖掘出隐藏在大规模数据背后的规律和知识,为各种应用场景提供支持。

此外,随着计算资源成本的降低,深度学习算法和人工智能算法凭借优越的计算能力和学习能力被广泛应用于视频结构化、视图大数据等交通场景。例如,通过深度学习模型识别视频数据,追踪车辆轨迹,挖掘微观驾驶行为等。

4. 数据可视化技术

可视化分析技术在交通数据分析中发挥着重要作用,从基础的流量分析到交通出行时间的挖掘,可视化进一步融合交通数据与周围环境的关系,揭示了交通系统与社会活动之间的联系。狭义的交通可视化是通过对交通系统中生成的数据进行编码,并通过图片和图表的形式向用户展示交通数据,支持用户进行交互式分析。广义的交通可视化指的是在智能交通系统中综合运用各种可视化技术,通过计算机图形学和虚拟现实技术将交通数据以图表、地图等形式呈现出来,提高数据的可读性和直观性。常用的可视化表达手段包括地图、统计图表、流向图、马赛克图、热力图、密度图、轨迹墙、动画地图和时空棱柱等。

四、智能车辆技术

1. 先进的驾驶辅助系统

先进驾驶辅助系统(Advanced driver Assistance system,ADAS)是利用各种传感器、摄像头、雷达等装置来监测驾驶人状态和车辆周围的环境,并通过计算机算法进行实时分析和处理。系统可根据监测到的数据,提醒驾驶人注意安全风险、实施安全措施以及在必要时主动控制车辆来避免事故和碰撞,以帮助驾驶人减轻驾驶负担,提供更安全和更舒适的驾驶体验。以下是一些常见的驾驶辅助系统。

(1)自适应巡航控制(Adaptive Cruise Control,ACC)。

自适应巡航控制系统利用雷达、摄像头或激光雷达等传感器监测前方车辆的距离和速度。通过这些信息,ACC系统可以自动调整车辆的速度,以保持与前车的安全距离,并根据交通状况自动加减速。

(2)车道保持辅助系统(Lane Keeping Assist System,LKAS)。

车道保持辅助系统利用摄像头等传感器监测车辆在车道内的位置。如果系统检测到车辆即将偏离车道,则会发出警告,并且在必要时自动调整车辆的方向,将其纠正到正确的行驶轨道上。

(3)自动泊车系统(Automatic Parking System)。

自动泊车系统利用传感器检测周围的障碍物,并使用自动转向和自动控制油门和刹车来帮助车辆进行停车。这种系统尤其适用于拥挤的停车场或狭窄的空间。

(4)盲点监测系统(Blind Spot Monitoring System)。

盲点监测系统利用传感器监测车辆两侧的盲区,并在有其他车辆或物体靠近时发出警告。这可以帮助驾驶人避免在进行变道时发生碰撞。

（5）疲劳驾驶监测系统（Driver Fatigue Monitoring System）。

疲劳驾驶监测系统通过监测驾驶人的驾驶行为和生理指标来识别疲劳驾驶的迹象。一旦系统检测到疲劳驾驶的迹象，它会发出警告，提醒驾驶人休息或采取其他措施。

2. 自动驾驶技术

自动驾驶技术是一种综合了先进传感器、人工智能和控制系统的集成技术，旨在使车辆能够在不需要人类驾驶人干预的情况下，实现安全、高效、精准地行驶。它是现代汽车工业和交通运输领域的重要创新之一，代表了人类对于交通方式革命性改变的一大方向性构思与尝试。根据《汽车驾驶自动化分级》（GB/T 40429—2021），自动驾驶技术可以分为六个级别（表12-2），从级别0到级别5，级别越高表示车辆实现自动化的能力越高。

自动驾驶分级　　　　　　　　　　　　　　　　　　　　　表12-2

分级	名称	持续的车辆横向和纵向运动控制	目标和事件探测与响应	动态驾驶任务后援	设计运行范围
0级	应急辅助	驾驶人	驾驶人及系统	驾驶人	有限制
1级	部分驾驶辅助	驾驶人和系统	驾驶人及系统	驾驶人	有限制
2级	组合驾驶辅助	系统	驾驶人及系统	驾驶人	有限制
3级	有条件自动驾驶	系统	系统	动态驾驶任务后援用户（执行接管后成为驾驶人）	有限制
4级	高度自动驾驶	系统	系统	系统	有限制
5级	完全自动驾驶	系统	系统	系统	无限制*

注：* 排除商业和法规因素等限制。

不同级别的自动驾驶技术有着不同的技术要求和实现难度，但它们共同代表了自动驾驶技术发展的不同阶段和能力水平，将给驾驶人特性研究、交通设施设计以及交通运行管理等带来巨大的变化。

自动驾驶技术的实现依赖于感知、规划、决策和控制四大关键技术。

（1）感知：自动驾驶车辆需要通过各种传感器获取周围环境的信息，感知的准确性和实时性对行车安全有很大影响。车载感知系统包括车载传感器、定位导航系统和车载网络通信设备。车载传感器包括激光雷达、摄像头、雷达、超声波传感器等感知传感器；定位导航系统涉及通过全球卫星导航系统（GNSS）、惯性导航（Inertial Navigation System，INS）等实现实时定位与地图构建技术。

（2）规划：路径规划的性能直接关系到车辆行驶路径选择的优劣和行驶的流畅度。根据对周围环境的掌控程度，规划可分为全局规划和局部规划。典型的规划算法包括最短路径法，A*算法、快速搜索随机树法和人工势场法等。

（3）决策：基于感知数据和车辆状态，自动驾驶系统需要进行行为决策，确定最优的行驶路线和动作。车辆智能决策算法需充分考虑道路环境、交通状态和驾驶规则等复杂信息，涉及对环境的建模和风险评估等方面。车辆决策算法依据其实现方法，主要有基于规则的决策算法、基于深度学习的决策算法和基于强化学习的决策算法三类。

（4）控制：自动驾驶控制系统通过模拟驾驶人的特性实现车辆的平稳运行，使得车辆在行驶过程中能完成包括跟驰，换道和超车等基本操作。控制算法包括车辆的方向控制算法和速度控制算法,通过两者的结合实现车辆纵向控制系统和横向控制系统的配合,保证车辆的安全性与稳定性。典型的控制算法包括比例积分微分(Proportional-Integral-Derivative,PID)控制和模型预测控制(Model Predictive Control,MPC)等。

自动驾驶技术的应用领域广泛,可应用于个人交通、城市公共交通、物流和运输等多个领域。随着技术的不断进步和市场的不断扩大,自动驾驶技术将在智能交通系统中发挥越来越重要的作用。更多关于智能汽车人机交互测试平台的内容见二维码26。

二维码26

五、车路云一体化技术

1. 车路云一体化系统的组成与功能

车路云一体化系统是通过新一代信息与通信技术将人、车、路、云的物理空间、信息空间融为一体,基于车路云协同感知、决策与控制,保证智能网联汽车交通系统安全、节能、舒适、高效运行的信息物理系统。通过将车辆与云端系统相连,车辆可以实时获取来自云端的交通信息、路况数据以及其他车辆的信息,从而使得协同更加紧密和高效。

车路云一体化系统主要由智能车载系统、智能路侧系统、通信网络与云平台四个部分组成。智能车载系统负责采集自身车辆状态信息和感知周围行车环境,智能路侧系统负责收集交通流信息、道路异常信息、道路路面状况和道路几何状况等。通信网络是连接智能车载系统、智能路侧系统以及云平台的基础设施,而云平台是用于集中管理和处理数据的服务器系统,能够实现大规模车辆数据的存储、分析和管理。车路云一体化系统架构与功能如图12-1所示。

图12-1 车路云一体化系统架构与功能示意图

2. V2X 关键技术

V2X 即 Vehicle-to-Everything,是智能汽车和智能交通的支撑技术之一。V2X 包含车辆与车辆 V2V(Vehicle-to-Vehicle)、车辆与基础设施 V2I(Vehicle-to-Infrastructure)、车辆与行人 V2P

(Vehicle-to-Pedestrian)、车辆与外部网络 V2N(Vehicle-to-Network)等各种通信应用场景。基于 V2V,车辆间能实现相互通信,发送数据,实现信息和数据的共享,可以分析和预判其他车辆的驾驶行为。基于 V2I 通信可以实现实时信息服务、车辆监控管理、不停车收费等服务和功能的应用,推动交通设施智能化。V2P 通信还能应用于行人安全保护、位置信息服务以及汽车共享等;基于 V2N 通信可实现实时路径导航、高精度地图更新等服务。

V2X 可以让车辆之间在行驶中配合更好、更安全,也可以使交通运输变得更加智能化。对于一辆正在道路上行驶的车,它能够通过 V2X 设备探测到周围环境、交通流量、障碍物和行人等要素,从而使自动驾驶的体验更加流畅自然。并且 V2X 可应用于多车协同,实现车辆之间的实时通信和协调。此外,在未来可能还会出现基于 V2X 技术的智能停车场、智能灯光、V2X 租车、V2X 导航以及预警系统等。总而言之,V2X 技术基于对复杂环境的感知,满足了交通运行中强实时性的要求,实现了车辆、道路以及云端之间的全方位实时数据交互与协同安全管理。

3. 路侧全域感知技术

路侧感知就是利用摄像机、毫米波雷达、激光雷达等传感器,结合路侧边缘计算,实现对该路段的交通参与者、路况等的瞬时智能感知。

路侧感知能拓展自动驾驶车辆和驾驶人感知范围,将传感器和设备分布在各个路段和交通节点上,实现了对道路网络的全方位覆盖,并基于 V2X 技术实现人-车-路-云的一体化运行监测,第一时间发现道路通行异常,实现车路协同、车云协同、区域路云协同等智能应用,满足自动驾驶车辆、社会车辆智能出行需求。同时它能使监管机构变得更加高效灵活,从而建立一个响应速度更快、更加灵活的监管环境。

4. 车辆运动控制技术

车路云一体化下的车辆运动控制技术是指通过车辆感知、信息交互和协同决策,使车辆和道路基础设施以及云平台紧密合作,以优化车辆通行安全性、通行效率以及能源效率的智能控制技术系统,属于车路云一体化智能管控中的微观管控。

运动控制技术及功能可以涉及以下方面。

(1)车辆的行为决策优化。

通过车路云一体化系统,车辆可以与智能路侧设施进行信息交互,共享关键的道路和交通信息,使车辆能够更准确地感知和理解道路环境,并基于云端的数据分析,对行驶路线等做出合理的规划。

(2)自适应驾驶模式选择。

基于车辆感知的运行状态和路侧设备感知的交通环境信息,车辆可以智能地选择适合当前交通状况的驾驶模式,通过自适应选择人工驾驶或者自动驾驶模式,提高交通流动性并减少驾驶压力。

(3)车辆能量管理与优化。

通过车与路侧设备的感知以及能量管理算法,实现车辆能源消耗的优化。车辆可以根据道路状况和交通状况,选择以最小化能量消耗或更环保的驱动模式运行。

5. 分级云控技术

车路云一体化的目标是实现局部交通的快速协同和全局交通的综合管控,这就要求部分信息在本地要完成快速处理,并快速通知到周边车辆,也就是边缘云控;部分信息要汇聚到云平台进行全局数据分析和全局的交通流管控,也就是中心云控。

边缘云控利用移动边缘计算(MEC)技术,将计算和决策能力迁移到网络边缘,以实现本地化部署和局部交通协同。这种边缘计算和V2X技术的结合部署,可以实现动态高精度地图的制作与播放,为车辆提供准确的导航和位置信息,同时增强车辆的感知能力,提高安全性和自动驾驶的可靠性。

中心云控则对V2X网络收集的交通数据进行大数据分析,利用云平台强大的计算和存储能力,洞察交通数据之间的潜在因果关系,为交通管控决策和流程优化提供数据支持。通过中心计算和V2X技术的联合部署和大数据分析,分析和预测交通事故、交通流量和出行需求,可为交通管理和规划提供决策支持。中心云控也可以远程配置道路管理策略,以应对不同交通情况和需求变化。

通过边缘云控和中心云控的联合应用,可以实现全面的车路云一体化和交通管控,提高交通系统的效率和安全性。

更多关于沉浸式虚拟现实实验室的内容见二维码27。

二维码27

第三节　智能交通典型系统

一、智能交通管控

1. 出行者信息服务系统

出行者信息服务系统是面向交通源头的智能交通管控系统,其利用交通系统中各种传感器和信息传递仪器,采集实时交通数据,并进行系统处理,向出行者提供实时交通信息、换乘站数据、天气信息、停车场数据和其它出行信息,用户则可以因地制宜选择交通方式、最优路线,从而实现系统优化。目前主流出行者信息发布方式主要有可变情报板发布、交通广播电视发布、互联网站发布等。

2. 电子警察系统

在现代交通法规管控中,电子警察系统发挥着不可替代的作用。特别是在诸如无人监控的交叉口、时段限制道路、主副路的交会区以及公交车专用道等关键地点,电子警察系统被广泛部署。以违反红灯信号抓拍为例,该系统的自动捕捉功能能够提供违法行为的三幅连续图片,详细记录了车辆越过停车线前后的瞬间,包含了违规车辆的车道位置、车型、车身颜色、车牌号码、车牌颜色及红绿灯状态等重要信息,为后续的违法处理提供了确凿的证据。这一系统有效遏制了违反交通信号的行为,不仅降低了交通事故发生率,而且对驾驶人进行违法行为构成了强大的威慑力,从而促进了交通秩序的良性运行。

3. 交叉口智能管理系统

交叉口智能管理系统是一种利用先进技术对交叉口交通流进行实时监测、分析和优化的系统,旨在提高交通效率、减少拥堵和交通事故,提高交通体验。主要方式包括以下几个方面。

(1)交通流实时监测:系统通过安装在交叉口的传感器、摄像头等设备,实时监测车辆、行人和其他交通参与者的信息。这些数据会被传输到控制中心进行分析。

(2)自适应信号控制:基于收集到的实时数据,智能交叉口管理系统可以动态调整交通信号的相位和时长。系统会根据当前的交通流量、交通类型和交叉口的情况,优化信号灯的控制方案,以减少等待时间,提高交通流的通行效率。同时,智能交叉口管理系统可以利用历史数据和实时数据,预测未来一段时间内的交通流量变化,提前调整信号控制方案。这有助于应对突发的交通波动和高峰时段的交通压力。系统可以根据特定交通参与者(如公交车辆、紧急车辆)或特定方向的交通流量,优先调整信号灯的控制方案,以确保这些车辆的优先通行权,减少整体交通流的延误。

(3)数据分析与优化:智能交叉口管理系统不断分析收集到的数据,评估当前的信号控制方案的效果。根据评估结果,系统可以持续优化交叉口的信号方案,提高整体交通效率。

4. 高速公路电子收费系统

高速公路电子收费系统是一种集成了自动车辆识别、自动费用计算、无线通信以及电子支付技术的智能交通管理系统,用于无现金、非接触式地收取车辆通行费,以提高收费效率和收费处车辆通行速度,减少高速公路入口和出口的拥堵。其主要由以下几部分构成。

(1)自动车辆识别(AVI):利用RFID或车牌识别技术自动识别过往车辆,为计费和账户扣费提供依据。

(2)无线通信技术:使用专用短距离通信(DSRC)等无线技术,在车辆与收费站之间传输数据。

(3)电子支付系统:根据车辆类型、行驶距离等因素计算通行费用。通过预先注册的用户账户实现自动扣费,支持多种支付方式,包括信用卡、借记卡以及移动支付等。

(4)数据管理系统:收集、存储和处理交易数据,为运营管理、用户服务和决策支持提供信息基础。

二、智能公共交通

智能公共交通系统采用系统工程的理论与方法论框架,整合现代通信技术、信息技术、电子计算机科学、网络技术及地理信息系统(GIS)、全球卫星导航系统(GNSS)、遥感技术(RS)等前沿科技,被应用于公共交通体系中。通过构建智能化的公共交通调度系统、公共交通信息服务系统以及公交监管系统,进而为乘客提供一个更安全、更舒适以及更便捷的公共交通服务体验。

1. 公共交通收费系统

在智能公共交通体系中,公共交通收费系统(亦称城市交通卡系统)占据了核心位置,非接触式电子卡是公共交通收费系统中的主流选择。目前,非接触式电子支付卡被广泛应用于各类公共交通工具,包括公交车、地铁、出租车、轮渡和轻轨系统,实现自动支付功能。该系统的组成不仅限于乘车卡,还涵盖了电子卡、车载验票设备、余额查询设备、充值服务、发卡服务、数据采集与处理系统等多个软硬件设备和环节。公交智能调度系统可以对交通卡信息进行数据挖掘,从而获得大量公共交通特征和规律,对公交系统进行反馈优化。

2. 公交优先系统

公交优先系统利用先进的信息技术、通信技术和控制技术,来提高公交车辆在城市交通系统中的流通效率和服务质量,是智能公交系统重要的子系统,其不仅提高了公交车辆的运行效率和准时率,降低了交通拥堵,还增强了公交系统的吸引力,促进了公共交通的发展,为城市交通管理提供了一种高效、可持续的解决方案。

公交优先控制分为被动控制和主动控制两种方式。被动公交优先控制方式不需要在道路上安装车辆检测器等设备,而是通过分析交叉口历史交通数据预测未来公交车辆的到达情况;主动公交优先控制方式需要在公交车辆和道路上安装车辆检测器,根据车辆检测器检测到的公交车辆到达信息,实时调整交叉口的信号配时。

3. 快速公交系统

快速公交系统(BRT)是一种高效、灵活的公共交通模式,旨在通过专用道路、智能化调度和现代站台管理等措施,提供与地铁相媲美的高速度和准时性。在城市交通运输网络中,BRT通过在主要的客运交通走廊给予公共交通车辆优先权来实现高水平的乘客运送能力,节省了乘客的时间。它结合了传统公交系统的灵活性与轨道交通的高效率,被视为解决城市交通拥堵、提升公共交通服务质量的有效手段。

三、突发事件应急智能管理

突发事件应急智能管理是指在交通系统发生突发事件(如事故、道路封闭、天气恶劣等)时,需要综合利用实时监测、数据分析、智能调度、应急响应、信息发布等技术手段,实现对突发事件的快速、精准和高效管理,提高交通系统的安全性、效率性和可靠性。它主要包括:

1. 事故处理

智能交通系统中的事故处理是应急智能管理的一个重要方面,它涉及迅速发现事故、准确评估事故影响、及时采取措施进行交通疏导和救援,以尽快恢复交通正常,减少事故对交通系统的影响。

2. 紧急车辆管理

通过智能化手段进行紧急车辆管理可确保紧急车辆能够快速、安全地穿越交通流,提高其通行效率和安全性,最大程度地减少其在交通中遇到的阻碍,保障紧急情况下的快速响应和救援。紧急车辆管理实施策略包括:①优先权调度;②实时监测与预警;③路线优化与导航引导;④交通干预与协调;⑤信息共享与沟通协作;⑥紧急车辆优先通道设计。

四、城市停车诱导与管理

1. 系统概述

城市智能停车诱导与管理系统是一种利用智能技术和数据分析来优化城市停车资源利用、提高停车效率的系统。它集成了多种技术手段和管理方法,旨在解决城市停车难、停车混乱等问题,改善城市交通环境,提升居民出行体验。

2. 架构与功能

城市智能停车诱导与管理系统的架构与功能可以分为三个层次,包括硬件设备、软件系统和管理平台。城市智慧停车诱导系统构架和功能结构可以概括为图12-2所示的导图,各架构共同实现了对城市停车资源的智能化管理和优化,提升了驾驶人停车的便利性和效率,同时也为城市交通管理提供了重要的数据支持。

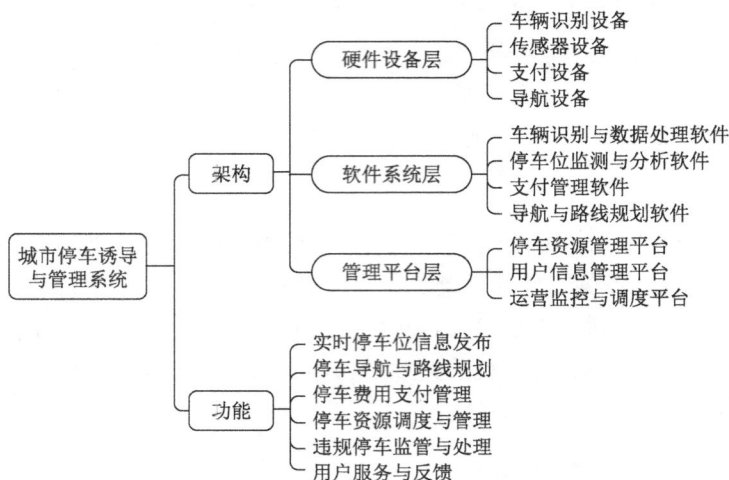

图12-2　城市智能停车诱导与管理系统

第四节　智能交通系统评价

一、ITS 项目评价概述

1. ITS 项目及其评价特点

ITS项目通常涉及新技术、新方法或新应用,具有创新性和独特性。这意味着在实施过程中可能会面临未知的挑战和风险,需要持续地改善技术手段,评价体系也在持续更新,其评价特点主要有以下几个方面。

开放性:ITS项目通常需要与外部环境、其他系统或平台进行集成,具有开放的特性,这意味着需要考虑到不同系统之间的兼容性和互操作性,以确保项目的顺利实施和运行。

不稳定性:ITS项目在实施过程中可能会面临各种因素的变化和不确定性,如技术、市场、政策等方面的变化。因此,项目管理需要具备灵活性和应变能力,能够及时调整策略和资源分配。

综合性:ITS项目往往涉及多个技术、多个功能模块或子系统,具有综合性的特点。这需要项目管理团队协调不同部门或团队之间的工作,确保项目各个方面的协调和一致性。

ITS项目具有复杂的技术、组织和管理问题,涉及多个层面和因素,这意味着在进行ITS项目评价时需要考虑到不同系统之间的兼容性和可操作性。

2. ITS项目评价框架

ITS项目主要包含了交通项目评价、经济效益评价、环境效益评价、技术评价、社会综合效益评价5个方面,具体落实到ITS项目的几个子系统上,即构成了一个综合的评价框架,该框架能够较为全面地评估ITS系统项目对交通、经济、环境、技术和社会等各方面的影响,为项目决策提供重要参考。智能交通系统评价框架如图12-3所示。

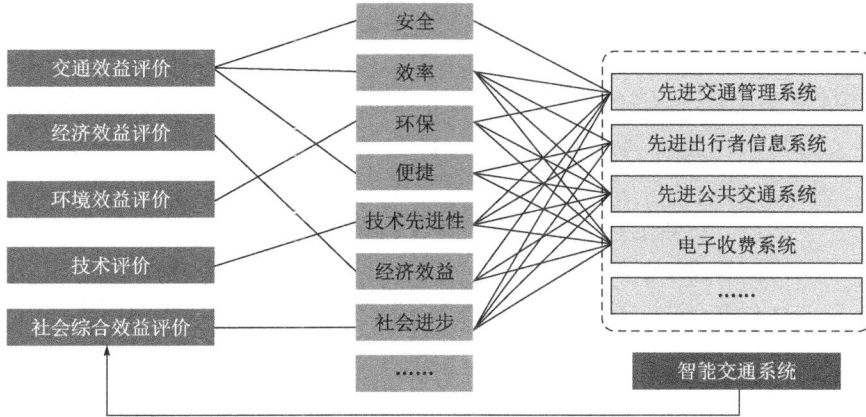

图12-3 智能交通系统评价框架

二、评价内容与方法

1. 评价指标体系构建

ITS评价指标的构建通常包含以下几个方面:

(1)成本指标体系的建立。

成本指标体系包括了项目实施、运行和维护等方面的成本,还包括项目开发阶段的初期投资、设备采购成本、软件开发成本、人力资源成本、运营成本、维护成本等。同时,还需要综合考虑项目的整体投入,确保成本估算准确可靠。

(2)效益指标体系的建立。

效益指标体系反映了ITS对交通、经济、环境等方面的影响。在交通方面的效益指标包括交通流量增加、交通拥堵减少、交通事故减少等。在经济方面的效益指标可能包括投资回报率、经济增长率、交通运输成本降低等。在环境方面的效益指标可能包括碳排放减少、空气质量改善等。效益指标体系的建立需要充分考虑各方面的影响,并基于数据支撑进行评估。

(3)技术指标体系的建立。

技术指标体系考虑了ITS的技术可行性、技术创新性和技术成熟度等方面。包括系统的稳定性、可靠性、安全性、灵活性、扩展性等。同时,技术指标的建立需要考虑到系统的设计、开发和实施过程中的技术要求和挑战。

2. 评价方法研究

ITS项目的成本效益评价方法旨在评估ITS的成本与所产生的效益之间的关系。以下是一些常见的成本效益评价方法。

（1）成本-效益分析(Cost-Benefit Analysis, CBA)：通过比较项目的成本和效益来评估项目的经济可行性。成本包括交通项目的建设、运营和维护成本，而效益则包括交通拥堵减少、出行时间节省、交通安全改善等方面的影响。CBA通常以货币单位来表达成本和效益，通过计算成本和效益的净现值、内部收益率或成本效益比等指标来评估项目的经济性。

（2）生命周期成本分析(Life Cycle Cost Analysis, LCCA)：这种方法考虑了项目整个生命周期内的成本，包括建设、运营、维护和退役等阶段。LCCA将项目的总成本分摊到项目生命周期内的每年或每个阶段，以便更好地理解项目的成本结构和时间分布。这有助于决策者更全面地评估项目的长期经济性。

（3）边际成本分析(Marginal Cost Analysis, MCA)：边际成本分析在智能交通系统中的运用可以帮助决策者更好地理解项目的效益增加和成本增加之间的关系，以确定最佳的投资水平，实现效益的最大化。假设某城市正在考虑投资优化交通信号控制系统，边际成本分析可以帮助确定每增加一个交通信号优化设备的成本以及由此带来的额外交通流量增加、交通拥堵减少和出行时间节省等效益。

这些成本效益评价方法可以帮助决策者全面理解ITS项目的投资回报和经济可行性，为项目决策提供重要的参考依据。

习题

12-1 智能交通系统的主要特征有哪些？智能交通系统的应用领域有哪些方面？

12-2 分析车载网络通信技术（特别是C-V2X）如何提高道路安全水平和优化交通流？

12-3 请思考固定式交通信息采集技术和移动式交通信息采集技术如何搭配以形成优势互补，保证信息采集的准确性和完善性？

12-4 交通大数据的基本特征有哪些？人工智能技术在智慧交通大数据管理中有哪些应用场景？

12-5 5G时代交通大数据管理技术将会发生哪些挑战？如何应对这些挑战？

12-6 根据SAE国际标准，自动驾驶有六个级别，不同级别车辆的功能特征有何区别？

12-7 什么是车路云一体化系统？

12-8 车路云一体化系统的组成有哪些，它有哪些关键技术？请举出一些相应的功能。

12-9 什么是出行者信息服务系统？它的主要作用是什么？

12-10 请简述公交优先系统的定义，并说明它的两种主要方式。

12-11 城市智能停车诱导与管理系统具体如何优化城市停车资源利用，并改善城市交通环境？

12-12 智能交通系统评价内容包括哪些？如何评价智能交通系统的经济效益？

交通工程发展趋势

  交通工程的发展离不开交通工具、交通组织模式以及国家政策的发展和变革。了解交通工程的发展脉络和发展特征，从宏观层面把握交通工程的过去、当前及未来发展情况，有助于理解交通工程发展的内在逻辑和驱动力，洞察交通工程未来的发展需求，把握交通工程理论与技术发展方向。

一、交通工具发展趋势

  在蒸汽机发明之前，城市及道路网络建设围绕非机动化交通工具（如马车、人力车等）展开，表现为较窄的道路设施及较高的路网密度。随着小汽车的发展，从20世纪40年代开始，欧美等国家的汽车保有量开始迅猛增长，交通系统进入以私人机动化交通工具为主要特征的第二代。目前交通系统以包括小汽车、公交和轨道交通等的多模式交通协调发展为特点，可称之为第三代交通系统。第四代交通系统的主要特点为交通工具低排放，低能耗（如新能源汽车），具有高级驾驶辅助能力或不同等级的自动驾驶能力，车辆与部分交通设施具备通信能力等。

  随着人工智能技术的飞速发展，自动驾驶对于理解驾驶人意图、理解复杂场景以及做出拟人化驾驶决策的能力越来越强，正从低等级自动驾驶（L2级及以下）向高等级自动驾驶（L3级及以上）快速发展。同时，车载硬件水平的不断提升，也给了自动驾驶技术更多的算力支持。此外,车路云一体技术的发展也增强了自动驾驶的能力。在万物网联的环境下,通过协同感知、云端调度等方式,自动驾驶能够超过仅依赖单车智能所实现的驾驶水平。

此外,国家政策逐步开始重视低空经济。2021年低空经济被写入《国家综合立体交通网规划纲要》;2024年举行的中央经济工作会议提出"打造生物制造、商业航天、低空经济等若干战略性新兴产业"。在此背景下,各种有人驾驶和无人驾驶航空器的各类低空飞行活动开始出现;在部分城市,已有驾驶人驾驶航空器开始提供城际交通出行服务。此外,部分高等院校和企业开始关注和研发飞行汽车。在未来,低空交通有望作为小汽车交通的一种替代方式,成为交通系统的重要一环。

二、新基建背景下的交通未来发展趋势

我国经过连续多年的大规模建设,传统基建的存量基数已达到较高的水平,但随着社会经济水平和生活方式的不断发展,传统基建逐渐难以满足社会的高效运作,能效逐渐减弱。与此同时,5G、云计算、人工智能等高新技术的兴起,为改善传统基建的能效提供了解决方案。因此,我国在2020年明确了新型基础设施(简称"新基建")的概念——新型基础设施是以新发展理念为引领,以技术创新为驱动,以信息网络为基础,面向高质量发展需要,提供数字转型、智能升级、融合创新等服务的基础设施体系。新基建主要包括三个方面的内容:其一是信息基础设施,融合了新一代信息技术的最新成果,包括先进的通信网络基础设施(5G、6G技术、物联网技术、工业互联网和卫星互联网技术)、新技术基础设施(人工智能技术、云计算技术、区块链技术)以及算力基础设施(数据中心和智能计算中心)。其二是融合基础设施,通过先进技术进行传统基础设施的升级,融合多种技术与功能,例如智能交通基础设施和智能能源基础设施。其三是创新基础设施,主要是指支撑科学研究、技术开发、产品研制的具有公益属性的基础设施。总体来看,数字化是新基建的显著特征。新基建是面向数字物理空间开发的基础设施,所包含的信息除了传统基建中包含的物理信息,还有物理实体数字孪生化包含的深度数字信息,以及相匹配的软件服务信息。联接与计算是新基建的两个核心,其中联接涉及网络与多平台的互联,计算包括算力和算法。新基建最终将提升城市管理效能,重塑交通出行体验,实现集约高效、经济适用、智能绿色、安全可靠的现代化基础设施体系。

新基建有广义和狭义之分,相比于由信息基础设施、融合基础设施、创新基础设施三大类七个领域共同构成的广义新基建,各领域中的狭义新基建,本质上是传统基建的数字化与融合化转型发展。交通新基建是在数据驱动的技术体系加持下,从规划、建设、养护、运营全生命周期闭环的角度,促进新老基础设施和新老交通业态深度融合。这一过程也将为交通高质量发展带来前所未有的机遇,具体包括以下几方面:

一是支持城市群、城市交通海量要素的全息感知与精准施策。万物互联时代快速到来,感知终端的覆盖密度、维度、异构数据融合能力将极大提升,信息采集自动化、泛在化、全过程发展使得数据采集呈现全样本、高精度、全链条、高时效、低成本等特征。面向城市群、城市交通基础设施群、地面地上地下各类载运工具、人口岗位与海量复杂出行、各类交通事件等的全息感知体系将日臻完善,为更加精确的交通网络规划、建设、养护、运营奠定坚实基础,也为"城市病""交通病"的源头治理带来全新机遇。

二是深度挖掘存量空间、设施、运力效能。现代信息技术的广泛应用使得城市交通设施空间资源配置更加灵活、高效。已有研究表明,①得益于车联网技术的车-车、车-路协同,基于

大数据、全要素信息感知的新型交通控制系统，可以依托强大算力对个体出行进行网络化调控，通过动态优化信号配时和路权配置提升城市级路网的通行能力，平均车速可较现状提升约20%，行程时间有望节省10%~17%。②未来平均每辆共享出行汽车可替代2~3.8辆传统私人小汽车，车辆日均行驶/运营里程可能较现状增长14%~60%，私家车平均每天超过20小时停留在停车位上的现状将得到改善。③对于商业办公等场所，停车需求有望减少40%~50%，存量停车场、冗余道路路侧停车空间等可被重新开发为绿地、公园等有利于人居环境的公共活动场所，有利于推动城市空间配置从"车本导向"到"人本导向"回归。

三是促进生产生活方式变化与交通服务模式变革。随着现代信息技术和移动互联网的快速普及，与交通紧密相关的各种新业态不断涌现，并正以前所未有的速度渗透到生产生活的各个环节，进而对交通供需模式产生深刻影响：①近二十年来电商行业迅猛增长，带动了快递、外卖等新业态的快速发展，网上下单已替代了部分日常出行。随着低空空域的进一步开放和规范化利用，"人找物"向"物找人"的转变将进一步加速，城市人均日出行次数增长相继迈入拐点，对机动化出行总量产生显著影响。②网络宽带大幅提升从根本上解决了视频数据传输延迟、中断等问题，高清晰度、高稳定性、高安全性的网上办公会议系统、网上教育系统、虚拟显示技术等多场景应用，打破了"时空阻隔"，使得跨时空实时互动可以随时随地进行。原本因就业、社交、学习、就医、购物等衍生的出行需求未来将进一步下降。③无人驾驶载运工具等智能移动空间服务重构出行定义，传统意义上的交通工具将演变成为办公、娱乐、休闲等活动的综合载体，交通出行在途时间的高效利用会在出行距离、出行时间等方面衍生出新的特征。综上所述，在新基建的影响下，未来交通出行供给将以预约或定制的方式，面向不同出行者的个性化需求提供针对性的服务，同时通过数字化建设进一步打通不同交通方式间的壁垒，以门到门的完整出行链为基本单元实现跨方式的协同与网络化运营。

四是推动城市交通治理模式变革。未来，我国城市交通将从增量迈入存量为主的发展阶段，随着物联网、算力、通信、AI技术的快速迭代，城市交通治理模式将产生深刻变革：①海量视频结构化、跨媒体重识别技术、大规模知识图谱技术日趋成熟，成本大幅下降，人-车-路-环境全要素的全息感知、规律提取以及融合分析成为可能，交通运行特征掌握的碎片化、离散化问题将迎刃而解。②随着算力的快速发展，千万人口、百万车辆的城市级交通运行状态的实时计算和秒级推演成本将大幅下降，各种交通方式独立服务、按计划运行的传统模式将突破，通过城市及大规模复杂综合立体交通网络的动态管控优化，以及跨交通方式联动调度、协同运营、按需响应等全新模式满足各类出行者的差异化诉求成为可能。认知、评估、推演和治理交通复杂巨系统的能力将显著提升，城市交通治理将加速迈入"协同联动+动态优化+精准调控"时代。

三、交通组织模式演变与发展趋势

当前以共享单车、分时租赁、网约车以及定制公交等为代表的新型"互联网+交通"服务模式，已经对传统交通工具拥有及使用方式产生了显著影响。随着移动互联网技术、车辆技术（电动化、智能化、网联化及共享化）的进一步革新与应用，以及配套基础设施的改造升级，未来的交通组织与服务模式将发生根本性的变革。公共运输、私营运输、共享运输之间的边界将会非常模糊，出行即服务（Mobility as a Service，MaaS，如图13-1所示）将进入实际运营阶段，并承担主要的客运周转量。

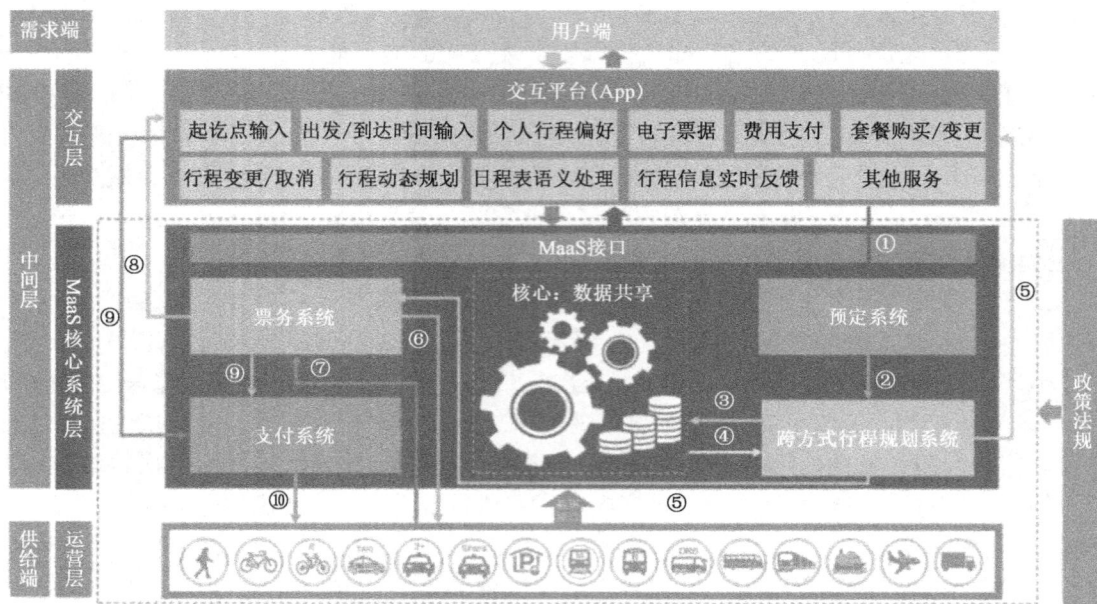

图 13-1　出行即服务（MaaS）功能架构图

①-用户通过交互平台将需求传递至预定系统；②-预定系统将用户请求处理后传递至跨方式行程规划系统；③-该系统向共享数据库发出数据提取命令；④-数据库将相关数据反馈到跨方式行程规划系统并由后者算得最优方案；⑤-规划系统将方案反馈至交互界面并将方案提交给票务系统；⑥-票务系统将出行方案涉及的交通方式票据请求提交至各运营端；⑦-各运营端返回电子凭据至票务系统并由票务系统整合为统一票据；⑧-票务系统将电子票据提交至交互平台使用户可使用服务；⑨-票务系统将方案提交至支付系统形成费用，同时用户将支付信息返回支付系统，出行结算达成；⑩-票务系统将费用清分给各运营商

　　MaaS 是将各种可选的出行方式进行整合（无论是公共单位提供的还是私人提供的），同时可以让用户仅通过一个账号进行支付。其关键点是为人员出行和货物运输提供基于需求的出行解决方案。MaaS 通过改变出行服务的运行环境以及重新定义不同运营者的商业模式来改变整个交通运输系统。一方面，MaaS 供应商整合各种不同的出行服务来提供有更高价值的服务；另一方面，MaaS 供应商基于用户的出行需求共享数据来帮助交通运营者改善他们的服务。MaaS 代表了一种转变：从个人拥有出行工具到将出行作为一种服务来进行消费。交通组织模式的变革将为交通规划、交通需求分析、行为分析、运营组织等理论带来巨大的变化。

　　对于小客车出行组织，一旦自动驾驶技术获得广泛应用，当前网约出租车、巡游出租车以及分时租赁都将殊途同归，共同构成"共享小客车"服务方式。小客车私人拥有、私人使用的模式将由于高昂的成本不再成为主流，取而代之的是共享小客车的服务模式，如表 13-1 所示。

小客车出行组织与服务模式变革趋势　　　　　　　　　　　　　表 13-1

小客车出行方式	自动驾驶前			自动驾驶后		
	可/愿自驾	不可/不愿自驾	承担车公里比重	人工驾驶	自动驾驶	承担车公里比重
私人小客车	√	—	高	√	√	低
分时租赁	√		低		共享小客车	高
网约出租车	—	√	低	—		
巡游出租车		√	低			

280

对于大客车(包括轨道列车)出行组织,高客流及大中客流走廊上仍然依托轨道交通和定点定线的快速公交开展客运服务;而对于分散式、个性化且对服务品质要求高的出行,可由定制公交等各种方式完成客运服务。

另外,共享单车将成为缝合所有出行方式间"空隙"的"黏合剂",是 MaaS 服务系统中不可或缺的一类重要服务方式。基于 MaaS 理念,未来的交通组织与服务模式示意图如图 13-2 所示。

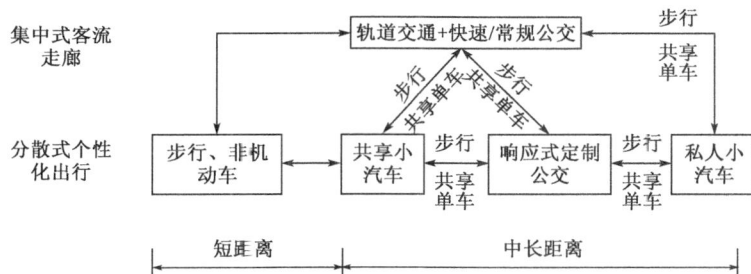

图 13-2　未来交通组织与服务模式示意图

习题

13-1　请谈谈自动驾驶技术对交通系统的影响。

13-2　低空经济是指什么?

13-3　新基建将如何提升道路交通的效能?

13-4　在新基建背景下,城市交通治理模式会有哪些改变?

13-5　在 MaaS 理念下,未来交通组织服务模式有哪些特征?

13-6　如何理解 MaaS 中的共享服务?

附录

一、与本教材相关的法律法规

（1）《中华人民共和国道路交通安全法》

（2）《中华人民共和国城乡规划法》

（3）《中华人民共和国公路法》

（4）《中华人民共和国环境保护法》

（5）《城市公共汽电车客运管理办法》

（6）《中华人民共和国公路管理条例》

（7）《公路管理条例》

（8）《城市道路管理条例》

（9）《道路交通事故处理程序规定》

（10）《道路交通安全违法行为处理程序规定》

（11）《中华人民共和国道路交通安全法实施条例》

（12）《机动车强制报废标准规定》

（13）《上海市非机动车管理办法》

二、本教材引用的规范、标准、导则

规范、标准通常分为三类:国家标准/规范(GB)、行业标准/规范(行业代号)、地方标准/规范(DB)。本教材引用的规范、标准、导则如下:

(1)国家标准。

《城市综合交通体系规划标准》(GB/T 51328—2018)

《城市道路交通设施设计规范(2019年版)》(GB 50688—2011)

《城市道路交叉口规划规范》(GB 50647—2011)

《汽车、挂车及汽车列车外廓尺寸、轴荷及质量限值》(GB 1589—2016)

《道路交通标志和标线 第2部分:道路交通标志》(GB 5768.2—2022)

《地铁设计规范》(GB 50157—2013)

《道路交通信号灯设置与安装规范》(GB 14886—2016)

《城市用地分类与规划建设用地标准》(GB 50137—2011)

《自行车安全要求 第2部分:城市和旅行用自行车、青少年自行车、山地自行车与竞赛自行车的要求》(GB 3565.2—2022)

《电动自行车安全技术规范》(GB 17761—2018)

《城市步行和自行车交通系统规划标准》(GB/T 51439—2021)

《机动车运行安全技术条件》(GB 7258—2017)

《道路交通事故现场图形符号》(GB/T 11797—2005)

《汽车驾驶自动化分级》(GB/T 40429—2021)

(2)行业标准。

《城市道路工程设计规范(2016年版)》(CJJ 37—2012)

《公路工程技术标准》(JTG B01—2014)

《道路交通事故案卷文书》(GA 40—2018)

《道路交通管理信息采集规范 第3部分:道路交通事故处理信息采集》(GA/T 946.3—2021)

《道路交通事故信息调查》(GA/T 1082—2021)

《道路交通事故现场痕迹物证勘察》(GA/T 41—2019)

《道路交通事故现场图绘制》(GA/T 49—2019)

《道路交通事故现场勘察照相》(GA/T 50—2019)

(3)地方标准。

浙江省省工程建设标准,《城市道路机动车道宽度设计规范》(DB 33/1057—2008)

浙江省工程建筑标准,《城市道路人行过街设施规划与设计规范》(DB 33/1058—2008)

安徽省省工程建设标准,《安徽省城市道路交叉口信号控制设计规范》(DB 34/T 2423—2015)

(4)导则。

中国《城市步行和自行车交通系统规划设计导则》

欧洲《欧洲道路交通标志和信号协定》

美国TRB编《道路通行能力手册》(HCM)

美国FHWA编《统一交通控制设施手册》

德国《道路通行能力手册》(HBS)

三、各章名词索引

第一章

信号灯	Traffic Signal Light
交通事故	Traffic Accident
交叉口	Intersection
传感器	Detector / Sensor
交通信号控制设施	Traffic Signal Control Facility
郊区公路	Rural Highway
交通工程	Traffic Engineering
运输工程	Transportation Engineering
交通系统	Traffic System / Transportation System
交通特性	Traffic Characteristics
人的特性	Human Characteristics
车辆特性	Vehicle Characteristics
交通网络	Transportation Network
道路网络	Road Network
公共交通网	Public Transport Network
步行与非机动车网络	Pedestrain and Non-motorized Network
交通流特性	Traffic Flow Characteristics
流量	Traffic Volume
密度	Traffic Density
速度	Speed / Velocity
车头时距	Time Headway
连续车流	Uninterrupted Traffic Flow
间断车流	Interrupted Traffic Flow
交通流理论	Traffic Flow Theory
交通管理	Traffic Management
交通设计	Traffic Design
交通调查	Traffic Survey
交通统计学	Traffic Statistics
交通心理学	Traffic Psychology
交通拥堵	Traffic Congestion
停车	Parking

第二章

感知	Perception
反应	Reaction
驾驶人特性	Driver Characteristics
视觉	Visual Sense
视觉特性	Visual Characteristics
视力	Vision
视野	Field of Vision
色彩感觉	Color Sense
眩目时的视力	Glare Vision
视力恢复	Vision Recovery
动视力	Dynamic Visual Acuity
刺激	Stimulation
感觉	Sense
判断	Judgment
行动	Action
反应特性	Reactive Characteristics
刺激信息	Stimulant Information
感知-反应时间	Perception-reaction Time
驾驶人疲劳与兴奋	Driving Fatigue and Excitability
交通基础设施	Traffic Infrastructures
交通运行	Traffic Movement
停车场地	Parking Lot
枢纽	Terminal
场	Vehicle Yard
站	Station
服务需求	Service Demand
公共汽车	Bus
无轨电车	Trolley Bus
有轨电车	Tram Car
大客车	Coach
小轿车	Sedan
载货卡车	Truck
拖挂车	Tailor

平板车	Flat-bed Truck
运行性能	Operation Performance
动力特性	Driving Force Characteristics
车辆变速器	Transmission
传动比	Gear Ratio
牵引力	Tractive Force
空气阻力	Air Resistance
滚动阻力	Rolling Resistance
坡度阻力	Grade Resistance
加速阻力	Acceleration Resistance
附着力	Adhesive Force
汽车的制动力	Braking Force of Vehicle
附着系数	Adhesion Coefficient
安全停车视距	Safe Stopping Sight Distance
城市道路	Urban Road
公路	Highway
主干路	Arterial
集散干路	Collector Road
次干路	Secondary Road
支线道路	Access Road
平面线形	Horizontal Alignment
纵断面	Vertical Alignment
横断面	Cross Section

第三章

流率	Flow Rate
地点车速	Spot Speed
瞬时车速	Instantaneous Speed
时间平均车速	Time Mean Speed
空间平均车速	Space Mean Speed
车头间距	Space Headway
交通流模型	Traffic Flow Model
阻塞密度	Jam Density
速度-密度曲线	Speed-density Curve
流量-密度曲线	Flow-density Curve

最佳密度	Optimum Density
流量-速度曲线	Flow-speed Curve
最佳速度	Optimum Speed
信号灯交叉口	Signalized Intersection
饱和流率	Saturation Flow Rate
进口道	Approach
启动损失时间	Start-up Lost Time
清空损失时间	Emptying Lose Time
调查	Survey
损失时间	Loss Time
有效绿灯时间	Efficient Green Time
延误	Delay
通行能力	Capacity
服务水平	Level of Service
自由流速度	Free-flow Speed
高速公路	Freeway
交织区	Weaving Area
合流	Converging
分流	Diverging
匝道	Ramp
互通立交	Interchange
快速路	Expressway

第四章

行人交通特性	Pedestrian Traffic Characteristics
空间尺寸	Space Size
步行速度	Walking Speed
行人平均等待时间	Pedestrian Average Waiting Time
可忍受等待时间	Tolerable Waiting Time
绕行阈值	Detour Threshold
行人流量	Pedestrian Volume
行人密度	Pedestrian Density
人行道通行能力	Walkway Capacity
人行道服务水平	Walkway LOS
步行通道	Passageway

非机动车交通流	Non-motorized Traffic Flow
自行车流特性	Bicycle Flow Characteristics
骑行空间	Riding Space
混合非机动车交通流	Mixed Non-motorized Transportation
自行车换算系数	Bicycle Equivalent
自行车车道	Bicycle Lane

第五章

信号周期	Signal Cycle
交通特性的统计分布	Statistical Distribution of Traffic Characteristics
随机性	Randomness
离散型分布	Discrete Distribution
连续型分布	Continuous Distribution
空当	Gap
随机数	Random Digit
泊松分布	Poisson Distribution
二项分布	Binomial Distribution
负二项分布	Negative Binomial Distribution
负指数分布	Negative Exponential Distribution
移位负指数分布	Shifted Exponential Distribution
爱尔朗分布	Ireland Distribution
拟合	Fitting
排队论	Queuing Theory
忙期	Busyness Period
跟驰理论	Car Following Theory
交通仿真	Traffic Simulation

第六章

交通需求	Travel Demand
土地利用	Land Use
可达性	Accessibility
交通供给	Traffic Supply
出行	Trip
出行目的	Trip Purpose
出行方式	Mode
出行距离	Travel Distance

出行时间	Travel Time
OD 矩阵	Origin-Destination Matrix
期望线	Desire Line
主流倾向线	Major Directional Desire Line
调查区境界线	Cordon Line
分隔查核线	Check Line
货运（或物流）	Freight（Logistics）
货物运输需求	Freight Transportation Demand
货运量	Volume of Freight Traffic
货运周转量	Freight Turnover
货运生成率	Freight Generation Rate
货运节点	Freight Terminal / Node
载运工具	Vehicle
居民出行调查	Household Travel Survey
社会经济特性	Socioeconomic Characteristics
交通需求模型	Travel Demand Model
四阶段交通需求模型	Four-step Travel Demand Model
基于活动的交通需求模型	Activity-based Travel Demand Model
出行发生	Trip Generation
出行产生	Trip Production
出行吸引	Trip Attraction
基家出行	Home-based Trip
非基家出行	Non-home-based Trip
发生率法	Generation Rate Method
人口属性	Demographic Characteristics
交叉分类模型	Cross-classified Model
线性回归模型	Linear Regression Model
出行平衡	Trip Balance
出行分布	Trip Distribution
增长系数法	Growth Factor Method
福莱特法	Fratar method
重力模型法	Gravity Model Method
单约束重力模型	Singly-constrained Gravity Model
双约束重力模型	Doubly-constrained Gravity Model

摩擦因子	Friction Factor
交通阻抗	Travel Impedance
出行长度	Trip Length
阻抗矩阵	Skim Matrix
交通方式划分	Model Split (Mode Choice)
转移曲线	Diversion Curve
随机效用	Random Utility
效用最大化原理	Utility Maximization Theory
离散选择模型	Discrete Choice Model
PA 出行矩阵	Production-Attraction Trip Matrix
人出行	Person Trip
车出行	Vehicle Trip
车载率	Auto Occupancy Rate
交通量分配	Traffic Assignment
最短路径分配	Shortest Path Assignment
多路线概率分配	Probabilistic Multi-route Assignment
网络节点	Network Node
网络连接	Network Link
交通分析小区	Traffic Analysis Zone
小区中心连接线	Centroid Connector
Wardrop第一准则	Wardrop's First Principle of Equilibrium
Wardrop第二准则	Wardrop's Second Principle of Equilibrium
用户均衡	User Equilibrium
系统最优	System Optimum
全有全无交通分配	All-or-nothing Traffic Assignment
随机交通分配	Stochastic Traffic Assignment
随机用户均衡交通分配	Stochastic User Equilibrium Traffic Assignment

第七章

交通规划	Transportation Planning
国土空间规划	National Spatial Planning
城市规划	Urban Planning
交通发展战略	Transportation Development Strategy
发展目标	Development Goals
可持续发展	Sustainable Development

城市密度分区	Urban Density Zoning
绿色交通	Green Transport
低碳交通	Low-carbon Transport
规划方案	Planning Scheme
分析技术	Analytic Technique
需求预测	Demand Forecasting
规划方案评价	Planning Scheme Evaluation
道路网络结构	Road Network Structure
公共交通网络	Public Transportation Network
快速公共交通	Bus Rapid Transportation
常规公共汽(电)车网络	Bus Network
辅助公共交通网络	Paratransit Network
城市公共交通走廊	Public Transport Corridor
线路与线网	Line and Network
站点	Station
首末站	Origin Station and Terminal Station
中途站	Stop
枢纽站	Passenger Transfer Hub
需求响应型公交服务	Demand-responsive Transit
城市轨道交通网络	Metro / Subway Network

第八章

交通管理	Transportation Management
交通治理	Transport Governance
交通需求管理	Transportation Demand Management
交通系统管理	Transportation System Management
交通执法与秩序管理	Traffic Law Enforcement Management
边际成本	Marginal Cost
社会边际成本	Social Marginal Cost
私人边际成本	Individual Marginal Cost
机会成本	Opportunity Cost
市场失灵	Market Failure
交通网络均衡	Equilibrium of Transportation Network
TOD开发	Transit-Oriented Development
混合土地利用	Mixed Land Use

停车换乘	Park & Ride
非机动化交通	Non-motorized Transportation
拥挤收费	Congestion Pricing
停车收费	Parking Pricing
停车诱导管理系统	Parking Guidance Information System
HOV 车道	High-Occupancy Vehicle Lane
HOT 车道	High-Occupancy Toll Lane
公交专用道	Bus Lane
可变车道	Variable Lane
交通法规	Traffic Law
交通标线	Road Marking
交通标志	Traffic Sign
出行行为分析	Travel Behavior Analysis
样本量	Sample Size
RP调查	Revealed Preference Survey
意愿调查	Stated Preference Survey
信度	Reliability
效度	Validity
活动地点	Activity Location
出行目的地	Trip Destination
出行路径	Travel Route
极大似然估计	Maximum Likelihood Estimation
日常活动与出行模式	Daily Activity-travel Pattern
边际效应	Marginal Effect
直接效应	Direct Effect
交叉效应	Cross Effect
直接弹性	Direct Elasticity
交叉弹性	Cross Elasticity
时间价值	Value of Time
政策评价	Policy Evaluation

第九章

道路交通安全	Road Safety
哈顿矩阵	Hadden Matrix
世界卫生组织	World Health Organization（WHO）

宏观经济成本	Macroeconomic Cost
事故多发地点	Accident-prone Location
交通法规	Traffic Law
交通条例	Traffic Regulation
财产损失	Property Damage
事故报表	Accident Inventory
无干扰人行通道	Undisturbed Passage
潜在冲突	Potential Conflict
轻微冲突	Slight Conflict
严重冲突	Serious Conflict
碰撞	Collision
跟驰	Car-following
换道	Lane-change
行人	Pedestrian
暴露量	Exposure
在途风险量	Population at Risk
分母数据	Denominator Data
事故率	Accident Rate
等价财产损失事故频率	Equivalent Property Damage Only Crash Frequency
交通冲突技术	Traffic Conflict Technique
交通冲突	Traffic Conflict
安全替代指标	Surrogate Safety Measure
距碰撞时间	Time-to-collision
侵占后时间	Post-encroachment Time
避撞减速度	Deceleration Rate to Avoid Crash
安全性能函数	Safety Performance Function
年平均日交通量	Annual Average Daily Traffic
拉伊达准则	The Rajda Principle
工程	Engineering
教育	Education
执法	Enforcement
急救	Emergency
人行横道	Crosswalk
人行天桥	Pedestrian Overpass / Footbridge

人行地道	Pedestrian Underpass
标线	Marking
交通岛	Traffic Island
渠化	Channelization
冲突点	Conflict Point
禁止转弯标志	No Turn Sign
禁止进入标志	No Entry Sign
禁止超车区	No Overtaking Zone / No Passing Zone
禁止停车标志	No Parking Sign
无信号控制交叉口	Uncontrolled Intersection
让行标志	Yield Sign
停车标志	Stop Sign
被动安全	Passive Safety
(座位)安全带	Seat Belt / Seatbelt / Safety Belt
安全气囊	Supplemental Restraint System
主动安全	Active Safety
防抱死制动系统	Anti-lock Braking System
电子防滑转系统	Anti-slip Regulation
电子车身稳定系统	Electronic Stability Control
电子驻车制动系统	Electronic Parking Brake
胎压监测系统	Tire-pressure Monitoring System
缓速器	Retarder
自适应巡航系统	Adaptive Cruise Control
车道保持系统	Lane Keeping Assist System
前方碰撞预警系统	Forward Collision Warning
盲点监测系统	Blind Spot Detection / Blind Spot Monitoring
零死亡愿景	Vision Zero
个人道路使用者	Individual Road User
道路安全行动十年	Decade of Action for Road Safety
价值链	Value Chain

第十章

交通组织	Traffic Organization
交通设计	Traffic Design
饱和度	Saturation Degree

停车泊位	Parking Lot
单向交通	One-way Traffic
路权	Right of Way
瓶颈	Bottleneck
道路横断面形式	Cross-section Design for Road
机动车道	Motorway
非机动车道	Bicycle Lane
人行道	Sidewalk
渠化设计	Traffic Channelization Design

第十一章

交通控制	Traffic Control
信号控制机	Signal Controller
传感器	Detector / Sensor
交通信号	Traffic Signal
可穿越间隙	Acceptable Gap
信号相位	Signal Phase
绿灯间隔时间	Inter-green Interval
进退两难区	Dilemma Zone
周期时长	Cycle Length
饱和流量	Saturation Flow
饱和度	V/C ratio
绿信比	Split
流量比	Flow Ratio
信号配时	Signal Timing (or Signal Setting)
交通感应信号	Traffic Actuated Signal
单点定时信号	Isolated Pre-timed Signal
协调控制	Coordinated Signal Control
定时控制	Pre-timed Signal Control
感应控制	Actuated Control
干线控制	Coordinated Arterial Control
时差	Offset
绿波带	Green Wave
实时	Real Time
联机	On-line

脱机	Off-line
快速公交	Bus Rapid Transit
公交信号优先控制	Transit Signal Priority Control

第十二章

智能交通系统	Intelligent Transportation System
全球定位系统	Global Positioning System
专用短距离通信	Dedicated Short Range Communication
移动通信技术	Mobile Communication Technology
卫星通信技术	Satellite Communication Technology
光纤通信	Optical Fiber Communication
数据清洗	Data Cleansing
数据挖掘	Data Mining
数据可视化	Data Visualization
云计算	Cloud Computing
边缘计算	Edge Computing
移动边缘计算	Mobile Edge Computing
先进驾驶辅助系统	Advanced Driver Assistance System
自适应巡航控制	Adaptive Cruise Control
车道保持辅助系统	Lane Keeping Assist System
自动泊车系统	Automatic Parking System
盲点监测系统	Blind Spot Monitoring System
车辆自动定位系统	Automated Vehicle Location
疲劳驾驶监测系统	Driver Fatigue Monitoring System
惯性导航	Inertial Navigation System
比例积分微分控制	Proportional-integral-derivative Control
模型预测控制	Model Predictive Control
车载网络通信	Vehicle Network Communication
车用无线通信技术	Vehicle-to-X (V2X)
车辆与车辆通信	Vehicle-to-Vehicle (V2V)
车辆与基础设施通信	Vehicle-to-Infrastructure (V2I)
车辆与行人通信	Vehicle-to-Pedestrian (V2P)
车辆与外部网络通信	Vehicle-to-Network (V2N)
快速公交系统	Bus Rapid Transit
射频识别	Radio Frequency Identification

成本-效益分析　　　　　　　Cost-benefit Analysis

生命周期成本分析　　　　　　Life Cycle Cost Analysis

边际成本分析　　　　　　　　Marginal Cost Analysis

第十三章

新型基础设施　　　　　　　　New Infrastructure

出行即服务　　　　　　　　　Mobility as a Service（MaaS）

参 考 文 献

［1］周商吾. 交通工程［M］. 上海：同济大学出版社，1987.

［2］ROESS R P，PRASSAS E S，MCSHANE W R. Traffic engineering［M］. 4th Edition. New York：Pearson Education Inc. ，2010.

［3］任福田，刘小明，孙立山，等. 交通工程学［M］. 4版. 北京：人民交通出版社股份有限公司，2023.

［4］孙亚平. 交通工程学［M］. 北京：北京理工大学出版社，2020.

［5］徐吉谦，陈学武. 交通工程总论［M］. 5版. 北京：人民交通出版社股份有限公司，2020.

［6］王炜，陈峻，过秀成，等. 交通工程学［M］. 3版. 南京：东南大学出版社，2019.

［7］饭田恭敬. 交通工程学［M］. 邵春福，译. 北京：人民交通出版社，2005.

［8］中共中央，国务院. 交通强国建设纲要［A/OL］. （2019-09-19）［2024-04-16］. https://www. gov. cn/zhengce/2019-09/19/content_5431432. htm.

［9］中共中央，国务院. 国家综合立体交通网规划纲要［A/OL］. （2021-02-24）［2024-04-16］. http://www. gov. cn/zhengce/2021-02/24/content_5588654. htm.

［10］DEWAR R. Traffic engineering handbook［M］. 5th Edition. Washington D. C. ：Institute of Transportation Engineers，1999.

［11］MAY A D. Traffic flow fundamentals［M］. Englewood Cliffs：Prentice Hall，1990.

［12］OLSON P L. Forensic aspects of driver perception and response［M］. Tucson：Lawyers and Judges Publishing Co. ，Inc. ，1996.

［13］DAGANZO C，DAGANZO C F. Fundamentals of transportation and traffic operations［M］. Oxford：Pergamon，1997.

［14］EUBANKS J J，HILL P F. Pedestrian accident reconstruction and litigation［M］. 2nd Edition. Tucson：Lawyers and Judges Publishing Co，Inc. ，1999.

［15］North Carolina State University，U. S. Department of Transportation Federal Highway Administration. Capacity analysis of pedestrian and bicycle facilities：Recommended procedures for the "pedestrians" chapter of the highway capacity manual［R］. Wshionton D. C. ：Transportation Research Board，1998.

［16］盖尔. 交往与空间［M］. 何人可，译. 北京：中国建筑工业出版社，2002.

［17］CHANDLER R E，HERMAN R，MONTROLL E W. Traffic dynamics：studies in car following［J］. Operations research，1958，6（2）：165-184.

［18］鸠洛夫，休伯. 交通流理论［M］. 蒋璜，译. 北京：人民交通出版社，1983.

［19］周荣贵，钟连德. 公路通行能力手册［M］. 北京：人民交通出版社股份有限公司，2017.

［20］CHEN X，HAN H，YE J，et al. Normalized volume measurement for nonmotorized traffic flow mixed with mopeds［J］. Journal of the Transportation Research Board，2011（2239）：9-15.

［21］CHEN X，HAN H，LIN B. Developing bicycle equivalents for mopeds in Shanghai，China［J］.

Journal of the Transportation Research Board,2012(2317):60-67.

[22] GIPPS P G. A model for the structure of lane-changing decisions[J]. Transportation Research Part B:Methodological,1986,20(5):403-414.

[23] AHMED K I. Modeling drivers' acceleration and lane changing behavior [D]. Cambridge: Massachusetts Institute of Technology,1999.

[24] COURAGE K,WALLACE C. NGSIM feasibility study final report[R]. Washington D. C. : Federal Highway Administration,2001.

[25] 黄海军. 城市交通网络平衡分析理论与实践[M]. 北京:人民交通出版社,1993.

[26] 美国交通运输研究委员会. 公共交通通行能力和服务质量手册[M]杨晓光,滕靖,译. 3 版. 北京:人民交通出版社股份有限公司,2019.

[27] MARSHALL S. Streets and patterns:the structure of urban geometry[M]. London:Spon Press, 2005.

[28] 迈耶,米勒. 城市交通规划[M]. 杨孝宽,译. 2版. 北京:中国建筑工业出版社,2008.

[29] 石小法. 货运交通系统[M]. 上海:同济大学出版社,2013.

[30] Institute of Transportation Engineers. Trip generation manual[M]. 9th Edition. Washington DC:Institute of Transportation Engineers,2012.

[31] MCFADDEN D. Modeling the choice of residential location[J]. Spatial Interaction Theory & Residential Location,1977,673(477):72-77.

[32] TRAIN K E. Discrete choice methods with simulation[M]. Cambridge:Cambridge University Press,2009.

[33] MARTIN W A,MCGUCKIN N A. Travel estimation techniques for urban planning [M]. Washington DC:National Academy Press,1998.

[34] 晏克非. 交通需求管理理论与方法[M]. 上海:同济大学出版社,2012.

[35] 汪光焘,陈小鸿,叶建红,等. 城市交通治理现代化理论构架与方法初探[J]. 城市交通, 2020,18(2):1-14.

[36] 汪光焘. 城市交通治理的内涵和目标研究[J]. 城市交通,2018,16(1):1-6.

[37] 美国国家公路和运输官员协会(AASHTO). 道路安全手册[M]. 安实,王健,欧阳彦峰, 译. 北京:人民交通出版社股份有限公司,2016.

[38] Vision Zero Network. What is Vision Zero[EB/OL]. (2024-01-01)[2024-04-16]. https://visionzeronetwork. org/about/what-is-vision-zero/.

[39] WHO. New political declaration to halve road traffic deaths and injuries by 2030 is a milestone achievement [EB/OL]. (2022-06-30)[2024-04-13]. https : //www. who. int/news/item/ 30 -06 -2022-new-political-declaration-to-halve-road-traffic-deaths-and-injuries-by-2030 -is-a-milestone-achievement.

[40] HYDEN C. The Development of a Method for Traffic Safety Evaluation:The Swedish Traffic ConflictsTechnique [M]. Lund: Institute of Technology Department,1987.

[41] 王雪松. 交通安全分析[M]. 上海:同济大学出版社,2022.

[42] 张旭欣,王雪松,马勇,等. 驾驶行为与驾驶风险国际研究进展[J]. 中国公路学报,2020, 33(06):1-17.

[43] 成卫. 城市交通冲突技术理论与应用[M]. 北京:科学出版社,2006.

[44] WANG C, XIE Y, HUANG H, et al. A review of surrogate safety measures and their applications in connected and automated vehicles safety modeling [J]. Accident Analysis & Prevention, 2021,157(2):106157.

[45] 潘福全,张丽霞,杨金顺,等. 交通安全工程[M]. 北京:机械工业出版社,2018.

[46] 白玉,杨晓光,柴晨. 交通设计[M]. 3版. 北京:人民交通出版社股份有限公司,2024.

[47] 吴兵,李晔. 交通管理与控制[M]. 7版. 北京:人民交通出版社股份有限公司,2024.

[48] 德国道路与交通工程研究学会. 交通信号控制指南:德国现行规范[M]. 李克平,译. 北京:中国建筑工业出版社,2006.

[49] 美国交通部联邦公路局. 交通控制系统手册[M]. 李海渊,译. 北京:人民交通出版社,1987.

[50] 全永燊. 城市交通控制[M]. 北京:人民交通出版社,1989.

[51] LOWRIE P R. SCATS, Sydney co-ordinated adaptive traffic system: a traffic responsive method of controlling urban traffic [R]. Darlinghurst: Roads and Traffic Authority NSW, 1990.

[52] OLSON P L, CLEVELAND D E, FANCHER P S, et al. Parameters affecting stopping sight distance[R]. Ann Arbor: The University of Michigan, 1984.

[53] 李克平,杨佩昆,倪颖. 城市道路交叉口信号控制中的黄灯问题[J]. 城市交通,2010,8(4):67-72.

[54] MARTIN A. Factors influencing pedestrian safety: a literature review[M]. Wokingham:TRL, 2006.

[55] 蔡果,刘江鸿,杨降勇,等. 行人对危险感知的局限性[J]. 中国科技信息,2005(24):115.

[56] 汪光焘. 大数据时代城市交通学发展的机遇[J]. 城市交通,2016,14(1):1-7.

[57] 赵光辉. 大数据交通应用与发展研究[M]. 北京:中国社会科学出版社,2017.

[58] 徐志强. 智慧交通[M]. 广州:广东科技出版社,2020.

[59] 陆化普,李瑞敏,孙智源,等. 交通大数据分析与应用教程[M]. 北京:人民交通出版社股份有限公司,2020.

[60] 杜小勇,陈跃国,范举,等. 数据整理:大数据治理的关键技术[J]. 大数据,2019,3:13-22.

[61] 林培群. 交通大数据处理与分析[M]. 北京:人民交通出版社股份有限公司,2022.

[62] 惠一龙,李长乐,付宇钏,等. 现代车路协同系统:从泛在感知到智能管控[M]. 武汉:华中科技大学出版社,2023.

[63] 张杰. C-V2X与智能车路协同技术的深度融合[J]. 中兴通讯技术,2020,26(1):19-24.

[64] 王超. 高速公路交通智能管理信息系统的设计与开发[D]. 济南:山东大学,2013.

[65] 汪光焘,等. 面向2035年中国城市交通发展战略[M]. 北京:中国建筑工业出版社,2023.